高等院校法学专业民商法系列教材

张民安　主编

国际商法

（第三版）

吴兴光　黄丽萍　主编

中山大学出版社

·广州·

版权所有　翻印必究

图书在版编目（CIP）数据

国际商法/吴兴光，黄丽萍主编. —3 版. —广州：中山大学出版社，2013.2
（高等院校法学专业民商法系列教材/张民安　主编）
ISBN 978-7-306-04473-0

Ⅰ.①国… Ⅱ.①吴… ②黄… Ⅲ.①国际商法—高等学校—教材 Ⅳ.①D996.1

中国版本图书馆 CIP 数据核字（2013）第 034526 号

出 版 人：祁　军
策划编辑：蔡浩然
责任编辑：蔡浩然
封面设计：方楚娟
责任校对：杨文泉
责任技编：何雅涛
出版发行：中山大学出版社
电　　话：编辑部 020-84111996，84113349，84111997，84110779
　　　　　发行部 020-84111998，84111981，84111160
地　　址：广州市新港西路 135 号
邮　　编：510275　　　传　真：020-84036565
网　　址：http://www.zsup.com.cn　E-mail：zdcbs@mail.sysu.edu.cn
印 刷 者：广州中大印刷有限公司
规　　格：787mm×960mm　1/16　21.875 印张　452 千字
版次印次：2003 年 8 月第 1 版　2013 年 2 月第 3 版　2013 年 2 月第 10 次印刷
印　　数：34001～38000 册　　定　价：39.90 元

如发现本书因印装质量影响阅读，请与出版社发行部联系调换

内 容 提 要

本书第三版是在第二版内容的基础上修订的。

本次修订,是根据近年来一些最新的国际惯例及我国最新的有关法律法规,对第二版的相关内容进行删改和增补,力求反映国际商法的最新发展趋势。

本书第三版包括三编共九章,从国际商法原理、合同法、国际货物买卖法、票据法、产品责任法、代理法、商事组织法、调整和管制国际贸易的法律制度、国际商事争议解决的法律制度等方面,对国际商法进行系统阐述。

本书内容新颖,引证法律充分,每章都附有典型案例,体现了理论性与实践性的统一,适合高等院校法学专业和国际贸易、国际经济、国际企业管理等专业的学生做教材,也适合法官、律师等司法工作者及外经贸部门人员使用,对参加自学考试的学生也有重要的参考价值。

作者简介

吴兴光 男，1948年出生，广东梅州人。对外经济贸易大学法学硕士。曾在湛江外贸部门工作13年，后调入广州外贸学院任教，曾任广州外贸学院外贸经济系副主任等职。广州外贸学院与广州外语学院合并后曾任广东外语外贸大学教务处副处长、国际法学系副主任、法学院院长等职。现任广东外语外贸大学法学院教授，国际经济贸易研究中心研究员，研究方向为国际经济法；兼任广东省法学会顾问。曾在香港中文大学工商管理学院、英国曼彻斯特大学法学院作访问学者，研究英国商法、欧共体法等。近年来主持并完成省部级、厅局级等科研项目多项；在内地和香港出版《美国统一商法典概要》、《实用美国商法详解》、《中国涉外经济法概要》、《合同法比较研究》（与他人合著）、《欧盟有关政府行为控制的法律研究》等专著5部；主持翻译WTO经典译丛之一《世界贸易组织新协定》；主编《国际商法》、《中国涉外经济贸易法》、《世界贸易组织法概论》等教材3部；在国内期刊发表学术论文40余篇。

黄丽萍 女，1968年生，福建泉州人。厦门大学法学学士、西南政法大学法学硕士、武汉大学法学博士，现任广东外语外贸大学法学院副院长、副教授，主要研究方向为国际商法和知识产权法。主持省部级课题2项，作为主要成员参加省部级课题和国际合作研究课题多项；出版学术专著《知识产权强制许可制度研究》，参与撰写专著、教材多部；在学术期刊、报纸上发表学术论文近20篇。

刘晓蔚 女，1971年出生，宁夏回族自治区银川市人。西南政法大学法学硕士，广东外语外贸大学副教授。代表性著作：《国际商法》；代表性论文：《涉外民事诉讼管辖权冲突的协调》、《论消费者纠纷仲裁解决机制的构建》、《浅析产品责任的归责原则》、《浅谈国际技术转让合同的法律适用》、《浅谈中日上诉制度之异同》、《论网络游戏中的虚拟财产权》、《消费者纠纷化解机制之探析》等。

目 录

总序 ··· (Ⅰ)
第三版序 ··· (Ⅱ)

第一编 绪 论

第一章 国际商法导论 ··· (3)
第一节 国际商法概述 ··· (3)
一、国际商法的概念与特点 ·· (3)
二、国际商法的产生与发展 ·· (6)
三、商法、国际公法、国际私法、国际经济法与国际商法的关系 ················· (9)
第二节 国际商法的渊源与商法制度 ··· (12)
一、国际商法渊源概述 ·· (12)
二、商法制度 ··· (14)
第三节 国际商法的适用 ··· (18)
一、国际商法适用概述 ·· (18)
二、国际商法法律适用规则 ·· (20)
第四节 国际贸易统一法的产生、发展与前景 ······································ (22)
一、国际贸易统一法的产生 ·· (22)
二、致力于国际贸易统一法工作的国际组织及其成就 ····························· (22)
三、国际贸易统一法的发展与前景 ··· (24)
参考书目 ··· (29)
思考题 ·· (29)

第二编 实 体 法

第二章 合同法 ··· (33)
第一节 合同法概述 ·· (33)
一、合同的定义和特征 ·· (33)
二、合同法与各国编制体系 ·· (34)
三、国际统一合同法的蓝本——《国际商事合同通则》 ···························· (35)

第二节　合同的成立 …………………………………………………… (38)
　一、西方发达国家关于合同有效成立的要件 …………………… (38)
　二、要约 …………………………………………………………… (42)
　三、承诺 …………………………………………………………… (45)
　四、中国法关于合同订立的规定 ………………………………… (48)
第三节　合同的效力 …………………………………………………… (49)
　一、错误 …………………………………………………………… (50)
　二、欺诈 …………………………………………………………… (51)
　三、胁迫 …………………………………………………………… (52)
　四、显失公平 ……………………………………………………… (52)
第四节　合同的内容、履行与条款 …………………………………… (53)
　一、合同的内容 …………………………………………………… (53)
　二、合同的履行 …………………………………………………… (54)
　三、合同的条款 …………………………………………………… (57)
第五节　不履行与救济方法 …………………………………………… (69)
　一、可免责的不履行 ……………………………………………… (69)
　二、违约的归责原则 ……………………………………………… (71)
　三、违约的分类 …………………………………………………… (72)
　四、违约的救济方法 ……………………………………………… (75)
　五、中国法关于违约责任的规定 ………………………………… (80)
第六节　合同的变更、转让与消灭 …………………………………… (81)
　一、合同的变更 …………………………………………………… (81)
　二、合同的转让 …………………………………………………… (82)
　三、合同的消灭 …………………………………………………… (84)
参考书目 ………………………………………………………………… (87)
思考题 …………………………………………………………………… (88)

第三章　国际货物买卖法 …………………………………………… (89)
第一节　国际货物买卖法概述 ………………………………………… (89)
　一、国际货物买卖法的渊源 ……………………………………… (89)
　二、中国有关国际货物买卖的法律 ……………………………… (91)
　三、《联合国国际货物销售合同公约》的适用 ………………… (92)
第二节　国际货物买卖合同的成立 …………………………………… (95)
　一、国际货物买卖合同的概念 …………………………………… (95)
　二、国际货物买卖合同的形式与证据 …………………………… (95)

三、国际货物买卖中的要约 …………………………………… (98)
　　四、国际货物买卖中的承诺 …………………………………… (99)
　第三节　卖方和买方的义务 ……………………………………… (101)
　　一、卖方的义务 ………………………………………………… (101)
　　二、买方的义务 ………………………………………………… (108)
　第四节　违反货物买卖合同的救济方法 ………………………… (110)
　　一、买卖双方均可以采取的救济方法 ………………………… (111)
　　二、卖方违约时买方可以采取的救济方法 …………………… (114)
　　三、买方违约时卖方可以采取的救济方法 …………………… (117)
　第五节　货物所有权与风险的转移 ……………………………… (119)
　　一、货物所有权的转移 ………………………………………… (119)
　　二、货物风险的转移 …………………………………………… (122)
　第六节　国际货物买卖中的格式合同 …………………………… (126)
　　一、我国合同法关于格式合同的规定 ………………………… (126)
　　二、《国际商会国际销售示范合同》评介 …………………… (127)
　参考书目 …………………………………………………………… (132)
　思考题 ……………………………………………………………… (132)

第四章　票据法 ………………………………………………… (133)
　第一节　票据与票据法 …………………………………………… (133)
　　一、票据的性质 ………………………………………………… (133)
　　二、票据的种类 ………………………………………………… (136)
　　三、票据法概述 ………………………………………………… (136)
　第二节　票据的国际统一法 ……………………………………… (139)
　　一、资本主义国家票据法的编制及体系 ……………………… (139)
　　二、票据的国际统一法 ………………………………………… (139)
　第三节　汇票和本票 ……………………………………………… (141)
　　一、汇票和本票的概念 ………………………………………… (142)
　　二、汇票和本票的出票 ………………………………………… (143)
　　三、汇票和本票的背书 ………………………………………… (146)
　　四、汇票的承兑 ………………………………………………… (149)
　　五、本票的见票 ………………………………………………… (150)
　　六、汇票和本票的保证 ………………………………………… (151)
　　七、汇票和本票的付款 ………………………………………… (152)
　　八、汇票和本票的追索权 ……………………………………… (153)

九、伪造签名 ……………………………………………………… (154)
第四节　支票 ……………………………………………………………… (155)
　　一、支票的概念 …………………………………………………… (155)
　　二、支票的种类 …………………………………………………… (155)
　　三、支票的资金关系 ……………………………………………… (156)
　　四、空白支票 ……………………………………………………… (156)
　参考书目 …………………………………………………………………… (157)
　思考题 ……………………………………………………………………… (157)

第五章　产品责任法 …………………………………………………… (158)
第一节　产品责任和产品责任法 ………………………………………… (159)
　　一、概述 …………………………………………………………… (159)
　　二、产品责任法及其发展 ………………………………………… (161)
第二节　产品责任法的主要内容 ………………………………………… (163)
　　一、产品责任法的权利主体 ……………………………………… (163)
　　二、产品责任法的责任主体 ……………………………………… (165)
　　三、产品的界定 …………………………………………………… (166)
　　四、产品缺陷 ……………………………………………………… (167)
第三节　产品责任的归责理论 …………………………………………… (170)
　　一、美国产品责任法的归责理论 ………………………………… (170)
　　二、欧洲国家产品责任法的归责理论 …………………………… (176)
　　三、中国法关于产品责任的归责理论 …………………………… (180)
第四节　被告的抗辩与损害赔偿 ………………………………………… (181)
　　一、被告的抗辩理由 ……………………………………………… (181)
　　二、损害赔偿的形式与范围 ……………………………………… (183)
第五节　缺陷产品的召回制度 …………………………………………… (185)
　　一、概述 …………………………………………………………… (185)
　　二、美国缺陷产品召回制度 ……………………………………… (186)
　　三、欧盟缺陷产品召回制度 ……………………………………… (188)
　　四、中国缺陷产品召回制度 ……………………………………… (190)
第六节　产品责任的诉讼管辖和法律适用 ……………………………… (191)
　　一、诉讼管辖 ……………………………………………………… (191)
　　二、法律适用 ……………………………………………………… (193)
参考书目 …………………………………………………………………… (195)
思考题 ……………………………………………………………………… (195)

第六章 代理法 (196)

第一节 代理法概述 (196)
一、代理的起源 (196)
二、代理的概念 (198)
三、代理的类型 (199)
四、代理权的消灭 (202)
五、无权代理 (203)

第二节 代理的法律关系 (207)
一、代理的内部关系 (207)
二、代理的外部关系 (208)

第三节 中国代理法 (211)
一、概述 (211)
二、代理的概念 (212)
三、代理的类型 (212)
四、代理权 (213)
五、无权代理 (213)

参考书目 (213)
思考题 (213)

第七章 商事组织法 (215)

第一节 商事组织的概念与形式 (215)
一、商事组织概念 (215)
二、商事组织形式 (215)

第二节 合伙企业法 (216)
一、合伙企业与合伙企业法概述 (216)
二、合伙企业的设立 (219)
三、合伙企业的财产关系 (220)
四、合伙企业的内部关系与外部关系 (221)
五、入伙与退伙 (224)
六、合伙的解散与清算 (226)

第三节 公司法 (227)
一、公司法概述 (227)
二、有限责任公司 (241)
三、股份有限公司 (247)

第四节　中国外商投资企业法 (256)
　一、中外合资经营企业 (257)
　二、中外合作经营企业 (263)
　三、外资企业 (267)
参考书目 (269)
思考题 (269)

第八章　调整和管制国际贸易的法律制度 (270)
第一节　世界贸易组织 (270)
　一、世界贸易组织概述 (270)
　二、世界贸易组织的基本原则 (272)
　三、世贸组织的一系列多边协议 (274)
　四、世界贸易组织的争端解决机制 (274)
第二节　国际反倾销法和反补贴法 (276)
　一、反倾销法 (276)
　二、反补贴法 (288)
第三节　中国对外贸易法 (293)
　一、中国对外贸易法概述 (293)
　二、对外贸易经营者 (294)
　三、外贸代理制 (294)
　四、货物与技术进出口贸易管理 (296)
　五、国际服务贸易 (298)
　六、对外贸易秩序 (300)
　七、对外贸易救济 (300)
参考书目 (302)
思考题 (302)

第三编　程　序　法

第九章　国际商事争议解决的法律制度 (305)
第一节　国际商事争议解决的法律制度概述 (305)
　一、国际商事争议的解决方法 (305)
　二、国际商事争议解决的法律适用 (306)
第二节　国际商事仲裁制度 (311)
　一、概述 (311)

二、国际商事仲裁机构和仲裁规则 …………………………………………（311）
三、仲裁协议 ………………………………………………………………（318）
四、仲裁裁决的执行 ………………………………………………………（321）
第三节 国际商事纠纷的司法解决 ………………………………………（324）
一、概述 ……………………………………………………………………（324）
二、国际商事纠纷案件的管辖权 …………………………………………（325）
三、外国当事人的诉讼地位 ………………………………………………（327）
四、司法协助 ………………………………………………………………（328）
五、承认与执行外国法院判决 ……………………………………………（330）
参考书目 ………………………………………………………………………（332）
思考题 …………………………………………………………………………（332）

总　序

　　2002年，在中山大学出版社领导的关心和支持下，在中山大学法学院和其他高等院校教师的共同参与下，《高等院校法学专业民商法系列教材》之一、之二、之三顺利出版并受到读者欢迎。为及时反映司法的最新原则和立法的最新要求，我们在2005年、2008年相继对《高等院校法学专业民商法系列教材》进行了修订。近年来，我国又陆续制定并通过一系列新的法律，因此，有必要对《高等院校法学专业民商法系列教材》进行再次修订。

　　由于中国目前处于社会的转型时期，社会矛盾众多，社会纠纷不断，使中国民商法律制度具有不同于两大法系国家民商法律制度的特点：一方面，中国民商法律制度还不完善，立法没有对一些重要问题作出规定，司法判例虽然可能在某个特定的案件中涉及民商法上的新理论，但无法提炼出一般意义上的新理论；另一方面，中国的立法机关频繁制定新的法律，修改旧的法律，以反映转型时期社会当前的需要。《高等院校法学专业民商法系列教材》作为我国当前民商法律制度的反映，也表现出两个特点：其一，广泛介绍了当今两大法系国家民商法律制度，广泛援引两大法系国家学说和司法判例，为我国学生了解和掌握最新的民商法理论提供途径。应该指出的是，不要认为这些理论仅仅是其他国家的民商法理论，它们实际上也应该是我国的民商法理论，因为，当代各国民商法理论基本上表现为统一化、现代化和趋同化的趋势。其二，适时修改教材，以体现最新的法律法规的精神。当国家立法机关修改或制定新的法律或者当司法机关做出新的司法解释时，《高等院校法学专业民商法系列教材》的作者们也对其教材进行修改，以体现立法的最新要求和司法的最新精神，保持教材同社会当前法律制度的协调。

　　我们希望内容新颖、实用的《高等院校法学专业民商法系列教材》能够得到广大读者的喜爱。

张民安博士
2012年6月于
广州中山大学法学院

第三版序

《国际商法》（第二版）自 2008 年 8 月出版以来，受到读者的好评和欢迎。

本书第二版出版至今五年多过去了，世界经济格局发生了重大变化，中国已经成为全球第二大经济体，连续三年成为第一出口大国和第二进口大国，我国经济对外贸依存度进一步提升；一些国际惯例及中国有关法律也作了修改。为此，有必要对《国际商法》（第二版）进行修订。

本次修订是在第二版内容的基础上进行的，主要包括以下几方面：

（1）在第一章中，对国际商法产生和现状的描述突出了实用性，增添了"国际商法的适用"一节，详细阐述了法律适用规则，具有实用价值。将第二章第四节的标题改为"合同的内容、履行与条款"，增添了对合同一般条款、标准条款、留待后定条款（Open terms）的阐述，其中对留待后定条款的阐述颇具特色，融入了我们的最新研究成果。在"国际货物买卖法"一章中，增添了本世纪关于合同成立证据和适用法律的最新判例。

（2）在第五章增添了"缺陷产品的召回制度"一节，随着消费者权利保护问题日益关注，消费者对制定和实施缺陷产品召回制度的呼声十分强烈，故在本章对国外的缺陷产品召回制度加以介绍，希望对制定及完善我国缺陷产品召回制度起到一定的作用。

（3）在第九章第二节"国际商事仲裁制度"中更新了一些重要的仲裁规则，对新近修订的中国国际经济贸易仲裁委员会仲裁规则和联合国国际贸易法委员会仲裁规则进行了较为系统阐述。

本书的作者撰写分工如下（以章节先后为序）：

吴兴光撰写第一章、第二章、第三章；

刘晓蔚撰写第四章、第五章、第六章；

黄丽萍撰写第七章、第八章、第九章。

全书由吴兴光、黄丽萍统稿和定稿。

本书如有不当之处，恳望读者批评指正。

吴兴光　黄丽萍
2012 年 12 月 10 日
于广东外语外贸大学法学院

第一编 绪 论

第一篇 基础

第一章 国际商法导论

第一节 国际商法概述

一、国际商法的概念与特点

所谓国际商法,是指调整国际间商事行为和商事组织的法律规范的总和,是跨国间商事交易基本的行为规范。国际间开展商事交易,需要维护国际商业秩序和信誉,遵循商业道德;但是商业道德只能由商业行为主体自觉遵守,没有外部的强制力保证实施;而国际商法则是有强制力做后盾保证予以实施的法律规则,因此,它是规范跨国间商业交易的基本规则。

[案例1-1] 中国技术进出口总公司与瑞士工业资源公司贸易欺诈案(1986年)

中国技术进出口总公司(以下简称中技公司)于1984年12月2日与美国旭日开发公司签订购买9000吨钢材的合同。1985年年初,后者将合同转让瑞士工业资源公司(以下简称瑞士资源)。该合同是一个CIF价格条款的货物销售合同。瑞士资源3月14日通知中技公司,货物备妥待运,请中技公司开立信用证。中技公司4月19日向中国银行上海分行开出了信用证,5月4日瑞士资源提交了载明钢材数量为9161吨,货款2290250美元的发票、提单及其他全套单据。中国银行付款后,瑞士资源先是托词中国港口拥挤,船舶改变航线,货物延期到港,以后又中断了与中技公司的联系。中技公司赴欧洲调查结果表明,装运船"阿基罗拉"号,在1985年内并未在该提单所载明的装运港意大利拉斯佩扎停泊过,提单是伪造的。为挽回损失,中技公司扣押了瑞士资源在其他交易中尚未付出的银行贷款。经上海市中级人民法院审理判决:瑞士资源偿还中技公司货款2290250美元,并赔偿钢材货款的银行贷款利息873784.58美元,经营损失1943588.25美元,国外公证和认证费、国内律师费29045.77美元,共计5136668.60美元。瑞士资源不服,提起上诉,上海市高级人民法院驳回上诉,维持原判。

在以上案例中,瑞士资源没有履行合同约定的交付钢材的能力,也不准备交付合同项下的货物,是一起典型的贸易欺诈案。面对瑞士资源的欺诈行为,中技公司积极采取了补救措施,扣押瑞士资源的在华财产,通过司法诉讼追索其违约和侵权责任,维护了自身的经济权益。从以上案件可以看出，国际商法规则是国际商事交易的基本行为规范，不遵守该规则，必定要受到法律的制裁。同时，国际商法规则也是预防国际贸易欺诈的利器。根据CIF合同属于单据交易的性质和特点，如果中技公司预先采取防范措施——要求对方提供的信用证议付单据中包括一张SGS公司出具的装运港船上商检报告，则上述案例贸易欺诈损害的结果根本就不会发生。

所以，国际商法不仅仅是交易当事人补救于事后的手段，更重要的是，它是防患于未然的工具。

国际商法是商法的一个分支学科，也是国际法的一个分支学科。

国际商法具有商事性，是调整商主体和商行为的法律体系。在法律关系主体方面，商事性体现为国际商法法律关系的主体是商主体。商主体是指商人或商事法律关系的主体，是指依照所在国的法律规定具有商法上的权利和能力，参与商事法律关系，能够以自己的名义从事商行为，以此作为职业或营业，享受权利和承担义务的组织和个人，具有独立的法律人格。商主体是从事商事活动和实施商行为的组织和个人，包括商自然人、商法人和商合伙。

商主体是与民事主体相区别的法律关系主体，它是以从事营利性的商事活动或商事行为为职业，如贸易公司买卖货物，海运企业提供海洋运输服务，商业银行提供支付中介服务；为了保证交易安全，商主体一般需要进行商业登记取得营业资格，一般在其营业所开展经营活动。而民事主体偶尔也从事营利活动，但它不以营利性活动为职业；同时，民事主体一般无须进行登记，不一定有经营性的固定场所。因此营利性和营业性使商主体与民事主体区分开来。

商事性决定了商主体只能是商自然人、商合伙与商法人。而作为经济法律关系主体的政府机关，负有社会经济决策、市场宏观调控、维护市场秩序、管理国有资产的职能，但它不以营利性和营业性的经营活动为职业，不是商主体，它只能是经济法律关系的主体。因此，商事性把商主体与经济主体区分开来。

在法律关系的客体方面，商事性体现为调整的对象是商行为，是商主体所从事的以营利为目的的经营行为。贸易公司从事货物买卖活动，海运企业从事海上运输服务，商业银行提供支付中介服务，其目的是为了获得买卖价格差额、运费、酬金或佣金，取得利润。民事主体也从事货物买卖，为他人运送物件或代为支付事宜，但是一般不以营利为目的。商主体为了实现其营利目标，通常开展有计划的、日常的经营活动；民事主体从事营利活动是间歇性的，也不像商主体那样具有持续性、有计划性。因此，商事性将商行为与民事行为区分开来。

商事性也可以将商行为与经济管理行为区分开来。商行为是商主体的营利性的经营行为，以营利为目的；经济管理行为是政府机关对市场主体，包括商主体的经营行为进行鼓励、限制、禁止、宏观调控的管理行为或对国有资产的管理行为，不以营利为目的。

国际商法具有国际性。国际商法调整的对象是国际商事关系,"国际"一词,"国"是指主权国家,"际"有两层含义,其一是之间,其二是边际。就其第一层含义,国际可以解释为国家之间的意思;而其第二层含义则主要是指"跨越国界"(transnational)的意思。国际商法调整的是各国商主体从事商事活动的法律规则体系,其主体是商自然人、商合伙、商法人,不包括代表主权国家的政府机关;国家不能成为国际商法的主体,国际商法的调整对象也不是以国家为主体的国家之间的交易行为,国际商法调整的只能是跨越国界的商主体之间的商行为。因此,国际商法是从跨越国界的意义上理解"国际"的含义。

国际商法的国际性将国际商事法律关系与国内商事法律关系区分开来。商事法律关系是否跨越国界,是否具有涉外因素,是判断商事法律关系是否具有国际性的标准。按照国际私法学的通说,国际商事法律关系是一种涉外民事关系。只要在涉外民事法律关系的主体、客体、法律事实三个要素中,至少有一个要素与外国有联系,该法律关系即具有涉外因素,也就是具有国际性。

国际商事法律关系一般有三种情形:

第一,商主体具有涉外因素。国际商事关系的双方(或多方)当事人的国籍不同,或者双方当事人的营业地处于不同的国家。前者一般称为国籍标准,后者则称为营业地标准。中国、法国、意大利、日本以及很多大陆法系国家一般采取国籍标准,而英国、美国、德国以及其他英美法国家一般采取住所地、营业地标准。

第二,商事法律关系的客体具有涉外因素。国际商事关系的客体是位于国外的物。此处的物,既包括货物等有形物体,也包括专利、商标、版权等无形财产权。

第三,商事法律事实具有涉外因素。产生、变更或消灭商事关系的事实发生在国外。例如,两个法国人在英国签订货物买卖合同,签订合同的事实发生在国外,有关该合同效力的问题,与合同订立地英国的法律规定有关系,因此,该货物买卖合同具有涉外因素。

涉外民事(商事)法律关系的主体、客体、法律事实中,有一个以上要素具有涉外因素的,该商事关系即具有国际性。通常主体具有涉外因素,该商事法律关系即被认定为国际商事法律关系;而主体不具有涉外因素,作为客体的标的物位于国外或者法律事实发生在国外,有的国家在个别情况下,则会认为不一定具有国际性。

国际商法是调整具有国际性的商主体和商行为,即国际商事关系的法律规范的总和。它既是国际法的组成部分,又是商法的组成部分,是法律部门相互融合、交叉的产物。

传统的商法主要包括公司法、票据法、海商法、保险法等内容。然而,随着国际经济贸易的扩大发展和商事交易的多样化、复杂化,在国际货物买卖的基础上开拓了许多新的领域，例如国际技术转让、知识产权转让、国际投资、国际融资、国际工程承包、国际服务贸易等。这些交易已远远超出了传统商法调整的范围。有人将其称为国际商事交易，并把调整这些交易的法律统称为国际交易法（the law of international transactions），或国际商法。很明显，现在国际商法的调整对象和范围比传统的商法广泛得多，内容越来越丰富。

国际商法是调整跨国间商主体和商行为的法律规范的体系，通常用"international commercial law"来表述，其本质上是国际商事交易法，属于私法范畴，具有任意法的性质。为了保障交易安全，维护贸易秩序和交易公平，国际商事交易越来越多地受到管理商事交易和贸易政策的公法的调整，如反倾销法、反补贴法、保障措施法。在传统商法之外，调整商事交易的公法体系逐步地发展起来，这个法律体系又称为国际商事管制法，也称国际贸易（公）法。在国际商事交易中，商主体从事商事交易活动既涉及国际商事交易法，也涉及国际商事管制法。公法和私法分属于不同的法律体系，其法律关系与司法救济程序和方式具有很大的差异。在我国加入世界贸易组织以后，该组织法律制度将对我国政府贸易管理体制加以约束，而我国的商业交易法制则不属于其约束范围。因此，划分公法和私法，即国际商事交易法和国际商事管制法，在法理上和实际应用上是有必要的。

但是，涉及公法和私法的具体的国际商事交易，在实际运行中，是按照交易顺序进行，是一个连贯的交易步骤。在教学上将国际商事交易的法律一分为二，即分为国际商事交易法和国际商事管理法，不利于学生在有限的时间内全面、系统地按照交易顺序了解国际商事法律体系，使本来连续的国际商事交易因公法和私法的分类而割裂开来。我们认为，法律关系上的科学分类，与法学教学体系上的便利和优化是不矛盾的。一方面，我国主张根据公法和私法的分类原则，国际商法本质上应当是商事组织和商事交易法；另一方面，按照交易顺序和教学需要，国际商法可以加入与商事交易有密切关系的商事管制法的内容。前者我们把它称为国际商事法，英文名称为 International commercial law，后者我们把它称为国际商法，英文名称为 international business law。本书按照后者理解建立国际商法的体系。

二、国际商法的产生与发展

商法是随着商品经济的产生、发展而逐步形成的，而国际商法则是国际贸易逐步发展和扩大的产物。"人类历史上不同地区商人之间商事交往的发展，逐渐形成一系列支配他们之间贸易关系的商业惯例和习惯性做法。建立国际商业方面的有效的行为规则需要有法律手段，以保证在一个地区实施的行为能够得到另一地区的承认。正是在这种社会现实之下,国际商法应运而生。"①

从历史上看,国际商法的发展经历了三个不同的阶段:

第一阶段,国际商法产生于中世纪时期的商事习惯法,是属于商人自治的法律

国际商法起源于中世纪欧洲地中海沿岸自治城市,在古罗马万民法中已经包括了调整罗马公民与非罗马公民商事交易的习惯法规则。由于商事交易不够发展,商事习惯法规则仅涉及商事活动的一些具体规范,散见在罗马法的若干文献上,如《罗德岛海洋法》、《查士丁尼法典》,当时还没有形成与民法相区别的、调整商人或商行为的商法的完整体系。11世纪晚期,欧洲农业发展为商品贸易和城市建立奠定了物质基础,十字军东征打通了与亚洲茶叶、香料、丝绸贸易的商路,与亚洲国家间的贸易在很大程度上推动了地中海海上贸易和商业的发展。在通往东方的地中海沿岸发达的商业城市(如威尼斯、热那亚、佛罗伦萨等)中,经济上具有优势地位的商人为了摆脱封建领主的司法管辖权和宗教势力的束缚,自发组成了商人基尔特(Merchant Guild),即商人自治的行业组织。商人基尔特拥有广泛的自治权和司法裁判权,能够订立自治的商事规约,能够由商人担任法官的商事法院审理和裁判解决商事争议。在逐步积累的大量自治规约以及司法裁判的基础上,形成了商人习惯法。

国际商法最初是以商人习惯法的形式出现的,即事实上支配那些往返于商事交易所在的文明世界的各港口、集市之间的国际商业界普遍适用的国际习惯性规则。这些商人习惯法有着明显的特点:第一,它具有跨国性和统一性,普遍适用于各国从事商业交易的商人。当时在欧洲地中海沿岸各城邦内适用市民法,而对城邦之间的商人则适用万民法。这样就使得商事习惯法独立于民法制度之外。商人通过行业自治实行属人主义原则,适用于行会内部的商人之间以及行会内部商人与非行会内部商人之间的商事活动。商人法与民法制度的属地性质相对立,形成独立的、跨国性的法律制度。第二,商事习惯法构成了现代商法的基础。从商主体制度来看,有限责任的组织制度为大工业社会新的商事组织开辟了道路。它的出现对于近代和现代商法发展具有重要的意义。海上贸易需要资金和航海贸易技能相结合,由此产生了一种新的商业经营形式——康美达。康美达最初是一种借款契约,进而发展成为一种企业组织形式——有限合伙。出资的合伙人承担有限责任,从事航运和海商的合伙人则承担无限责任。在这种有限合伙的基础上,产生了现代社会商业组织形式——有限责任公司和股份有限公司。除此之外,商主体的其他规范也发展起来,如商人资格获得的法定程序、商人人格和权利能力确立的公示规则等。从商行为制度来看,为了促进商事交易的迅捷和安全,通过商人习惯法产生了口头合同、票据的无因性、财产的善意取得和交付取得、动产抵押登记、商人对交易物谨慎保管、商品瑕疵及时通知等商法规则和商事借贷、商事结算、商事保险、海商等商法

---

① 程家瑞:《编辑者序》,载《国际贸易法文选》,赵秀文译,中国大百科全书出版社1993年版。

制度。第三，商事习惯法的自治性促进了商法的普及。商事习惯法是在商人同业行会自治规则的基础上产生和发展的，它体现为行业和商人高度的自治。商人通过同业行会自己立法，自我约束，并且由商人自己组成法庭裁判，为以后国际商事仲裁的产生奠定了基础。通过商事交易立法、司法的高度自治和统一，商法实现了其普遍适用性和统一性。

第二阶段，商人习惯法体系被普遍纳入各国的国内法时期

自从中世纪之后，民族国家兴起，欧洲中央集权国家日益强大，国家主权极大程度上被强化了。各国国内立法逐步将国际商事交易的调整纳入了国内法的体系，商人习惯法逐步成为国内法的一部分，失去了其原有的国际性或跨国性。法国先后于1673年、1681年颁布了《商事条例》、《海商条例》，为大陆法国家的商法奠定了基础。其后，在借鉴、修订、整理罗马法的基础编撰《民法典》的基础上，适应作为第三等级的法国资产阶级革命的需要，于1807年颁布了《法国商法典》。德国在1861年和1897年颁布了两部《德国商法典》，建立了与法国相同类型的民商分立的国内商法体系。其他欧洲大陆国家有的建立了民商合一的法律制度，在立法的内容上与法国和德国的商法体系则是大同小异的，它们通过成文立法的形式将商人习惯法纳入了国内法的体系。英国在商法的发展中采取了与大陆法不同的途径。在诺曼底公爵征服英国以后，国王任命的法官在尊重以前习惯的基础上，形成了以判例构成的普通法体系。中世纪以后，英国首席法官曼斯菲尔德通过司法判例的形式，把商人习惯法吸收进普通法，纳入了本国普通法体系。随着英国殖民主义的进程，其以普通法为特征的商法制度，带到了英国当时的殖民地，成为美国以及英联邦国家的商法的表现形式。从中世纪以后，一直到20世纪初，商法已经被各国纳入国内法体系，丧失了其国际性。

第三阶段，第二次世界大战以后国际商法进入了全新发展阶段

第二次世界大战以后，随着关税与贸易总协定、国际复兴开发银行协定、国际货币基金组织协定所代表的国际经济体系的确立，经济的全球化迅速地发展起来。由此推动国际贸易和商事交易统一法的发展速度不断加速，取得突破性的进展。国际联盟发起的关于货物买卖及其合同成立的两个海牙公约，联合国国际贸易法委员会主持制定的《国际货物销售合同公约》，国际商会制定的《国际贸易术语解释通则》、《跟单信用证统一惯例》，国际法协会发起制定的《统一提单的若干法律规则的国际公约》（海牙规则）、《修改统一提单的若干法律规则的国际公约的议定书》（维斯比规则），联合国制定的《1978年海上货物运输公约》（汉堡规则），国际统一私法协会主持制定的《国际商事合同通则》，联合国主持制定的《承认与执行外国仲裁裁决的国际公约》，联合国国际贸易法委员会主持制定的《仲裁规则》，集中地代表了国际贸易统一法发展的成果，体现了经济全球化时代商法从各国主权的约束下走出，逐步地回归了其国际性和统一性的本质属性。

在经济全球化的同时，科学技术带动电子通讯与集装箱运输和滚装运输技术的发展。电子商务的模式和规则悄然融入了国际商法的规则体系，国际商法正在充实和增添许多新的内容，成为国际贸易统一法发展的强劲动力。另一方面，由于中国参与国际经济贸易合作的广度和深度与日俱增，中国制造已经改变并正在改变国际贸易和对外投资的结构。随着外贸方式的转变，我国选择的贸易支付工具和方式也悄然发生着变化，外贸保理在信用证支付方式之后异军突起。国际保理规则在中国对外贸易中更多地得到了应用。

三、商法、国际公法、国际私法、国际经济法与国际商法的关系

（一）商法与国际商法

商法是指调整商主体和商行为的法律规范的总和，而国际商法是指调整跨国间商主体和商行为的法律规范的总和。从它们的定义来看，国际商法应当是商法的组成部分。从它们的起源及其发展来看，商法和国际商法都起源于欧洲中世纪的商人习惯法。从法律关系主体上看，商法和国际商法的主体都是商自然人、商法人、商合伙。从它们的内容和法律体系来看，它们既包括调整商主体的法律规范，又包括调整商行为的法律规范。从它们的目的来看，它们都是从商主体利益最大化的角度调整商事关系。因此，商法与国际商法有着内在的联系。

从法律体系上看，商法属于一国国内法的体系，国际商法则属于国际法的体系。国际商法与商法有不同之处：

第一，主体的性质不同。国际商法主体具有国际性，即具有跨国的属性，国际商法的主体具有不同的国籍或者其住所、居所、营业所位于不同的国家；商法主体一般不具有国际性，是一国国内的商自然人、商法人、商合伙，尽管外国公司也会成为商法的主体，但是它们在商主体中只占很小的比例。

第二，调整的法律关系不同。国际商法调整的是跨国间的商主体和商行为，即调整的是跨国间的商事关系；商法主要调整的是一国领域以内的商主体和商行为，即国内商事关系，虽然商法也对涉外商事关系的某个方面进行调整，与国际商法有某些重合的部分，不过它主要也是通过国际私法的指引发挥作用的，成为国际商法的一部分。

第三，立法目的和调整的角度不同。国际商法是在国际背景下从商主体的利益最大化调整它们的关系，而商法是在一国领域内从商主体的利益最大化调整它们的关系。虽然国际商法与商法有着共同的起源，在体系上有重合的内容和部分，在理论上有相同的基本原则，但是，国际商法与商法分别属于不同的法律体系和部门，因此，国际商法是独立于商法的法律部门和法学体系。

（二）国际公法与国际商法

国际公法亦称狭义国际法，是指调整和协调国家间关系的法律规范的总和。国际公法的主体是国家，国际公法调整的对象是国家间的政治、外交、经济、行政管理关系，国际公法的目标是从国家作为主体形成的国际社会角度，协调和调整它们之间的关系，实现国家和国际社会的利益最大化。国际商法则是调整跨国间商主体和商行为的法律规范的总和，商主体是从事商事活动和实施商行为的组织和个人，包括商自然人、商法人和商合伙；国际商法调整的对象是跨国商行为，是商主体所跨国从事的以营利为目的经营行为；国际商法的目的是从商主体之间关系为出发点，以实现它们之间的利益最大化。

国际公法与国际商法有三方面不同之处：

第一，主体不同。国际公法的主体只能是国家，商自然人、商法人、商合伙不能成为国际公法的主体，国家机构在个别情况下也可以成为国际商法的主体，但是国家作为整体，其职能不能以营利为目的，因此其不能成为国际商法的主体。

第二，调整的关系不同。国际公法调整的是国家间的关系，是公法关系；国际商法调整的是商行为，是私法关系。

第三，立法的目的和调整的角度不同。国际公法是从国际社会整体利益最大化和国家个体利益协调的角度来调整国家间关系；国际商法是从商主体的个体利益最大化的角度，调整商主体和商行为。

（三）国际私法与国际商法

国际私法是指调整跨国间民事关系的法律规范的总和。国际私法的主体是自然人和法人，国际私法的调整对象是涉外民事关系，国际私法的目标是从涉外民事法律关系主体，即自然人和法人之间利益最大化的角度，去调整它们之间的关系。国际商法是调整跨国间商主体和商行为的法律规范的总和。

国际私法与国际商法存在以下区别：

第一，主体不同。国际私法的主体是涉外民事法律关系的主体，包括跨国的商主体。因此，国际私法主体包括商主体，它既包括自然人、非营利社团法人，又包括商个人、商法人和商合伙。国际商法主体的范围则小于国际私法主体，不包括商自然人以外的自然人和非营利社团法人。

第二，调整的关系不同。国际私法调整的是涉外民事法律关系，其调整的范围大于国际商法的范围，既包括非营利的涉外民事关系，又调整营利的商事关系。国际商法调整的是跨国商事关系，具有营利的性质，非营利的涉外民事关系不属于其调整范围。

第三，调整方法不同。国际私法主要以冲突法规范调整涉外民事法律关系，而国际商法则是以实体法规范调整跨国商事关系。国际私法与国际商法都是调整平等主体之间的法律规范,因此,它们都是从主体间利益最大化出发,调整各自主体间的关系。

(四) 国际经济法与国际商法

国际经济法有广义和狭义之分。

狭义的国际经济法是指经济的国际法,是调整国家政府相互之间、国际组织之间以及国家政府与国际组织之间经济关系的法律规范。广义的国际经济法是指调整超越一国国境的经济交往的法律规范。按照狭义说,国际经济法的主体是主权国家、国际组织;国际经济法的调整对象是国家之间、国家与国际组织之间、国际组织与国际组织之间经济关系;国际经济法的目标是从国际经济法主体之间的利益最大化以及从国际社会的利益最大化,去调整国际经济关系。

狭义的国际经济法与国际商法有以下区别:

第一,主体不同。国际经济法的主体是国家、国际组织,而国际商法的主体是跨国商主体,包括商自然人、商法人、商合伙。

第二,调整的关系不同。国际经济法调整的是国际间的经济协调关系,而国际商法调整的是跨国间的商事关系。前者调整的是非营利性关系,后者调整的是营利性关系。

第三,立法的目的和调整的角度不同。国际商法不同于国际经济法,它是从商主体之间的利益最大化出发调整商主体间的关系,而不是从国际社会利益最大化的角度调整国际经济关系。

按照广义说,国际经济法的主体除了国家、国际组织以外,还有自然人、法人和其他经济组织;国际经济法的调整对象是国家间、国际组织间、国家与国际组织间的经济协调关系,国家与他国自然人、法人、其他经济组织之间的经济管理关系,跨国自然人、法人、其他经济组织间的商事交易关系;国际经济法既从国家间利益最大化、国际社会利益最大化立场调整国际经济关系,又从交易主体利益最大化的角度调整商事交易关系。

广义国际经济法与国际商法有以下区别:

第一,主体不同。国际商法主体比国际经济法的主体范围小,只包括商主体的商自然人、商法人、商合伙,而不包括国家和国际组织。

第二,调整的关系不同。国际商法只调整跨国间平等的商主体间的商事交易关系,不调整国家间的经济协调关系、国家与自然人、法人、其他经济组织间的经济管理关系。

第三,调整的目的和角度不同。国际商法是从商主体之间的利益最大化出发调整跨国间商事关系,而国际经济法在此以外,还从国家利益的最大化和国际社会利益的最大化调整国际经济关系。

第二节 国际商法的渊源与商法制度

一、国际商法渊源概述

法律渊源有广义的概念和狭义的概念。广义的法律渊源是指法律规范第一次出现的地方和法律规范存在的形式。狭义的法律渊源是指法律规范存在的形式,本书所言法律渊源是指后者。

所谓国际商法的渊源,是指国际商法存在的形式。国际商法是调整跨国间商主体和商行为的法律规范,它需要在国际层面上和一国层面上对商主体和商行为进行规范。因此,国际商法的渊源包括国际法渊源和国内法渊源。

(一)国际法渊源

国际法渊源方面主要有两种形式:一是国际条约;二是国际贸易惯例。

19世纪后叶,特别是20世纪,贸易和商事交易的国际化以前所未有的步伐发展,国际商法和国际贸易法统一化也随之迅速发展。在这一过程中,国际组织、国际学术团体、行业民间团体对国际贸易、国际商事交易的统一法发展,起了主要的、积极的推进作用。同时,国际条约、国际贸易惯例进一步推进国际经济、商事交易国际化以前所未有的速度向前发展。

1. 国际条约

国际条约是指两个或两个以上的国家为确定相互之间的权利、义务而达成的协议。其中,两个国家签订的条约称为双边条约,两个以上的国家共同缔结或参加的国际条约称为多边条约。由于对国际商主体和商行为进行调整的国际商法规范需要具有普遍适用的性质,双边条约一般不具有这样的性质,因此本书所涉及的国际条约,主要是指有关商事方面的多边条约,亦称公约。

国际商事公约按照性质划分,有统一实体法规范的国际条约,还有统一冲突法规范的国际条约。关于前者主要有1967年的《世界知识产权组织的公约》、1978年的《联合国海上货物运输公约》和1980年的《联合国国际货物销售合同公约》等;关于后者主要有1985年的《国际货物销售合同法律适用公约》,欧洲经济共同体主持制定的1980年《关于合同之债的法律适用公约》等。

国际商事公约按照内容上划分,有货物买卖国际公约、货物运输国际公约、贸易支付国际公约、知识产权和技术转让国际公约、争议解决国际公约。

在国际货物买卖方面,主要有1964年海牙《国际货物买卖合同成立统一法公约》、海牙《国际货物买卖统一法公约》,1980年《联合国国际货物销售合同公约》,1974年《国际货物买卖时效公约》及其1980年《修订国际货物买卖时效公约的议定书》,1983年《国际货物销售代理公约》,1985年《国际货物买卖合同适用法律公约》。

在国际货物运输方面,主要有1924年《统一提单的若干法律规则的国际公约》(海牙规则),1968年《关于修改统一提单的若干法律规则的国际公约的议定书》(维斯比规则),1978年《联合国海上货物运输公约》(汉堡规则),1929年《统一国际航空运输某些规则的公约》(华沙公约)及其1955年《海牙议定书》,1966年《统一非缔约承运人所办国际航空运输某些规则以补充华沙公约的公约》(瓜达拉哈拉公约),1938年《国际铁路货物运输公约》,1951年《国际铁路货物运输协定》,1973年《联合运输单证统一规则》,1980年《联合国国际货物多式联运公约》。

在国际金融支付方面,主要有1930年《汇票与本票统一法公约》,1930年《支票统一法公约》,1930年《解决汇票、本票法律冲突公约》及其议定书,1931年《解决支票法律冲突公约》及其议定书,1988年《联合国国际汇票和国际本票公约》,1988年《国际保理公约》,1988年《国际金融租赁公约》。

在知识产权和技术转让方面,主要有1883年《保护工业产权的巴黎公约》,1891年《商标国际注册马德里协定》,1886年《保护文学艺术作品的伯尔尼公约》,1994年《与贸易有关的知识产权协定》。

在解决国际商事争议的方面,主要有1923年《仲裁条款议定书》,1927年《关于执行外国仲裁裁决的国际公约》,1958年《承认和执行外国仲裁裁决的国际公约》。

2. 国际贸易惯例

国际贸易惯例是指国际贸易领域中常用的习惯做法。国际贸易惯例是从长期的国际贸易和商事交易实践中逐步形成和发展起来的,它反映了从事商事活动的商主体间促进交易、保证交易效率和安全的内在要求,体现了国际贸易和商事交易的规律。国际贸易惯例最初产生于商人在国际货物买卖、运输、保险、支付的商业贸易约定和做法,以不成文方式存在。在此基础上,一些民间组织、行业组织、学术团体将大量不成文的惯例整理编撰成文,形成国际公认的国际贸易惯例。它本身不是法律,不具有法律的普遍约束力。但是,如果有关当事人在合同条款中选择适用了或者事后达成协议适用某种国际贸易惯例,则该惯例对合同当事人就具有法律的约束力。国际贸易惯例不是国内法,但是它在调整国际商事关系中具有特殊的作用。国际贸易惯例在特定情况下还会超越合同当事人在意思自治基础上的选择,例如,在国际商事仲裁或者在涉外诉讼中,在缺乏可适用的法律规则时,仲裁庭或法庭有义务必须做出裁决或判决时,它们会参照或适用国际惯例裁判案件做出裁决或判决。

在国际商法的发展过程中,民间组织、行业组织、学术团体整理和编撰的成文国际贸易惯例在国际商事交易中具有很大的影响力和公信力。比较著名的国际贸易惯例有:

2010 年国际商会《国际贸易术语解释通则》（INCOTERMS 2010），国际法协会《1932 年华沙—牛津规则》（CIF 买卖合同的统一规则），美国全国对外贸易协会《美国对外贸易定义 1941 年修订本》，1975 年《联合运输单证统一规则》，1982 年《伦敦保险协会货物条款》，1974 年国际海事协会《约克—安特卫普规则》，国际商会《跟单信用证统一惯例》（UCP600），1994 年国际统一私法协会《国际商事合同通则》（2004 年修订），2002 年国际商会《托收统一规则》，1976 年《联合国国际贸易法委员会仲裁规则》，等等。

（二）国内法渊源

在 21 世纪，国际贸易法和国际商法统一化虽然得到了长足的发展，但是由于各国法律传统、经济发展水平、政治制度、社会文化、宗教历史的差异和具体情况，呈现出下述复杂的局面：一方面，有关商主体的权利能力和行为能力，还难以制定国际统一的公司法或商事组织公约，按照国际冲突法规则，还需要适用商事组织的本国法；另一方面，商行为的法律效力以及权利义务关系还需要在不同程度上受到一国国内法的制约。因此，国际商事关系还需要受到各国国内法的调整，由国际冲突法规则的指引，各国商法也会成为国际商法的组成部分而成为国际商法的国内法渊源。

二、商法制度

按照法学家的通说，当今世界商法制度可以划分为四类，即英美法系、大陆法系、伊斯兰法系和社会主义法系的商法制度。

（一）英美法系的商法制度

英美商法体系是英国和美国的商事法律制度或者受英国和美国法律传统影响的基础上，所形成的法律原则、规则相近的各国商事法律制度。英美商法体系以英国和美国的商法制度为代表，以商事习惯法、判例法、衡平法、商事成文法并存为特征，在英美法系中发挥着重要的作用。

英美商法体系起源于英国，它以习惯法和判例法为渊源。其特点是商事习惯法、判例法与商事成文法并存，民事法律与商事法律没有区分。作为英美法系商法渊源的英国法在采纳商人习惯法的过程中，通过司法判例逐步形成了普通法和衡平法的商法体系。英国法也通过颁布成文法发展商法的体系，如 1882 年《票据法》、1885 年《证券法》、1889 年《商务代理法》、1890 年《合伙法》、1893 年《货物买卖法》、1894 年《商船法》、1894 年《破产法》、1906 年《海上保险法》、1907 年《有限责任公司法》以及后来制定的海运法、空运法、公司法等。以上成文法的真实含义还需要由司法判例来加以确认。

美国法律在传统上承袭了英国法律，采用习惯法和判例法，其商事法也以英国普通法为基础。判例法在美国的司法审判中起决定性的作用，成文法则需通过法院的解释才能发挥作用。尽管如此，成文法对美国商法的形成还是产生了重大影响。根据美国宪法规定，除了州际贸易和国际贸易以外，商事立法权归各州所有。各州大量内容各异的商事立法，给商事交往带来极大不便。到19世纪末，美国开始对州际贸易制定统一的商事法规，如1896年《统一流通票据法》、1906年《统一买卖法》、1906年《统一仓库收据法》、1909年《统一股票转让法》、1909年《统一提单法》、1918年《统一附条件销售法》等。1921年美国成立了统一州法全国委员会，先后向各州推荐了74部统一的法律范本、23部法典范本，其中与美国法学会合作编纂的《统一商法典》于1952年公布，后来又多次修订，对美国各州商法的统一起了重大作用。此外，美国法学会编撰的《法律重述》对美国的商事立法和法院适用、解释商事法律规则产生了重大影响。

受英美法系商法影响的主要有英联邦成员国澳大利亚、加拿大、印度、新加坡、马来西亚等国，与美国有密切关系的菲律宾等国，以及我国的香港地区。

（二）大陆法系的商法制度

大陆法系是指以法国和德国为代表的欧洲大陆国家的法律体系。大陆法系以成文法、法典化著称，其强调成文法的作用，强调法律规范和法律体系的内在逻辑性和系统性，注重成文法典的编纂，而司法判例不作为法律的渊源。大陆法系国家的商法制度在国际商法中具有重要地位。

大陆法系国家的商法，在立法形式上，有民商分立和民商合一两种立法形式。法国、德国、西班牙、葡萄牙、荷兰、斯堪的纳维亚各国、日本、韩国、泰国等国采取民商分立的立法取向，先后颁布了商法典。采取民商分立的国家在制定商法典时在立法原则上存在主观主义、客观主义和混合主义三种不同的情况。

以法国为代表的商法体系，采取客观主义原则，以商行为作为商事立法的基础。1807年法国颁布的《法国商法典》，首先确立了"商行为"的概念，在商行为之上演绎出整个商法体系。在法国商法体系中，凡是从事商行为的人就是商人，其活动适用商法。商法典所列四编内容分别为通则、海商、破产、商事法院。《法国商法典》以后经多次修改和补充，其中的许多内容分别单独制定成专门法规。商法典和商事法规构成了法国商法体系。1807年《法国商法典》已经作了修改，从客观主义转向折中主义。

以德国为代表的商法体系采取主观主义原则，以商人为商法的中心。商人的行为即为商行为，适用商法；非商人行为不是商行为，适用民法或其他法律。德国商法由《德国商法典》及其相关商事法规组成。1861年颁布的《德国商法典》称为旧商法，1897年修订的《德国商法典》称为新商法。采取主观主义立法原则的是新商法典。新商法典由商业性质、公司及隐名合伙、商行为、海商四编组成。

以日本为代表的商法体系，对客观主义和主观主义采取折中的立场。1899年的《日本商法典》以商行为和商人共同作为商法的基础，日本商事立法采取折中主义原则，反映厂商主体与商行为之间内在的联系。该法典有五编，分别为总则、公司、商行为、票据、海商。商法典和商事法规构成了日本商法体系。

在大陆法系国家中，瑞士等国则采取民商合一的立法形式，即在民法典之外不另立商法典。瑞士商事立法将商法规则包括在民法典债法篇中，形成了商法典内容与动产交易的结合。瑞士民商合一的模式为意大利等国所采纳。

（三）伊斯兰法系的商法制度

伊斯兰法系是世界主要法律体系中的一个重要的组成部分。伊斯兰法系是拥有五亿人口的穆斯林世界和伊斯兰文明国家的法律制度。伊斯兰法有四个法律渊源，第一是《古兰经》，第二是真主使者的言行"逊奈"，第三是"伊制马仪"及法学家公认的学说，第四是类比推理。《古兰经》在以上四种法律渊源中具有基础地位，它是由真主给其最后一位使者先知穆罕默德的全部启示所构成。"逊奈"由全部关于穆罕默德言行的传说构成，是叙述先知的生活和为人处世、引导信徒行为的行为准则。"伊制马仪"是法学家或称法律博士们对《古兰经》或"逊奈"的解释，是法学家们公认的法学学说。类比推理在伊斯兰社会中得到一致的接受，成为法律的渊源。

在古老的伊斯兰法体系中，商法是十分薄弱的环节。在穆斯林世界文化传统与现代社会矛盾和发展中，商法通过商业习惯、当事人协议、国家和政府颁布法律、法规，在古老的法律体系中发展起来，与现代社会相适应。社会习惯逐步地产生出商事习惯，成为现代商法的一部分。伊斯兰法的强制性规定很少，它给人的主观能动性和自由行为留下了空间，通过协议人们发展了商事合伙等商主体以及商行为的规则。在伊斯兰法发展进程中，国家和政府的立法成为商法的重要组成部分。在伊斯兰法中，缺乏现代商法的法律规则和体系，穆斯林国家通过引进英美法和大陆法商法的立法经验，通过制定法典、法律、法规的形式，逐步地建立起与现代商法相适应的法律制度和体系。

伊斯兰法系国家主要分布在阿拉伯半岛、北非和西北非、中欧、中亚、南亚、东南亚地区。

（四）我国的商法制度

1. 新中国成立前的商法制度

我国近代商法始于清朝末期。1904年清政府颁布了《大清商律》，详细规定了《公司律》131条，并有商人通例9条。这是我国第一部单行商事法。从1904年至1906年间清政府又陆续制定了《破产律》、《公司注册试办章程》、《商标注册暂行办法》等。1908年至1910年间，清政府又起草了商法典草案——《大清商律草案》。《大清商律草案》包括公司法、海船法、票据法等内容，清政府后来还制定了一些商事法律、法规，但未及颁布实施清政府就覆灭了。

辛亥革命以后，民国政府在大清商事法律的基础上，重新制定并颁布了《中华民国商律》、《公司条例》、《商人通例》等法律和条例。北洋政府于1923年起草了一部《商法》，但没有颁布实施。国民政府制定商事法律、法规时，采用民商合一的立法体例。1929年，民国政府颁布了《民法典》，将商法中有关总则、商人、经理人、代办商、商行为、交互计算、行纪、仓库、运输等规则并入民法债篇。此外，在民法体系以外，民国政府还制定了有关商事单行法规，主要有《公司法》、《票据法》、《保险法》、《海商法》、《船舶法》、《商业登记法》、《船舶登记法》、《商业会计法》、《银行法》、《证券交易法》、《动产担保交易法》等。以上商法及其法规在我国台湾省现在仍然实行。

2. 新中国成立后的商法制度

新中国成立后直至20世纪80年代，我国实行以公有制为主的计划经济体制，国家调整经济手段主要依靠经济法和行政手段。因此，商法在我国不是一个独立的法律部门。20世纪90年代以后，我国社会主义市场经济体制逐步建立，并迎来了商事立法高潮。按照占主导地位的法学理论和实践，我国商事法律的立法，倾向于采取民商合一的商法立法模式。我国有关的商事法律如《合同法》、《电子签名法》、《海商法》、《公司法》、《票据法》、《合伙企业法》、《私营企业法》、《保险法》、《商业银行法》、《证券法》、《担保法》、《信托法》等陆续颁布，不论采取民商合一的立法原则还是商法独立的立法原则，都需要商法总则的内容体现在《民法典》或者《商法典》中，在基本法层面上确立商法的基本规范。由于我国《民法典》和《商法典》都没有颁布，这些工作目前还处于研究阶段。尽管如此，商法在我国作为一个相对独立的法律部门，已经形成了初步的法律体系。

在我国，香港按照《香港特别行政区基本法》及澳门按照《澳门特别行政区基本法》的规定，实行高度的自治；现有的资本主义制度，包括商法制度，在50年内不变。香港和澳门现有的商法制度，是从英国商法制度和葡萄牙商法制度继承下来，具有英美法和大陆法法律传统。我国存在不同的法域，实施不同的商法制度；它们在我国其他法域中，其法律地位彼此予以尊重。

（五）西方国家两大法系的演变

进入20世纪以来，随着各国社会、政治、经济的发展变化，特别是国家之间的各种交流日益密切，西方国家大陆法系和英美法系这两大法系在逐步演变之中。一方面，在大陆法系国家，无视判例法作用的态度逐步有所改变，判例法渐渐有了一定的地位。例如，德国政府曾明确地宣布，联邦宪法法院的判决对下级法院有强制性约束力。大陆法系近年来也不再固守制定法的框框，一是通过最高法院的判决确立新的法律原则；二是法官在判案中对法典的条文作扩展解释而创造法律原则。另一方面，在英美法系国家，成文法的数量日益增多，成文法发挥了越来越大的作用。这些成文法包括两种情况，一是国会（或议会）制定的法律，二是行政机关根据法律制定的条例。前面介绍美国法时，曾述及美国编纂《法律汇编》和行政机关制定各种条例，英国也有类似情况。19世纪末以来，英国从判例法中提炼制定了《汇票法》、《货物买卖法》、《海上保险法》等单行法规，还编纂了《法律修订汇编》，第二次世界大战以后还展开了大规模的立法活动，逐步形成了劳动法、经济法等新的法律门类。总而言之，西方国家两大法系的发展趋势是逐步相互靠近，法律领域的差异正在逐渐缩小。典型事例是英美法系的正宗代表英国，在其加入欧洲共同体后，欧洲共同体法就成为英国法的一个组成部分，而且在某些范畴内欧共体法优于英国法，这意味着英国法在某些方面与大陆法相融合，标志着英国法接受了大陆法的部分法律原则。

第三节 国际商法的适用

一、国际商法适用概述

国际商法是调整跨国间商主体和商行为的法律规范，是实体法规范。国际商法有国际法方面的渊源，也有国内法方面的渊源；它有国际法方面的规范，也有国内法方面的规范。在国际商法体系中，各种法律渊源、法律规范的相互关系，法律规范适用的程序和先后顺序，对于正确地运用国际商法理论与法律规则具有重要的作用。

（一）国际商法的性质

国际商法是跨国间平等主体之间的法律规范。作为国际商主体参与跨国间商业交易行为时，商自然人、商法人、商合伙之间是完全平等的，任何商主体都没有特权凌驾于其他商主体之上。

国际商法调整的对象是商事交易行为。国际商法与国际经济法不同，国际经济法的经济管理行为或有关规范存在于不同法律地位的主体之间，国际商事交易行为是商主体的营利性行为，一旦法律主体从事商事交易行为，它们之间的地位应当是平等的。

国际商法属于私法，任意法的范畴。国际商事交易行为是商主体可以自由处分的行为，因此当事人意思自治是调整国际商法的首要原则，当事人可以决定是否参与交易，决定交易的条件和内容，决定选择争议的解决方式，决定选择可适用的法律及其规则。只要不违反法律的强行规定，当事人的意思表示、当事人达成的合同、当事人选择适用的法律，优越于法律的规定或得到优先适用。

（二）国际法规范与国内法规范的关系

国际商法在其发展进程中，从具有国际性的中世纪商人习惯法，到纳入各国国内法体制框架，20世纪以来又逐步回归国际统一法的轨道，经历了一个否定之否定的循环发展路径。商事交易规则国际化的发展方向顺应了经济全球化的发展趋势，这是人类社会为了追求效率、促进交易的明智选择。

我国立法顺应这个发展趋势，在民法通则、中外合资经营企业法、专利法、商标法中均明确规定，我国缔结或参加的国际条约与国内法律发生冲突时，国际条约将优先适用。

国际条约的优先适用并没有使国际法优越于国内法。按照各国对待国际条约适用的实践，凡是政治性、行政管理以及刑事方面的国际条约，各国需要首先纳入国内法体系，才能予以适用。而关于民事条约，则可以自动适用和优先适用。各国实施民商事国际条约自动适用和优先适用的规则，并不是承认国际条约优越于国内法律，而是由于国际商法的私法和任意法的性质，各国根据当事人意思自治原则，将适用国际条约和国内法规则的决定权交给从事商事交易的当事人。即便我国法律规定了国际条约优先适用，当事人仍然可以通过约定，排除国际条约的适用，改变国际条约的规则，改变它的法律效力。基于当事人意思自治原则，商事交易的国际规则和国内规则处于平等的地位，最终由当事人选择商事交易的法律适用。

（三）各国商法之间的关系

根据现代国际法原则，每个国家享有完全的主权权利，它们有立法主权、行政主权和司法主权。国家主权对内是最高的权利，对领域内所有的人、事物具有充分的管辖权；国家主权对外是平等的，是独立的。按照主权权利，各国都可以制定和颁布自己的商法体系和制度。它们之间都是独立的，具有同等效力的。在一个民商事法律关系中，要保持法律关系的稳定性和可预见性，不论法律事实和法律行为发生在什么地方，或是一国境内，或是他国境内，或是第三国境内，甚至是公海或者任何国家主权不能涉及的地方，适用同一的法律规则是重要的。因此，经济的全球化要求各国互惠、礼让，宽容和允许适用他国法律。在国际商事交易法律适用规则中，任何国家的商法制度都不能具有优越于其他国家商法的权利和地位，而只能按照当事人意思自治的原则，由当事人选择一国商法或某一国际条约作为其合同或商事行为的可适用的法律，由当事人通过意思表示排除一国商法的适用；也只能按照促进交易、提高效率、维护交易公平的原则，适用冲突法规则。

二、国际商法法律适用规则

(一) 当事人选择法律

国际商法宗旨和目标是从交易当事人利益最大化的角度追求效率、促进交易、维护交易安全、维护交易公平。在商事交易中,当事人是其利益的最佳判断者,因此,意思自治是国际商事交易规则和法律选择规则首要原则。

当事人选择法律是指国际商事交易相对人在合同中选择一国法律、国际条约和国际惯例作为商事合同的准据法,或者在法律行为发生争议后当事人选择一国法律、国际条约和国际惯例作为可适用法律的行为。

当事人选择法律已经为国际条约确认。1980年通过的《联合国国际货物销售合同公约》(简称CISG)将当事人意思自治作为当事人选择适用法律的首要原则。该公约第一条规定:对于营业地处在不同公约缔约国的当事人之间订立的货物销售合同,如果当事人在合同中没有约定适用法律的,则自动适用该公约。但是,该公约将自动适用公约的顺序放到了当事人意思自治之后。该公约第六条和第十二条规定:通过意思表示,"双方当事人可以不适用本公约";该公约第九条规定:当事人可以通过约定任何惯例或习惯做法约束当事人。

[案例1-2] 我国某贸易公司与美国某贸易公司货物销售合同争议仲裁案

1991年3月,我国某贸易公司与美国某公司通过传真件达成了销售儿童玩具的合同,合同条件为卖方向买方提供玩具10万套,每套5美元,总价50万美元,不可撤销即期保兑信用证至4月5日。其后,卖方向买方寄出了经其签名的销售确认书,该确认书记载的合同条件与传真合同条件一致。但买方寄回经其签名的确认书,将日期延至4月20日,信用证改为远期信用证。卖方立即发出传真,对买方在确认书中修改原传真达成的合同条件表示反对。买方一直不予理会。4月5日,卖方备货待运,但是没有收到买方开出的信用证。4月11日,卖方仍未收到信用证,为了避免损失,将货物转售其他客户,并通知买方解除合同。买方不同意解除合同,以卖方重大违约为由,提起仲裁程序,请求赔偿损失50万美元。鉴于卖方和买方的营业所分别处在中国和美国,该仲裁案应当适用《联合国国际货物销售合同公约》。根据该公约,仲裁庭确认卖方与买方已经通过传真已经成立了货物销售合同;而后买方修改销售确认书的行为未经卖方同意,货物销售应当依据原合同条件履行,买方未及时开立信用证构成违约,卖方有权撤销合同,驳回申请人买方的仲裁请求。

1983年通过的《国际货物买卖合同法律适用公约草案》(简称《公约草案》)也将

意思自治原则作为国际货物买卖合同法律选择首要规则。《公约草案》第七条规定："①货物买卖合同依双方当事人选择的法律。当事人选择法律协议必须是明示的，或为合同条款和具体案情总的情况所显示。此项选择可限于适用合同的某一部分。②当事人可在任何时候将合同的全部或一部分从属于原先所支配的法律以外的法律，而不管这样做是否是早先选择的结果。" 1978 年通过的海牙《代理法律适用公约》（简称《适用公约》）也作了类似的规定，《适用公约》第 5 条规定："本人和代理人选择的国内法应支配他们之间的代理关系。"我国《民法通则》第 145 条明确规定："涉外合同的当事人可以选择处理合同争议所适用的法律。"其他国家的冲突法规则也充分尊重当事人的对适用法律的选择。

我国司法实践中越来越多地尊重当事人意思自治，尊重当事人选择法律。即使对于提单背面条款未经托运人签字，我国司法实践已经确认了提单中的法律选择条款的效力。

（二）法律适用规则

在国际商事交易法律适用规则中，在当事人没有对法律适用做出选择的情况下，如果在该领域我国缔结或参加了国际条约，则该国际条约应当优先适用。

我国在 1986 年参加了《联合国国际货物销售合同公约》，我国当事人和对方当事人的营业所均处在该公约的缔约国，双方之间的货物销售合同就应当适用以上公约；如果对方当事人所在国不是公约的缔约国，则应当按照审理案件所在地的冲突法规范选择适用法律。关于跨国商事主体、商自然人的权利能力，按照通常规则应当适用其属人法，即适用其国籍国法或住所地法；而商自然人的行为能力，在适用其属人法方面则受到行为地法一定的限制，以保护本国当事人的利益；关于商法人的权利能力和行为能力，一般来说适用其属人法，但是也要受到互惠对等、条约等方面的限制。

关于商事交易中财产或物的所有权的法律使用，通常适用财产或物之所在地法的规则，但是运输途中的货物以及运输工具的法律适用规则例外。运输途中货物一般适用货物运输目的地的法律，运输工具通常适用其属人法。

关于商事交易合同的法律适用规则，通常适用最密切联系的国家法律规则。在货物买卖合同中，卖方营业所所在地对于合同签订和履行有着最密切的联系，交货的地点对于货物买卖合同的履行有着最密切的联系，贷款银行所在地对于贷款合同有着最密切的联系，承运人交货的地点对于提单项下的索赔有着最密切的联系，许可方营业所所在地对于技术转让合同有最密切的联系，消费者所在地在产品责任索赔具有最密切的联系。根据以上最密切联系原则的连接点，解决争议将适用具有最密切联系国家的法律。

在国际商事交易中，由于存在着不同的国际条约、国际惯例以及不同国家的法律制度，当事人面对使用不同的法律规则以后的不同后果，应当对法律选择有系统的策略。

在自己市场地位较强的情况下,应当争取适用本国法律或者《联合国国际货物销售合同公约》、《国际商事合同通则》。在市场地位不强的情况下,可以采取让法律选择空缺的策略,如果交易相对人来自《联合国国际货物销售合同公约》的缔约国,则《联合国国际货物销售合同公约》自动适用;如果交易相对人不是来自《联合国国际货物销售合同公约》缔约国,则在法律选择空缺的情况下,尽可能选择在我国仲裁,以便《联合国国际货物销售合同公约》或《国际商事合同通则》作为国际惯例加以尊重或参照使用。在货物买卖合同履行方面,尽量争取交货的地点在我国,以便我国法律有机会得到更大程度上的适用。

第四节 国际贸易统一法的产生、发展与前景

一、国际贸易统一法的产生

前已述及,由于当今世界各国商法制度各异,各个国家法律的差异与冲突,对包括国际贸易在内的国际商事活动带来许多法律障碍,严重影响国际经济贸易的发展。与此同时,伴随着各国经济、科学、技术的逐步发展,以及在这些领域的国际交流、合作日益密切,国际分工的深化,于是逐渐产生了国际贸易统一法。

所谓国际贸易统一法,是指国家间通过条约、协定制定的国际贸易统一法律规则和被国际上普遍承认的国际贸易统一惯例。国际贸易统一法的渊源是国际条约(公约)和国际贸易惯例。在一般情况下,它不涉及各国国内的立法。

从19世纪末、20世纪初以来,国家间通过外交会议缔结了许多有关国际贸易方面的条约。与此同时,非政府国际组织[①](International Non-Governmental Organization,简称 INGO)把国际贸易中长期实践形成的一些习惯做法编纂成册,或加以解释,成为国际上普遍认可的国际贸易统一惯例。第二次世界大战以后,随着科学技术进步和世界经济一体化的发展,国际贸易统一法有了巨大的发展。

二、致力于国际贸易统一法工作的国际组织及其成就

在制定国际贸易统一法的进程中,政府间国际组织和非政府国际组织[②]各自作出了

---

① 根据联合国经济及社会理事会下的定义,非政府国际组织是指"不是根据政府间协定设立的国际组织"。《联合国宪章》第71条规定,经济及社会理事会可就其职权范围内的事项,同非政府国际组织协商。此原则后为联合国所属各机构所承袭。
② 政府间国际组织是由若干国家组成并由这些国家提供资金进行活动的国际组织。

其努力和贡献。从某种意义上说，这些国际组织起了制法组织的作用，它们所制定的国际性公约（条约）或国际贸易惯例，主要是在国际贸易领域的统一规范，问世以后在不同范围内发挥作用，对统一国际贸易法作出了各自不同的重要贡献。

（一）政府间国际组织

1. 联合国国际贸易法委员会（United Nations Commission of International Trade Law，简称 UNCITRAL）

联合国国际贸易法委员会于 1966 年 12 月 17 日根据联合国大会决议成立，其宗旨是："进一步积极协调和统一国际贸易法……与本领域的现行组织开展适当合作，准备并通过新的国际公约、示范法和统一法，促进法典的编纂和使各国更加广泛地采用国际贸易术语、规则、惯例和习惯性做法。"① 该委员会是当今世界统一国际贸易法方面最有权威性、最重要的机构，先后主持制定了一批在国际贸易领域有重大影响的国际公约和示范法，其中包括：《联合国国际贸易法委员会仲裁规则》（1976 年），《海上货物运输公约》（1978 年），《联合国国际货物销售合同公约》（1980 年），《联合国国际货物多式联运公约》（1980 年），《联合国国际贸易法委员会调解规则》（1981 年），《国际合同使用电子通信公约》（2005 年）。

除上述国际性公约外，联合国贸法会还主持制定了着眼于统一国际贸易法中一些操作规程的文件。例如：《关于电子资金转移的法律指南》（1987 年），《关于起草国际工业建筑合同的法律指南》（1988 年），《贸易法委员会电子商业示范法》（1996 年），《电子签名统一规则》（2000 年），等等。

2. 国际统一私法协会（UNIDROIT）

国际统一私法协会于 1926 年成立，原为民间组织，后转为独立的政府间国际组织，总部设在意大利首都罗马。该协会的宗旨是促进各国和多国集团之间私法规则的统一和协调，并制定可能会逐步被各个不同的国家所接受的私法统一规则。目前该协会拥有 58 个成员国，中国于 1985 年加入并全面地参与了该组织的各项立法活动。该协会先后制定了 1964 年《关于国际货物销售合同成立的统一法公约》、1970 年《关于旅游合同国际公约》、1983 年《国际货物销售代理公约》、1988 年《国际保付代理公约》等 7 个国际公约，1994 年完成了以一般法律原则和惯例形式出现的《国际商事合同通则》。

3. 海牙国际私法会议（The Hague Conference On Private International Law）

海牙国际私法会议于 1893 年召开首次会议，后来确定原则上每 4 年举行一次例会。其宗旨是统一国际私法。先后主持制定了 1955 年《关于有体动产国际买卖的准据法的公约》、1956 年《关于民事或商事司法及非司法文书在国外的送达和通知的公约》等多

---

① 引自联合国贸法会《年鉴》，1968－1970 第 1 卷，第 65－66 页。

项国际公约。

4. 联合国欧洲经济委员会（UN Economic Commission for Europe，简称 ECE）

联合国欧洲经济委员会于 1947 年成立，是联合国经济及社会理事会的下属组织，是进行东西方贸易、交换东西方国家技术情报的场所，也是协商和制定共同规则的机构。该委员会的成员国除包括西欧、东欧的大多数国家外，还有原苏联的两个共和国以及土耳其、塞浦路斯、美国。20 世纪 50 年代以来，该委员会主持制定了货物买卖共同条件与标准合同格式，包括谷物买卖合同、成套设备和耐用消费品合同等，并制定了 1961 年《欧洲国际商事仲裁公约》。这些举措对国际贸易实践的影响实际上已超出了欧洲范围。

（二）非政府国际组织

1. 国际商会（International Chamber of Commerce，简称 ICC）

国际商会于 1919 年成立，是名副其实的世界商业组织，总部设在法国首都巴黎，下设 30 多个委员会，致力于国际贸易惯例的编纂工作，目前在 63 个国家设有国家委员会，每两年举行一次大会。该商会先后制定和修订了《国际贸易术语解释通则（Incoterms）2010》、《跟单信用证统一惯例》（UCP600）、《托收统一规则》、《调解与仲裁规则》（1987 年）等国际贸易惯例，还制定和推广使用《国际销售示范合同》（1997 年版）等，在国际社会有较大的影响。该商会附设仲裁院，在推广国际商事仲裁方面起了重要作用。

2. 国际法协会（International Law Association，简称 ILA）

国际法协会于 1873 年成立，总部设在英国伦敦。该协会的宗旨是研究、解释和发展国际公法与国际私法以及比较法，解决法律的冲突或提出统一法律的方案，促进国际间的了解。1932 年制定了关于国际贸易术语 CIF 的《华沙—牛津规则》，在贸易界影响较大。

3. 国际海事委员会（International Maritime Committee，简称 IMC）

国际海事委员会于 1896 年创立，是海事私法条约的国际研究机构，总部设于比利时的安特卫普，先后对 18 个海事条约的制定作出过贡献，如《约克·安特卫普共同海损理算规则》等。

三、国际贸易统一法的发展与前景

第二次世界大战结束以来，各国经济、科学、技术空前发展，国际贸易持续增长，超越国界的国际合作与国际分工不断深化，全球经济一体化的进程势不可挡。反映这一社会现实的国际贸易法的发展趋势，是在国际水平上的全球统一运动。在这政治风云变幻莫测、东西方政治斗争此起彼伏的复杂世界里，60 余年来国际贸易一直保持持续增长的趋势。国际贸易已经变为如此之重要,不仅资本主义国家需要它,而且社会主义国家也需要它,处于各种经济状况的国家几乎无一例外地积极参与其中。

当今世界存在两类不同社会制度国家的法律,而西方资本主义国家又分为大陆法系、英美法系和伊斯兰法系,各法系内部国家之间又存在法律冲突,为什么多年来国际贸易得以顺利发展呢?到底是什么原因?我们认为除国际经济贸易基本规律和客观需求等原因之外,支持此种大趋势的其中一个重要因素是,国际贸易统一法在逐步形成和发展,为国际贸易的快速顺利发展铺平了道路。在国际贸易这个特殊的领域中,不管各有关国家的政治制度、意识形态和经济倾向如何,不管是高度现代化的发达国家还是仍处于贫穷状态的发展中国家,经长时期的积累和进化,实际上已经产生和存在着一种共同的语言,这就是国际贸易统一法。正如国际贸易法权威施米托夫[①]所言:"支配贸易的法律既不是资本主义的,也不是社会主义的,它是达到某种目的的手段。因此,尽管此类交易的受益人因国家的不同而异,但这并不妨碍国际贸易的发展。国际贸易统一法是建立在整个世界都能接受的基本原则的基础上的。"[②]

从本质方面看,涵盖贸易方面的国际公约和国际惯例的国际贸易统一法,是无数法学界、贸易界的专家、学者以及实际工作者(如法官、律师)持续不懈努力的成果,它们属于技术性规范,是人类智慧的结晶,是人类的共同财富。它们超越了漫长而又森严的国界,超越了针锋相对的意识形态,相对独立地形成了一个内容广泛、形式不拘一格的体系。

无数事实证明,有关国际贸易统一法某些领域的国际公约的制定,往往要经历漫长而艰苦的过程,而且在正式通过后,仍需一段相当长的时期才能为日益增多的国家接受,才能在世界范围推广和普及。在国际货物买卖领域(包括买卖法和合同法)的统一法发展进程,便是一个鲜明的例证。从1929年起,国际统一私法协会(UNIDROIT)即决定拟订一项有关国际货物买卖的统一法,并做了一些准备工作,后因爆发第二次世界大战而一度中断。20世纪50年代,该协会继续拟订这方面的统一法草案,经多次修改,终于在1964年海牙会议上正式通过了《国际货物买卖统一法公约》和《国际货物买卖合同成立统一法公约》。然而,由于受大陆法传统的影响较深、内容比较繁琐等原因,该两项公约在国际上并没有被广泛接受和采用。1969年,刚刚成立不久的联合国国际贸易法委员会决定,由其完成统一国际货物买卖法的历史使命,成立了包括社会主义国家代表在内的专门工作小组拟订公约条文,以使公约能得到不同社会经济制度和不同法律制度的国家的广泛接受。经过约10年的酝酿准备,于1978年完成了起草工作,后又反复征求各国意见,终于在1980年维也纳联合国大会通过了《国际货物销售合同

[①] 施米托夫(1903—1991)是国际贸易法的主要创始人,曾任联合国法律顾问和联合国国际贸易法委员会主席。
[②] 施米托夫诞辰纪念论文集《国际贸易法》,中国大百科全书出版社1993年版,第171页。

公约》。由于该公约吸纳了不同法律体系买卖法和合同法的合理成分，较好地平衡了国际货物买卖中卖方与买方的利益，具有科学性、合理性和实用性，得到各国贸易界、法律界的普遍认同。30多年来，已陆续有70多个国家成为该公约的缔约国，实践中适用该公约的合同越来越多。

随着国际贸易内涵的拓宽和各国合同法的革新发展，国际法律界、商业界要求进一步发展和完善国际合同法的一般原则和惯例。在这一历史背景下，国际统一私法协会于1971年决定成立一个委员会来探求阐述国际商事合同一般原则的可行性。该委员会由大陆法系的大卫、英美法系的施米托夫、社会主义法系的波普斯库三位著名法学家组成。1980年又成立了特别工作小组，其成员包含世界各主要法系在合同法、国际贸易法领域的专家（中国专家亦在其内），起草有关实质性条文。经过14年反复讨论和修改，终于在1994年5月国际统一私法协会通过了《国际商事合同通则》（UNIDROIT Principles of International Commercial Contracts，简称《合同通则》）。《合同通则》充分继承和吸纳了《国际货物销售合同公约》以及各国立法的最新成果和经验，同时又极大地发展了许多新的法律原则，具有科学性、现代性、合理性等特征，是迄今最为完善的合同法规范。

回顾国际贸易统一法发展的漫长艰辛的历程，我们认为，国际贸易统一法有以下几方面特点：

（1）国际贸易统一法在不断地趋向于自治、独立，尽可能运用综合性的而非民族性的法律概念。任何一国的国内法律制度都有其复杂的历史渊源，有其传统性和特殊范围内的合理性，所以其改变往往是困难的，需积以时日。由于许多国家传统的国内法制度之间存在着差异，甚至是很大的差异，它们根本无法适应现代国际贸易世界市场变化了的环境。于是，在各国法律之外围逐渐产生的国际贸易统一法，其发展趋势是在各主权国家的容许之下，冲破国内法的框框，朝着具有普遍性、国际性的方向迈进。[①] 正是从这一意义出发，外国有的学者称国际贸易法为"国际贸易自治法"。例如，国际贸易中经常使用的贸易术语，最早在19世纪开始使用。国际商会于1936年总结和制定了当时的普遍做法，定名为《国际贸易术语解释通则》（International Rules for the Interpretation of Trade Terms，简称Incoterms），对FOB等9种贸易术语作出了规定。此后，国际商会多次对上述通则作了补充修订，现行的2010年版本又对前一版本作了全面修订，包括了对FOB等11种贸易术语的规定。在这半个多世纪中，除美国出版过《1941年美国对外贸易定义修正本》，对6种贸易术语作出解释外，其他国家的国内法基本上都未专门制定过贸易术语的规定。也就是说，在贸易术语这个领域里，国际商会制定的《国际贸易术语解释通则》，多年来已经独立发展成为一种为绝大多数国家当事人普遍

---

① （英）施米托夫著：《国际贸易法文选》，赵秀文译，中国大百科全书出版社1993年版，第216－217页。

接受的惯例，自成一体。因此，在某一国家的国内法对此作出规定，已经变为不必要的了。在美国，由美国统一州法全国委员会和美国法学会主持制定的《统一商法典》，早已为各州采纳为法律，在2003年修订中删去了关于FOB价格术语的6条规定，事实上是让《国际贸易术语解释通则》取代其本国的法律规定。现在，《国际贸易术语解释通则》已经在全球范围内为贸易界、法律界所公认，并被普遍适用。

（2）国际贸易统一法尽可能兼收并蓄，采用合成的方法，即把不同来源中的各种合理因素连结成为一个有机的整体。无论是采用国际公约（条约）的形式，还是采用国际贸易惯例的形式，国际贸易统一法每一项规则的制定，都是为了协调有关当事人之间相互冲突的经济利益，实现利益的平衡、和谐，易为各国当事人所接受。例如，在合同法关于要约的撤销问题上，《国际货物销售合同公约》第16条以及《合同通则》第24条（两者基本上是相同的）均部分地吸纳了两大法系的法律原则，将这两种本来互不相容的法律规定巧妙地融为一体。在（1）款中，基本上采取了英美法的法律原则——作为一项规则，要约可以撤销。然后在（2）款中，作为上述规则的例外，则采取了大陆法国家的原则，规定要约包含了不可撤销的表示或基于受要约人对要约的信赖，则要约不得撤销。国际贸易统一法中的兼容性，是强调"求大同，存小异"，先在大原则问题上求统一，同时允许各国某些做法上小的差异。允许"存小异"的过渡阶段，最后才有可能实现真正的"大同"。

（3）国际贸易统一法从有关国家法律制度中吸收合理成分，反过来又影响另一些国家的国内立法，对各国立法能动地发挥导向趋同化、统一化的积极作用。例如，《国际货物销售合同公约》第74条以及《合同通则》第7.4.4条关于损害赔偿范围的规定，均吸收了英国判例法中的合理成分，即"可预见性要求"，不履行方当事人仅对在合同订立时他能预见到或理应预见到的、因其不履行而造成的损失承担责任。在中国1999年制定的《中华人民共和国合同法》中，充分吸收和参考国际公约和国际惯例中的合理成分，其第113条规定就含有"可预见性要求"："当事人一方不履行合同义务或者履行合同义务不符合约定，给对方造成损失的，损失赔偿额应当相当于因违约所造成的损失，包括合同履行后可以获得的利益，但不得超过违反合同一方订立合同时预见到或者应当预见到的因违反合同可能造成的损失。"

有关国际贸易统一法框架图见下页。

前已述及，国际上各种制法组织（包括政府间国际组织和非政府国际组织）在各自选择的范畴内已经制定了一系列的国际公约（条约）和国际惯例，国际贸易统一法已经构筑了一个基本框架。特别是在国际货物买卖领域，无论是在实体法规范方面还是程序法（冲突法）方面，已经形成了统一法的雏形。上图展示目前已经具有较大影响的国际公约和国际惯例，区域性的成果则未列其内。

以上各制法组织制定的众多的国际公约和惯例，实际上已经基本涵盖了国际货物买

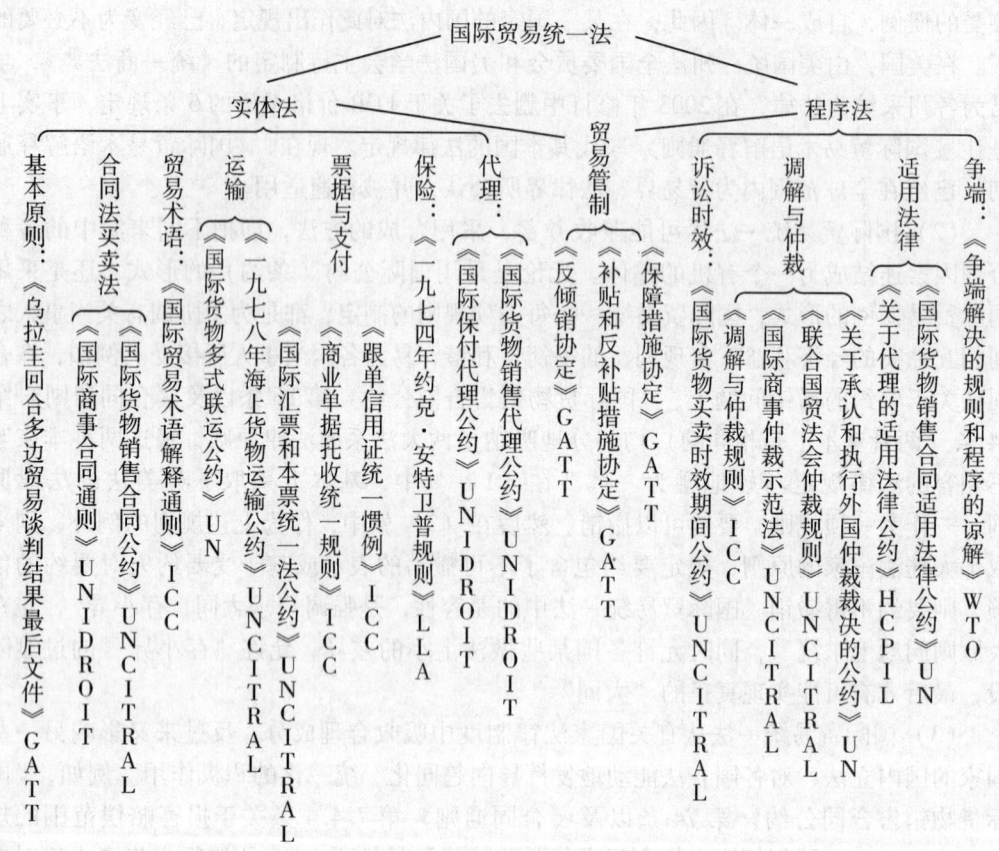

（说明：国际贸易统一法名称后的字母，为制法组织英文名称的简称）
国际贸易统一法框架图

卖以及其他相关领域的主要法律规范。尽管在这些制法组织之上并无任何机构行使调控分工的职能，各制法组织均是自选课题，然而它们却配合默契地分别攻克了一个个分散的堡垒。将这些历经艰难而产生的成果聚集在一起时，我们可以看到，它们基本上构成了一部整体作品。

早在1984年，施米托夫发表了题为《国际贸易法的编纂》的演讲，预言各制法组织将通力合作，编纂出世界性的国际贸易法典，并提议由联合国国际贸易法委员会完成此历史使命。可以想象，制定国际贸易法典这项艰巨复杂的重大工程，其难度远远超过某单项国际公约，需积以时日，持之以恒。此项工程也许会经历许多艰难曲折，经历相当长的历史时期。然而，过去半个多世纪的国际贸易统一法成就是那样辉煌，那样令人鼓舞，我们没有理由对将来的前景不持乐观态度。展望21世纪第二个10年，国际贸易统一法的成果将会不断增加（例如在国际电子商务领域等），参加国际贸易统一法公约的国家将不断增加，贸易法的趋同化、统一化趋势将继续向纵深发展。

20世纪末，以世界贸易组织的成立为新起点，全球经济一体化的趋势不断深入发展，本书定稿时，WTO成员方已达到158个。尽管WTO"多哈回合"目前陷入了困境，但是WTO各职能机构仍在继续正常运行，国际贸易将在发展的深度、广度等各方面产生新的突破。不管今后是否将有一部国际贸易法典诞生，不管还会经历多少艰难险阻，我们都坚定不移地相信，国际贸易统一法将不断向前发展，必将结出丰硕的果实，这是历史的必然，是任何力量也无法阻挡的。

参考书目

1. 冯大同主编. 国际商法. 北京：对外经济贸易大学出版社，1994
2. （英）施米托夫著. 国际贸易法文选. 赵秀文，译. 北京：中国大百科全书出版社，1993
3. Richard Schaffer and the others. International Business Law and/Its Environment. West Publishing Company，1998
4. 赵承璧著. 国际贸易统一法. 北京：法律出版社，1998
5. 吴兴光，朱兆敏主编. 国际商法. 北京：中国商务出版社，2010

思考题

1. 什么是国际商法？国际商法有什么特征？
2. 国际商法有哪些渊源？
3. 国际商事规则在国际商事交往中如何得以正确适用？
4. 试述国际贸易统一法的含义和渊源。

第二编 实 体 法

第二章 合 同 法

第一节 合同法概述

合同是商品交换的法律形式，一切商事交易的展开，都离不开合同，国际商事交易更是如此。在当今世界，无论社会制度、法系、种族、语言、文化等如何不同，都几乎无一例外地运用着合同，从生产至分配、流通领域的每个环节，是一个又一个紧密相连的合同，使社会生活处于相对稳定的状态。

然而，由于国际社会尚无统一的立法机构，因此，到目前为止，还没有为国际社会普遍承认和接受的、统一适用于各类合同的国际合同法。在这种背景下，国际商事交易以及为此而订立的国际商事合同的法律问题，就显得极为复杂。

一、合同的定义和特征

由于社会条件、背景等方面的不同，世界各国法律对合同下的定义不尽相同；但普遍认为，合同是一种民事法律行为，是当事人意思表示一致的协议。

大陆法系国家的合同定义来源于罗马法。依罗马法合同定义，合同为双方当事人间发生债权债务的合意。以《法国民法典》为代表的合同定义，即从罗马法定义转化而来，该法典第1101条规定："合同是一人或数人对另一人或数人承担给付某物、做或不做某事的义务的一种合意"。此处强调合意，即当事人之间就有关义务达成了一致意见。《德国民法典》虽未对合同下定义，但观其合同在民法典中的位置，德国法上的合同是广义的私法合同，泛指一切以意思表示一致为要素而发生的在私法上的行为，《德国民法典》305条规定："依法律行为为债务关系或变更法律关系的内容者，除法律另规定外，应依当事人之间的合同。"《德国民法典》把合同纳入法律行为、债务关系的范畴内。

英美法的传统理论，是强调合同来源于当事人所作出的诺言。美国法学会1981年编纂出版的《第二次合同法重述》第1条为合同下的定义是："合同是一项或一组这样的诺言：它或它们一旦被违反，法律就会给予救济；或者是法律以某种方式确认的义务的履行。"与上述对合同的传统定义并存，美国尚有所谓的现代定义。最有代表性的是《美国统一商法典》第1-201条（11）款："合同意为受本法典和其他适用法律规则管制的当事人之间的协议所产生的全部法律义务。"此定义强调当事人之间达成了协议，由此而产生了法律义务,与前述传统定义大不相同。

我国的合同法理论,主要是在借鉴大陆法系合同法理论的基础上建立起来的,《中华人民共和国合同法》(以下简称《合同法》)第 2 条对合同定义如下:"本法所称合同是平等主体的自然人、法人、其他组织之间设立、变更、终止民事权利义务关系的协议。"依此内容,我国合同定义显然是建立在"法律行为说"的基础上,即认为合同是民事主体间设立、变更、终止民事权利义务关系的法律行为。

尽管前述各国法律对合同下的定义各有差异,但强调当事人之间存在协议(或合意,美国传统定义除外)则是基本一致的。依据上述定义来分析,合同具有三方面特征:

(1) 合同是当事人意思表示一致的协议。这是合同最本质的特征。不管双方(或多方)当事人起初有些什么意见分歧,但是到最后,在双方通过要约、承诺的方式就有关的主要问题已经达成了合意时,合同关系即成立,否则就谈不上合同以及赖之而存的权利义务关系。

(2) 合同是双方(或多方)当事人的民事法律行为,而不是单方的民事法律行为。仅一方当事人订立合同是无实际意义的,至少应有两方当事人参与。合同在本质上属于合法行为,合同当事人作出的意思表示是合法的、符合法律要求的情况下,合同才具有法律约束力。

(3) 订立合同的目的是为了产生某种民事法律方面的效果。就是说,事出有因,不是为订合同而订合同,一般包括设立、变更、终止民事法律关系这三种情形。例如,卖方欲以每公吨 3000 元以上的价格出售 500 公吨钢材,而买方愿以 2900 元以下的价格买进,经过讨价还价,双方订立了合同,价格为每公吨 2950 元。这样就设立了买卖钢材的民事法律关系。

二、合同法与各国编制体系

所谓合同法(Contract Law),是指调整各种合同法律关系的法律规范。合同法在民商法中占有非常重要的地位。它与买卖法、代理法、产品责任法、保险法等有着密切的关系,共同构筑成庞大复杂的民商法制度。

西方国家的合同法编制体系各不相同,大陆法系与英美法系各有特色。

(一) 大陆法系的合同法

在大陆法系国家,合同法是以成文法的形式出现的,如法国、德国、意大利、瑞士、日本等国,其合同法都包含在民法典或债务法典之中。大陆法国家的民法理论把合同作为产生"债"的原因之一,大陆法系对合同的基本观点是,合同是债的一个种类。债是一个总概念,在此之下,合同、侵权行为、代理权的授予、无因管理、不当得利均是产生债的原因,将有关合同的法律规范与产生债的其他原因,如侵权行为等法律规范并列在一起,作为民法的一编,称为债务关系法或债编。例如,《法国民法典》把有关合同的内容集中在第三卷加以规定;《德国民法典》设有"总则"一编,以法律行为的概念,把有关合同成立的共同性问题加以规定,而在后面的各种债务关系篇章,实际上是合同法各论,分别对买卖、互易、使用租赁、使用借贷、合伙、保证、和解等 18 种合同作了具体规定。

(二) 英美法系的合同法

在英美法系国家,合同领域的法律原则主要包含在普通法之中,这是几个世纪以来由法院以判例形式发展起来的判例法。除印度以外,英美法系各国均无系统的、成文的合同法。所以,英美法系的合同法主要是判例法、不成文法。虽然,英、美等国也制定了一些有关某种合同的成文法,如英国 1893 年《货物买卖法》、《美国统一商法典》等,但它们只是对货物买卖合同及其他一些有关的商事合同作了具体规定,至于合同法的许多基本原则,如合同成立的各项规则等,仍需依据判例法所确立的法律原则行事。

(三) 中国合同法律制度

1986 年颁布的《中华人民共和国民法通则》(以下简称《民法通则》)是中国调整民事法律关系的基本法。中国有关合同的其他法律都是依据该基本法的原则和精神制定的。《民法通则》中的许多规定都与合同有关,例如关于民事活动的基本原则、民事法律行为、债权、违反合同的民事责任等方面的规定,适用于各种民事合同。

1999 年 3 月 15 日,全国人民代表大会九届二次会议通过了《中华人民共和国合同法》,从 10 月 1 日起施行,原《经济合同法》、《涉外经济合同法》、《技术合同法》同时废止。该合同法包括总则、分则两大部分。总则含 8 章,对合同的订立、合同的效力、合同的履行、合同的变更和转让、合同的权利义务终止、违约责任等问题作出规范。分则含 15 章,对买卖合同等 15 种合同作出具体规范。

三、国际统一合同法的蓝本——《国际商事合同通则》

长期以来,人们一直期盼统一国际贸易领域的有关法律,特别是统一作为国际商事交易基础的法律——合同法,以排除国际贸易往来中的法律障碍。从 20 世纪初开始,一些国际组织先后展开了统一各国合同法的工作,坚持不懈地作出艰苦的努力。1980 年《联合国国际货物销售合同公约》(CISG)是国际贸易统一法的重大成果,它既包含买卖法内容,也包含合同法内容,对统一不同社会制度、不同法系、不同国家在货物买卖领域的法律原则有重大建树,受到不同类型国家的普遍欢迎。

然而,《联合国国际货物销售合同公约》管辖的范围仅限于国际货物买卖领域,对合同的有效性等当时难于统一的一些重大问题采取回避态度等等，在一些问题上存在较大的局限性，因而法律界、贸易界人士迫切希望在更广泛的范围统一合同法。1980年，国际统一私法协会成立了包括世界所有主要法系在合同法和国际贸易法领域的专家在内的工作组，起草统一的国际商事合同法。经过14年坚持不懈的努力，历经多次反复讨论和修改，终于在1994年5月通过了《国际商事合同通则》（Principles of International Commercial Contracts，以下简称《合同通则》），2004年又作了修订。该通则在继承CISG合理成分的基础上，进一步全面地确立了国际商事合同领域的各项法律原则，是国际合同法统一化进程中的又一重大成果。该通则尽可能地兼容了不同法律体系和不同社会文化背景的一些通用的法律原则，同时还总结和吸收了国际商事活动中广泛适用的惯例和最新立法成果，对今后国际贸易法的进一步统一具有重大和深远的意义。

（一）《合同通则》的适用范围和性质

本通则是以"一般规则"（General rules）的形式出现的，适用于所有的国际商事合同。此处的"国际"，是设想赋予其尽可能广义的解释，包括合同当事人的营业地、惯常住所地在不同国家的情形，以及合同含有国际因素的各种情形。至于"商事"，此处要求合同当事人有正式的"商人"身份或该交易具有商业性质，将消费者交易排除在外。本通则未对"商事"下明确的定义，只是假定对"商事"合同概念应在尽可能广泛的意义上来理解，以使它不仅包括提供或交换商品、服务的一般贸易交易，还可包括其他类型的经济交易，如投资和特许协议、技术许可协议、专业服务合同等等。在1995年结束的"关税与贸易总协定"乌拉圭回合多边贸易谈判中，确立了国际贸易的最新概念——它除涵盖货物贸易之外，还延伸到知识产权转让、投资和服务贸易。在上述领域交易而成立的合同，除消费、赠予和援助性质的以外，基本上都是国际商事合同，都属于《合同通则》所调整的范畴。由此可见，本通则的适用范围非常广泛。

《合同通则》从性质上说，是一种法典化的法律重述，它具备六种功能：①当事人同意合同受通则管辖时通则应该作为合同所适用的法律；②当事人同意合同受一般法律原则、商人法（或类似措词）管辖时，可以适用通则；③当事人没有选择合同所适用的法律时，可以适用通则；④可以用于解释或补充国际统一法律文件；⑤可以用于解释或补充国内法；⑥可以作为国内和国际立法的范本。上述六种功能中，第六种是示范法的功能，而其余五种功能之实现，都体现为通则不同程度地适用于具体的国际商事合同纠纷。而且这五种功能中，前三种功能可以归结为通则作为准据法的功能，后两种可以概括为通则作为解释和补充工具的功能。

[案例2-1]　国际商会仲裁院第7110号裁决

国际商会仲裁院第7110号裁决（1995年）的基本案情是：一家英国公司和一个中

东国家的政府部门缔结了9个提供设备的相关合同。这些合同中没有一个明确规定适用某一国内法,但有些合同规定,争端解决应依据"自然正义"。中东原告认为,"自然正义"指的是一般法律原则。英国被告认为,"自然正义"仅仅涉及程序规则,如正当程序和公平听证;而且,英国是特征履行地义务人所在的国家,英国法应该是与合同具有最密切联系的法律。大多数仲裁庭成员赞同原告的主张,认为合同应受一般法律原则的管辖,这些一般法律原则并非存在于任何特定国家的法律体制之中,而是适合于国际交易需要并获得广泛国际共识的规则。在仲裁庭看来,获得广泛国际共识的一般原则和规则主要反映在《国际商事合同通则》之中。因此,合同应受《合同通则》管辖并依据《合同通则》来解释。仲裁庭认为,将《合同通则》作为管辖合同的法律是适当的,即使在当事人缺乏此种默示意图时也是如此。事实上,《合同通则》可以视为《国际商会仲裁规则》第13(3)条所指的"最适当的法律"。①

《合同通则》旨在为国际商事合同制定一般规则,可用于解释或补充国际统一法的文件,也可作为国内和国际立法的范本。《合同通则》不是一项国际性公约,因而不需要国家政府参加的任何程序,各国当事人完全可依其自身意愿很方便地适用。而且,当无法确定合同的适用法律对某一问题的相关规则时,通则可对该问题提供解决办法。所以,在国际商事合同领域,通则适用的机会很多,其对适用范围的定位开拓了异常广阔的空间,有利于其作为合同法通用准则的推广和运用,有利于推动世界范围内合同法统一化的进程。

(二)《合同通则》的内容与结构

《合同通则》分为前言和7个篇章,共109条,对合同法的各组成部分作了全面、明确的规定。在法律术语的表达上尽量采用无歧义的表述,对许多条文规定附加注释并举例说明,每个条文冠之以概括其内容的简短标题,便于理解和记忆。

(三)《合同通则》的总则

《合同通则》的总则共含10个条文,概括性地确立了基本原则等重要事项。

首先,总则规定了国际商事领域中的三项基本原则:

(1)缔约自由(Freedom of Contract)原则。本通则第1.1条标题就是"缔约自由",它明确规定:"当事人有权自由订立合同,有权自由决定该合同的内容。"在当今世界,经营者自由决定向谁供货或提供服务的权利,以及自由地商定各项交易的贸易条件的可能性,是开放的、市场为导向的、充满竞争的国际经济的基石。

---

① 摘录自左海聪主编:《国际商法》,法律出版社2008年版,第68页。

(2) 合同必须信守原则。本通则第 1.3 条确定了合同法的另一项基本原则——"合同必须信守"。此条文规定："有效订立的合同对当事人均有约束力。当事人仅能根据合同条款或通过协议或根据通则的规定，修改或终止合同。"合同的约束性是建立在该合同有效成立的基础之上，它不受任何合同无效原因的影响。

(3) 诚实信用和公平交易原则。本通则在第 1.7 条确立了该基本原则，而且特别明文规定"当事人各方不得排除或限制此项义务"，强调此条属强制性规定。上述原则包含了"诚实信用"和"公平交易"两个概念，并非按不同的国家法律体系中所采用的一般标准来适用。第 1.7 条用了"国际贸易中的诚实信用和公平交易"的字句，强调必须按照国际贸易的特殊情况去解释，其要求有可能高于某一国的国内标准。

其次，总则第 1.4 条确立了"强制性规则优先"的原则，即：本通则不得否定由主权国家自主制定的或为履行国际公约而制定的或被超国家所采纳的强制性规定。

再次，总则第 1.5 条规定，除另有规定外，当事人可排除本通则的适用，或者减损、修改本通则任何条款的效力。

第二节　合同的成立

合同的成立（Formation of Contract），通常是指合同双方当事人作出意思表示并达成了一致的一种状态。它是合同法中最重要的组成部分。

一、西方发达国家关于合同有效成立的要件

对于合同的成立，西方发达国家法律均要求具备一定的条件，即所谓合同有效成立的要件，但各国具体要求不尽相同。综合起来，西方发达国家对合同有效成立的要件主要有以下几项：

（一）通过要约和承诺达成合意

合意（Agreement）是合同成立的最基本的条件。学者认为，"合意"一词源自罗马法，它当时是指合同当事人内心意思的一致，但在现代民法中，合意被认为是由解释所确定的"表示内容的一致，而非内心意思的一致"。

法国学者认为，合同当事人的意思表示比当事人的意愿本身更为重要，意思表示是合同的要素。在英美法系，检验合同意向及是否合意的标准，采取客观标准。英美法强调，当事人之间必须达到"相互间的一致"（Mutual assent），有的又称之为"意愿的汇合"（Meeting of minds），其意思是，双方当事人均了解有关条件，对此达成了一致意见，而且已做好准备受有关条件的约束。"意愿的汇合"，强调必须是客观的，通过某

种形式表现出来，一般是通过要约、承诺反映出其意愿。

依我国《合同法》的规定，所谓合意是指当事人对合同的主要条款在客观上意思表示一致。至于其主观上意思表示是否一致，实质上是意思表示是否真实的问题，属于确定合同效力的主观因素。

合同成立的根本标志是当事人的意思表示的一致，即达成合意。这首先要求当事人作出订约的意思表示，并通过要约和承诺等方式达成合意。尽管这种合意的形成通常要经过要约与承诺这两个阶段，但这只是合同的成立方式，或者说是合同订立的过程，而不是合意本身，因此不能认为要约与承诺是合同的成立要件，只有合意才是合同的成立条件。

（二）当事人具有缔约能力

具有缔约能力（The legal capacity to contract），是民事法律行为的要件，此处的当事人，仅讨论自然人和法人两类。

关于自然人的行为能力，各国法律基本上都规定，未成年人、酗酒者、吸毒者、精神病患者受一定限制，但其具体规定有些出入。例如，什么年龄为成年人标准，未成年人可订立何种合同，等等。英美法的判例所确立的原则是，未成年人通常没有订立合同的能力，但是作为例外，他们订立的有关生活必需品的合同是有约束力的。生活必需品不仅包括衣服、食物等维护生存所必需的物品，而且包括该未成年人的社会地位所合理需要的东西，如手表、自行车等。

法人是指拥有独立的财产，能够以自己的名义享受民事权利和承担民事义务，并且按照法定程序成立的法律实体。最常见的法人是公司。法人是由自然人组织起来的，它需要通过自然人才能进行活动。根据各国公司法的规定，公司必须通过它授权的代理人才能订立合同，如该公司的董事，是法定代表，而且其活动范围不得超出公司章程的规定。

（三）存在对价关系或约因

1. 英美法的对价原则

对价（Consideration）是英、美、法的一个独特概念。其定义是："合同一方得到的某种权利、利益、利润或好处，或是他方当事人克服自己不行使某项权利或遭受某项损失或承担某项义务。"

英国、美国普通法把合同分为签字蜡封合同和简式合同两大类，前者以遵守特定的形式为合同生效的条件，后者以存在对价关系为条件。对价是判断当事人双方之间有无法律上的权利和义务的主要依据。法官在解释对价时，主要强调双方当事人各有得失、相互给付，即"我给你某物，是为了你给我它物"。一方当事人作出许诺，另一方当事人提供了对价，法院就有了强制执行这一合同的依据。

根据英美法判例所确立的法律原则，一项有效的对价必须具备以下条件：

（1）对价必须是合法的。
（2）对价必须是待履行的对价或已履行的对价，但不能是过去的对价。
（3）对价必须具有某种价值，但不要求充足、相等。
（4）已经存在的义务或法律上的义务不能作为对价。
（5）对价必须来自受允诺人。

应当注意的是，英美法对对价原则的态度正在逐渐演变之中，总的倾向是采取比较灵活的做法，以使传统法律原则适应现代商业的发展需要。《美国统一商法典》在一些规定中，突破了对价理论，例如，在一定条件下承认无对价的"确定的要约"，双方当事人协商一致修改合同不需要对价，等等。近年来，英国法院的少数判例也有改变对价原则中的不合理因素的趋势。

2. 法国法的约因

约因（Cause）是法国法合同有效成立的要素之一。债的约因是指订约当事人产生该项债务所追求的最接近和最直接的目的。在双务合同中，存在着两个约因，即双方当事人间存在相对给付的关系。例如，在买卖合同中，卖方的交货义务，是以买方付款为约因，而买方的付款义务，则以卖方交货为约因。

（四）合同形式符合法律规定

合同可分为要式合同与不要式合同两类。前者是指必须按照法定的形式或手续订立的合同，后者是指法律不要求按特定的形式订立的合同。当代西方发达国家在合同形式问题上，都采取"不要式原则"，即当事人可采取任何方式订立合同，只是对某些特殊种类的合同，才要求按法律规定的特定形式订立。

西方发达国家要求某些合同需按法定形式成立，其目的和作用有两个方面：一种是作为合同生效的要件；另一种是作为证明合同存在的证据。

德国法侧重于作为合同有效成立的要件，它只要求土地买卖合同必须具备法定形式。法国法侧重于作为证据要求，它规定赠予合同、设立抵押权合同、夫妻财产制合同须采用法定形式。

英国法要求下列合同以书面作为成立的条件，否则无效：汇票与本票，海上保险合同，债务承认，卖方继续保持占有的动产权益转让合同。此外，还有一些合同要求需以书面文件作为证据，否则法院不予强制执行，此类包括保险合同、土地买卖合同和金钱借贷合同。

美国法要求下列合同必须以书面形式作为证据：不动产买卖合同，从订约时起不能在一年之内履行的合同，为他人担保债务的合同，价金超过 5000 美元的货物买卖合同。

在合同形式问题上,《国际商事合同通则》与 CISG 一样,采取十分开放的态度,其第 1.2 条标题非常鲜明——无形式要求,内容是:"通则不要求合同必须以书面形式订立或由书面文件证明。合同可通过包括证人在内的任何形式证明。"

(五) 具备合法性

1. 英美法的原则

在英美法系来说,合法性是指合同的目的或目标必须是合法的,合同标的、合同的成立和履行也必须合法,而不能是非法的。此要求强调合同不能是成文法所禁止的,不能违反普通法,不能与公共政策相抵触。根据某些美国法学著作的分类,三类协议不构成合同:①违反成文法的协议;②违反公共政策的协议;③不道德的合同。

凡属类似以上列举的非法协议,均是无效的,不构成合同,其法律后果是既不产生权利,也不产生义务,当事人不能要求履行合同,也不能要求赔偿损失。

2. 大陆法的原则

在大陆法系,各国都在民法典中对合同违法、违反公共秩序和善良风俗等问题作出明确规定。

《法国民法典》在总则中原则性规定,任何个人都不得以特别约定违反有关公共秩序和善良风俗的法律。然后,把违法、违反公共秩序等问题与约因、标的联系在一起加以规定。按照法国法,构成合同非法的主要是两种情形:一是交易的标的物不合法,如贩卖毒品等违禁品的合同;二是合同的约因不合法,即合同所追求的目的不合法。

德国法注重于法律行为和整个合同的内容是否有违法事情。《德国民法典》在总则篇第二章"法律行为"中规定,"法律行为违反法律上的禁止者,无效。"并且还规定,违反善良风俗的法律行为亦无效。上述规定不仅适用于合同,也适用于合同以外的其他法律行为。

(六) 合意必须真实

此要件强调,双方当事人是在正常情形下达成合意的,此合意是他们意思的真实表示。此要件通常集中体现在影响合同效力的几个重要因素,诸如是否存在错误、欺诈、胁迫、显失公平、不正确说明、不正当影响等等。如果确实存在上述情况,依据各国法律规定,受不利影响的一方当事人有权主张合同无效,或主张撤销合同。详见本章第三节"合同的效力"。

二、要约

（一）要约的定义

要约（Offer）是指以缔结合同为目的，希望相对人予以承诺的意思表示。提出的一方称为要约人（Offeror），其相对方为受要约人（Offeree）。要约可用书面形式，也可通过口头、行为表示。

《合同通则》第 2.2 条对要约的定义如下："一项订立合同的建议，如果十分确定，并表明要约人在得到承诺时受其约束的意旨，即构成要约。"此定义说明要约有两个特点：

第一，要约的确定性，即该订立合同的建议必须十分明确地许诺，此建议一旦被承诺即为合同成立。一般说来，要约应当对将来协议的条款有十分明确的表述，越详细越被视为确定。当然这也不是绝对的，有时即使某些重要条款在要约中可能尚未确定，也不能据此就判定该要约是不确定的，尚需参考其他有关情形。

第二，要约人受约束的意旨，即该建议需明确地表示，要约人在得到对方对该要约承诺时愿受其约束。然而，这种意旨有时未必被明确地表述，通常要根据各例具体情况去推断。一般而言，建议包含的交易条件和细节越详细、越明确，就越容易被推定为要约。

此处需注意区分要约和邀请要约（Invitation for offer）。虽然邀请要约的目的也是为了成立合同，但它本身不是要约，而只是邀请对方向自己发出要约。例如在商业活动中，有些公司向有关当事人寄送报价单、价目表和商品目录等，其内容可能包括品质规格、价格、交货期等，但这些都不是要约。其目的是为了吸引对方向自己报出订货单，此种订货单才是真正的要约，经承诺后才能成立合同。由此可见，要约与邀请要约的根本区别在于：作为一项要约，它一经对方承诺，要约人即需受其约束，合同即为成立；而作为邀请要约，即使对方完全同意有关交易条件，该发出方仍可不受其约束，除非他对此表示承诺。

广告是否构成要约，对此各国法律规定不一。关于普通的商业广告，原则上不认为是要约，而仅视为邀请要约。然而英美法院的一些判例主张，要约既可向某一人发出，也可向某一群人发出，甚至可向全世界发出。只要广告的文字明确、肯定，足以构成一项允诺，亦可视为要约。在此问题上，北欧各国法律的规定不同，其强调要约必须是向一个或一个以上的特定人（Specific persons）发出，广告原则上仅是邀请要约。《销售合同公约》规定，除非提出建议的人明确地表示相反的意向，非向特定人提出的建议，仅应视为邀请要约。《合同通则》对此未作规定，不以"向特定人发出"作为构成要约的一项因素。我国《合同法》第 15 条第 2 款规定："商业广告的内容符合要约规定的，视为要约。"

（二）要约的撤回与撤销

一项要约，一旦被发出，并到达受要约人，就具有约束力。简而言之，要约到达生效，这一法律原则，大陆法系与英美法系是一致的。《合同通则》第2.3条（1）款就此明确规定："要约于送达受要约人时生效。"

要约的撤回，与要约的撤销，是两个完全不同的概念。

要约的撤回（Withdrawal of offer），是针对未生效力的要约而言，是阻止要约生效的行为，即：在要约已被发出但尚未到达受要约人的这段时间里，要约人通知对方取消此项要约，使其不发生效力。对此问题，《合同通则》第2.3条（2）款规定："一项要约即使是不可撤销的，也可以撤回，如果撤回通知在要约送达受要约人之前或与要约同时送达受要约人。"撤回要约的实用价值在于：要约人在发出要约之后，迅速地发现了要约有误的情形下，或是国际市场该种商品价格或外汇汇率突然发生了不利于己方而需要取消要约的情形下，要约人可用更快的通讯方式通知对方。若此撤回通知能赶在要约送达之前或同时送达，均可成功地撤回要约。

要约的撤销（Revocation of offer），是针对已发生效力的要约而言，是消灭要约效力的行为。就是说，在要约已到达受要约人之后，要约人通知对方取消该项要约，从而使要约的效力归于消灭。撤销要约的实用价值类似撤回要约，主要起因于交易的重要条件发生不利于要约人的剧变。

（三）要约的约束力

要约的约束力，是指要约人在发出要约之后至对方承诺之前这段时间内，能否撤销要约或变更要约的内容。

1. 英美法

英美普通法认为，要约原则上对要约人无约束力，要约人在受要约人发出承诺之前，任何时候均可撤销要约或变更要约的内容。即使要约人在要约中规定了有效期限，他也有权在期限届满之前撤销要约。

显然，上述原则使受要约人缺乏应有的保障，受要约人有可能会蒙受因信赖该要约而与第三方订立合同所造成的损失。为适应当代经济发展的需要，《美国统一商法典》规定，在货物买卖中，在一定条件下可承认无对价的确定的要约（Firm offer），即要约人在其要约确定的期限内不得撤销的要约。其条件是：①要约人必须是商人；②要约已规定期限，或者如果未规定期限，则在合理期限内不予撤销，但无论如何不超过3个月；③要约需以书面作成，并由要约人签字（《美国统一商法典》第2-205条）。

2. 大陆法

德国法主张，要约原则上对要约人具有约束力。《德国民法典》规定，除非要约人在要约中注明不受约束的字句，均须受其要约的约束；若在要约中规定了有效期，则在该期限内不得撤销或更改；若未规定有效期，则依通常情形可望得到答复以前，不得撤销或更改其要约。瑞士、希腊、巴西等国均采取此种原则。

法国法原则上主张，要约人在其要约被受要约人承诺以前可撤销要约。法国的法院判例认为，如果要约人在要约中指定了承诺期限，他亦可在期限届满以前撤销要约，但需承担损害赔偿的责任。即使在要约中未规定期限，但若根据具体情况或交易习惯，要约视为应在一定期限内等待承诺者，要约人如果不适当地撤销要约，亦需负损害赔偿之责。

3.《国际商事合同通则》

如前所述，两大法系对要约可否撤销问题的分歧较大，难于协调。《国际商事合同通则》（以下简称《合同通则》）在此问题上完全继承了《联合国国际货物销售合同公约》的原则。首先是以英美法的规定作为原则，规定："在合同订立之前，要约得以撤销，如果撤销通知在受要约人发出承诺之前送达受要约人"。也就是说，要约人撤销要约的权利至受要约人发出承诺时即为终止。同时，《合同通则》又以大陆法多数国家的规定作为例外，明确规定："但是，在下列情况下，要约不得撤销：①要约写明承诺的期限，或以其他方式表明要约是不可撤销的；②受要约人有理由信赖该项要约是不可撤销的，而且受要约人已依赖该要约行事。"

（四）要约的消灭

要约的消灭又称为要约的终止，是指要约失去法律效力，要约人不再受该要约的约束。根据各国法律以及《合同通则》，在下述情况下要约失去效力：

1. 要约的期限已过

（1）要约如果明确规定了有效期，则在此期限终了时，要约自行失效。

（2）要约如果没有规定承诺期限，分两种情形：①口头要约若未得到当即承诺，要约即失效。②若当事人以函电方式发出要约，如不在相当期间内或"依通常情形可期待承诺达到的期间内"作出承诺，要约即告失效。至于这段期间到底以多少天为适当，属于所谓"事实问题"，应由法官根据两地距离的远近、要约与承诺所采取的方式来决定。

2. 要约被要约人撤回或撤销

当事人如果根据适用法律的规范，成功地撤回或撤销了其原先发出的要约，该要约即被消灭。

3. 要约被受要约人拒绝

《合同通则》第 2.5 条规定:"一项要约于拒绝通知送达要约人时终止。"对此规则,两大法系是一致的。需注意的是,上述拒绝可以是明示的,也可以是默示的。后者指受要约人的答复似有承诺的意思,但对要约作了实质性的添加、限制或修改。

4. 要约人或受要约人死亡、破产

三、承诺

(一) 承诺的定义

承诺(Acceptance)是指受要约人按照要约所指定的方式,对要约的内容表示同意的一种意思表示。

要约一经承诺,合同即告成立。当今世界大部分国家以及国际公约、惯例均采取此法律原则。然而也有少数国家的法律规定,在经要约、承诺的基本法律步骤之后,尚需由双方当事人签订书面合同,只在此时合同才视为成立。

(二) 承诺应当具备的条件

一般说来,一项有效的承诺应具备以下条件:

(1) 承诺必须由受要约人作出。受要约人包括其本人及其授权的代理人。换句话说,只有受要约人才有承诺的权利,其承诺才具有法律效力,任何第三方对要约表示同意,均不是有效的承诺,不能成立合同。

(2) 承诺必须在要约的有效期间内进行。在要约未规定有效期的情况下,承诺则必须在"依照常情可期待得到承诺的期间内"(大陆法),或是在"合理的时间内"(英美法)。超过上述时间的承诺,一般视为新的要约。《合同通则》第 2.7 条对"承诺的时间"明确规定:"要约必须在要约人规定的时间内承诺,或者如果未规定时间,应在考虑了交易的具体情况,包括要约人所使用的通讯方法的快捷程度的一段合理时间内做出承诺。对口头要约必须立即做出承诺,除非情况另有表明。"

(3) 承诺必须与要约的内容一致。在此问题上,传统的英美法要求非常严格,实行所谓"镜像规则",即:承诺必须像一面镜子一样,反照出要约的内容,不容许丝毫差异,否则即视为反要约。大陆法的法律原则与此规则相类似。

[案例 2-2] 荷兰 H 公司诉英国 E 公司

E 是一家英国的航空公司,一日,E 公司为售出某台机器而向荷兰 H 空中服务公司发出要约:售 X 机器一台,请汇 5 000 英镑。H 公司立即回电:承诺你方要约,已汇 5 000 英镑至你方银行账户,在交货前该笔款项将由银行代为你方保管,请立即交货。

后来，E公司却将X机器高价售予第三人。H公司便诉至英国法院控告E公司违约。英国法院判H公司败诉，理由之一是：被告要约中规定的付款是无条件的，原告在回电中却变更为付款以交货为前提；这样，原告尽管在回电中使用"承诺"一词，也不能构成一项有效的承诺。

在商事交易中，受要约人有时会在承诺中对要约作一些微小的附加或修改，如果因为这些无关紧要的变更，就使得合同不能成立，势必不利于贸易发展，故《合同通则》对此问题作出灵活规定。

《合同通则》第2.11条在（1）款首先肯定了各国传统的法律原则，强调作为原则，承诺的内容应与要约一致，对要约意在表示承诺但载有添加、限制或其他变更的答复，即视为对该要约的拒绝，并构成反要约。然后，在（2）款中规定，作为一种例外，承认一定条件下的带有变更的承诺："但是，对要约意在表示承诺但载有添加或不同条件的答复，如果所载的添加或不同条件没有实质性地改变该项要约的条件，除非要约人毫不延迟地反对这些不符，则此答复仍构成承诺。如果要约人不反对，则合同的条款应以该项要约的条件以及承诺通知中所载的变更为准。"

（4）承诺的传递方式必须符合要约所提出的要求。有些要约要求受要约人以电报或传真等快速传递方式承诺，受要约人应依此行事，否则承诺无效。如果要约未对承诺的传递方式作出规定，承诺一般应按要约所采用的传递方式。但是，如果受要约人采用比要约所指定或所采用的方式更为快捷的通讯方式承诺，例如要约指定或采用航空邮寄，但受要约人在有效期内采用电报或传真方式，这个承诺法律上是有效的。

（三）承诺生效的时间

根据大多数国家的法律和国际公约以及国际惯例的规定，承诺一旦生效，合同即为成立，故承诺生效的时间事关重大。在此问题上，两大法系的分歧比较大。

1. 英美法的"邮箱规则"

英美法关于承诺生效时间的一般规则是，一项承诺于发出时生效。此项规则有利于受要约人，尽管承诺在发出后未被要约人收到，它也被视为有效，例如，以书信或电报作出承诺时，只要受要约人把书信投入邮局信箱，或把电报稿交给电报局，承诺立即生效。即使表示承诺的信函在传递过程中丢失，只要受要约人能证明确实已向邮局交足邮资，写妥地址，合同仍视为成立。其理由是：要约人曾默示地指定邮局作为他收受承诺的代理人，故一旦受要约人把承诺交到邮局，就等于交给了要约人，承诺即时发生效力。即使由于邮局的原因使含有承诺内容的信函遗失了，那也应由要约人负责，与受要约人无关，不得因此而影响合同的成立。

然而，这些均是表面的理由，真正的理由是为缩短要约人可撤销要约的时间，均衡要约人与受要约人之间的利益。前已述及，英美法由于固守对价原则，要约人在其要约被承诺以前，随时得以撤销其要约，导致受要约人的利益处于不稳定状态。承诺采取"投邮生效"规则，要约人可撤销要约的时间实际上所剩无多，在一定程度上调和了两方当事人之间的利益。

英美法院采纳邮箱规则的另一个理由是，这一规则固然有利于受要约人而不利于要约人，但要约人有权在要约中规定，承诺通知必须送达才生效。因此，要约人只要这样规定，就可使自己处于有利地位。

2. 大陆法关于承诺生效的规则

德国法采取"到达生效"原则，即承诺在到达要约人时才生效，合同在此时成立。《德国民法典》130条规定："对于相对人以非对话方式所作的意思表示，于意思表示到达于相对人时发生效力。"根据这一法律原则，受要约人承担从发出承诺至到达要约人时止这段时间的风险，如果承诺函电在传递过程中遗失，承诺即不生效，合同不能成立。

《法国民法典》对承诺生效时间未作规定。法国最高法院认为，承诺生效时间取决于当事人的意思，故这是一个事实问题，应根据具体情况特别是当事人的意思来决定，但往往推定为适用"投邮生效"，即承诺于发出时生效。

《日本民法典》在总则部分第97条规定，对隔地人间的意思表示，自通知到达相对人时生效，即采取到达生效。另外在契约一章第526条又规定，隔地人之间的契约，于发出承诺通知时成立，即对合同成立采取投邮生效原则。

3.《合同通则》的规定

《合同通则》基本上采取到达生效原则。《合同通则》第2.6条（2）款规定："对一项要约的承诺于同意的表示送达要约人时生效。"此外，作为一种例外，《合同通则》第2.6条（3）款规定："如果根据要约本身，或依照当事人之间建立的习惯做法或依照惯例，受要约人可以通过做出某行为来表示同意，而无需向要约人发出通知，则承诺于做出该行为时生效。"

（四）逾期承诺

传统的法律原则主张，承诺逾期送达要约人则无效。

在此问题上，《合同通则》2.9条继承了《联合国国际货物销售合同公约》第21条的灵活规定，旨在促成更多的国际交易，其具体规定如下："①逾期承诺仍应具有承诺的效力，如果要约人毫不延迟地告知受要约人该承诺具有效力，或就该承诺的效力发出通知。②如果载有逾期承诺的信件或其他书面文件表明，它是在传递正常即能及时被送达要约人的情况下发出的，则该逾期承诺仍具有承诺的效力，除非要约人毫不延迟地通知受要约人：此要约已经失效。"

逾期承诺①款针对的是受要约人自己造成的逾期承诺，例如他发出承诺时，按正常传递速度计算，在到达要约人时已超过承诺的有效期限。在此情形下，如果要约人有意成立该合同，他毫不延迟地告知对方该承诺有效，该逾期承诺即为有效，合同于逾期承诺送达要约人时成立。

逾期承诺②款则针对不可预料的传递延迟导致的逾期承诺，在此情形下，受要约人对能及时送达承诺的信赖应得到保护，其结果是逾期承诺视为有效，除非要约人毫不延迟地拒绝。

综上所述，逾期承诺是否具有承诺的效力，取决于要约人的反应：在受要约人自己造成的逾期承诺的情形下，要约人马上表态认可承诺，该逾期承诺即为有效；在传递延迟导致逾期承诺的情形下，该逾期承诺本应有效，但如果要约人立即表态反对，合同即不成立。

（五）承诺的撤回

撤回承诺，是受要约人阻止承诺发生效力的一种意思表示，通常发生在商品行情等因素起变化之时。

由于《合同通则》、CISG 基本上采取承诺到达生效的原则，故其承诺是可以撤回的。《合同通则》第 2.10 条和 CISG 第 22 条规定："承诺可以撤回，只要撤回通知在承诺本应生效之前或同时送达要约人。"德国等一些国家的法律也持此原则。

英美法系对承诺采取"投邮生效"规则，故发出承诺后便不得再撤回。

四、中国法关于合同订立的规定

《中华人民共和国合同法》（简称《合同法》）规定，当事人在订立、履行合同中，应遵循平等自愿原则、公平原则、诚实信用原则、合法原则、公序良俗原则（见该法第 3、4、5、6、7 条）。

关于合同订立的方式，我国《合同法》规定采取要约、承诺方式。关于要约的定义、生效、撤回、撤销，关于承诺的定义、生效、撤回、变更等，我国《合同法》采取了与《联合国国际货物销售合同公约》、《合同通则》相一致的规定，仅个别规定有细小的差异。

关于合同订立的形式，中国合同法规定，有书面形式、口头形式和其他形式。我国《合同法》原则上允许当事人选择合同形式，但同时要求以下合同必须采取书面形式：

(1) 法律、行政法规规定采用书面形式的。

这类合同包括《合同法》分则中所规定的 6 种合同：①借款合同（自然人之间借款另有约定的除外）；②租赁期限 6 个月以上的租赁合同；③融资租赁合同；④建设工程合同；⑤技术开发合同；⑥技术转让合同。此外，一般说来，需经政府审批或登记的合同也应采取书面形式，例如中外合资经营企业合同、中外合作经营企业合同、不动产转让合同等。

（2）当事人约定采用书面形式的。

上述两类应采用书面形式订立合同，当事人未采用书面形式但一方已经履行主要义务，对方接受的，该合同成立。

第三节 合同的效力

合同的效力（Validity），即合同的有效性，指合同可约束当事人，可通过法院获得强制执行的效果。

从效力的角度分析，可把合同分为以下四类：

（1）有效合同，是指具有法律效力的合同。它对当事人具有约束力，当一方不履约时，另一方可请求法院强制执行合同的规定。

（2）无效合同，是指不发生法律效力的合同。无效合同从合同成立时起，对合同当事人就没有约束力，当事人也不能通过承认其效力而使其变得有效。

（3）可撤销的合同，是指当事人一方可根据自己意愿解约的合同。其效力取决于有撤销权的一方是否行使这种权力，该方可依其选择，承认或否认合同对双方的约束力。

（4）不可强制执行的合同，是指那种虽属有效，但由于具有法律技术上的缺陷而不能诉请法院强制执行的合同。例如，《美国统一商法典》第2-201条规定，没有按其法定形式订立的合同，并非无效，而是不能强制执行，因为在诉讼时，必须以法律规定的形式（如书面、公证人的证明等）作为合同的存在及其内容的证据，而不能以口头证言作为证据。

《联合国国际货物销售合同公约》回避了合同的有效性问题，对此未规定任何法律原则。《合同通则》在这方面有重大建树，专门设立第三章"合同的效力"，以20条条文确立了详尽的法律原则，对规范国际商事交易有重大作用。

《合同通则》第3.2条规定："合同仅由双方的协议订立、修改或终止，除此外别无其他要求"。此条规定摒弃了某些法系和国家对合同有效性的某些特别要求，如英美法系要求合同必须存在对价关系，法国法要求必须存在约因，否则合同不能有效成立。从国际商事合同实践来看，上述特别要求失之于古板、繁琐，实际上已被不同程度地否定。《合同通则》明确规范了此方面的法律原则，适应了现代国际商事交易的需要。

一般说来，合同的效力涉及面很广，影响合同效力的因素，包括当事人的缔约能力、合同的形式、违反公共政策、错误、欺诈、胁迫和显失公平，等等。前三个问题，已在本章第二节作了简要阐述，以下阐述关于后几个问题的法律规定。

一、错误

各国法律都一致认为，并不是任何意思表示的错误，都足以使表意人主张合同无效，只是在某些特殊情况下，作出错误的意思表示的一方才可主张合同无效或撤销合同。

1. 中国法

中国《民法通则》第 59 条规定，行为人对行为内容有重大误解的，一方有权请求人民法院或者仲裁机关予以变更或者撤销。重大误解是指行为人因对行为的性质，对方当事人，标的物的品种、质量、规格和数量等的错误认识，使行为的后果与自己的真实意思相悖，并造成较大损失。

2. 法国法

《法国民法典》第 1110 条规定，错误只有在涉及合同标的物的本质时，才构成无效的原因。

根据法国法，关于标的物的性质方面的错误，关于涉及与其订立合同的对方当事人所产生的错误，均可构成合同无效的原因；但是，动机方面的错误不能构成合同无效的原因。

3. 德国法

《德国民法典》第 119 条规定："表意人所做的意思表示的内容有错误时，或表意人根本无意为此种内容的意思表示者，如可以认为，表意人若知其情事并合理地考虑其情况而不会做此项意思表示时，表意人得撤销其意思表示。"根据德国法，关于意思表示内容的错误、关于意思表示形式上的错误，均可产生撤销合同的后果。

4. 英国法

英国普通法规定，订约当事人一方的错误，原则上不能影响合同的有效性。只有当该项错误导致当事人间根本没有达成真正的协议，或者虽已达成协议，但双方当事人在合同的某些重大问题都存在同样错误时，才能使合同无效。例如，在合同性质上发生错误，在认定合同的标的物时或合同的标的物存在与否等重大问题上，双方当事人发生共同的错误，合同无效。

[案例 2-3] 瑞福斯诉维切豪斯

原告、被告签订了一份买卖从孟买出发的一艘叫"皮尔莱斯号"轮船装载棉花的合同，原告瑞福斯期望卖的是 12 月份从孟买出发的"皮尔莱斯号"轮船装载的棉花，被告维切豪斯却期望买的是 10 月份从孟买出发的"皮尔莱斯号"轮船装载的棉花。结果，原告试图以后一期运输的棉花交付给被告时遭拒绝。英国法官认为，原、被告双方之间不存在有约束力的合同，因为双方对基本条款有不同的理解，属于对事实的共同误解；当双方当事人在误解的情况下签订合同，从客观的观点来看，他们属于合理地相信某一事实是真实的。这样，任一方当事人都不受此合同约束。

5. 美国法

美国法关于错误的法律原则与英国法相同。美国一些法学家十分强调"信赖"及其利益的作用，认为保护信赖利益是合同法的重点。这种法学理论在美国司法实践中的一个反映是，如果法院认为，对方由于信赖合同已有效成立而积极准备履约，从而改变了他的地位，以致难以恢复原状或不能恢复原状时，有错误的一方就不能撤销合同。美国法院的态度是，宁愿让错误的一方蒙受自身错误所造成的后果，而不把损失转嫁给对方。

6.《合同通则》

《合同通则》第3.4条对错误下了定义："错误是指在合同订立时对已存在的事实或法律所作的不正确的假设。"第3.5条规定，必须是订立合同时相关的严重错误，才可宣告合同无效，判断错误的分量和重要性应参考主、客观两方面的标准进行衡量，依据的是"一个通情达理的人"的标准。非错误方需符合下列四种条件之一时，错误方才能宣告合同无效：①双方当事人都犯了相同的错误；②错误方的错误是由另一方当事人造成的；③另一方当事人知道或理应知道错误方的错误，但有悖于公平交易的合理商业标准，使错误方一直处于错误状态之中；④在宣告合同无效时，另一方当事人尚未依其对合同的信赖行事。

至于错误方，他在下述两种情况下不得宣告合同无效：①错误是由于错误方的重大过失所致；②错误方已经意识到了这种错误的风险，或根据具体情况，这种风险由错误方承担。

二、欺诈

欺诈（Fraud）是指以使他人发生错误为目的的故意行为。各国法律都认为，凡因受欺诈而订立合同的，蒙受欺诈的一方可撤销合同或主张合同无效。

仅对某种事实保持沉默，是否构成欺诈？德国、法国、英国、美国法律的态度均相似，认为只有当一方当事人负有对某种事实作出说明的义务时，不作这种说明才构成欺诈，如果没有此种义务，单纯的沉默不构成欺诈。

《合同通则》综合了各国在欺诈问题上的基本法律原则，在第3.8条规定，一方当事人可宣告合同无效，如果其合同的订立是基于对方当事人欺诈性的陈述，包括欺诈性的语言、做法，或依据公平交易的合理商业标准，该对方当事人对应予披露的情况欺诈性地未予披露。

三、胁迫

胁迫（Duress）是指以使人发生恐怖为目的的一种故意行为。各国法律都一致认为，凡在胁迫之下订立的合同，受胁迫的一方可主张合同无效或撤销合同。从法理上分析，受胁迫情形下所作的意思表示，不是当事人自由表达的意思，不能产生法律上意思表示的效果。

《合同通则》依据各国法律的一致原则，在《合同通则》第3.9条作出规定："一方当事人可宣布合同无效，如果其合同的订立是因另一方当事人不正当的胁迫，而且在适当考虑到各种情况下，该胁迫如此急迫、严重到足以使该方当事人无其他合理选择。当使一方当事人受到胁迫的行为或不行为本身非法，或者其作为手段获取合同的订立属非法时，均为不正当的胁迫。"

上述规定强调胁迫必须是急迫的和严重的，还必须是非法的，包括使合同当事人受到的胁迫行为或不行为本身属非法（如人身攻击）以及以合法手段达到非法的目的（如仅为迫使对方按拟定条款订立合同而提起诉讼）。

我国《合同法》第54条规定，一方以欺诈、胁迫的手段或乘人之危，使对方在违背真实意思的情况下订立的合同，当事人一方有权请求人民法院或仲裁机构变更或撤销。

四、显失公平

在英美法系，依据衡平法，如果一个合同的内容是显失公平的（Unconscionable），即它是如此的不公平，以至于"触动了法官的良知"，该合同就不能得到强制执行。《美国统一商法典》提炼、升华了衡平法的这一法律原则，在其第2–302条规定，如果法院发现合同或其某条款在订立时是显失公平的，可拒绝强制执行该合同或只强制执行显失公平条款之外的条款，从而避免显失公平的结果。

[案例2–4]　Kansas City 杂货批发公司诉 Weber 包装公司

双方当事人订立的货物买卖合同中，有一限制异议索赔时间的条款（A clause limiting time for complaints）。这一合同买卖的是番茄酱，此商品的潜在缺陷（Latent defects）只有经过显微镜分析才能被发现。合同中规定的限制性时间，不足于为买方提供检验和索赔的时间。于是，法院判决此条款是显失公平的。

《合同通则》吸收了美国等国法律中的上述合理成分，在第3.10条专门对"重大失衡"（Gross disparity）作出规定。它是指在订立合同时，合同或个别条款不合理地使另一方当事人过分有利，包括另一方当事人利用对方的依赖、经济困境、紧急需要、缺乏远见、无知、无经验或缺乏谈判技巧等事实。《合同通则》规定在发生上述情形时，同时考虑到该合同的性质和目的，法庭可依据有权宣告合同无效一方当事人的请求，修改该合同或其条款。

我国《合同法》第54条规定，在订立合同时显失公平的，当事人一方有权请求人民法院或仲裁机构变更或撤销合同。

第四节 合同的内容、履行与条款

一、合同的内容

所谓合同的内容（Content），是指合同关于双方当事人的权利与义务的规定。

在合同发生纠纷时，明确各方当事人应履行的义务，是判定合同当事人应承担的责任的前提。本部分主要阐述《合同通则》第5章"合同的内容"有关义务的规定。

（一）明示义务与默示义务

合同当事人的义务既有明示的，也有默示的。在国际商事交易中，合同各方当事人的义务不一定只限于合同条款所明确规定的义务，其他义务可以是默示的。默示义务来源于合同的性质和目的，各方当事人之间确立的习惯做法和惯例，诚实信用和公平交易原则以及合理性。例如，A出租一套电子计算机网络给B，合同未规定A对B所承担的可能的义务，诸如至少应提供关于计算机网络操作的基本信息。然而显而易见，高精尖产品的供应商必须向使用者提供最起码的信息，这是实现该合同目的所必需的，应视为一种默示义务。

英国《货物买卖法》专门规定卖方所售货物需符合"默示条件"（Implied Condition），《美国统一商法典》规定了卖方对货物的明示担保（Express Warranties）与默示担保（Implied Warranties）两种义务。《合同通则》重申了被许多国家接受的原则，其第5.1条规定："各方当事人的合同义务可以是明示的，也可以是默示的。"

（二）获取特定结果的义务与尽最大努力的义务

《合同通则》第5.4条吸取了法国、美国等国法律的合理成分，规范了标题所言两种义务。"如果一方当事人的义务涉及获得某一特定的结果，则该方当事人有义务获得此特定结果。"这种获取特定结果的义务，一般在合同中明确作出规定。例如，批发商A在合同中承诺，在合同规定的销售区内1年完成销售10万双皮鞋的定额，期满时仅销出6万双，A显然未履行获取特定结果的义务。

"如果一方当事人的义务涉及在履行某一项活动中应尽最大的努力,则该方当事人有义务尽一个与其具有同等资格的、通情达理的人在相同情况下所应尽的义务。"这种义务往往产生于合同并未明确地规定定额之类的要求的情形,是一种弹性标准,评估的关键是以"具有同等资格的、通情达理的人"为对照点,是否尽了其最大努力。

在确定所涉义务种类到底是获取特定结果,还是尽最大努力时,应考虑以下四方面情况:①合同中明确规定义务的方式;②合同的价格以及合同的其他条款;③获得预期结果时通常所涉的风险程度;④另一方当事人影响义务的履行的能力。(第5.5条)

(三) 当事人之间的合作义务

在国际商事交易中,一项合同不仅是利益冲突的交汇点,而且在某种程度上应视为合同当事人各方合作的共同项目。这个观点清楚地体现在贯穿于《合同通则》之中的诚实信用和公平交易的原则,也体现在不履约情况下应减轻损害的义务。为了更清楚地表达上述意图,《合同通则》第5.3条专门规定:"每一方当事人应与另一方当事人合作,如果一方当事人在履行其义务时,有理由期待另一方当事人的合作。"此处要求的合作义务,是指一方当事人所合理期望的有关事宜,其基本着眼点是不妨碍另一方履约,但也可能会存在需要更积极合作的情形。

二、合同的履行

合同的履行(Performance),是指合同当事人实现合同内容的行为。

各国法律均主张,合同当事人在订立合同之后,都有履行合同的义务,如果违反应履行的合同义务,就需承担相应的法律责任。

《合同通则》专门设立了第6章"合同的履行",包含23条规定,对有关合同履行问题作了全面具体的规范,树立了许多以前的国际公约或惯例所未涉及的法律原则,对实际工作有重大而深远的意义。以下简要介绍其主要规定。

(一) 履行时间、地点与顺序

1. 履行时间(《合同通则》第6.1.1条)

合同约定了履行的准确时间或依合同可确定时间,则按此履行。合同规定了或依合同可确定一段时间,则当事人可在此期间选择任何时间履行。如果合同未规定履行时间,履行应在一段合理时间内完成。

2. 分期履行与部分履行(《合同通则》第6.1.2～6.1.3条)

作为普遍的规矩,《合同通则》要求一次履行和全部履行,债权人有权拒绝分期履行和部分履行。但是,如果债权人拒绝部分履行无合法利益,就不能拒绝,因部分履行造成的额外费用应由债务人承担。

3. 履行顺序（《合同通则》第6.1.4条）

原则上，双方当事人应同时履行合同。如果由于特殊的性质决定仅仅一方当事人的义务履行需要一段时间，则该方当事人应当先行履行。

4. 提前履行（《合同通则》第6.1.5条）

债权人有权拒绝接受提前履行，但这种权利需以有合法利益为条件。如果债权人接受提前履行，由此造成的额外费用应由该履行方承担，并且不得损害任何其他救济方法。

5. 履行地（《合同通则》第6.1.6条）

如果合同未明确规定履行地，或依据合同也无法确定履行地，一般规则是当事人在自己的营业地履行合同义务；例外是金钱债务，债务人需在债权人的营业地履行合同义务。此外，合同订立后一方当事人营业地变更，他应承担由此造成的额外费用。

（二）付款

《合同通则》第6.1.7至6.1.12条，用6条篇幅，专门对国际商事交易中的付款作出规范。

1. 付款形式

作为一般原则，允许以任何付款所在地通用的形式付款。例如现金、支票、银行汇票、汇票、信用证等形式。

此外，推定付款被承兑作为接受该付款的条件。

2. 转账付款

《合同通则》允许转账付款，在此情况下，债务人的义务在款项有效转至债权人的金融机构时解除。

3. 付款货币

作为一般规则，债务人可选择以付款地货币支付。如果债务人不可能以表示金钱债务的货币支付，则债权人可要求用付款地货币支付。在此情形下，通常采用付款到期的通行汇率。但如果债务人未按期履行义务，则债权人可能选择付款到期时的汇率或实际付款时的汇率付款。

4. 未规定货币

如果一项金钱债务未明确规定某一具体货币，则付款应以付款地的货币支付。

5. 履行的费用

每一方当事人应承担其履行义务时所发生的费用。

6. 指定清偿

对同一债权人负有多项付款义务的债务人，应首先偿付费用、利息，最后为本金。

此外还规定了双方当事人均未作指定时所适用的偿还债务顺序。

(三) 关于公共许可

《合同通则》认为合同的履行应当遵守适用法律所规定的公共许可要求。

《合同通则》所言的公共许可(Public permission),包括依据公共性质的考虑而设立的所有许可要求,如健康、安全,或特殊的贸易政策。它与所要求的特许或许可,是由政府机构批准,还是由政府因特定目的而委托授权的非政府机构批准,无任何关联。

鉴于过去各国法律及国际惯例对申请公共许可的要求各有差异,为统一这方面的规范,《合同通则》第6.1.14条对申请公共许可确立了如下两项原则:

(1) 营业地设在要求公共许可的国家的那方当事人应承担申请许可的义务。此原则反映了目前国际贸易的实践,处在最佳位置的当事人应负责办理申请,因为他可能对申请的要求和程序更为熟悉,有种种便利之处。

(2) 当双方当事人在要求公共许可的国家均无营业地或均有营业地的情况下,履行合同需取得公共许可的当事人应采取必要的措施,以获取公共许可。《合同通则》第6.1.15条规定了申请许可的程序,强调有义务获得公共许可的当事人,必须在订约后立即采取行动申请许可,并且有义务及时通知对方许可已获批准或遭到拒绝。

在订约之后的合理时间内,如果许可既未获批准又未遭拒绝,则任何一方当事人均有权终止该合同。但如果许可仅影响某些条款,即使许可遭拒绝,也不得终止该合同(《合同通则》第6.1.16条)。

当拒绝许可影响合同的效力时,则拒绝许可导致该合同无效。当拒绝许可只影响合同的部分条款的效力时,则仅该部分条款无效,如果考虑相关情况,维护合同的其余部分是合理的。此外,当拒绝许可导致合同的全部或部分履行不可能时,则适用有关不履行的规定(《合同通则》第6.1.17条)。

(四) 艰难情形

《合同通则》在第6章"合同的履行"中,专门设立了第二节"艰难情形"(Hardship),包括三个条文。从整体结构安排来看,本通则把艰难情形视为合同履行之中的一个问题,而不可抗力则放在第7章,视为不履行合同的一个问题。

在《合同通则》第6.2.1条首先强调了合同约束力的一般原则,不管履行当事人可能承受的负担如何,必须尽可能履行合同,艰难情形属于例外。

《合同通则》第6.2.2条对艰难情形定义如下:"所谓艰难情形,是指由于一方当事人履约成本增加,或由于一方当事人所获履约价值减少,而发生了根本改变合同双方均衡的事件,并且:①该事件的发生或处于不利地位的当事人知道事件的发生,是在合同订立之后;②处于不利地位的当事人,在订立合同时不能合理地预见事件的发生;

③事件不能由处于不利地位的当事人所控制;④事件的风险不由处于不利地位的当事人承担。"从上述定义来看,除必须具备本条开头所述的改变双方均衡的条件外,同时还必须具备并列的四个条件,才能构成艰难情形。应当注意,艰难情形通常和长期合同相关,而且只与未完成的履行相关。

《合同通则》在注释中指出,在一个具体案例中,改变均衡是否"根本性的",要依情况而定。但是,如果履行能够以金钱方式准确计算,则履行费用或价值的改变达到或超过50%时,很可能就构成"根本性的"改变。此处确立了定量分析的参考标准,有较强的可操作性。这种情况不一定发生在巨大的政治、经济和社会变革的时候,较多地应用在出现各种危机阶段,例如恶性通货膨胀、原材料的不正常猛涨,等。在这种双方均衡遭到根本性改变的情形下,如果仍然坚持履行原合同,一方当事人将遭受重大的经济利益的损失,有违公平合理的原则。

正是基于上述的法理,《合同通则》第6.2.3条规定:在出现艰难情形的情况下,不利一方当事人有权要求重新谈判,但重新谈判的要求本身不赋予不利一方当事人停止履约的权利;如果在合理时间内不能达成协议,任何一方当事人均可诉诸法庭(包括仲裁庭,下同);法庭若认定存在艰难情形,可判决终止合同或修改合同。要求谈判应毫不延迟,且应说明理由。

上述有关艰难情形的规定,在《联合国国际货物销售合同公约》以及许多国家的合同法均是没有的,它恰到好处地填补了这样一个空缺——在一方当事人履约负担变得过分沉重,但又尚未达到不可抗力事件的条件时,如何体现公平合理的原则、维持双方当事人经济利益上的均衡?《合同通则》在这方面作出了突破,确立了新的法律原则,代表了现代合同法的发展趋势,具有较强的合理性,有利于维护遭遇不测风险当事人的正当权益。

三、合同的条款

所谓合同的条款,又可称为合同的内容,是指双方(或多方)当事人依照程序,通过磋商达到意思表示一致,从而成立合同的具体内容。合同的条款固定了双方(或多方)当事人的权利义务关系,成为法律关系意义上的合同的内容。也有将合同的条款与合同的内容等同使用的,例如《国际商事合同通则》,其第5章标题即为"合同的内容",实际上讲的就是合同的条款。

在西方国家,合同法属私法范畴,实行契约自由和当事人意思自治原则,对合同的条款一般无强制性规范,可由合同双方(或多方)当事人自行协商订立。

中国学者对合同条款有各种看法。崔建远教授认为,合同的条款可分为三大种类:①提示性的合同条款;②合同的主要条款(指合同必须具备的条款,欠缺它,合同就不成立);③合同的普通条款(指合同主要条款之外的条款)。①

以下按中国合同法的用语,先阐述合同的一般条款,然后再探讨合同的格式条款以及留待后定条款。

(一) 合同的一般条款

我国《合同法》在第12条就合同的内容与条款规定如下:"合同的内容由当事人约定,一般包括以下条款:①当事人的名称或者姓名和住所;②标的;③数量;④质量;⑤价款或者报酬;⑥履行期限、地点和方式;⑦违约责任;⑧解决争议的方法。当事人可以参照各类合同的示范文本订立合同。"

依照我国《合同法》的上述规定,我们权且把上述合同条款称为一般条款。西方国家的法律一般不专门就合同条款做出特别规范,但也有些国家对"默示条款"或"默示条件"做出规定。

英国《货物买卖法》(1979年版)第13-15条对卖方的品质担保义务作出规定,要求卖方所出售的货物须符合下列默示条件:与说明和样品相符,具有商销品质,须适合某种特定的用途,等等。根据英国法,只要买卖双方在合同中没有相反的规定,这些默示条件就依法适用于他们之间的买卖合同。卖方须严格遵守这些默示条件,违反这些默示条件会引起严重的后果,甚至导致买方拒收货物。

《美国统一商法典》第2-313至2-317条对卖方的品质担保义务作了规定,分为明示担保和默示担保:①明示担保。指卖方明白地、直接地对其货物所作出的担保,明示担保是合同的组成部分。②默示担保。默示担保不是由双方当事人在合同中规定的条款,而是法律要求卖方应当做到的最低标准。如果买卖双方在合同中没有做出相反的规定,则这些法律上的规定将适用于他们之间的买卖合同。根据《美国统一商法典》,卖方有两项默示担保:适销性的默示担保,货物适合特定用途的默示担保。

《合同通则》重申了被许多国家所接受的规则,其第5.1条规定:"各方当事人的合同义务可以是明示的,也可以是默示的。"在国际商事交易中,合同各方当事人的义务不一定只限于合同条款所明确规定的义务,其他义务可以是默示的。默示义务(Implied obligations)来源于合同的性质和目的,各方当事人之间确立的习惯做法和惯例,诚实信用和公平交易原则以及合理性(《合同通则》第5.2条)。例如,A出租一套电子计算机网络给B,合同未规定A对B所承担的可能的义务,诸如至少应提供关于计算机网络操作的基本信息。然而显而易见,高精尖产品的供应商必须向使用者提供最起码的信息,这是实现该合同目的所必需的,应视为是一种默示义务。

此外,《合同通则》还规定了获取特定结果的义务与尽最大努力的义务,当事人之

---

① 崔建远主编:《合同法》(第2版),法律出版社2000年版,第48页。

间的合作义务，等等。

(二) 合同的格式条款

此处所言格式条款（标准条款），是指由一方当事人单独制定，订立合同时未与对方协商的条款。而另外有一种标准合同（Model contract，也叫示范合同、格式合同），其条款是由某一国际组织或某一企业根据长期贸易实践制定的，由各国当事人自由采纳，可以协商更改。此种标准合同将合同的条款标准化、格式化，有利于节省谈判的时间和费用，同时又允许双方当事人协商修改，受到各国当事人的欢迎。例如国际商会1997年定稿的《联合国国际货物销售示范合同》，尽管它仍有偏袒卖方利益之痕迹，但总体上还是比较全面、均衡的。

《合同通则》对标准条款（Standard terms）定义如下："标准条款是指一方为通常和重复使用的目的而预先准备的条款，并在实际使用时未与对方谈判。"（《合同通则》第2.19条第（2）款）。

我国《合同法》对格式条款下了类似的定义："格式条款是当事人为了重复使用预先拟定，并在订立合同时未与对方协商的条款。"（《合同通则》第39条第2款）。

上述格式条款（标准条款）在各国现实生活中使用相当广泛，除国际贸易中使用外，消费零售业和服务业也采用，涉及面比较广。有鉴于此，许多国家立法以及国际统一合同法对此加以规范，大多数倾向于允许当事人双方（或多方）对条款进行协商，通过协商进行修改、补充，同时又对显失公平的条款和做法予以制裁或补正。

1.《合同通则》的规定

《合同通则》对标准条款问题非常重视，在第二章专门以4个条文做出规范。

(1) 使用标准条款应适用订立合同的一般原则。《合同通则》第2.19条（1）款规定："一方或双方当事人使用标准条款订立合同，适用订立合同的一般规则，但应受到本章第2.20条至2.22条的约束。"

此处所谓适用"一般规则"，包括双方达成合意，一方当事人所建议的标准条款只有在对方接受的前提下才能有约束力。因此，合同本身所载有的标准条款，通常只有在签署整个合同后才能生效，至少是签约方必须在复制的条款下面而不是在其背面签字。例如：A通常在其自己的标准条款基础上与用户订立合同，这些条款已印成一份单独的文件。当A向新用户B发出要约时，A没有表示要遵照标准条款。B承诺了该要约。这些标准条款不能在合同中采用，除非A能证明B知道或应该知道A只打算以其标准条款为基础订立合同，原因是例如这些条款在以前的交易中已被惯常地采用。

(2) 标准条款中对方不能合理预见的意外条款（Surprising terms）无效。《合同通则》第2.20条规定，如果标准条款中某个条款是对方不能合理预见的，则该条款无效，除非对方明确地表示接受。在确定某条款是否属于这种性质时，应考虑到该条款的内容、语言和表达方式。

制定上述规定的主要理由在于，要防止使用标准条款的一方当事人过分利用其有利地位，以叵测的意图将某些条款强加于对方当事人。而对这些条款，如果对方当事人了解透彻的话，根本不可能接受。例如：A 是在汉堡经营商品的一位经销商。A 在其与用户的合同中使用了标准条款，其中有一条规定："汉堡友好仲裁"。在当地商业界，这一条款通常被理解为：可能发生的争议应提交一种特别仲裁，该仲裁按源于当地的特定程序规则进行，在与外国用户订立合同时，该条款没有效力。因为标准条款作为一个整体虽被接受，但不能理所当然地指望外国用户能够理解其中的准确含义，此时，不论该条款是否已翻译成该用户的本国语言。

（3）非标准条款优先。《合同通则》第 2.21 条规定："若标准条款与非标准条款发生冲突，以非标准条款为准。"标准条款是由一方当事人或第三人事先规定好的，并且是在未经双方当事人讨论其内容的情况下适用于某一合同。所以，一旦当事人双方就合同中的某些特别条款进行了专门协商并达成一致，则该非标准条款的效力优先于与之相冲突的标准条款，因为它更能反映双方当事人在具体交易中的意图。

（4）"最后指定"（The last shot）原则。《合同通则》第 2.22 条以"格式合同之争"为题，规定如下："在双方当事人均使用各自的标准条款的情况下，如果双方对除标准条款以外的条款达成一致，则合同应根据已达成一致的条款以及在实质内容上相同的标准条款订立，除非一方当事人已事先明确表示，或者事后毫不延迟地通知另一方当事人，其不受此种合同的约束。"

上述规定是针对国际商事交易实践中的具体情况确立的。例如，双方当事人相互通过交换印制好的格式合同成交，各自的格式合同都有自己的标准条款，其内容有不一致的地方，应当如何处理？根据《合同通则》的上述规定，采取"最后指定"原则（又译为"最后一枪"原则），即：双方当事人已就标准条款达成一致时，合同应根据已达成一致的条款以及两份标准条款中实质内容相同的条款订立。如果在事后，当事人才发现他们各自的标准条款之间存在冲突，没有理由允许当事人质疑合同的存在。在当事人已经开始履行合同的情况下，必须适用最后发出或引用的条款。

2. 《欧洲合同法原则》的规定

《欧洲合同法原则》关于标准条款（此处称为"一般条款"、"未经个别商议的条款"）的规定，与《合同通则》是一脉相承的，但其用语有些出入。

（1）《欧洲合同法原则》第 2：104 条以"未经个别商议的条款"为题，规定如下："①未经个别商议的合同条款，只有当使用此类条款的一方当事人在合同达成之前或在达成合同之时，已采取了合理的步骤提醒了对方当事人的注意，始得被用来对抗不知存有此类条款的一方当事人。②在一份合同文本中仅仅提及参照此类条款，该条款并非合理地提醒了对方的注意，即使对方签署了该文本。"

(2)《欧洲合同法原则》第2：209条以"相互冲突的一般条款"为题，规定如下："①如果在要约与承诺中，除关于相互冲突的合同一般条款外，当事人已形成合意，合同仍然成立。只要一般条款实质上是一致的，它们便构成合同的组成部分。②但如一方当事人有下列情形，合同不成立：事先已明确地且并非采用一般条款的形式表示其不欲基于第1款而受一份合同的拘束；或不曾不合理地迟延地通知对方当事人，它不欲受此种合同的拘束。③合同的一般条款，是指为不定数量的特定类型的合同，事先已制作完毕的且在当事人之间未经个别商议的合同条款。"

值得指出的是：①款强调双方合意即为合同成立，实质上一致的一般条款即构成合同的组成部分。②款规定了合同不成立的两种情形。③款就一般条款下了定义，指其就是2：104条所言"未经个别商议的条款"。

(3)《欧洲合同法原则》第2：210条以"专业人士的确认书"为题，对国际商事交易中常用的确认书（Confirmation）规定如下："如果专业人士已达成合同，但尚未形成最终的文件，而一方不曾迟延地向对方发出一份书面通知，意在作为合同的一份确认书，但它含有附加的或不同的条款，这些条款将成为合同的构成部分，除非这些条款实质性地变更了合同的条款；或受领方不曾迟延地对此表示反对。"

此条肯定了确认书中的附加条款或不同条款视为合同组成部分的基本原则，同时确定了两种例外情形，其精神与CISG、《合同通则》完全一致。

3. 我国《合同法》的规定

在制定我国《合同法》时，参照国际通行做法是一项重要的原则。事实上，我国合同法关于格式条款（即标准条款）的规定，是参照《合同通则》制定的。

我国《合同法》第39条确定了应遵循的公平原则和提请注意的义务，具体条文如下："采用格式条款订立合同的，提供格式条款的一方应当遵循公平原则确定当事人之间的权利和义务，并采取合理的方式提请对方注意免除或者限制其责任的条款，按照对方的要求，对该条款予以说明。"我国《合同法》第40条规定了主张格式条款无效的几种情形："格式条款具有本法第五十二条和第五十三条规定情形的；或者提供格式条款一方免除其责任、加重对方责任、排除对方主要权利的，该条款无效。"本条所言本法第52条规定的情形，包括下列五种：①一方以欺诈、胁迫的手段订立合同，损害国家利益；②恶意串通，损害国家、集体或者第三人利益；③以合法形式掩盖非法目的；④损害社会公共利益；⑤违反法律、行政法规的强制性规定。而第53条所包括的，是无效的免责条款的两种情形，即造成对方人身伤害的，以及因故意或者重大过失造成对方财产损失的。

我国《合同法》第41条规定了解释格式条款的三项原则：①对格式条款的理解发生争议的，应当按照通常理解予以解释；②对格式条款有两种以上解释的，应当做出不利于提供格式条款一方的解释；③格式条款和非格式条款不一致的，应当采用非格式条款。

（三）合同的留待后定条款①

所谓合同的留待后定条款，其相对应的英文是 Open terms，也有人把它译为暂付阙如条款②、开口条款，等。美国学者又称之为 Gap filler provisions（漏洞填补条款）。这种条款的基本含义是：双方当事人有明确的订立合同的意图，即使缺少某项条款甚至某几项条款，合同仍然可以成立，缺少的条款可以在以后由双方当事人确定，或根据适用法律的有关规定确定。

留待后定条款，从内容方面来说，包括价格留待后定、交货时间和地点留待后定、货物规格留待后定、付款时间和地点留待后定、履行方式和数量待定等多种情况。此处从探讨价格留待后定条款入手，并且以此为研究重点，然后扩展到其他留待后定条款。

1. 留待后定条款的法理分析

传统合同法理论关于合同成立的一个重要条件，是合同的确定性。

在享有国际盛名的英国合同法专家 P. S. 阿蒂亚的经典之作《合同法导论》中，第 5 章的大标题就是确定性，确定性在合同法理论中的重要地位，由此可见一斑。《合同法导论》在第 5 章指出："尽管合同成立的其他所有条件均被满足，但仍然有可能由于当事人意向或合同文字意义的不确定性而达不成合同。无论如何，这是表述法律的古典方式，其受到合同的特性和内容必须能够精确描述的观念的严重影响。"③

P. S. 阿蒂亚在该专著中以一个著名判例为例指出："'同意进行协商的协议'不是一个有效的合同，这是一个非常古老的法律规则。因此，由于价格没有确定，建筑者为开发商建设建筑物的协议被判定没有约束力，达成协议的仅仅是'可以协商公平合理的价格'。"④

我国著名法学家沈达明教授指出："按照传统的提法，双方的合意由于当事人意思内在的不确定性或所使用文词的不确定性而达不成合同。这一传统的提法是受这样的观念影响，即合同是一个事物，其同一性和轮廓必须能确切地表明。"⑤

综上所述，传统合同法理论十分强调合同的确定性，如果价格没有确定，就有可能判定该协议不是有效的合同。由此引申出来，合同须具备某些主要条款。合同的主要条款，是指合同必须具备的条款。欠缺它，合同就不成立。它决定着合同的类型，确定着

---

① 本节内容参阅吴兴光：《论国际货物买卖合同的留待后定条款》，载《暨南学报》2010 年第 5 期。
② 沈达明、冯大同、赵宏勋编：《国际商法》（上册），对外贸易教育出版社 1982 年版，第 19 页。
③ （英）P. S. 阿蒂亚著：《合同法导论》（第五版），赵旭东等，译，法律出版社 2002 年版，第 113 页。
④ （英）P. S. 阿蒂亚著：《合同法导论》（第五版），赵旭东等，译，法律出版社 2002 年版，第 114 页。
⑤ 沈达明编著：《英美合同法引论》，对外贸易教育出版社 1993 年版，第 52 页。

当事人各方权利义务的质与量。①

留待后定条款是对传统合同法理论关于合同确定性规则的重大突破，它完全更新了原来的一系列法律规定。留待后定条款主张，若当事人有明确的订约意图，即使缺少某些条款（包括价格等条款），合同仍然可以成立，这些条款可以留待日后依据法律规定、双方约定或被指定的第三方（包含第三方记录的市场资料）来确定。在此方面，留待后定条款实质上是重新设置了合同成立的一种弹性标准，在当事人有明确的订约意图之前提下，某些条款留空也视为合同成立。"合同法并不具备完全的确定性。……承认合同法有限的确定性的事实，不会威胁到制度的合法性……这种弹性有助于确保公平的结果，非但没有削弱合同法地位，反而加强了合同法的地位，使合同法更具有适应性和成长性。"② "现代合同法强调公平的重要性，强调灵活性优于确定性。"③ 毫无疑问，如果固守传统的合同确定性规则，对价格等条款的留待后定问题不采取灵活态度，既不利于维护公平原则，也不利于贸易的发展。

传统的合同法有其特殊的存在环境，对合同要求确定性和完整性，是符合其当时的商业发展环境需要的。但是，当代商业环境现在已经发生了巨大的改变，近几十年来科学技术和通讯方式的快速发展又加剧了其变化。从国际货物买卖合同的实践来分析，有很多客观原因制约着合同的价格，对于不是立即履行的合同来说，如果从订立一开始就固定合同价格，后面有可能会发生对某一方当事人不公平的结果，这种意外发生在买方、卖方均有可能。假如对合同的价格条款采取一种灵活的态度，使买卖双方能排除客观因素造成的非正常影响而订立合同，对于促进贸易无疑是有益无害的。具体来说，在订约后一段时间才履行的合同，主要有可能遭遇下述特殊情形：由于气候、经济环境和政治环境等复杂因素导致商品产量和供求关系的变化，各国外汇汇率的变动对价格成本产生的影响；信息不对称、买卖双方对于市场的信息获取的不完全并且各有多寡；等等。在以上情形下，将合同价格问题留待以后确定，不失为对双方相对公平的一种取舍。买卖合同从订约至履行完毕，有可能存在一个较长的周期（几个月、半年、一年甚至几年的均有），在这段时间里市场的动荡变化是很难预测的。由于国际市场的价格经常发生波动，因此在国际贸易中，当事人对于某些敏感性的商品交易和长期大宗供货活动，往往愿意采用活价做法，以减少风险。例如，在五金矿产品的交易中，有时有些当事人在要约中或在签订合同时并不规定商品的价格，而规定商品的价格应按交货时伦敦五金交易所的平均时价为基础计算。

---

① 崔建远主编：《合同法》（修订本），法律出版社1999年版，第68页。
② （美）罗伯特·A. 希尔曼著：《合同法的丰富性：当代合同法理论的分析与批判》，郑云瑞，译，北京大学出版社2005年版，第268页。
③ （美）罗伯特·A. 希尔曼著：《合同法的丰富性：当代合同法理论的分析与批判》，郑云瑞，译，北京大学出版社2005年版，第25页。

正是由于留待后定条款具有科学性、合理性和实用性，西方发达国家专门就此进行了一系列立法，然后又促进国际统一合同法在此方面作出了专门的规范。

(四) 西方发达国家有关留待后定条款的立法

关于留待后定条款，不管是英美法国家的国内法，还是大陆法国家的国内法，均对此进行了立法，但是其具体规定各有不同。

首开留待后定条款先河，并将留待后定条款组织成为一个体系的，当推《美国统一商法典》（简称UCC）。《美国统一商法典》第2-204条是留待后定条款体系的核心法条，从整体上、原则上作出规范：如果双方当事人有订约意图，缺少某些条款仍然可以成立合同。《美国统一商法典》第2-305条"价格待定条款"、第2-308条"未规定交货地点"、第2-309条"未规定具体时间"、第2-310条"未规定付款时间或未规定信用开始时间"，分别就价格留待后定、交货地点留待后定、交货时间留待后定、付款时间留待后定等情形，作出了明确、具体、具有可操作性的规定，从而形成了一个完整的留待后定条款体系。以下先阐述该核心法条，接着重点阐述价格待定条款。

《美国统一商法典》第2-204条规定：如果双方当事人有订立合同的意思，并有合理的补救基础，即使在订立合同时有些条款暂付阙如，但货物买卖合同仍然可以成立，并不因其缺乏确定性而无效。①

根据《美国统一商法典》，在货物买卖中，要约的内容最重要的是要确定货物的数量或提出确定数量的方法，至于价格、交货或付款时间等内容，均可暂不提出（Left open），留待日后按照合理的标准来确定。例如，如果当事人在合同中对价格未作规定，日后如发生争议，美国法院就解释为应按合理的价格付款；如果当事人对交货或付款时间未作规定，也同样解释为应在合理的时间内履行交货或付款的义务。至于何谓合理，那是属于事实问题，得由法院根据案情和周围的情况作出解释。②

设立留待后定条款，其宗旨是显而易见的，就是为了促成买卖双方达成交易，为了适应当代经济贸易发展的需要，尽可能使某些合同不致由于缺少某项条款而不能成立。《美国统一商法典》具备现代商法的革新精神，以不同于以往传统商法的理念和规则，顺应现代商业的发展。

为了填补当事人虽意图订立合同，但因缺少了条款而造成的空缺，《美国统一商法典》提供了众多的可以放入合同的待定条款。以下重点阐述价格待定条款。

《美国统一商法典》第2-305条以"价格待定条款（open price term）"为小标题，规定："①只要当事方确有订立买卖合同的意图，即使价格未定，合同也可以成立。此

---

① 沈达明、冯大同、赵宏勋编：《国际商法》（上册），对外贸易教育出版社1982年版，第19页。
② 冯大同主编：《国际商法》（新编本），对外贸易教育出版社1991年版，第61页。

种情形下,价格应为交货时的合理价格,只要合同对价格未作任何规定;价格留待当事方约定,而当事方未能就此达成一致;价格将根据第三方或独立机构所记录或制定的某一双方已同意之市场的价格或某一标准来确定,而该第三方或独立机构未能如此记录或制定。②如果价格可由卖方或者买方单方确定,必须以诚信确定价格。③当价格留待以双方协议以外的其他方法确定时,如果由于一方之过错致使价格未能确定,另一方可以认为合同已被解除,也可以自行确定合理价格。④如果当事方不打算在确定或商定价格前受合同约束,那么,在确定或商定合同前,合同不成立。在这种情况下,买方必须退回已收到的货物,如果无法退回,必须支付货物交付时所具有的合理价值;卖方必须退回买方预付的任何款项。"

此条首先肯定了前述《美国统一商法典》第2-204条规定的精神,然后规定价格未定也可以成立合同,该价格为交货时的合理的价格,接着又列出了形成这种价格待定条款的三种具体情形,规定了确定价格的诚信义务。第三款规定了一方当事人存在过错情况下的处理办法,第四款规定了价格待定条款排除适用的处理方法。整条规定一环紧扣一环,充分设想到了各种不同的复杂情形,具体规范了各种应对的处理方法,具有可操作性。

现代商业社会发展的一个明显趋势就是固定的合作伙伴和客户群体的形成,这就促使现代的商事交易模式从传统的"单一、对抗性"向"复合、协商和共同获利型"转变。① 究其原因,在于个人在现代贸易追求其自身利益最大化的过程中,不得不更多地依赖于他人。

因此,现代的商业环境表现出更多的是文明和公平,价格待定是现代商事发展的选择,商人们价格待定的目的并非某个人企图得到超额利润,而是为了防御由于外部条件所发生的变化而给双方带来的不公正,这个过程就是他们追求实质公平的过程,追求共同利益的过程,追求双赢、共赢的过程。

价格待定条款是与商业发展的趋势相统一适应的,它的应用可以解决在贸易中因客观因素的不确定性而阻碍贸易的问题。换言之,它是促进贸易的一种方法,是现代商业对商法所提出的要求。它适应现代商业模式的转变,是契约自由原则的体现,是实现实质正义、公平与促进贸易的需要。②

除了以上价格待定条款之外,《美国统一商法典》还分别就交货地点留待后定、交货时间留待后定、付款时间留待后定等情形,作出了具体规定。篇幅所限,此处不赘。

从一些大陆法国家的国内法来看,同样有留待后定条款:

---

① 王小莉:《国际货物贸易中的价格待定合同研究》,苏州大学硕士学位论文,2006年第31页。
② 吴兴光、姚娟:《〈美国统一商法典〉价格待定条款的价值——兼论其对中国立法的启示》,载《国际经贸探索》,2009年第6期。

《德国民法典》第155条规定:"合同双方当事人对已订立合同中的某一事项认为已经取得合意,而实际上并不一致的,如果能够推定,即使该事项尚未确定,合同仍可成立时,对达成合意的事项,仍应认为有效。"

《瑞士债务法典》第2条规定:"当事人合同的必要之点意思表示一致,而对非必要之点保留意思表示者,推定其合同为成立。"

《法国民法典》第二章标题为"契约有效成立的要件",在其第三节为"契约的标的和客体"中第1129条规定:"债之标的,应当是在种类上至少已确定之物。物之数量可以是不确定的,只要其可以确定。"后一句的意思是,只要有确定物之数量的方法,契约的标的这一要件(契约有效成立的要件一共是四项,详见本章第一节——笔者注)就符合要求了,不强求具体化。也就是说,在成立契约时,货物数量允许留待后定。

综上所述,大陆法国家也有留待后定条款的立法,尽管其具体规定与《美国统一商法典》相关规定有些差异,但是它们的立法宗旨是相同的,都是为了促进交易的达成和贸易的发展。

(五)国际统一合同法的相关规定

在本节(二),本书分别阐述了美国、德国、法国等西方发达国家对留待后定条款的规定。正是由于此问题上两大法系存在倾向一致的坚实基础,国际统一合同法有关留待后定条款的规定才得以顺利产生。

《美国统一商法典》第14条第1款规定:"向一个或一个以上特定的人提出订立合同的建议,如果十分确定并且表明发价人在得到接受时承受约束的意旨,即构成发价。一个建议如果写明货物并且明示或暗示地规定数量和价格或规定如何确定数量和价格,即为十分确定。"此处明确指出,一个建议即使数量和价格没有具体化,只要规定了如何确定数量和价格(即方法),就可以构成要约。换言之,价格允许留待后定,货物数量允许留待后定。如果拿此条与《美国统一商法典》对留待后定条款的规定相比较,实际上二者如出一辙。

《美国统一商法典》第55条规定:"如果合同已经有效地订立,但没有明示或暗示地规定价格或规定如何确定价格,在没有任何相反表示的情况下,双方当事人应视为已默示地引用订立合同时此种货物在有关贸易的类似情况下销售的通常价格。"尽管对以上两条规定的解释在学者中存在着两种完全相反的意见,但是笔者认为应该这样理解:"如果当事人未在合同中约定价格,但是他们存有订立合同的意图,《美国统一商法典》就承认该合同的成立,并为之提供了补救的方案。"

在《美国统一商法典》其他几个条文,还规定了交货时间留待后定、支付价款地点留待后定、交货规格留待后定的解决方法:

《美国统一商法典》第 33 条规定："……在其他情况下（包含交货时间留待后定的情况——笔者注），应在订立合同后一段合理时间内交货。"

《美国统一商法典》第 57 条规定："①如果买方没有义务在任何其他特定地点支付价款，他必须在以下地点向卖方支付价款：卖方的营业地；如凭移交货物或单据支付价款，则为移交货物或单据的地点。②卖方必须承担因其营业地在订立合同后发生变动而增加的支付方面的有关费用。"

《美国统一商法典》第 58 条规定："①如果买方没有义务在任何其他特定时间内支付价款，他必须于卖方按照合同和本公约规定将货物或控制货物处置权的单据交给买方处置时支付价款。卖方可以支付价款作为移交货物或单据的条件。"

《美国统一商法典》第 65 条规定："①如果买方应根据合同规定订明货物的形状、大小或其他特征，而他在议定的日期或在收到卖方的要求后一段合理时间内没有订明这些规格。则卖方不损害其可能享有的任何其他权利的情况下，可以依照他所知的买方的要求，自己订明规格。②如果卖方自己订明规格，他必须把订明规格的细节通知买方，而且必须规定一段合理时间，让买方可以在该段时间内订出不同的规格。如果在收到这种通知后没在该段时间内这样做，卖方所订的规格就具有约束力。"

《美国统一商法典》第 65 条规定的卖方自己订明规格（Making the specifications himself），是《美国统一商法典》创新的一种救济方法，是 CISG 赋予卖方的一种权利。但是笔者认为，运用该条规定必须十分慎重。从国际货物买卖实际操作的角度来分析，买方之所以会在议定的日期或在收到卖方的要求后一段合理时间内没有订明货物规格，肯定是事出有因，通常可能是市场销路或销售价格发生了不利于买方的变化。在此情况下，卖方武断地自己订明规格，投入生产或发运货物，往往可能凶多吉少，无法收回货款，导致得不偿失，倒不如在一段合理时间后据此直接要求买方作出损害赔偿，这样更加稳妥。

如前所述，《美国统一商法典》以众多条款体现了对留待后定条款规定的基本态度——此种条款不影响国际货物买卖合同的成立，而且《美国统一商法典》精心设计了上述众多具有可操作性的条款，来补充和完善留待后定条款，以确保国际货物买卖合同的顺利履行。

《国际商事合同通则》对于留待后定条款也持肯定态度，其第 2.1.14 条规定：

"如果合同当事人各方意在订立一项合同，但却有意将一项条款留待进一步谈判商定或由第三人确定，则这一事实并不妨碍合同的成立。"

《欧洲合同法原则》第 2.201 条规定：

"一项建议一旦符合下列要件即构成要约：①它意欲在对方承诺后即形成合同；②它含有相当确定的条款以形成合同。"

此处所谓相当确定的条款，是指未具体化的一些条款，即前述留待后定条款。可以看出，与《美国统一商法典》和《国际商事合同通则》相似，《欧洲合同法原则》对留待后定条款也采取开放的态度。

综上所述，采用留待后定条款的立法是当今国际统一合同法和各国国内法发展的共同趋势。虽然各国在此方面具体的规定不完全相同，但是承认该种条款的合法性和有效性是共同的取向。《美国统一商法典》、《国际商事合同通则》等国际统一合同法在发展过程中，已经而且必将继续对各国合同法产生趋同化、统一化的作用。①

（六）中国《合同法》的留待后定合同条款

在借鉴国际统一合同法合理成分的基础上，《中华人民共和国合同法》（简称《合同法》）已经构建了关于留待后定条款的体系，以三个法条就缺失质量、价款或者报酬、履行地点等内容的情形作出规范：

首先，我国《合同法》第61条规定："合同生效后，当事人就质量、价款或者报酬、履行地点等内容没有约定或者约定不明确的，可以协议补充；不能达成补充协议的，按照合同有关条款或者交易习惯确定。"此处规定了适用顺序：第一是协议补充，第二是按照合同有关条款确定，第三是按照交易习惯确定。

其次，我国《合同法》第62条又进一步规定："当事人就有关合同内容约定不明确，依照本法第61条的规定仍不能确定的，适用下列规定：①质量要求不明确的，按照国家标准、行业标准履行；没有国家标准、行业标准的，按照通常标准或者符合合同目的的特定标准履行。②价款或者报酬不明确的，按照订立合同时履行地的市场价格履行；依法应当执行政府定价或者政府指导价的，按照规定履行。③履行地点不明确，给付货币的，在接受货币一方所在地履行；支付不动产的，在不动产所在地履行；其他标的，在履行义务一方所在地履行。④履行期限不明确的，债务人可以随时履行，债权人也可以随时要求履行，但应当给对方必要的准备时间。⑤履行方式不明确的，按照有利于实现合同目的的方式履行。⑥履行义务不明确的，由履行义务一方负担。"

最后，我国《合同法》第159条专门就价款问题规定："买受人应当按照约定的数额支付价款。对价款没有约定或者约定不明确的，适用本法第61条、第62条第二项的规定。"

综合分析以上法条可以看出，我国《合同法》对于留待后定条款的态度是比较开放的。首先是实行"当事人意思自治原则"，在合同缺失质量、价款或者报酬、履行地点等条款的情形下，让当事人协议补充，接着又规定了协议补充不成的解决方法，然后在第62条又进一步规定了依第61条仍不能确定某些条款时的具体解决方法。此外，我国已于1987年加入《联合国国际货物销售合同公约》，在国际货物买卖中我国当事人

---

① 吴兴光、龙著华、周新军、叶昌富：《合同法比较研究》，中山大学出版社2002年版，第22页。

可适用《联合国国际货物销售合同公约》。

第五节 不履行与救济方法

各国法律对合同的不履行定义不尽相同。《国际商事合同通则》在此问题上统一了国际商事领域内的规范。《国际商事合同通则》第7.1.1条规定:"不履行系指一方当事人未能履行其在合同项下的任何义务,包括瑕疵履行或延迟履行。"根据该条注释,不履行的概念既包括不可免责的不履行(Non-excused non-performance),又包括可免责的不履行(Excused non-performance)。

根据《国际商事合同通则》,因另一方当事人对于合同的行为(包括第7.1.2条所述"另一方当事人的干预"和第7.1.3条所述"拒绝履行"),或者因为不可预见的外部事件(第7.1.7条所述"不可抗力"),一方当事人可不履行合同,且不履行可免责。对于可免责的不履行,另一方当事人无权要求损害赔偿或实际履行,但是没有得到履行的一方当事人通常有权终止合同,而不管履行是否可免责。

一、可免责的不履行

《国际商事合同通则》使用"可免责的不履行"这一创新概念,用其概括一方当事人不履行合同义务然而又不应当承担责任的种种情况,以下分别介绍之。

(一) 另一方当事人的干预(《国际商事合同通则》第7.1.2条)

如果一方当事人不履行,是由另一方当事人的作为或不作为或由其承担风险的其他事件所致,则另一方当事人不得依赖一方当事人的不履行。

本条规定实际上提供了不履行的两种理由:

(1) 一方当事人不能全部或部分履行,是因为另一方当事人的行为或不行为,使其全部或部分履行变为不可能。

(2) 不履行是由某个事件所导致,而该事件的风险则被合同明示或暗示地分给声称他人不履行的一方当事人承担。

凡属上述由于"另一方当事人的干预"导致的不履行,一方当事人可免除责任(包括部分免除责任)。

(二) 拒绝履行(《国际商事合同通则》第7.1.3条)

(1) 凡双方当事人应同时履行义务的,任何一方当事人得在另一方当事人提供履行前拒绝履行。

(2) 凡双方当事人应相继履行合同义务的,后履行一方当事人可在应先履行一方当事人完成履行以前拒绝履行。

本条规范了一方当事人可免责的另外两种情形,实际上与大陆法的概念"不履行合同的例外"相一致。依据前述(2)款,例如一国际货物买卖合同规定,卖方在收到买方提交的信用证后 30 天内装船。卖方在收到信用证之前,有权拒绝履行装船义务。

（三）不可抗力

此概念渊源于大陆法,与英美法系中的"合同落空"、"履行不能"相似,是指在合同成立以后,非由于当事人自身的过失,而是由于事后发生的意外情况,使合同的目标不能实现而又不能归责于当事人的一种情形。许多国际商事合同均含有不可抗力条款,然而,各国法律关于不可抗力或类似问题的法律规定不尽相同,往往会导致一些纠纷。为此,《国际商事合同通则》第 7.1.7 条对不可抗力专门作出下述四点规范:

(1) 不可抗力是一方当事人不履行的抗辩。构成不可抗力需具备四个条件:①非该方当事人所能控制的障碍所致;②无法合理地预见;③无法合理地避免;④无法克服该障碍及其影响。这四个条件需同时具备,缺一不可。如果一方当事人能证明上述事宜,则应免除其责任。

(2) 若上述障碍所造成的不可抗力只是暂时的,免责只在一个合理的期限内具有效力。

(3) 主张不可抗力而免除履行的一方当事人,必须将障碍及对其履约能力的影响通知另一方当事人。若另一方当事人在合理时间内未收到前述通知,则由此而导致的损害,应由一方当事人负赔偿责任。

(4) 不可抗力规定并不妨碍一方当事人行使终止合同、拒绝履行或对到期应付款项要求支付利息的权利。

以上所阐述的不可抗力,与本节第四部分所规定的艰难情形,既有共同之处,也有一些差别。两者是既互相联系和相似,然而其性质又不同的两个概念,在实践中必须把握好其要点。

两者的共同之处是:①在合同成立后发生的事件;②是成立合同时当事人不能合理地预见到的事件;③是当事人无法控制的事件。

两者的主要区别是:①适用的前提条件不同。艰难情形所指向的是根本改变合同双方均衡的事件,包括一方当事人履约成本增加或一方当事人履约价值减少等情形,强调履约使一方当事人的负担加重,而不是履约不能。不可抗力要求具备无法控制、无法预见、无法避免、无法克服其后果四个条件,是一种不履约的抗辩理由,其指向是履约不能。②处理方法不同。发生艰难情形时,处于不利地位的当事人有权要求重新谈判,若在合理时间内不能达成协议,任何一方当事人均可诉诸法庭。发生不可抗力事件的情况下,不利的一方当事人可直接通知对方解除合同或延迟履行合同,无需经过重新谈判。③法律后果不同。发生艰难情形时,一种结果是终止合同,另一种结果是修改合同。这两种结果可能是通过双方当事人谈判达成的协议,也可能是法庭作出的判决。在发生不可抗力的情况下,其法律后果是解除合同(包括部分解除合同)或延迟履行合同。

值得注意的是,实际中可能存在某种情况,同时既可视为艰难情形又可视为不可抗力。如果发生这样的情况,应由受这些事件影响的一方当事人决定寻求何种救济手段。如果主张不可抗力,其目的在于使其不履行获得免责。如果当事人主张艰难情形,则首先是以重新谈判合同条款为目的,以便允许合同经修改某些条款后继续存在。

(四)免责条款

所谓免责条款(Exemption clauses),是指合同中规定免除一方当事人违反合同或侵权损害责任的条款,即指合同中约定的免除责任的条款。

根据《国际商事合同通则》第7.1.6条,免责条款主要包括两种:①直接限制或排除不履行方当事人在不履行情况下的责任的条款。此类条款可用不同方式表述,例如:固定的金额,最高限度,有关履行的比例,扣留保证金。②允许一方当事人提供与另一方当事人的合理期望有实质差异的履行的条款。在实践中,此类条款尤其表现为其目的或作用在于允许履行方当事人单方面地改变所承诺履行的特征,以致变更合同的某些条款。

遵循大多数国家法律制度所采取的态度,《国际商事合同通则》第7.1.6条规定了下述有关免责条款的原则:在适用合同缔约自由(第1.1条)的原则时,免责条款原则上有效。然而,如果那样做显失公平,一方当事人就不能援引此类条款,要考虑合同目的,特别是一方当事人通过合同的履行可合理期望得到的利益。如果一方当事人无权依赖免责条款,他们应承担履约责任,并且受损害方当事人可得到对方不履行的全部赔偿。

《国际商事合同通则》之所以要对免责条款作出规定,是因为该条款在国际商事合同实践中已相当普遍,并且越来越多地引起合同各方的争议。《国际商事合同通则》第7.1.6条选择了一项受欢迎的规则,它给予法庭一种建立在公平原则之上的广泛的自由裁量权,即:规定不履行后果的那些条款原则上有效力,但是法庭可以驳回显失公平的条款。

二、违约的归责原则

依据《国际商事合同通则》,除本节上一部分所列举的四种可免责的不履行以外,其他不履行均属于不可免责的不履行,即通常所说的违反合同或违约,不履行方当事人需承担责任。

在违约归责原则问题上,世界各国基本上有两种法律主张,大陆法采取过错(或过失)责任原则,英美法采取无过错(或无过失)责任原则。

大陆法以过错责任作为其民事责任的一项基本原则。按照大陆法的解释,合同债务人只有当存在着可归责于他的过错时,才承担违约责任。过错责任原则来源于罗马法。罗马债务法有两项责任原则:一是过失;二是故意。凡有此两类行为致使他人的财产或人身遭到损害者,都必须承担法律责任。德国法继承了罗马法的原则,《德国民法典》第276条规定:债务人除另有规定外,对故意或过失应负责任。

英美法不以当事人的过错作为构成违约责任的必要条件。其法律主张是:一切合同都是担保,只要债务人不能达到担保的结果,就构成违约,应负损害赔偿的责任。《美国合同法重述》第314条对违约的定义是:"凡没有正当理由的不履行合同中的全部或部分允诺者,构成违约。"

然而,从现实生活的实际结果来看,大陆法与英美法在违约的归责原则问题上的差异,并不像表面看到的那样大。对许多案件实际处理的结果,大陆法与英美法可谓异曲同工,并无很大的差异。

对于违约归责原则,《国际商事合同通则》与《联合国国际货物销售合同公约》一致,采取了无过错责任原则。《国际商事合同通则》第7.1.4条"损害赔偿的权利"的注释明确指出:"本条重申像其他救济手段一样,损害赔偿的权利产生于不履行这个唯一事实。受损害方当事人仅仅证明不履行,即他没有得到被(对方)承诺的履行就足够了。尤其没有必要另外去证明,不履行是由不履行方当事人的过错引起的。"在国际商事合同领域采取无过错责任原则,简捷易行,有利于维护合同的严肃性和商业秩序,可避免举证对方当事人的过错过分困难等弊端。

三、违约的分类

大部分国家的合同法以及国际公约、惯例,都把违约主要分为两大类,并冠以不同的称谓。进行此种分类的根本目的,是解决受损害方在何种情况下有权解除(终止)合同的问题。

国际上总的趋势是限制解约权的行使,一般违约的情况下,尽可能通过一些非解约的救济方法进行补偿,只有违约达到相当严重的程度,才赋予当事人解除合同的权利。所以,违约的法律后果分为两种情况:一是受损害方有权要求损害赔偿,但不得解除合同;另一种是受损害方有权解除合同,同时可要求损害赔偿。

(一) 英国法的违反条件与违反担保

英国法将违约区分为违反条件(Breach of condition)和违反担保(Breach of

warranty）两类。条件是指合同的重要条款、主要条款。在商务合同中，关于履约时间、货物品质和数量等条款，都属于条件。担保是指合同的次要条款或随附条款。例如在货物买卖合同中，买方支付货款的时间视为担保。当一方当事人违反条件时，受损害方也可选择作为违反担保处理，即不行使解约权，仅作违反担保处理。例如，货物买卖中的买方收下有缺陷的货物，不解除合同，只向卖方索赔差价。

英国法传统对违约的"两分法"，主要是从违约条款的类别区分，未能完全符合实际生活中的各种复杂情况。于是，近年来英国法院通过判例发展了一种新的违约种类，称为违反中间性条款（Intermediate term）。当一方当事人违反此类条款时，对方是否有权解除合同，需视违约的性质及其后果是否严重。

（二）美国法的重大违约与轻微违约

美国合同法将违约分为重大违约（Material breach）和轻微违约（Minor breach）。前者指由于债务人未履行合同或履行合同有缺陷，致使债权人不能得到该项交易的主要利益。后者指债务人在履约中尽管存在一些缺点，但债权人已从中得到该项交易的主要利益。从实际结果来看，美国法的重大违约、轻微违约分别相当于英国法的违反条件、违反担保。

（三）《联合国国际货物销售合同公约》的根本违反合同与非根本违反合同

《联合国国际货物销售合同公约》第25条对"根本违反合同"（Fundamental Breach of Contract）下的定义是："一方当事人违反合同的结果，如使另一方当事人蒙受损害，以至于实际上剥夺了他根据合同有权期待得到的东西，即为根本违反合同，除非违反合同的一方并不预知，而且同样一个通情达理的人处于相同情况中，也没有理由预知会发生这种结果。"此处的判断标准主要是看违约的性质和严重程度以及违约后果的可预见性，看是否剥夺了当事人的利润等经济利益，要依据各合同的具体情况作出判断。如果违约未达到上述严重程度，即视为非根本违反合同（Non-Fundamental Breach of Contract）。

[案例2-5]　圣诞火鸡案

买方从国外进口一批供圣诞节出售的火鸡，卖方交货时间比合同规定的期限晚了一个星期。由于圣诞节已过，火鸡难以销售，价格大幅度下跌，使买方遭受重大经济损失。在这种情况下，卖方延迟交货可以被认为是根本违反合同，买方有权撤销合同，拒收迟交的货物，同时可要求损害赔偿。

[案例2-6] 普通肉鸡案

一国际货物买卖合同规定,卖方应于7月至8月装运一批普通肉鸡(冻鸡),但实际上卖方的装运日期比合同规定的期限晚了一星期。在7月至9月这段时间,收货地市场普通肉鸡的价格比较平稳,并没有发生什么变化,销售情况亦正常。在这种情况下,卖方迟延交货就不能被认为是根本违反合同,而应视为非根本违反合同,其法律后果是买方不得撤销合同,不得退货,但可以就卖方迟延交货造成的损失(例如买方被迫进行替代交易的费用等)要求损害赔偿。

以上两个案例的主要区别是:前者卖方违约剥夺了买方期待的利润,后者卖方只是轻微地影响了买方的利益,但并未剥夺买方期待的利润。

(四)《合同通则》的根本不履行与非根本不履行

根本不履行(Fundamental non-performance)是《合同通则》设立的一个重要概念,它是一方当事人行使终止合同权利的一种主要依据。

《合同通则》第7.3.1条(1)款规定:合同一方当事人可终止合同,如果另一方当事人未履行其合同义务构成合同的根本不履行。第7.3.1条(2)款规定了是否构成根本不履行应特别考虑的5个因素,其(a)项因素是从《联合国国际货物销售合同公约》第25条移植过来的:"不履行是否实质性地剥夺了受损害方当事人根据合同有权期待的利益……"。而(b)、(c)、(d)、(e)共4项因素是新增内容,体现了对《联合国国际货物销售合同公约》的发展和升华,包括对未履行义务的严格遵守是否为合同项下的实质内容,不履行是有意所致还是疏忽所致,能否信赖未来履行等等。这些新增内容有非同寻常的意义,它使供考虑的范围更加广泛,有利于更加全面、充分地保护受损害方的利益。如果一方当事人违约的后果尚未达到上述严重程度,即为非根本不履行。

(五)预期不履行

《合同通则》第7.3.3条对预期不履行(Anticipatory non-performance)作如下规定:"如果在一方当事人履行合同日期之前,该方当事人根本不履行其合同义务的事实是明显的,则另一方当事人可终止合同。"本条确立了一项原则:预期的不履行等同于履行到期时的不履行。

对于一方当事人的预期不履行,另一方当事人可终止合同,但此处终止合同有三个条件:①将会发生的不履行是明显的;②不履行是根本性的;③应得到履行的当事人发出了终止合同的通知(第7.3.2条)。

预期不履行的概念来源于英美法的提前违约(Anticipatory breach of contract),《联合国国际货物销售合同公约》也有预期违反合同的概念，其各自含义不尽相同，但基本意思是一致的。在英美法来说，当一方当事人提前违约时，对方有两种选择：一是解除自己的合同义务，并立即要求提前违约方给予损害赔偿；二是拒绝接受对方提前违约的表示，坚持认为合同仍然存在，等至合同履行期届满时，再采取救济办法。在这两种选择中，以前者为稳妥，因后者需承担至合同期届满这段时间的风险。

[案例 2-7] Avery 诉 Bowden（1855 年）

英国船方 A 与俄国货方 B 订立一租船合同，其中规定 A 应把船舶开到敖德萨港口，并在若干天内装载货物一批。船到敖德萨港口后，B 拒绝提供货物装船。当时，装载期限尚未届满，A 拒绝接受 B 的提前违约的表示，继续坚持要求 B 装货。但过了几天，在装货期限届满以前，英国与俄国爆发了战争，履行合同在法律上已成为不可能。事后，船方 A 以货方 B 违反租船合同为理由提起诉讼，要求 B 赔偿损失。英国法院认为，在两国爆发战争之前，还不存在实际不履行合同的问题，因为装货期限尚未届满，既然船方 A 拒绝接受货方 B 提前违约的表示，B 就有权得到宣战而带来的解除合同的好处，因而判决船方败诉。

四、违约的救济方法

违约的救济方法（Remedies for breach of contract），又称为违约的补救方法，是指一个人的合法权利被他人侵害时，法律给予受损害方的补偿措施。

各国合同法规定了多种多样的救济方法，它们是长期商业活动和法院审判实践的结晶，告诉人们在其合法权利被侵害时，如何采取适当的步骤和措施，以维护自身的合法权益。

（一）要求履行（Require performance）

《国际商事合同通则》规定了包括要求金钱债务的履行和非金钱债务的履行。各国国内法相应的词语是实际履行（Specific performance），包含双重含义：一是指债权人要求债务人完全按合同规定履行有关义务；二是指债权人向法院提起实际履行之诉，由执行机关运用国家机器的强制力，使债务人按照合同规定履行其义务。此处主要指第一重含义。

关于金钱债务的履行，《国际商事合同通则》第 7.2.1 条规定："如果有义务付款的一方当事人未履行其付款义务，则另一方当事人得要求付款。"

在《国际商事合同通则》项下，根据合同具有约束力的一般原则（第 1.3 条），作为一种规则，每一方通常有权要求另一方履行其承担的金钱债务和非金钱债务。这在大陆法系国家是没有争议的，其法律把实际履行视为一种主要的救济方法。然而在普通法系却大相径庭，只有在特殊情况下才允许非金钱债务的强制执行，例如土地买卖、公司债券的交易、特别名贵和罕见之物品（如独一无二的古董和名画等）。

继承《联合国国际货物销售合同公约》第46条的基本原则，《国际商事合同通则》第7.2.2条对非金钱债务采用了受一定条件限制的实际履行原则，规定："如果一方当事人未履行其不属支付金钱的债务，则另一方当事人可要求履行，除非……"

根据《国际商事合同通则》，实际履行则并非一种可以自由裁量的救济手段，即法庭必须裁定实际履行，除非存在《国际商事合同通则》规定的下列例外情形的一种：①履行在法律上或事实上不可能；②履行或相关的执行带来不合理的负担或费用；③有权要求履行的一方当事人可以合理地从其他渠道获得履行；④履行完全属于人身性质；⑤有权要求履行的一方当事人在已经知道或理应知道该不履行后的一段合理时间之内未要求履行。

在国际商事活动中，上述不得要求实际履行的例外情况可能经常存在，特别是在服务贸易方面。例如，合同项下某种合同履行是不可委托的，并且需要艺术性或科学性的独特技能，或者该种履行涉及某秘密和人身关系，那就属于具有完全人身性质的履行，依据《国际商事合同通则》便不得要求履行。

上述规定反映了国际上被普遍接受的原则：合同义务项下应支付的付款，总是能要求履行的，若此要求未能满足，可向法庭提起诉讼以强制执行。无论货币的种类如何，此规定均适用于到期的支付或可进行的付款。

（二）修补和替代（Repair and replacement）

《国际商事合同通则》第7.2.3条规定在适当的情况下，当事人有权要求对瑕疵履行修补、替代或其他补救。此条将前述要求付款和要求履行的一般原则，适用于一种特殊的、但时常发生的瑕疵履行，例如修补瑕疵货物、改善不足服务、替代瑕疵履行。又如付款问题，发生付款不足、以错误的货币形式付款、向非双方约定的账户付款等，也存在要求修补或替代的权利。

《国际商事合同通则》这些规定，充分吸纳了许多国家以及《销售合同公约》的有关法律原则（公约第46条（3）款规定，买方可要求卖方通过修理，对不符合同的货物做出修补），在国际商事活动中，将有广泛的应用。

（三）终止合同（Terminate the contract）

《国际商事合同通则》第七章第三节标题为"合同的终止"，包括6条规定，对终止合同的条件、法律后果和通知时间等问题作出明确的规范。此处的终止合同，与之相近似的有解除合同、撤销合同、宣告合同无效（《联合国国际货物销售合同公约》用语）等等。

各国合同法以及国际公约、惯例对上述用语的含义和使用不尽相同，然而它们却有相通之处：合同各当事人不必继续履行各自的合同义务，原来订立的合同不复存在。应当看到，终止合同是最严厉的一种补救方法。因为一旦终止合同，双方就结束了权利义务关系，往往会使受损害方无法实现其订约时的目标（有些情况下违约方的目标同样也无法实现）。

此外，终止合同往往会对准备履行或提供履行的不履行方当事人，因所发生的费用得不到补偿而造成严重损害。有鉴于此，《国际商事合同通则》以及各国合同法均对终止合同规定了比较严厉的条件。

根据《国际商事合同通则》的规定，在下述几种情形下，合同得以终止：①发生可免责的不履行；②另一方当事人未履行其合同义务构成对合同的根本不履行；③另一方当事人延迟履行，且在受损害方确定的合理的额外期限内通知将不履行，或是在此额外期限届满时仍未完成其义务的履行；④另一方当事人预期不履行是根本性的；⑤一方当事人如果有理由相信另一方当事人将根本不履行，且后者在合理时间内未能对如约履行提供充分保证；⑥发生艰难情形，经法庭认定并合理地作出终止合同的判决；⑦一方当事人不可免责的不履行。

关于终止合同的一般效果，《国际商事合同通则》第7.3.5条作出3款规定：①终止合同解除双方当事人履行和接受未来履行的义务；②终止合同不排除对不履行要求损害赔偿的权利；③终止合同不影响合同中关于解决合同争议的任何规定，甚至包括在合同终止后仍应执行的其他合同条款。

依据上述规定，合同中解决争议的规定，例如，法律适用条款、仲裁条款、法院管辖权条款等，一般视为合同的独立成分，它们不因合同的终止而失去效力。在一方当事人通知另一方当事人终止合同的情形下，如果后者有异议，与前者协商未果，后者可将争议提交仲裁或提起诉讼。此时尽管已有一方宣布合同终止，但是作为合同独立成分的上述条款仍然有效，仲裁庭或法庭可据此受理案件，作出裁决或判决。

（四）恢复原状（Restitution）

这是终止合同时的一种补救方法。恢复原状，即恢复到损害发生前的状况。这种方法可完全达到补偿的目的，但有时不方便实行，甚至有时是不可能做到的。例如买卖一幅著名画家毕加索的名画，后来交至买方的该画因意外事件被烧毁了，恢复原状即不可能。

各国合同法都有恢复原状的补救方法，然而其地位和作用各有差异。

德国法以恢复原状为原则，以金钱赔偿为例外。《德国民法典》第249条规定："负损害赔偿的义务者，应回复负赔偿责任的事故发生前的原状。如因伤害身体或毁损物件而应为损害赔偿时,债权人得请求必要数额的金钱以代替回复原状。"

法国法与德国法完全不同,它以金钱赔偿为原则,以回复原状为例外。法国法主张,在大多数情况下,一方当事人违反合同义务,均可转变为损害赔偿之债,对方所得到的赔偿是适当数额的金钱。

英美法强调金钱赔偿的补救方法,称之为"金钱上的恢复原状"。至于严格意义上的恢复原状,只有在少数情况下才使用,主要适用于受损害方因对方的重大违约而有权解除合同时,他可寻求恢复原状的补救手段,最后取决于法庭的判决是否支持此要求。

《国际商事合同通则》第7.3.6条标题为"恢复原状",规定在终止合同时,任何一方当事人可主张返还他所提供的一切,条件是该方同时亦返还他所收到的一切。如果实物返还不可能或不适当,只要合理,应以金钱予以赔偿。

由上观之,恢复原状是合同终止时任何一方当事人的一种权利,双方当事人的权利是对等的,需同时返还从对方所收到的一切。在返还不可能或不适当的情况下,例如某件珍贵的古董已被毁坏,实物偿还已经不可能,则应以金钱赔偿。

(五)损害赔偿(Damages)

这是在商事领域使用得最多、最为广泛的补救方法,直接触及到当事人的经济利益,有时它被单独使用,有时又被连同其他补救方法一起使用。正因为其作用之重要以及问题之复杂,《国际商事合同通则》在第七章专设第四节"损害赔偿",包含13条规定之多。

1. 损害赔偿的权利

《国际商事合同通则》第7.4.1条首先确立了不履行情况下要求损害赔偿的一般权利的原则,其例外是本通则规定的可免责的不履行。其次,本条重申,损害赔偿的权利像其他补救方法一样,产生于不履行这个唯一事实,即采取无过错责任原则,无需证明对方当事人的过错。再次,本条也阐明损害赔偿既可单独使用,亦可与其他补救方法同时并用。

2. 损害赔偿的范围

这是指在发生违约情形之后,在要求损害赔偿时,应根据什么原则来确定损害赔偿的金额。一般分为法定的损害赔偿和约定的损害赔偿,以下阐述的是前者。

就损害赔偿的范围,《国际商事合同通则》以三个条文作出规范:

(1)完全赔偿。《国际商事合同通则》第7.4.2条确立了完全赔偿的原则,规定受损害方对由合同的不履行导致其遭受的损害,有权得到完全赔偿。该条主要吸收了大陆法在损害赔偿问题上的原则,强调损害既包括该当事人遭受的任何损失,也包括其被剥夺的任何收益。前者一般称为实际损失,后者则称为所失利益或结果性(间接)损失。

《国际商事合同通则》从诚信和公平交易原则出发,在全球范围内确立了完全赔偿的法律规定，有利于切实保障受损害方当事人的正当权益。

（2）损害的肯定性。《国际商事合同通则》第 7.4.3 条重申了广为人知的关于损害肯定性的条件，允许对未来损害进行赔偿，对机会损失的赔偿可根据可能性程度来确定。至于不能以充分的肯定程度来确定损害赔偿的金额，则取决于法庭的自由裁量权。

（3）损害的可预见性。在国际商事活动中，损害赔偿不是毫无限制的。对此《国际商事合同通则》第 7.4.4 条确立了"可预见"的上限："不履行方当事人仅对在订约时他能预见到或理应预见到的、可能因其不履行而造成的损失承担责任。"此原则与《联合国国际货物销售合同公约》第 74 条的原则一致。上述限定与合同的真正最终性质相关：并不是受损害方被剥夺的所有利益都包含在合同范围之内，不履行方对于订约时不能预见到的损害不必承担赔偿责任，并且可不承担不能投保的风险。对损害的可预见性要求，来源于英美法。

［案例 2 - 8］　哈德里诉巴辛达尔（1854 年）

原告所经营磨坊的蒸汽机曲轴断裂，遂将曲轴作为样品，交经营运输的被告运去外地换回新曲轴。后来因被告的疏忽，该磨坊的工作延误了几天。原告在诉讼中要求被告赔偿因误工所引起的工资、利润损失。法官在判决书中指出：原告告诉被告的全部情况，未能使被告意识到，在运输曲轴过程中发生的延误会使磨坊不能继续获得利润，这种延误所导致的特殊结果，在大多数情况下也是不会发生的。所以，原告蒙受的利润损失，不能被合理地看作当事人双方在订约时本来可公平地、合理地预见到的违约后果。

损害的可预见性原则，旨在防止受损害方"狮子开大口"，提出不合理的损害赔偿要求，维护国际贸易中诚信和公平交易原则和合理原则。

3. 损害赔偿的证明和计算

在损害赔偿问题上，如果损害赔偿责任成立，接下来的关键环节便是事关双方当事人直接利益的损害赔偿额的证明。

关于损害的证明，《国际商事合同通则》区分以下两种情况才作出规定：①存在替代交易时：在受损害方当事人已终止合同，并在合理时间内以合理方式进行了替代交易的情况下，该方当事人可对原合同价格与替代交易价格之间的差额以及任何进一步的损害要求赔偿。②依照时价确定损害时：在受损害方当事人已终止合同，但未进行替代交易的情况下，如果对于合同约定的履行存在时价，则该方当事人可对合同价格与合同终止时的时价之间的差额以及任何进一步的损害要求赔偿。

关于损害赔偿的计算，《国际商事合同通则》作出了详细具体的规定，《国际商事合同通则》第 7.4.9 条至 7.4.12 条分别规定了"未付金钱债务的利息"、"损害赔偿的利息"、"金钱赔偿的方式"和"估算损害赔偿金的货币"，具有很强的可操作性。

4. 损害的减轻

《国际商事合同通则》第7.4.8条对"损害的减轻"作出规定,不履行方当事人对于受损害方当事人所蒙受的本来可采取措施减少的那部分损害,不承担责任。本条的目的是为了避免受损害方消极坐等的现象,促使其采取合理措施,减轻损害。同时,这种试图减少损害而发生的一切合理费用,有权要求赔偿。许多国家的民商法都含有"减轻损害学说",体现了公正、合理原则。

(六) 违约金 (Liquidated damages)

这是指以保证合同履行为目的,由双方当事人事先约定,当债务人违反合同时,应向债权人支付的金钱。国际商事合同实践中经常存在对不履行的约定付款。

在国际商事合同实践中,违约金条款主要有两种规定方法:一是规定一笔约定的金额,任何一方若违约即需支付对方此金额;二是规定一个百分比率(例如合同金额的0.5%),任何一方履约时间如果推迟若干(例如一周),则需支付对方上述比例的金额。使用违约金条款简便易行,因受损害方不必举证对方违约所造成的实际损害如何,但是有时也会出现违约金过分高于实际损害的情形。

关于违约金条款的有效性,各国法律规定不一。大陆法系国家承认该条款,而不管对负有特别法律义务的条款司法复审的可能性存在与否。尤其突出的是德国法,认为违约金是对债务人不履行合同的制裁,具有惩罚性质。然而,普通法系国家对于意欲充当制止不履行的罚金条款则明确反对,只允许预先约定的损害赔偿金额。

《国际商事合同通则》第7.1.13条(1)款原则上承认,任何规定不履行方当事人对于其不履行要支付一笔特定金额给予受损害方当事人的条款有效,其结果是后者有权得到这笔约定的金额,而不管实际遭受的损害如何。不履行方当事人不能以受损害方当事人遭受的损害较小,或根本没有受到损害为由,而拒绝付款。针对违约金金额大大超过因不履行以及其他情况造成的损害之情形,《国际商事合同通则》明确规定可将该约定金额减少至一个合理的数目,而不考虑任何与此相反的约定(第7.4.13条(2)款)。

五、中国法关于违约责任的规定

《中华人民共和国合同法》(以下简称《合同法》)将全面履行原则和诚实信用原则作为合同履行的基本原则,并且规定,当事人一方不履行合同义务或者履行合同义务不符合约定的,应当承担下列违约责任:

(1) 继续履行。当事人一方不履行非金钱债务或者履行非金钱债务不符合约定的,对方可以要求履行,但有下列情形之一的除外:①法律上或者事实上不能履行;②债务的标的不适于强制履行或者履行费用过高;③债权人在合理期限内未要求履行。

（2）采取补救措施。例如，受损害方可以根据标的的性质以及损失的大小，合理选择要求对方承担修理、更换、重作、退货、减少价款或者报酬等补救措施。

（3）赔偿损失。当事人一方不履行合同义务或者履行合同义务不符合约定，给对方造成损失的，损失赔偿额应当相当于因违约造成的损失，包括合同履行后可以获得的利益，但不得超过违反合同一方订立合同时预见到或者应当预见到的因违反合同可能造成的损失。

（4）支付违约金。当事人可以约定一方违约时应当根据违约情况向对方支付一定数额的违约金，也可以约定因违约产生的损失赔偿额的计算方法。约定的违约金低于或过分高于造成的损失的，当事人可以请求人民法院或者仲裁机构予以调整。

（5）支付定金。当事人可以约定一方向对方给付定金作为债权的担保。债权人履行债务后，定金应当抵作价款或者收回。给付定金的一方不履行约定的债务的，无权要求返还定金；收受定金的一方不履行约定的债务的，应当双倍返还定金。

我国《合同法》还对预期违约明确作出规定："当事人一方明确表示或者以自己的行为表明不履行合同义务的，对方可以在履行期限届满之前要求其承担违约责任。"

除上述违约责任外，我国《合同法》还规定，因当事人一方的违约行为，侵害对方人身、财产权益的，受损害方有权选择要求其承担违约责任或侵权责任。

第六节　合同的变更、转让与消灭

一、合同的变更

此处所言合同的变更，是指在合同成立之后、尚未履行完毕之前，当事人就合同的内容进行修改或补充。

合同的变更具有以下特征：

（1）合同的主体不改变，即原来的当事人保持不变。

（2）合同的变更需经合同双方（或多方）当事人协商一致。

（3）合同的变更仅是对合同内容的部分变更，例如履行的时间、数量、方式等，而不是全部内容或合同性质的变更。

合同的变更通常是由于合同订立后，某些情况发生了变化，依据当事人之间的协商而作出的，也有依据法律规定而作出的。法律规定的允许一方当事人变更合同的事由主要包括不可抗力、情势变迁等。

合同的变更一般不溯及既往，对已履行的合同部分不产生效力。

从各国法律规定的实践来看，普遍允许当事人通过协议或出现法律规定的事由时变更合同。《国际商事合同通则》允许在一定条件下变更合同。根据其第 2.18 条、第 3.2 条规定，合同的修改除需当事人的协议外，别无其他要求；如果合同规定对合同的任何变更必须以书面形式作出，则该合同不得以其他的形式变更。

此外，《国际商事合同通则》还将重大失衡和艰难情形作为一方当事人主张变更合同的理由。其第 3.10 条规定，在重大失衡的情形下，依有权宣告合同无效一方当事人或收到宣告合同无效通知的另一方当事人的请求，法庭可修改合同或其条款，以使其符合公平交易的合理的商业标准。《国际商事合同通则》第 6.2.3 条规定，如出现艰难情形，处于不利地位的当事人有权要求重新谈判，如果合同各方不能在合理时间内达成协议，任何一方均可诉诸法庭，而法庭则可以在认定确实存在艰难情形的条件下，为恢复合同的均衡而修改合同。

我国《合同法》规定的变更合同的情形有下列三种：

（1）当事人协议。《合同法》第 77 条规定，当事人协商一致，可以变更合同。

（2）法院判决或仲裁机构裁决。该法第 54 条规定，对于因重大误解而订立的合同或在订立时显失公平的合同，当事人一方有权请求人民法院或者仲裁机构变更或撤销；对于一方以欺诈、胁迫手段或乘人之危，使对方在违背真实意思的情况下订立的合同，受损害方有权请求人民法院或者仲裁机构变更或撤销。

（3）政府决定。我国《合同法》第 63 条规定，执行政府定价或者政府指导价的，在合同约定的交付期限内政府价格调整时，按照交付时的价格计价。

二、合同的转让

合同的转让，又称为合同的让与，是指合同当事人一方将其合同的权利和义务全部或部分转让给第三人。合同的转让实际上是合同的主体发生变更，即合同权利的受让人成为合同之债的新债权人，或合同义务的受让人成为合同之债的新债务人，而合同的内容仍保持不变。

（一）合同转让的特征

（1）合同的转让实际上是合同主体的变更。

（2）合同的转让不改变原合同的权利义务关系。

（3）合同的转让不仅涉及转让方与受让方的关系，而且还涉及受让方与原合同一方的关系。

（二）合同转让的分类

从合同转让的内容这个角度出发，可将合同的转让划分为三种：合同权利的转让；合同义务的转让；合同权利和义务的概括转让。以下分别介绍各国法律对上述问题的有

关规定:

(三) 合同权利的转让

合同权利的转让是指合同债权人将合同的权利全部或部分转让给第三人。从各国实践来看,绝大多数合同的权利都是可以转让的,但是对于下列三种合同权利,许多国家的法律一般都不允许任意转让:

(1) 根据合同权利的性质不能转让的权利。即合同只能在特定当事人之间成立,如果转让给第三人就会影响合同内容的履行,从而违背当事人的订约目的。这类合同权利包括信托权利、表演或出版权利、受聘权利等。

(2) 法律禁止转让的权利。

(3) 合同当事人约定不得转让的权利。

合同权利转让中最重要的问题,是该转让是否需经债务人同意。对此,各国立法作出三种不同规定:

(1) 转让合同权利不必征得债务人的同意。此主张认为,债权人转让其合同权利仅依据原债权人与新债权人之间的合同即可成立,不必征得债务人的同意,也不必通知债务人。如果未通知债务人,而债务人仍旧向原债权人作出清偿,则债务人已清偿的债务可告解除;如果债务人被通知或知悉合同权利的转让,则不论其是从何处得悉该转让的,都不应向原债权人履行义务,否则不能解除其义务。采取此种法律主张的国家有德国、英国、美国等。

(2) 转让合同权利必须通知债务人。此主张认为,债权人转让其债权虽不必征得债务人的同意,但必须将债权转让的事实及时通知债务人,只有在债务人接到债权转让的通知或者对债权转让作出承诺后,债权转让才对其发生效力,债权受让方才能享有受让的权利。采取此种法律主张的有法国、日本等国家。

(3) 转让合同权利必须经债务人同意。此主张认为,合同权利的转让必须经过债务人的同意才能生效。例如,我国《民法通则》第 91 条规定:"合同一方将合同的权利、义务全部或者部分转让给第三人的,应当取得合同另一方的同意,并不得牟利。"

(四) 合同义务的转让

合同义务的转让,是指债权人或债务人与第三人之间达成转让债务的协议,由第三人取代原债务人承担债务。由此可见,债务的转让有两种方法,一是通过债权人与第三人之间的协议;二是通过债务人与第三人之间的协议。

在债权人与第三人之间订立债务转让协议的情况下,通常转让协议一经成立即生效,无需经过债务人的同意。债务人可藉此免除自己的合同义务。从一定意义上来说,债权人与受让人之间的这种协议,事实上是一种为第三人即原债务人创设权益的合同权利。有鉴于此，各国法律基本上都不要求这种合同须经债务人同意。

债务人与第三人之间协议转让债务的情况与前述情况有所不同。由于义务是合同义务人必须作出的行为或不行为，且义务的履行直接关系到权利人权利的实现，具有不同的履约能力或信用的义务人会对合同履行的程度和质量产生直接的影响。因此，对于债务人与第三人达成的转让债务协议，一般都要求经过债权人的同意。债务人与第三人达成转让债务协议，一经债权人的同意即发生效力；如果债权人拒绝同意，则债务人与第三人订立的转让债务协议无效。《德国民法典》第 415 条规定："第三人与债务人约定承担债务者，须经债权人的追认始发生效力。"《法国民法典》将变更债务人的权利赋予债权人，该法典第 1271 条规定："债权人得解除旧债务人的债务而由新债务人代替之。"英国普通法也认为，非经债权人的同意，合同的债务不得转移。美国法虽然也认为合同的债务非经债权人同意不能转让，但允许在某些情况下的代行债务，即允许他人代替原债务人履行债务，但原债务人不能因此而解除自己的义务。

（五）合同权利和义务的概括转让

合同权利和义务的概括转让，是指由原合同一方当事人将其在合同中的权利和义务一并转让给第三人，由第三人概括地继受这些债权和债务。对此，各国法律基本上都要求须经另一方当事人的同意方可成立生效。在取得合同另一方的同意后，受让方将完全代替原合同当事人一方的地位，原合同当事人一方将完全退出合同关系。

我国《合同法》第 84 条规定："债务人将合同的义务全部或者部分转移给第三人的，应当经债权人同意。"第 88 条规定："当事人一方经对方同意，可以将自己在合同中的权利和义务一并转让给第三人。"

三、合同的消灭

合同的消灭，是指合同由于某种原因而不复存在，当事人之间的权利义务关系归于消灭。

合同的消灭是英美法系的概念，大陆法系将其归入债的消灭的范畴。大陆法系各国在其《民法典》或《债务法典》中，对债的消灭作出规定，其中包括了合同的消灭，因为合同是债的一个种类。我国法律将合同的消灭称为合同的权利义务终止。大多数国家把诉讼时效的完成作为消灭合同和其他债的关系的原因之一。

（一）大陆法系关于债的消灭的规定

大陆法系各国法律主张，除合同的解除、撤销以及履行不能可作为消灭债的原因之外，清偿、抵消等各种原因也导致债的消灭。这方面大陆法系各国的规定大同小异，以下简要介绍其主要规定：

1. 清偿

清偿是指债务人向债权人履行债的内容。大陆法各国法律一致主张，清偿是消灭债务的主要原因之一，当债权人接受债务人的清偿时，债的关系即告消灭。例如在货物买卖合同中，卖方向买方交货，买方向卖方支付货款，都属于清偿。清偿的标的物一般应当依照合同的规定。但是，如果经债权人同意，债务人亦可用合同规定的标的物之外的物品来清偿，这就是所谓代物清偿。德国、日本等国法律均规定，代物清偿可产生消灭债的效力。

2. 提存

提存是指债务人履行债务时，由于债权人受领延迟，或者不能确定谁是债权人，遂将应给付的物品或金钱寄托于法定的提存所，从而使债的关系归于消灭。

提存的程序一般为：呈交提存书，向提存所交付提存物，通知债权人。

提存的效力主要有三方面：①债务人免除责任；②风险转移至债权人；③费用由债权人承担。

3. 抵消

抵消是指双方当事人互负债务，且债务的种类相同，均已届清偿期，得依据法律规定或合同规定，在等额的范围内消灭各自的债务。

抵消的优点主要有：①手续方便，避免交换履行。②当一方当事人破产时，抵消方法可避免交换履行所引起的不公平的结果。

4. 免除

免除是指债权人免除债务人的债务，即债权人自愿放弃其债权。免除是债的消灭的原因之一。

5. 混同

混同是指债权与债务同归一人而使债的关系消灭。产生混同的情况主要有：死亡的自然人是债权人或债务人，而由其债务人或债权人继承其债权或债务；作为债权人的公司同作为债务人的公司合并；因债权转让或债务承担而使债权、债务集中于一人。

但是，下列两种混同情形不能消灭债：一是债权已被作为他人权利的标的。例如，A 把对 B 的债权，出质于 C，成为 C 的质权的标的，后来即使 C 继承了 A 的债权，债权债务已发生混同，但其出质的债权并不因此而消灭。此举目的是保护第三人的利益。二是票据流通中的特殊混同。票据债务人通过背书流通的票据，其票据的债权即使发生混同，依据各国票据法规定，并不消灭，在票据未到期以前仍可流通，以确保票据的流通性。

6. 时效完成

时效是指依照法律的规定，在一定期间内，由于一定事实状态的继续存在，而引起民事法律关系的消灭或发生的一种法律制度。时效制度主要有两方面的作用：一是保持社会关系的稳定；二是避免在举证问题上发生困难。

大陆法系各国把时效分为取得时效和消灭时效。前者是关于取得物的所有权的制度，即占有人在取得时效期满后即可取得该物的所有权。后者是关于诉权的制度，即债权人在诉讼时效期间内不行使有关权利，其诉权即归于消灭。

大陆法各国法律都把时效消灭作为债的消灭的一种原因，并把消灭时效分为普通期间与特别期间，前者较长，后者较短。关于普通消灭时效期间是，德国、法国规定为30年，日本规定为20年，瑞士规定为10年。关于特别消灭时效期间，《法国民法典》规定，教师的讲课报酬权、工人对工资的请求权为6个月，律师、医师等对其报酬及费用的请求权为2年。

（二）英美法系合同的消灭的判例

关于合同的消灭，英美法系各国长期司法审判的判例归纳为下述几种情形：

1. 因双方当事人的协议

英美法系各国主张，合同是通过双方当事人的协议而成立的，因而也可依照双方当事人的协议而解除。在简式合同中，如果双方当事人达成协议终止合同，实际上是各自放弃了其在尚待履行的合同中的权利，这本身就是对价，故得消灭合同。

通过协议而消灭合同，包括以新的合同代替原合同，更新合同，依照合同规定的条件解除合同，一方当事人弃权等情况。

2. 因履行

履行是合同消灭的主要原因。合同一经履行，当事人之间的权利义务关系即自行终止。

3. 因违约

在一方当事人违约涉及"合同的根基"，即英国法的违反条件的情况下，受损害方即有权解除合同，并可请求损害赔偿。

4. 依据法律

在一方当事人宣告破产时，依据有关破产法的规定，履行破产清算程序，法院发出解除令，破产人即解除了一切债务和责任，其未履行的合同全部依法消灭。

此外，法院依法判决混同，例如合同的权利和义务最后归属于同一人，合同即告消灭。

5. 超过法定时效

英美法系的一些国家把诉讼时效已经完成作为合同消灭的一个重要原因。英国1939年时效法（Limitation Act, 1939）第2条规定，简式合同的时效期间为6年，签字蜡封合同的时效期间为12年。

美国无全国统一的时效法律，由各州以成文法作出规定。对由于违反合同而引起的诉讼时效期间，各州大都区分口头合同和书面合同，口头合同多数规定为5至6年，书面合同多数规定为10年。此外，《美国统一商法典》规定货物买卖合同的时效期间为4年。

（三）我国法律的有关规定

我国《合同法》第91条规定："有下列情形之一的，合同的权利义务终止：①债务已经按照约定履行；②合同解除；③债务相互抵消；④债务人依法将标的物提存；⑤债权人免除债务；⑥债权债务同归于一人；⑦法律规定或者当事人约定终止的其他情形。"

我国《民法通则》对诉讼时效的规定分为三种：

（1）一般诉讼时效期间为2年，从知道或者应当知道权利被侵害时计算。

（2）短期时效为1年，包括：①身体受到伤害要求赔偿的；②出售质量不合格的商品未声明的；③延付或者拒付租金的；④寄存财物被丢失或者损毁的。

（3）最长时效为20年，从权利被侵害之日起计算。超过20年的，人民法院不予保护。但有特殊情况的，人民法院可延长诉讼时效期间。

关于国际货物买卖合同和技术进出口合同争议的诉讼时效期间，我国法律规定为4年。

参考书目

1. 对外贸易经济合作部条约法律司编译. 国际统一私法协会国际商事合同通则. 北京：法律出版社，1996
2. 冯大同主编. 国际商法. 北京：对外贸易教育出版社，1991
3. 沈达明编著. 英美合同法引论. 北京：对外贸易教育出版社，1993
4. 王军编著. 美国合同法. 北京：中国政法大学出版社，1996
5. Robert N Corley, and the others. *Fundamentals of Business Law*, 4th Edition, Prentice-Hall, Englewood Cliffs, N. J. 1986
6. Brown, and the others. *Business Law with UCC Applications*, 7th Edition, Mcgraw-Hill Book Company, 1989
7. 陶凯元主编. 国际商法. 广州：暨南大学出版社，1999

思考题

1. 简述合同的概念与特征。
2. 根据西方国家法律,合同有效成立一般应具备哪些要件?
3. 什么是要约?要约的撤回与撤销有何区别?《国际商事合同通则》对此二者有何规定?
4. 什么是承诺?承诺应具备什么条件?
5. 试述《美国统一商法典》以及《国际商事合同通则》在承诺对要约的变更问题上的规定之演变。
6. 试述影响合同效力的主要事项以及《国际商事合同通则》就这些问题的主要规定。
7. 试述《国际商事合同通则》对价格的确定问题的规定。
8. 试述艰难情形与不可抗力各自的定义、艰难情形与不可抗力的异同。
9. 如何理解"留待后定条款是对传统合同法理论关于合同确定性规则的突破"?
10. 依据《国际商事合同通则》,在哪些情况下当事人具有终止合同的权利?
11. 依据《国际商事合同通则》,哪几种情况属可免责的不履行?
12. 《国际商事合同通则》就损害赔偿的范围规定了哪几项法律原则?
13. 西方国家两大法系对合同的消灭有哪些主要规定?

第三章 国际货物买卖法

广义的买卖法，一般包括调整动产和不动产的买卖方面的法律关系的法律规范。本章取狭义的买卖法的概念，专门阐述调整货物这种动产买卖的法律关系的法律规范，特别又侧重于国际货物买卖。

第一节 国际货物买卖法概述

一、国际货物买卖法的渊源

（一）有关货物买卖的国内法

西方发达国家有关货物买卖的法律，一般也可适用于国际货物的买卖，然而这些买卖法所采取的形式并不一样。在大陆法系国家，买卖法大都以独立的章节形式编入民法典之中，例如：《法国民法典》第三编第六章，《德国民法典》第二编第二章，《日本民法典》第二章第三节。它们都是专门就买卖中的法律关系作出具体规定，成为民法典不可分割的组成部分。这些国家除民法典之外，还设立专门的商法典，对商行为、海商、保险、票据和公司等方面的法律关系分别作出具体规定。这些国家采取民法与商法分立的做法，把民法与商法分别编纂为两部法典，以民法为普通法，以商法作为民法的特别法；民法的一般原则可以适用于商事活动，但如属商法另有特别规定的事项，则应适用商法的有关规定。也有一些大陆法系国家采取民商合一的形式，只有民法典而没有单独的商法典。例如，意大利、瑞士等国就只有民法典，它们把有关商法的内容编入民法典或债务法典之中。

英美法系国家既没有民法典，也没有大陆法系意义上的商法典，其买卖法由两个部分组成：一是普通法，体现于法院在司法判例中形成的关于买卖方面的法律规则；二是成文法，或称制定法，即立法机关关于货物买卖的立法。成文法方面具有代表性的，是《英国货物买卖法》和《美国统一商法典》。前者是英国在总结了几个世纪以来有关货物买卖的司法判例的基础上制定的。经过多次修订，现今生效的是1994年修订的《货物供应与销售法》（Sale and Supply of Goods Act 1994）。该法为英美法系国家制定各自的买卖法提供了一个样板。后者是由美国统一州法委员会和美国法学会编制的一部样板法，于1952年公布，以后经过多次修订，后来增补了2A（租赁）、4A（电子资金划拨）等内容。该法典第二编专门对货物买卖作出具体规定，其内容在西方各国的买卖法中是最为详尽的。美国 50 个州中，迄今除路易斯安那州对该法典有部分保留之外，所有各州均已通过立法程序采用了《美国统一商法典》。

（二）有关国际货物买卖的国际条约

由于各国买卖法的差异导致的法律冲突，给国际货物买卖活动带来诸多不便，国际上一些法律界、贸易界人士，很早就作出努力，试图通过国际条约的形式来统一国际货物买卖的法律。迄今已生效的关于货物买卖的条约有三个，即 1964 年《国际货物买卖统一法公约》、《国际货物买卖合同成立统一法公约》以及 1980 年《联合国国际货物销售合同公约》。

（1）1964 年《国际货物买卖统一法公约》和《国际货物买卖合同成立统一法公约》。上述两个公约均由国际统一私法协会拟定，并于 1964 年海牙会议上通过，前者于 1972 年 8 月 18 日生效，后者于同年 8 月 23 日生效。这两个公约内容比较繁琐，有的概念比较晦涩难懂，而且偏向于大陆法传统，迄今批准或参加的国家有比利时、冈比亚、德国、以色列、意大利、荷兰、圣马利诺和英国等 8 国，这两个公约在国际上影响不大，未能起到统一国际货物买卖规范的作用。

（2）1980 年《联合国国际货物销售合同公约》及其缔约国。《联合国国际货物销售合同公约》由联合国国际贸易法委员会起草，于 1980 年维也纳外交会议上通过，并于 1988 年 1 月 1 日生效。截至 2012 年 11 月 8 日，已有下列缔约方核准和参加了该公约：阿根廷，澳大利亚，奥地利，白俄罗斯，比利时，贝宁，塞哥维亚，波斯尼亚和黑山共和国，保加利亚，布隆迪，加拿大，智利，中国，哥伦比亚，克罗地亚，古巴，塞浦路斯，捷克，丹麦，多米尼加，厄瓜多尔，埃及，爱沙尼亚，芬兰，法国，格鲁吉亚，德国，希腊，几内亚，洪都拉斯，匈牙利，冰岛，伊拉克，以色列，意大利，吉尔吉斯斯坦，拉脱维亚，莱索托，立陶宛，卢森堡，毛里塔尼亚，墨西哥，蒙古，黑山，荷兰，新西兰，挪威，秘鲁，波兰，摩尔多瓦，罗马尼亚，俄罗斯联邦，圣文森特和格林纳丁斯，圣马力诺，塞尔维亚，新加坡，斯洛伐克，斯洛文尼亚，西班牙，瑞典，瑞士，叙利亚，乌干达，乌克兰，美国，乌拉圭，乌兹别克斯坦，赞比亚，等等。[①]

（三）有关国际货物买卖的国际惯例

国际贸易惯例是商人们在长期的贸易实践中经过反复使用而逐步形成的一些习惯作法和规则，它们不具有法律强制性，由当事人约定是否采用。一经当事人采用，它们就在当事人之间产生相当于法律的效力。由于它们来自商人的实践，很易为商人们所接

---

① 参见联合国国际贸易法委员会网站，2012-11-8 访问。

受,因而在国际贸易中应用广泛。不过这些惯例往往不完整、不明确,缺乏统一性和规范性,因此一些非政府国际组织进行了一些贸易惯例的编纂工作。在国际货物买卖方面最重要的惯例,是国际商会制定的《国际贸易术语解释通则》。该通则最初于 1936 年制定,以后经数次修改。现行文本是 2010 年的修订本,对 FOB、CIF、CFR 等 11 种价格术语进行了详细的解释,具体规定了买卖双方在交货方面的权利与义务。该通则在国际上已经得到广泛承认和采用。此外,国际法协会制定的《1932 年华沙—牛津规则》就 CIF 合同进行了详细的解释,在国际上也有较大的影响。

二、中国有关国际货物买卖的法律

目前,中国有关国际货物买卖的法律主要包括:1986 年通过的《中华人民共和国民法通则》,1994 年通过、2004 年修订的《中华人民共和国对外贸易法》,1999 年通过的《中华人民共和国合同法》。《中华人民共和国民法通则》第四章第一节有关民事法律行为的规定,第五章第二节有关债权的规定,第六章有关民事责任的规定等,均与货物买卖有关。《中华人民共和国合同法》总则对合同的订立、效力、履行、权利义务和法律责任作了一般性规定,分则第九章对货物买卖作了具体规定。此外,中国于 1987 年成为《联合国国际货物销售合同公约》的缔约国,因而该公约也适用于中国。应当注意,中国在批准该公约时提出了以下两项保留。

(一)关于书面形式的保留

《联合国国际货物销售合同公约》第 11 条规定:国际货物销售合同无须以书面订立或书面证明,在形式方面也不受任何其他条件的限制。此规定同中国当时的《涉外经济合同法》关于涉外经济合同(包括国际货物买卖合同)必须采用书面形式订立的规定不一致,故中国在核准《联合国国际货物销售合同公约》时对该条款提出了保留。但是,现在中国《合同法》已不再要求合同必须采用书面形式订立,已经与《联合国国际货物销售合同公约》第 11 条规定相一致,我国对《联合国国际货物销售合同公约》的这一保留应该撤销。

(二)关于《联合国国际货物销售合同公约》适用范围的保留

《联合国国际货物销售合同公约》第 1 条 b 项规定,如果合同双方当事人的营业地处于不同的国家,即使他们的营业地所在国不是公约的缔约国,但如果按照国际私法规则导致适用某一缔约国的法律,则公约将适用于这些当事人所订立的国际货物销售合同。中国政府对此提出保留,认为公约的适用范围仅限于双方的营业地分处于不同缔约国的当事人间所订立的货物销售合同。

三、《联合国国际货物销售合同公约》的适用

《联合国国际货物销售合同公约》是统一国际货物买卖法的重要成果,30余年来许多国家的法院和仲裁机构以其作为判案的适用法律,在国际上具有深远的影响。以下介绍实体规定之外的一些关于《联合国国际货物销售合同公约》适用问题的规定。

（一）《联合国国际货物销售合同公约》的结构

《联合国国际货物销售合同公约》首列序文,接着是101条规定,分为四个部分:第一部分是适用范围和总则;第二部分是合同的订立;第三部分为货物的销售,包括总则、卖方的义务、买方的义务、风险转移、卖方和买方义务的一般规定等五章;第四部分是最后条款,规定了对《联合国国际货物销售合同公约》的批准、接受、核准和加入、保留、公约的生效等问题。

（二）《联合国国际货物销售合同公约》所适用的合同当事人

《联合国国际货物销售合同公约》适用于营业地在不同国家的当事人之间所订立的国际货物销售合同,有两种情况:①双方营业地所在国都是《联合国国际货物销售合同公约》缔约国,那么《联合国国际货物销售合同公约》将被适用。②虽然双方或一方的营业地所在国不是《联合国国际货物销售合同公约》缔约国,但如果国际私法规则导致适用某一缔约国的法律,那么《联合国国际货物销售合同公约》将适用,双方就是《联合国国际货物销售合同公约》所指的合同当事人。例如营业地在中国的某公司与营业地在伦敦的公司订立买卖合同,如果依据国际私法规则该合同应适用中国法,则尽管英国不是《联合国国际货物销售合同公约》缔约国,但该合同仍可适用《联合国国际货物销售合同公约》,因为中国是《联合国国际货物销售合同公约》缔约国。根据《联合国国际货物销售合同公约》第1条（3）款,营业地是否在不同的国家是考虑合同的"国际性"的唯一标准,当事人的国籍等因素是不予考虑的。

（三）《联合国国际货物销售合同公约》不适用的货物买卖

《联合国国际货物销售合同公约》第2条规定,它不适用于以下6种货物销售:
（1）供私人、家属或家庭使用而购买的货物的销售。这类销售往往受制于各国的消费者保护法,有许多特别的、强制性的规定,因而《联合国国际货物销售合同公约》规定它不适用于这种销售。
（2）经由拍卖的销售。这类销售有特殊性,往往由各国的拍卖法调整。
（3）根据法律执行令状或其他令状的销售。
（4）公债、股票、投资证券、流通票据或货币的销售。这类销售属于证券买卖,

在各国都由特殊的法律,如证券交易法等调整。

(5) 船舶、气垫船或飞机的销售。这类销售因其价值高,一般作特殊处理,适用不动产销售的法律。

(6) 电力的销售。

(四)《联合国国际货物销售合同公约》不适用的事项

根据《联合国国际货物销售合同公约》第4条,《联合国国际货物销售合同公约》只适用于销售合同的订立以及买卖双方因此种合同而产生的权利和义务,尤其是《联合国国际货物销售合同公约》不适用于下列事项:

(1) 合同的效力或其他任何条款的效力,或任何惯例的效力。

(2) 合同对所售货物的所有权可能产生的影响。

各国合同法在上述两方面的规定有很大差别,《联合国国际货物销售合同公约》并不试图在这些方面达到统一,这些问题由有关的国内法调整。

(五)《联合国国际货物销售合同公约》适用的任意性

根据《联合国国际货物销售合同公约》第6条,营业地在《联合国国际货物销售合同公约》缔约国的当事人可以约定不适用《联合国国际货物销售合同公约》,他们也可以减损《联合国国际货物销售合同公约》的任何规定或改变其效力,但必须尊重营业地所在国已经作出的保留。

在某一合同是否适用《联合国国际货物销售合同公约》的问题上,有时会遇到比较复杂的情形。

[案例3-1]　美国 Biophysics 公司诉加拿大 Dubois 海产特制品公司 (2006年)①

美国 Biophysics 公司(简称 ABC)是一个特拉华州公司,主营业地在北 Kingstown, Rhode 岛。Dubois 是一个加拿大公司,主营业地在加拿大马尼托巴省。2002年2月19日,双方当事人订立一个"非排他性的经销协议",据此协议,Dubois 购买和转售 ABC 生产的"灭蚊磁石",其用途为吸引和杀死蚊子。协议要求 Dubois 在收到 ABC 的发票30天内付款,并规定对超期付款金额加收高于以下一项的利息:①年利率18%;②Rhode 岛所在州法律允许的最高利率。协议11条 h 款规定:"本协议按照 Rhode 岛法律解释和执行。双方当事人同意 Rhode 岛所在的州法院以及在那里的联邦法院对本协议项下的一切事宜拥有排他性的管辖权。"

---

① 转引自韩永红编著:《国际商法》(英文),对外经济贸易大学出版社2011年版,第88-90页。本案例英文由吴兴光编译为中文。

ABC 的诉讼请求是：Duibois 偿付因售出和交付的货物欠款 13985 美元，加上至提起诉讼之日的利息 96512 美元。

为支持其排除适用的诉求，Dubois 已书写宣誓书，表示其与 Rhode 岛无任何联系，作为适用 1980 年《联合国国际货物销售合同公约》的例外，主张适用加拿大马尼托巴省法律，并提供了该法律的副本。

分析

（1）选择法院条款的效果。已经盛行的观点是，当事人可以通过成立含选择法院条款的合同，放弃其挑战个人管辖权的权利。所以，在本案中，首要问题是：ABC 和 Dubois 之间的协议 11 条 h 款所含的选择法院条款是否有效和具有约束力。

（2）11 条 h 款的有效性。选择法院条款被认为"表面是有效的且可强制执行，除非抗辩方显示强制执行在那种情形下是不合理的"。这样，当事人质疑选择法院条款，必须提供"欺诈、不正当影响、谈判力严重不对等或类似的不便等证据，在选择法院条款诉讼中已实际上被剥夺了全部权益"。在此，Dubois 未提供任何欺诈、不正当影响等证据，也未能证明在诉讼中已实际上被剥夺了全部权益。Dubois 建议，11 条 h 款应被视为合同的附合协议，对方将 ABC 描绘成"拥有全世界客户的大生产厂商"，而将 Dubois 的运作刻画为"以马尼托巴省为根基的家庭型小经销商"。然而，Dubois 声明，其年毛收入超过一百万美元，并且没有任何迹象表明其是被迫与 ABC 订立协议的。

（3）《联合国国际货物销售合同公约》的效果。Dubois 寻求规避选择法院条款，其主张是：与 ABC 的协议适用《联合国国际货物销售合同公约》（依据法典 at 15 U. S. C. App. West1998），根据该规定，美国和加拿大均是缔约国，但是它未能解释怎样从眼前的诉讼中排除《联合国国际货物销售合同公约》。

无论如何，看来《联合国国际货物销售合同公约》是不适用的。《联合国国际货物销售合同公约》适用于"双方当事人营业地在不同国家的货物买卖合同，两国均是《联合国国际货物销售合同公约》缔约国，而且该合同无适用法律条款"。更明确的是，《联合国国际货物销售合同公约》第 6 条规定："当事人可排除本公约的适用，或者依据第 12 条，减损或改变任何规定的效力。"此处可注意到，11 条 h 款规定，本协议"应依据 Rhode 岛所在州法律解释和执行"。此规定足以排除《联合国国际货物销售合同公约》的适用。在许多判例中，已经申明了这个规则，例如 Delchi Carrier SpA V. Royorix Corp. 71 F. 3d 1024, 1028 n. 1 (2d Cir. 1995) 一案，该公约规定得很清楚，当事人可通过合同作出选择，受《联合国国际货物销售合同公约》以外的法律约束……；又如 Viva Vino Import Corp. V. Farnese Vini S. r. l. 2000 WI. 1224903, (E. D. Pa. Aug. 29, 2000 一案，CISG 适用于缔约国当事人之间订立的货物买卖合同，"除非合同含有意思相反的选择法律条款"。

结论

基于以上所有理由，Dubois 排除适用的诉求被否定。

第二节 国际货物买卖合同的成立

一、国际货物买卖合同的概念

货物买卖合同是指一方为取得货款，而把有形动产及其所有权转移给另一方而订立的协议。与国内货物买卖合同相比，国际货物买卖合同要复杂得多，因为它具有"国际性"，或"涉外因素"。这里说的"国际性"，可以根据许多标准来划分，例如：以当事人国籍为标准，以当事人营业地为标准，以行为地为标准，以货物是否跨越国境或关境为标准，等等。例如，《联合国国际货物销售合同公约》就是以营业地标准来确定国际性的。国际货物买卖合同是众多合同中的一种，同时受合同法与买卖法的制约。

二、国际货物买卖合同的形式与证据

许多国家的法律对于货物买卖合同的形式并没有什么特别的要求，当事人既可以采取书面形式，也可以采取口头形式，还可以以行为的方式来订立合同。德国、英国、瑞士、奥地利等国法律都有这样的规定。在这方面，《联合国国际货物销售合同公约》第 11 条规定："销售合同无须以书面订立或书面证明，在形式方面也不受任何其他条件的限制。销售合同可以用包括证人在内的任何方法证明。"就是说，在《联合国国际货物销售合同公约》项下，证人的口头证言可以用来证明销售合同的有关问题，口头证据是可以被采纳的，口头证据在司法程序中具有法律效力。

[案例 3-2] MCC Marble Ceramic V. Ceramica（美国第 11 上诉巡回法院，1998 年）[①]

案情与背景

上诉人（原告）为经营瓷片销售的美国佛罗里达公司（简称 MCC），被上诉人（被告）为生产瓷片的意大利公司（简称 D'Agos）。1990 年 10 月，MCC 公司总裁与 D'Agos 公司代表在意大利一个交易会上商谈购买瓷片的协议。前者不懂意大利语，他通过翻译交谈。双方就价格、品质、数量、交货、支付等主要条款达成了口头协议；然后，将上述条款记录在 D'Agos 预先印制的格式合同，前者代表 MCC 公司签署了合同。

---

① 吴兴光编译自 Ray August. International Business Law, Prentice Hall (2000. 545～550).

此后，双方又于1991年2月达成了按要求合同（Requirement contract），后来MCC公司只按照上述合同的条件发出一些要求交付瓷片的订单。

MCC就D'Agos提起诉讼，指控后者违约，未能满足其1991年4月、5月、8月的订单。D'Agos抗辩说，由于MCC对过去的交货支付货款有错误，故它无义务去履行MCC的订单。此依据是MCC已履行的预先印制的合同条款，它是意大利语写就的，包括正面和反面，在MICC代表的签字上面有如下规定："买方在此声明，他知道背面的买卖条款，并特别同意排序为1至8的条款。"

在上述格式合同背面，第6条（B）款规定："买方在约定的时间内不支付或延迟支付，将赋予卖方自行中止或撤销合同的权利，以及撤销其他未履行完毕的合同的权利，而且买方无权取得赔偿。"

MCC抗辩道，其所收到的瓷片质量低于合同规定，根据1980年《联合国国际货物销售合同公约》，其有权按质量不符问题的比例减少付款。

然而，D'Agos指出，在合同背面的相关第4条规定："对货物缺陷可能的索赔必须在收到货物后10天之内以书面和经证实的信函提出"。就交货的质量问题，尽管有证据支持MCC的索赔请求，但是MCC从未提交过书面材料。

MCC强调，双方当事人从未打算将订货单背面的条款适用于他们之间的协议，同时还提交了此方面的三份证人誓词。

初级法院和地区法院认为，尽管上述誓词是真实的，然而对书面合同适用的解释事宜，并未解决重要的事实问题，故做出D'Agos胜诉的判决。

讨论

由于MCC营业地在美国，D'Agos营业地在意大利，两国均是《联合国国际货物销售合同公约》缔约国，故本案适用《联合国国际货物销售合同公约》。

本案焦点在下述两个问题：

（1）《联合国国际货物销售合同公约》之下的主观意图

《联合国国际货物销售合同公约》第8条（1）款指出，解释"一方当事人所作的声明和其他行为，应按照他的意旨解释，如果另一方当事人已知道或者不可能不知道此一意旨"。

此规定要求考虑在签署合同时一方当事人意旨的证据，如果另一方当事人当时已经知道这样一种意图。

前述三份誓词恰恰是这样一种证据，它们不仅证明了MCC代表的意旨，也表明了D'Agos代表已经知道对方不打算同意格式合同的背面条款。

（2）口头证据与《联合国国际货物销售合同公约》

《联合国国际货物销售合同公约》就口头证据问题做出明确规定，然而很清楚，《联合国国际货物销售合同公约》的起草者主张允许当事人们依靠口头合同，因为他们避开反欺诈法规定,明确规定了口头合同的强制执行力。

此外,《联合国国际货物销售合同公约》第 8 条(3)款明确地指引法院,"应适当地考虑到与事实有关的一切情况,包括谈判情形",以确定当事人们的意图。

著名的美国学者 John O. Honnold 指出:"《联合国国际货物销售合同公约》第 8 条(3)款'应适当地考虑到与事实有关的一切情况',似乎足以推翻任何禁止法庭考虑其他协议有关情况的国内法规则。①《联合国国际货物销售合同公约》第 8 条(3)款使法庭从禁止其考虑当事人们之间有关证据的国内法规则解脱出来,增加对合同解释的灵活性,是与下述日益盛行的观点相一致的——口头证言规则已经成为现代交易行政管理的累赘。"

考虑到 MCC 在本案中的誓词,我们可以得出结论,初级法院和地区法院做出 D'Agos 胜诉的判决是不合适的。

然而,MCC 的誓词并未覆盖 MCC 与 D'Agos 的所有交易和订单,三份证据均是证实最初谈判情形的。故 D'Agos 抗辩道,在能追溯到那些订单损失的限度内,我们应维持法院的判决。然而上诉巡回法院认为,上述所有合同是否包含出现在第一个合同的条款,记录上不清楚。此外,由于《联合国国际货物销售合同公约》第 8 条(3)款要求法院在解释合同时考虑"当事人之间确立的任何惯做法、惯例和当事人其后的任何行为",当事人是否打算坚持最初合同的背面条款所言 10 天之内索赔,将对 MCC 在后来的交货中是否受前述限制产生影响。关于 MCC 与 D'Agos 之间的其余合同,因为重要的事实问题仍然存在,我们不能支持地区法院做出的 D'Agos 胜诉的任何部分。

结论

地区法院的判决强调,MCC 的总裁代表其公司签署了预先印制的、合有背面条款的标准(格式)合同。然而,我们做出结论,管辖本国际货物买卖合同的《联合国国际货物销售合同公约》否定了该院对本案的判决,因为 MCC 已提出了下述这个重要事实的问题——双方当事人的主观意旨受预先印制的合同背面条款的约束。《联合国国际货物销售合同公约》也排除"口头证言规则"的适用,该规则阻止考虑牵涉到先前的或当时谈判的口头协议证据。有鉴于此,我们推翻地区法院的判决,将本案发回该院重审,以做出与本观点相一致的结论。

我国《合同法》第 10 条规定:"当事人订立合同,有书面形式、口头形式和其他形式。法律、行政法规规定采用书面形式的,应当采用书面形式。当事人约定采用书

---

① 这是指《美国统一商法典》中反映"口头证言规则"的第 2-202 条:"当双方在确认性备忘录中所同意的条款或当事方以其他方式的书面文件中规定的表示当事方所商定的最终协议的条款,不得以任何前存协议或同时达成的口头协议加以反驳。"

形式的,应当采用书面形式。"

但是,也有一些国家对买卖合同的形式有所要求,如《美国统一商法典》第 2 - 201 条规定,价金超过 5000 美元的货物买卖合同必须采取书面形式,否则,该合同不能在法院得到强制执行。① 《法国民法典》第 1341 条规定,所有价值在 5000 法郎以上的交易,必须制成书面形式才有效,货物买卖合同也不例外。

三、国际货物买卖中的要约

《联合国国际货物销售合同公约》中文译本将 Offer 译为发价,将 Acceptance 译为接受,国内学者不同意者甚多,以下分别译为要约和承诺。

(一)要约应当具备的条件

货物买卖中的要约需符合合同法的一般规定,同时还需符合买卖法的特别规定。一般说来,货物买卖中的要约应当符合下列条件才有效:

(1)要约必须清楚表明要约人受要约的约束,并与对方订立买卖合同的意思,即一旦要约被对方接受,要约人就必须与对方订立买卖合同。在国际贸易中,发盘人经常在其发盘中附有某种保留条件,例如:须以我方最后确认为准(Subject to our final confirmation)、有权先售(Subject to our prior sale)或注明"仅供参考"(For reference only)等字样,并没有清楚表明受发盘条件约束的意思,因而并不构成具有法律效力的要约,而只是邀请要约。在业务中,卖方寄送价目单、商品目录,买方向卖方询价,都不构成要约。

(2)要约的内容必须十分确定、清楚。即要约必须包括拟订立的买卖合同的主要条款,例如:商品的名称、价格、数量、品质或规格、交货期及交货地、付款方式等。缺少主要条款将使买卖合同的内容难以确定,给合同的履行带来困难,这样的要约将被各国法律视为无效。不过要约人也无需详尽无遗地列出合同的所有条款,只要具备最主要的条款使合同内容得以确定即可。至于必须包括哪些条款才视为达到了十分确定、清楚的程度,各国买卖法及《联合国国际货物销售合同公约》的规定有不同的要求。

大陆法系各国对要约需具备的条款一般都有较严格的解释,要求尽可能详细列出各项条款。根据《联合国国际货物销售合同公约》,一个发盘一般应具备三项主要条款才视为十分确定:①应当载明货物的名称;②应明示或默示地规定货物的数量或如何确定数量的方法;③应明示或默示地规定货物的价格或如何确定价格的方法。《美国统一商法典》对买卖合同应当包括的条款要求更低,该法典第 2 - 204 条规定,一项货物买卖

---

① 《美国统一商法典》第 2 - 201 条原规定价金额超过 500 美元,2003 年版本则修订为 5000 美元,此改动从一个侧面反映了美国几十年来通货膨胀的态势。

合同即便没有载明合同的主要条款，该合同仍然有效，只要双方当事人确有订立合同的意思，而且有合理的补救基础。《联合国国际货物销售合同公约》第 2-305 条进一步规定合同的价格条款留空（open）时确定价格条款的办法；《联合国国际货物销售合同公约》第 2-308 条和 2-309 条还分别规定了如合同未明确规定交货时间、交货地点时的替代办法。

（3）要约必须向一个或一个以上的特定的人（Specific persons）发出。《联合国国际货物销售合同公约》第 14 条（1）、（2）款对此有明确规定，主要采纳了北欧一些国家的法律原则。

（4）要约必须送达至受要约人才生效。各国法律对此规定一致，《联合国国际货物销售合同公约》第 15 条（1）款明确规定："要约于送达受要约人时生效。"

（二）要约的撤回与撤销

《联合国国际货物销售合同公约》第 15、16 条对要约的撤回与撤销问题作了规定，其规定与《国际商事合同通则》完全一致，由于本书第二章《合同法》已经阐述，此处不再赘述。

四、国际货物买卖中的承诺

（一）承诺须具备的条件

根据各国法律以及《联合国国际货物销售合同公约》，一项有效的承诺须具备以下条件：

（1）承诺必须由受要约人作出。由于本书第二章"合同法"第二节"合同的成立"已经阐述，这里不再赘述。

（2）承诺必须与要约的内容一致。按照各国法律，承诺不得对要约的内容进行更改、扩充、限制，否则就构成对要约的拒绝。《美国统一商法典》和《联合国国际货物销售合同公约》则采取了比较灵活的态度。

首先，《联合国国际货物销售合同公约》第 19 条（1）款规定，对要约表示承诺，如载有添加、限制或其他更改，应视为对要约的拒绝，并构成反要约（Counter-offer）。然后，《联合国国际货物销售合同公约》第 19 条（2）款又规定，承诺中载有对要约的添加或不同条件，如在实质上并不变更要约的条件，则除要约人在不过分延迟的期间内以口头或书面提出异议，仍可构成承诺，合同仍可有效成立，合同条件以要约中的条件及承诺时所添加或更改后的条件为准。《联合国国际货物销售合同公约》第 19 条（3）款对"实质性的变更"作了明确的界定："有关货物价格、付款、货物的质量和数量、交货地点和时间、一方当事人对另一方当事人的赔偿责任范围或解决争端的添加或不同条件，均视为在实质上变更要约的条件。"也就是说，含有对以上6方面条款的添加或不同条件的承诺是无效的承诺，构成反要约。对这6个方面之外的条款作出变更，如包装条款、单据条款等，一般不视为实质性的变更。

（3）承诺必须在要约的有效期内进行。各国法律和《联合国国际货物销售合同公约》都规定，承诺应在要约的有效期内作出。《联合国国际货物销售合同公约》第21条对承诺的期限的计算作出了明确的规定。其第1款规定：要约人在电报或信件内规定的承诺期间，从电报交发时刻或信上载明的发信日期起算，如信上未载明发信日期，则从信封上所载日期起算；要约人以电话、电传或其他快速通讯方法规定的承诺期间，从要约送达受要约人时起算。其第2款规定：在计算承诺期间时，承诺期间内的正式假日或非营业日应计算在内；但是如果承诺通知在承诺期间的最后一天未能送达要约人，因为那天在要约人营业地是正式假日或非营业日，则承诺期间应顺延至下一个营业日。根据各国法律，如果承诺未在要约的有效期内作出，而在有效期之后才到达受要约人，则该承诺无效，合同不能成立。《联合国国际货物销售合同公约》对逾期承诺的效力，在《联合国国际货物销售合同公约》第21条中作出灵活的规定，该规定与《国际商事合同通则》第2.9条规定完全相同，本书"合同法"部分已作阐述。

（二）承诺的生效时间

在书面承诺生效时间问题上，《联合国国际货物销售合同公约》采取了到达生效原则。《联合国国际货物销售合同公约》第18条（2）款规定：承诺要约于表示同意的通知送达要约人时生效。还规定：如果表示承诺通知在要约人所规定的时间内，或者如果要约中没有规定时间，则在一段合理的时间内，未能送达要约人，该承诺即为无效，但须考虑交易的情况，包括要约人所使用的通讯方法的迅速程度。对口头要约必须立即承诺，但情况表明有不同要求者除外。由此可见，在承诺生效时间问题上，《联合国国际货物销售合同公约》基本上采取了德国法的原则，即到达生效原则。但它也规定了到达生效原则的例外情况。《联合国国际货物销售合同公约》第18条（3）款规定，如果根据要约的要求或依照当事人之间确立的习惯做法或惯例，受要约人可以做出某种行为，例如，与发运货物或支付货款有关的行为表示同意，而无需向要约人发出通知，则承诺于该项行为做出时生效。不过，该项行为必须在要约有效期内，如果要约没有规定有效期，则在一段合理的时间内作出。在此种情况下，承诺并不需要等到货物运到要约人时才生效。

［案例3-3］　费兰图诉洽尔维奇国际公司（1992年）

作为卖方的被告（美国）洽尔维奇国际公司与俄罗斯一外贸公司签订了销售鞋子的合同，规定所有争议在莫斯科仲裁。接着被告即与位于意大利的原告费兰图协商落实货源。1990年5月，被告将一份自己已签名的书面文件寄给原告签署。该文件不仅包含交货、价格及信用证支付条款，而且规定了上述仲裁条款。被告当月给原告开出了信用证，部分货物得到装运，被告也支付了部分货款。8月，原告签署了上述书面文件，同时也附了一封信表示不接受仲裁条款。由于被告拒绝接受其余的货物，原告向美国法院起诉。被告当即辩称：该案应在莫斯科仲裁。美国联邦法院1992年判决被告胜诉，其理由是：当事人一方为美国公司，另一方为意大利公司，因此应适用《联合国国际货物销售合同公约》。《联合国国际货物销售合同公约》第18条（1）款规定承诺既可以用声明的方式，也可以用其他行为的方式；原告对被告要约中的仲裁条款没有及时表示异议，反而接受了被告的履行，原告的这种行为构成了《联合国国际货物销售合同公约》中的承诺。

（三）承诺的撤回

《联合国国际货物销售合同公约》第22条规定：承诺得予撤回，如果撤回通知于承诺原应生效之前或同时送达要约人。这项规定与《国际商事合同通则》的规定完全一致。

第三节 卖方和买方的义务

买卖合同通常对买卖双方的权利和义务都作出规定，双方的义务应根据合同中的规定。《联合国国际货物销售合同公约》以及各国买卖法，对买卖双方的义务也作出具体的规定，这类规定大多数都属任意性规范，当事人在合同中可以作出与这些规定不同的约定。只有当买卖合同对某些事项没有作出规定或规定得不明确时，才适用《联合国国际货物销售合同公约》或有关国家的买卖法来确定当事人的权利和义务。但这些法律中如果有强制性的规定，则必须适用这些规定，买卖合同的条款不得与这些强制性规定相抵触。

一、卖方的义务

在国际货物买卖中，卖方的义务主要有以下三项：①按合同规定交货；②交付与货物有关的单据；③转移货物的所有权。在第①项交货义务中，主要涉及交货的时间与地点，卖方对货物的品质担保以及权利担保等重要事宜。

以下根据《联合国国际货物销售合同公约》和各国买卖法，阐述上述几方面的主要法律原则：

（一）交货的时间与地点

1. 交货地点

如果合同规定了交货地点，则卖方应在合同规定的地点交货。当合同没有规定交货地点时，则应根据适用法律来确定交货地。各国法律通常区分为特定物的买卖和非特定物的买卖两种情况：①如果买卖合同的标的物是特定物，各国法律一般规定，卖方应在订约时该特定物所在地交货；②如果买卖合同的标的物是非特定物，根据有些国家的法律，如法国、德国、瑞士、英国等国法律，卖方应在其营业地交货。但有些国家的法律，如《日本民法典》，则规定卖方应在买方营业地交货。

《联合国国际货物销售合同公约》第31条对于卖方交货地点作了如下规定：

（1）如果合同没有规定具体的交货地点，而合同涉及货物的运输，卖方应把货物交给第一承运人，以运交买方。这里所说的运输，是指买方、卖方之外的承运人的运输，不包括卖方自行送货或买方自行派车取货这类情形。当运输须由两个以上的承运人来完成时，卖方只须将货物交给第一承运人，即履行了交货义务。

（2）如果合同没有规定交货地点，又无须承运人运输，根据《联合国国际货物销售合同公约》，如果该合同出售的货物是特定物，或从特定存货中提取的，或尚待制造或生产的未经特定化的货物，而双方当事人在订立合同时，已知道这些货物是在某一特定地点，或将在某一特定地点制造或生产，卖方应在该地点把货物交给买方处置。

（3）在其他情况下，卖方应在他订立合同时的营业地把货物交给买方处置。所谓交给买方处置（At the buyer's disposal），是指卖方采取一切必要措施，让买方能够取得货物，如：做好交货前的准备工作，将货物适当包装，刷上必要的标志，并向买方发出通知让其提取货物，等等。

我国《合同法》第141条规定："出卖人应当按照约定的地点交付标的物。当事人没有约定交付地点或者约定不明确，依照本法第61条的规定仍不能确定的，适用下列规定：①标的物需要运输的，出卖人应当将标的物交付给第一承运人以运交给买受人；②标的物不需要运输，出卖人和买受人订立合同时知道标的物在某一地点的，出卖人应当在该地点交付标的物；不知道标的物在某一地点的，应当在出卖人订立合同时的营业地交付标的物。"

2. 交货时间

如果买卖合同对交货时间作了规定，则卖方应按合同规定的时间交货。如果合同没有规定交货时间，根据大陆法国家的法律，买方有权要求卖方即时交货，卖方也有权在合同成立后立即交货。我国《合同法》第62条4款规定："履行期限不明确的，债务人可以随时履行，债权人也可以随时要求履行，但应当给对方必要的准备时间。"

《联合国国际货物销售合同公约》对交货时间作了如下规定：

(1) 如果合同中规定了交货日期，或从合同中可以确定交货的日期，则卖方应在该日期交货。

(2) 如果合同中规定了一段交货时间（如7月至8月），或从合同中可以确定一段时间（如：收到信用证后一个月内），则除情况表明买方有权选定一个具体日期外，卖方有权决定在这段期间内任何一天交货。

(3) 在其他情况下，卖方应在订立合同后一段合理的时间内交货。

根据英美法，合同没有规定交货时间时，卖方应在合理的时间内交货（英国《货物买卖法》第29条（2）款，《美国统一商法典》2-309（1）条）。

（二）提交有关货物的单据

在国际货物买卖中，装运单据（Shipping documents）具有非常重要的作用，它们是买方提取货物、办理报关手续、转售货物以及向承运人或保险公司请求赔偿所必不可少的文件。在象征性交货中，卖方将代表货物所有权的单据交给买方时，即意味着交货，交单的时间和地点即为交货的时间和地点。有些学者甚至把CIF交易称为"单据买卖"。所以，移交有关货物的单据是卖方的一项重要义务。

各国国内法对卖方的交单义务一般都没有作出具体规定，因为各国的买卖法主要是针对国内交易制定的，而在国内货物买卖中，单据的作用不像在国际贸易中那样突出和重要。《联合国国际货物销售合同公约》明确规定，提交与货物有关的单据是卖方的一项重要义务。但公约并没有具体规定卖方应提交哪些单据，这个问题取决于买卖合同的规定和有关国际贸易惯例的要求。一般说来，这类单据主要指提单、保险单、商业发票，有时还可能包括领事发票、原产地证书、重量证书、品质检验证书等。

《联合国国际货物销售合同公约》第34条规定，如果卖方有义务移交与货物有关的单据，他必须按照合同所规定的交单时间、地点和方式移交这些单据。如果合同对卖方交单的时间、地点和方式未作出规定，则应按照惯例和诚信原则来处理。

《联合国国际货物销售合同公约》还规定，如果卖方在合同规定的交单时间以前已经移交了单据，他可以在这个时间届满之前对单据中任何不符合同之处加以修改。但卖方行使这项权利不得使买方遭受不合理的不便，或承担不合理的开支，而且买方有权保留按照《联合国国际货物销售合同公约》请求损害赔偿的权利。

（三）卖方的品质担保义务

卖方对货物的品质担保义务，是指卖方对其出售的货物的质量、用途、性能及特征等方面的担保。这种担保，当事人可以在合同中作出明示的规定。不过各国买卖法及《联合国国际货物销售合同公约》也有具体的规定。如果买卖合同在品质方面无具体规定，则应适用有关的法律规定，其中有些规定是当事人不能通过合同进行排除或变更的。

1. 《联合国国际货物销售合同公约》的有关规定

《联合国国际货物销售合同公约》就卖方对货物的品质担保义务，采用了货物与合同相符（Conformity）的说法。根据《联合国国际货物销售合同公约》第 35 条的规定，卖方交付的货物必须与合同规定的数量、质量和规格相符，并须按照合同所规定的方式装箱或包装，除双方当事人另有协议外，货物必须符合下列要求，否则即为所交货物与合同不符：

（1）货物适用于同一规格货物通常使用的目的。

（2）货物适用于订立合同时买方曾明示或默示地通知卖方的任何特定目的，除非情况表明买方并不依赖卖方的技能和判断力，或者这种依赖对他是不合理的。

（3）货物的质量与卖方向买方提供的货物样品或样式相同。

（4）货物按照同类货物通用的方式装箱或包装，如果没有此种通用方式，则按照足以保全和保护货物的方式装箱或包装。

如果当事人没有其他约定，则以上四项义务适用于卖方，它们反映了买方在正常交易中对所购买的货物所抱有的合理期望。因此，只要双方当事人在合同中没有作出相反的约定来排除或改变上述义务，公约的上述规定就适用于他们之间的合同。《联合国国际货物销售合同公约》第 35 条（3）款还规定，如果买方在订立合同时已经知道或者不可能不知道货物不符合同，则卖方无需承担货物与合同不符的责任。

《联合国国际货物销售合同公约》还对卖方承担上述义务的时间作出了明确的规定。其第 36 条规定，卖方应对货物在风险转移于买方时所存在的任何不符合的情形承担责任，即使这种不符合合同的情形是在风险转移于买方之后才明显表现出来。这就是说，《联合国国际货物销售合同公约》认为，卖方对货物应符合合同要求的责任，原则上是以风险转移的时间为衡量标准，即只要货物在风险转移于买方时符合合同的要求，卖方就算是履行了义务。如果在风险转移于买方之后，货物发生腐烂、变质、生锈等情况以至于与合同的要求不符，卖方不承担责任。但是也有例外的情况，即如果货物与合同的要求不符的情形要在风险转移于买方之后的一段时间才能发现或显露出来，例如有些货物要经过科学鉴定甚至需要经过使用一段时间后才能显示其是否与合同的要求相符。在此情况下，尽管风险已经转移于买方，卖方仍应承担责任。

2. 大陆法系国家的有关规定

大陆法系国家在民法典、债务法典中对卖方的品质担保义务进行了规定，其规定较为原则、简单，把卖方的这种担保义务称为对货物的瑕疵担保义务，要求卖方保证所出售的货物不存在瑕疵。这种瑕疵一般是隐藏的缺陷，对于明显的、买方自己能发现的瑕疵，卖方一般不承担担保责任。到底什么是瑕疵？有些国家（如德国）以货物是否适合买卖双方在订立合同时所指明的用途而定，对货物按合同规定的用途加以使用会产生不利和有害影响，则货物是有瑕疵的。有些国家（如法国）以货物能否满足该类产品的通常使用目的而定，不能满足该类产品通常使用目的的货物是有瑕疵的。有些国家法律规定，卖方对某些瑕疵是不承担担保责任的，如《德国民法典》规定，如买卖的标的是根据质权以公开拍卖的方式出售的，则卖方对货物的瑕疵不负担保责任。

3. 英美法系国家的有关规定

关于卖方对货物的品质担保义务，英美法具有代表性的是英国《货物买卖法》和美国《统一商法典》的规定。

（1）英国《货物买卖法》（1979年修订本）第13至15条对卖方的品质担保义务作了规定，该规定要求卖方所出售的货物必须符合下列默示条件：

第一，凡是凭说明（Discription）的交易，卖方所交的货物必须与说明相符；如兼用凭样品买卖和凭说明书买卖，所交货物只与样品相符是不够的，还必须与说明相符。

第二，在凭样品买卖（Sale by sample）的交易中，应认为含有下列默示条件：①所交货物在质量上与样品相符；②买方应有合理的机会把货物与样品进行比较；③所交货物不应存在导致不合商销的缺陷，而这种缺陷是在合理检验样品时不易发现的。

第三，如果卖方是在营业中出售货物，则应包含一项默示条件，即卖方依据合同提供的货物应具有商销品质（Merchantable quality），但下列情况除外：①有关货物的各种缺陷在订约之前已特别提醒买方注意；②买方在订约之前已对货物进行过检验，而货物所存在的缺陷经过检验，本来是应当能够发现的。

第四，如果卖方是在营业中出售货物，而且买方已经明示或默示地让卖方知道，他要求货物须适合某种特定用途，在这种情况下，合同就包含有一项默示条件，即卖方依据合同所提供的货物，应合理地适合于这种特定用途；除非情况表明，买方并不信赖也没有理由信赖卖方的技能和判断力。

英国1994年修订的《货物供应与销售法》，以"令人满意的品质"取代了前述"商销品质"。《货物供应与销售法》第14条（2）款规定：

"（2A）为本法之目的，如果考虑到货物的说明、价格（如果相关）以及其他有关情况，货物达到被合理地认为满意的标准，则该货物具有令人满意的品质。（2B）为本法之目的，货物的品质包括其状态和条件，在适当的情况，下列内容（不限于这些内容）属于货物品质：①适合一般供应该种货物的所有目的；②外观良好且已完成；③不存在微小的缺陷；④安全；⑤持续性。"

从根本上来看，"令人满意的品质"与"商销品质"并无本质区别。

以上这些默示条件是成文法规定的，根据英国法，只要买卖双方在合同中没有相反的规定，这些默示条件就依法适用于他们之间的买卖合同。卖方须严格遵守这些默示条件，违反这些默示条件会引起严重的后果，甚至导致买方拒收货物。不过，买方亦可以把违反条件当作违反担保来处理，即不解除合同而请求损害赔偿。根据英国法，在国际贸易中，上述默示条件是可以由双方当事人通过合同的约定而排除的。在国内交易中，对于供私人使用的消费交易，卖方不得在合同中排除上述默示条件；至于非消费交易，法律虽然允许卖方在合同中排除上述默示条件，但不能超出"公平合理"的限度，否则，法院将不予强制执行。

(2)《美国统一商法典》第 2-313 至 2-317 条对卖方的品质担保义务作了规定，分为明示担保和默示担保：

第一，明示担保。指卖方明白地、直接地对其货物所作出的担保。明示担保是合同的组成部分，可通过下列三种方式产生：①如果卖方对买方就有关货物在事实方面作出了确认或许诺，并作为交易基础的一部分，就构成一项明示担保，保证所出售的货物与他作出的确认和许诺相符。这种对事实的确认和许诺可以用货物的标签、商品说明及目录等方式表示，也可以记载在合同中。②卖方对货物所作的任何说明，只要是作为交易基础的一部分，就构成一项明示担保，卖方所交的货物必须与该项说明相符。③作为交易基础一部分的样品、模型，也是一种明示担保，卖方所交货物应与样品和模型相符。

第二，默示担保。默示担保不是由双方当事人在合同中规定的条款，而是《统一商法典》要求卖方应当达到的最低标准。如果买卖双方在合同中没有作出相反的规定，则这些法律上的规定将适用于他们之间的买卖合同。根据《统一商法典》，卖方有两项默示担保：①适销性的担保。该法典规定，如果卖方是经营某种商品的商人，则在这类商品的买卖合同中，卖方应保证所出售的货物具有适销品质，该法进一步规定，适销品质至少要满足以下要求：一是合同项下的货物在该行业中可以无异议地通过检查；二是如果所出售的货物是种类物，则卖方所交的货物在该规格范围内具有平均良好品质；三是货物应适合该商品的一般用途；四是除合同允许有差异外，所有货物的每一单位在品种、品质和数量方面都应当相同；五是在合同有要求时，应把货物适当地装入容器，加上包装和标签；六是货物与容器或标签上所许诺或确认的事实相一致。②关于货物适合特定用途的担保。《美国统一商法典》第 2-315 条规定，如果卖方在订立合同时有理由知道货物将要用于某种特定用途，而且买方相信卖方具有挑选或提供适合该用途的商品的技能和判断力，则卖方应承担所售货物必须适合这种特定用途的默示义务。

美国法允许当事人在合同中排除上述各项明示担保和默示担保（产品责任除外），但在这样做时必须依照法律的有关规定进行。排除默示担保的条款如果载于合同，则必须使之醒目、显眼，并用大号字或黑体字或不同的颜色书写或印刷，以便引起买方注意。要排除或限制适销性的默示担保时，在措词上必须使用"适销性"（Merchantability）这个词。明示担保的排除是比较困难的，在一个交易中，如果既有明示担保又有否定或限制这种担保的言词或行动，根据《美国统一商法典》，应尽可能作一致的解释。如果二者有矛盾，明示担保的效力应优先于与其相抵触的排除或限制担保的条款。

根据《美国统一商法典》第 2-316 条，在下列三种情况下，可以认为卖方排除了对货物品质的担保：①在交易时卖方使用了"依现状"，"含有各种残损"或其他能引起买方注意的措词，以表明卖方不承担任何默示担保义务者；②如果买方在订立合同以前，已经检验过货物或样品、模型等，或者买方拒绝进行检验，则卖方对于通过此项检验本能发现的缺陷，不承担任何默示担保义务；③根据双方当事人过去的交易做法、履约做法或行业惯例，也可以排除卖方的默示担保义务。

4. 我国《合同法》的规定

我国《合同法》第61条规定："合同生效后，当事人就质量、价款或者报酬、履行地点等内容没有约定或者约定不明确的，可以协议补充；不能达成补充协议的，按照合同有关条款或者交易习惯确定。"我国《合同法》第62条又规定，如果当事人在合同中就标的物的质量要求没有约定或约定不明确的，首先应当按前述第61条规定加以确定；如果按该条仍不能确定时，应按国家标准、行业标准履行；没有国家标准、行业标准的，按照通常标准或者符合合同目的的特定标准履行。如果当事人在合同中对包装方式没有约定或者约定不明确，依照我国《合同法》第61条仍不能确定的，应当按照通用的方式包装，没有通用方式的，应当采取足以保护标的物的包装方式。

（四）卖方的权利担保义务

对货物的权利担保，是指卖方保证对其所出售的货物拥有完全的权利，不存在法律上的障碍，主要包括三方面的内容：①卖方保证对其出售的货物享有合法的权利；②卖方保证在其出售的货物上不存在任何未曾向买方透露的担保物权，如抵押权、留置权等；③卖方应保证他所出售的货物没有侵犯他人的权利，如担保物权、知识产权等。上述权利担保义务在各国法律中均有规定，是卖方的法定义务，即使买卖合同中对此没有规定，卖方仍须依法承担这些义务。不过当事人一般可以通过合同增加或减少卖方依法应承担的权利担保义务（《法国民法典》1677条，《美国统一商典法》2－312（2）条）。但英国《货物买卖法》却规定买卖合同中的这种规定都是无效的。

《联合国国际货物销售合同公约》第41、42条对卖方的权利担保义务作了如下规定：

（1）卖方所交付的货物必须是第三方不能提出任何权利或请求的货物，除非买方意在受制于这种权利或请求的条件下收取这项货物。这里所说的权利或请求，是与货物本身财产权有关的权利或请求，如所有权、担保权益等，并不包括政府当局关于货物违反健康或安全规章等方面而作出的主张。根据该项规定，只要第三方对买方就货物提出了权利或请求，即便由于法律上的依据不足而败诉，卖方仍须向买方承担责任。《联合国国际货物销售合同公约》认为卖方有义务保证第三方不能对货物提出任何请求。这样的规定主要是为了充分保护善意买方的利益，因为买方的本意是买货物，而不是买"官司"来打。第三方对货物提出请求时，卖方须赔偿买方因请求而产生的费用和损失,卖方亦可以直接去与第三方交涉或应诉。如果卖方的责任构成根本违反合同,买方甚至可以解除合同。

(2) 卖方所交付的货物,必须是第三方不能根据买卖双方在订立合同时预期货物将在其境内转售或做其他使用的国家的法律,或在其他情况下,根据买方营业地所在国家的法律提出工业产权或其他任何知识产权要求的货物。不过,这项担保义务受以下情况的限制:①卖方在订立合同时已知道或不可能不知道该权利或请求时才承担责任;②买方在订立合同时知道或不可能不知道此项权利或请求时,卖方不承担责任;③此项权利或请求的发生,是由于卖方要遵照买方所提供的技术图样、图案、程式或其他规格,卖方不承担责任。

此外,《联合国国际货物销售合同公约》还规定,买方在已经知道或理应知道第三方对货物的权利或请求后,应在合理时间内通知卖方,否则,买方就会丧失援引上述第41和42条所规定的权利,除非买方对未及时通知卖方能提出合理的理由。

我国《合同法》规定:出卖人就交付的标的物,负有保证第三人不得向买受人主张任何权利的义务;但买受人订立合同时知道或者应当知道第三人对买卖的标的物享有权利的,则出卖人不承担此项义务。

二、买方的义务

买方的义务主要有两项:一是支付货款;二是受领货物。各国法律关于这两项义务都有一些规定,不过较为简单,以下介绍《联合国国际货物销售合同公约》在这方面的详尽规定:

(一) 支付货款

1. 履行必要的付款手续

《联合国国际货物销售合同公约》要求买方必须根据合同或有关法律规章规定,采取必要的步骤和手续,以支付货款。根据一般贸易实践,这些步骤主要是指向政府机关或银行登记合同;向政府有关部门申请进口许可证,取得所需的外汇;申请官方核准向国外汇款;向银行申请信用证或银行付款保函,等等。这些步骤和手续是买方付款的前提和保证,尤其是在国际贸易中,付款程序远比国内贸易复杂,如果买方不履行这些手续,到时就可能无法付款。因此,《联合国国际货物销售合同公约》将履行这些手续作为买方的合同义务。买方若不依合同或法律规章履行有关的手续,则构成违反付款义务。

2. 付款地点

如果双方在买卖合同中对付款地点已有明确的规定,买方应在合同规定的地点付款。如果双方没有约定付款的地点,根据《联合国国际货物销售合同公约》,买方在下列地点付款：①在卖方营业地付款。如果卖方有一个以上的营业地，则买方应在与该合同及合同的履行关系最为密切的营业地付款。②如果支付货款以移交货物或单据为条件，买方应在移交货物或单据的地点付款。

此外，《联合国国际货物销售合同公约》还规定，如果卖方营业地在订立合同之后发生变动，则卖方应承担增加的支付方面的有关费用。

3. 付款时间及条件

《联合国国际货物销售合同公约》第58条就买方付款的时间和付款条件作了如下规定：①如果买卖合同没有规定买方应当在什么时间付款，则买方应当在卖方按合同和《联合国国际货物销售合同公约》，把货物或代表货物所有权的单据移交给买方处置时，支付货款。卖方可以把支付货款作为移交单据的条件，如果买方不付款，则卖方没有义务把货物或单据交给买方；反之，如果卖方不把货物或单据交给买方，买方也没有义务支付货款。②如果合同涉及货物的运输，卖方可以在发货时订明条件，规定必须在买方付款时，方可把货物或代表货物所有权的装运单据交给买方。③《联合国国际货物销售合同公约》规定，买方在未有机会检验货物之前，没有义务支付货款，除非这种检验的机会与双方当事人约定的交货或支付程序相抵触。《美国统一商法典》也有类似的规定。在国际贸易中，买方往往是在有机会检验货物之前就已经付了款，如在最常见的按CIF、FOB、CFR条件成交时，情况都是这样。这时买方就不能把检验作为付款的条件。但这并不意味着买方放弃对货物的检验权和发现货物与合同不符时行使各种补救办法的权利。即使买方付了款，但货到目的地之后，买方仍有复验权，如果发现货物不符合同，有权要求卖方赔偿损失，或采取《联合国国际货物销售合同公约》所规定的其他补救办法。

此外，我们应注意，《联合国国际货物销售合同公约》规定的买方到期付款的义务是自动执行的，无需卖方催告或办理任何手续。如果买方不按时付款，就应负延迟履约的责任。

（二）收取货物

根据《联合国国际货物销售合同公约》，买方收取货物的义务包括以下两个方面：

（1）采取一切理应采取的行动，以便卖方能够交付货物。例如：买方应为卖方指定确切的发货地点，派人到现场接收货物，根据贸易惯例（如采用FOB价格术语时）要求安排货物的运输，申报本国规定进口所需的证件等。如果买方没有采取理应采取的行动配合卖方，使卖方无法履行其交货义务，买方须承担违约责任。

（2）接收货物。买方有义务在卖方交货时及时地接收货物。如买方不及时接收货物，有时可能会对卖方的利益产生直接影响。因为当卖方有义务将货物运送给买方时，卖方一般都要求买方及时卸货并提走货物。如果买方不及时提货，卖方可能要向承运人支付滞期费及其他费用,对此买方须承担责任。

此处应注意收到货物(Receipt of goods)与接受货物(Acceptance of goods)这两个概念,英美法系国家严格区分这两个概念。前者是指占有、控制了货物,后者则强调认可了货物。《美国统一商法典》第2-515条和第2-606条规定,出现下列三种情况之一的,即视为买方接受了货物:①买方拥有合理机会检验货物之后向卖方明确表示接受货物;②买方拥有合理机会检验货物之后在合理的时间内未表示拒绝接受货物;③卖方交货后,买方对货物采取了与卖方的所有权不相称的行为。不过,在货物确实与合同不符合而买方以上述三种方式之一接受了货物时,买方只是不能再要求解除合同,买方因货物与合同不符而产生的降价权或索赔权不受影响。

[案例3-4] 卡尔卡都·马缇尼实业公司诉马克斯鞋业公司(1994年)

被上诉人马克斯鞋业公司是一家巴西的制鞋商,与上诉人达成了出售12042双鞋子的合同。上诉人美国卡尔卡都·马缇尼实业公司先付了一部分款项,到收取鞋子时,上诉人经检验发现不少鞋子有裂痕和脱皮,于是立即停止付款并通知被上诉人拒收货物。被上诉人对此无反应。两个月后,上诉人将鞋子送往另一家公司修理,然后予以出售,并留下钱款。卖方向美国法院起诉买方追讨货款,一审法院认为,在未获得卖方指示的情况下,买方通过将货物修理和出售的方式,采取了与卖方所有权不相称的行为,构成了对货物的接受,因此,应向卖方付款,但买方可以扣除修理费。买方对此判决不服而上诉,1994年马赛州上诉法院最后确认了一审判决。

第四节 违反货物买卖合同的救济方法

货物买卖合同有效订立之后,在当事人之间就产生了相当于法律的效力。对于违反买卖合同的行为,《联合国国际货物销售合同公约》和各国法律都规定了很多救济方法,保护权利受损害一方的利益。以下主要阐述《联合国国际货物销售合同公约》对违反买卖合同的救济方法的规定。

《联合国国际货物销售合同公约》在具体规定救济方法之前,首先对根本违反合同下了定义,因为是否构成根本违反合同,对当事人采取何种救济方法有直接关系。如果某种违约行为已经构成根本违反合同,受损害的一方就有权宣告合同无效(Declare the contract avoided),并有权要求损害赔偿或采取其他救济方法;如果某种违约行为不构成根本违反合同,则受损害的一方原则上无权宣告合同无效,而只能要求损害赔偿或采取其他救济方法。《联合国国际货物销售合同公约》第25条规定:"如果一方当事人违反合同的结果,使另一方当事人蒙受损害,以至于实际上剥夺了他根据合同有权期待得到的东西,即属于根本违反合同,除非违反合同的一方并不预知而且同样一个通情达理的人处于相同情况下也没有理由预知会发生这种结果。"此处的衡量标准是,看违反合同的后果是否使对方蒙受重大的经济利益损害,即违约后果的严重程度。至于损害是否重大,应根据每个案件的具体情况来决定。例如,违反合同所造成的损失金额的大小,或者违反合同对受损害的一方所产生的消极影响的程度等。但是,如果违反合同的一方能够证明,他并没有预见到会产生这种严重后果,而且也没有理由会预见到这种严重后果,他就可以不承担根本违反合同的责任。

一、买卖双方均可以采取的救济方法

(一) 损害赔偿

根据《联合国国际货物销售合同公约》的规定,当一方违反合同时,对方都有权利要求赔偿损失,而且要求损害赔偿的权利并不因其已采取其他救济方法而丧失。例如,当卖方违反合同时,即使买方已宣告撤销合同,或者已允许卖方推迟交货,但买方对由于卖方违约所遭受的损失,仍有请求损害赔偿的权利。

《联合国国际货物销售合同公约》第 74 至 77 条对损害赔偿的责任范围和计算办法作了具体的规定。

1. 损害赔偿的原则及责任范围

《联合国国际货物销售合同公约》第 74 条规定:"一方当事人违反合同应负责的损害赔偿额,应与另一方当事人因他违反合同而遭受的包括利润在内的损失额相等。但这种损害赔偿不得超过违反合同一方在订立合同时,依照他当时已知道或理应知道的事实和情况,对违反合同预料到或理应预料到的可能损失。"这项规定对买方或卖方所提出的损害赔偿请求都同样适用,而且适用于因各种不同的违约情事所提出的损害赔偿要求。对于这项规定有以下四点需要加以说明:

(1)《联合国国际货物销售合同公约》明确规定,损害赔偿的责任范围,应与对方因其违约而遭受的包括利润在内的损失额相等。从法理来分析,就是要使受损害一方的经济状况与合同假如得到履行时他本应达到的经济状况相同。公约特别指明应当包括利润损失,因为如果合同得到完整履行的话,受损害一方是完全可能获取利润的。

(2)《联合国国际货物销售合同公约》对损害赔偿的责任范围有一个很重要的限制,这就是"不得超过违约一方在订立合同时,依照他当时已知道或理应知道的事实和情况,对违反合同预料到的或理应预料到的损失。"即违约一方的赔偿责任仅以其在订立合同时可以预见到的损失为限,对于那些在订约时不可能预见到的损失,违约一方不应承担责任。

(3)《联合国国际货物销售合同公约》没有采取过错责任原则。根据《联合国国际货物销售合同公约》的规定，只要一方违反合同，并给对方造成了损失，对方就可以要求其赔偿损失，而无须证明违约的一方有主观过错。这一点同某些国家的法律规定有所不同。许多大陆法国家在民法中都采取过错责任原则，即只有当违约一方有故意或过失，并给对方造成损害时，才承担损害赔偿责任。

(4)《联合国国际货物销售合同公约》认为损害赔偿的请求权不因当事人采取其他救济方法而受到影响。根据《联合国国际货物销售合同公约》第45条第（2）款和第61条第（2）款的规定，当卖方或买方违反合同时，买方或卖方可能享有的要求损害赔偿的任何权利，并不因为他已采取其他救济方法而丧失。这就是说，即使他已采取了撤销合同或其他救济方法，但他仍然可以要求违约的一方给予损害赔偿，即两种救济方法可以同时行使。

2. 减轻损失的义务

当一方当事人违反合同时，没有违反合同的他方有义务采取必要的措施，以减轻因对方违约而引起的损失。

《联合国国际货物销售合同公约》第77条规定："声称另一方违反合同的一方，必须按情况采取合理措施，减轻由于另一方违反合同而引起的损失，包括利润方面的损失。如果他不采取这种措施，违反合同一方可以要求从损害赔偿中扣除原应可以减轻的损失数额。"这项规定适用于买方或卖方的各种违约索赔情况。

（二）预期违约

所谓预期违约（Anticipatory breach），是指在合同规定的履行期到来以前，已有事实根据预示合同的一方当事人将不会履行其合同义务。由于这种预期违约的情况，既可能出现在买方身上，也可能出现在卖方身上。因此，《联合国国际货物销售合同公约》将对预期违约的救济方法作为买卖双方都可以采用的救济方法，专列一条加以规定。

(1) 根据《联合国国际货物销售合同公约》第71条第1款规定，如果订立合同后，另一方当事人由于下列原因显然将不履行其大部分重要义务，对方当事人可以中止履行义务：①一方履行义务的能力或他的信用有严重缺陷；②他在准备履行合同或履行合同中的行为显示他将不履行其主要的义务。

上述规定主要包含两个内容：①对预期违约的救济方法：按照《联合国国际货物销售合同公约》第71条的规定，对预期违约的救济方法是中止履行合同的义务。即当一方当事人已明显地将不履行其大部分重要义务时，对方有权中止履行自己的合同义务。但是，根据公约第72条的规定，如果在履行合同的日期到来之前，已明显看出一方当事人将根本违反合同，则另一方当事人不仅有权中止履行合同，而且可以宣告撤销合同。所以，对预期违约须视其是否构成根本违反合同，而分别采取中止合同或撤销合同两种不同的救济方法。②援引中止履行合同这种救济方法必须具备的条件：一方当事人只有在对方显然将不会履行其大部分重要义务的条件下，方可中止履行自己的合同义务。公约对何谓"显然将不履行大部分重要义务"提出了两个主要理由：一是当事人的履约能力或信用严重下降，例如买方在订立合同后失去偿付能力或已宣告破产等；二是当事人在准备履行合同或履行合同中的行为已显然显示出他将不履行其大部分重要义务。此外，如果订立合同后，一方当事人所在国家发生战争或实行封锁禁运，亦可以认为他将不能履行其大部分重要义务。

(2)《联合国国际货物销售合同公约》规定了在援用中止履行合同时所必须采取的通知程序。根据《联合国国际货物销售合同公约》第71条第3款的规定，宣告中止履行义务的一方当事人，必须立即通知另一方当事人；如果另一当事人对履行义务提供了充分的保证，则必须继续履行义务。因为中止合同只是暂时停止履行合同，而不是使合同告终，因此，只要另一方当事人提供了充分的履约担保，例如，当买方信用下降时，可由银行为其提供信用担保（如银行保函），在这种情况下，宣告中止履行合同的一方仍必须继续履行其合同义务。

(三) 对分批交货合同发生违约的救济方法

分批交货合同是指一个合同项下的货物分成若干批交货。例如，一项购买20万吨小麦的合同，可以分为5批交货，每批交4万吨。在这种情况下，如果一方当事人对其中一批货物没有履行合同的义务，并构成根本违反合同，对方能否宣告撤销整个合同，或者只能宣告合同对这一批货物无效，而不能撤销整个合同，对买卖双方十分重要。因此，《联合国国际货物销售合同公约》第73条专门就此作了规定。根据这一条的规定，主要有以下三种情况：

(1) 在分批交货合同中，如果一方当事人不履行对其中任何一批货物的义务，便已对该批货物构成根本违反合同，则对方可以宣告合同对该批货物无效，即宣告撤销合同对这一批交货的效力，但不能撤销整个合同。

(2) 如果一方当事人不履行对其中任何一批货物的义务，使另一方当事人有充分理由断定今后各批货物亦将会发生根本违反合同，则该另一方当事人可以在一段合理时间内宣告合同今后无效，即撤销合同对今后各批货物的效力，但对在此以前已经履行义务的各批货物不能予以撤销。

(3) 当买方宣告合同对某一批交货无效时，如果合同项下的各批货物是互相依存、不可分割的，不能将任何其中的一批货物单独用于双方当事人在订立合同时所设想的目的（如大型设备分批装运交货），买方可以同时宣告合同对已经交付或今后将交付的各批货物均为无效，即可以宣告撤销整个合同。

二、卖方违约时买方可以采取的救济方法

卖方违约主要有以下几种情况：卖方不交货，卖方延迟交货，卖方所交货物与合同不符。《联合国国际货物销售合同公约》没有分别就每一种违约情况规定相应的救济方法，而是从总的方面对卖方违反合同时买方可以采取的各种救济方法作出规定。

(一) 要求卖方履行其合同义务

《联合国国际货物销售合同公约》第46条规定，如果卖方不履行其合同义务，买方可以要求卖方履行其合同或《联合国国际货物销售合同公约》中的义务。例如，如果卖方不交货，买方可以要求他按合同规定交货。但是，如果买方已经采取了与这一要求相抵触的其他救济方法，他就不能采取这种救济方法。例如，如果买方已经宣告撤销合同，就不能再要求卖方履行其合同义务。因为撤销合同与要求卖方履行合同义务两者是有抵触的。《联合国国际货物销售合同公约》所规定的这种救济方法同各国法律中所规定的实际履行 (specific performance) 的救济方法基本上是一样的，即要求卖方依照合同规定履行其义务，具体说来就是要求他按合同规定交货，而不能用金钱赔偿来代替。

但是《联合国国际货物销售合同公约》第28条规定，当事人一方要求另一方当事人履行其某项义务时，法院没有义务作出判决要求具体履行此项义务，除非法院依照其本身的法律，对不属于公约范围的类似销售合同愿意这样做。《联合国国际货物销售合同公约》之所以作出这样的规定，是为了调和英美法与大陆法在实际履行问题上的差别。大陆法将实际履行作为一种重要的、主要的救济方法，而英美法却视之为例外的、辅助的、补充性的救济方法。由于两大法系的分歧较大，难以统一，所以《联合国国际货物销售合同公约》让各国法院依照其本身的法律来处理这个问题。

(二) 要求卖方交付替代货物

《联合国国际货物销售合同公约》第46条第2款规定，如果卖方所交付的货物与合同规定不符，而且这种不符的情形已构成根本违反合同，买方有权要求卖方另外再交一批符合合同的货物，以替代原来那批不符合同的货物。这种补救方法适用的条件是卖方的违约已构成根本违反合同，否则买方不能采取这种办法。

《联合国国际货物销售合同公约》还规定，关于交付替代货物的要求，必须与向卖方发出货物与合同不符的通知同时提出，或者在该通知发出后一段合理的时间内提出。

(三) 要求卖方对货物不符合之处进行修补

《联合国国际货物销售合同公约》第46条3款规定，如果卖方所交付的货物与合

同不符，买方可以要求卖方通过修理（Repair）对不符合之处作出补救。这一做法适用于货物不符合合同的情况并不严重、尚未构成根本违反合同，只需卖方加以修理，即可使之符合合同的情形。买方的这一权利有两个限制：①如果根据所有的情况判断这种要求是不合理的，则买方不能要求卖方来对货物进行修理，如：货物的缺陷轻微，买方有能力修理，而卖方又在千里迢迢之外。这种情况下买方可自行修理，或请第三人修理，所需费用和开支可要求卖方赔偿。②这种要求必须在发现或应当发现货物缺陷后，向卖方发出通知的同时或之后一段合理的时间内向卖方提出，否则丧失请求权。

根据《联合国国际货物销售合同公约》第39条和第44条规定，买方如果不在其发现或应当发现货物有缺陷之后的一个合理期限内就货物不符合同规定的情况及时通知卖方，除非具备合理理由，那么买方就丧失了声称货物与合同不符的权利。因合理原因导致买方未能发出上述通知的，买方仍可向卖方索取赔偿金或请求减低货价，但不能要求利润损失。不过，无论如何，如果买方未能在从货物实际交付之日起2年之内及时就任何货物与合同规定不符的情况通知卖方，除非这一期限与合同的规定不符，那么买方不能获得任何赔偿。

[案例3-5]　瑞典出口方与德国进口方海蚌买卖纠纷案（1995年）

德国进口方向瑞典出口方购买了1750公斤新西兰的海蚌。买方收到货物后即委托一官方机构检验，结果发现海蚌的镉含量很高。买方据此要求解除合同。德国最高法院1995年作出判决认为：本案应适用《联合国国际货物销售合同公约》；货物与合同不符即是《联合国国际货物销售合同公约》意义中的根本违反合同。货物平均品质是否适合通常用途或是否具有商销性，则是一个依情况而定的问题。据目前所知，镉含量超过德国标准并不意味着它是劣等货，因为与肉类标准不同，德国关于鱼的镉含量标准只是一项行政指标。当事人在没有明确约定时，若货物不适合通常用途或不具有明示或默示告知卖方的特定目的，则货物视为不符合合同。根据绝对盛行的法律观点，除非在出口国存在同样规则，否则，不能期望与买方国家或使用国家特定公法规则相符。本案中的货物是易腐品，显然，交货后1个月内提出异议的合同约定与《联合国国际货物销售合同公约》中"合理时间"通知的规则一致，本案中的买方却几乎等了两个月才就货物与合同不符通知卖方。以上各项理由促成本院作出对卖方有利的判决。

（四）给卖方一段合理的额外时间让其履行义务

这一作法规定于《联合国国际货物销售合同公约》第47条1款中，主要适用于卖方延迟交货的情形。根据《联合国国际货物销售合同公约》，卖方延迟交货时，如果这种延迟并不构成根本违反合同，那么买方是不能解除合同的，买方可以指定一段合理的额外的时间，让卖方在此期间内交货。如果卖方在该期间届满时仍不交货，买方就有权宣告撤销合同。根据《联合国国际货物销售合同公约》第47条2款，在这段额外时间内，除非买方已收到卖方的通知，表明卖方将不在这段时间内履行其义务，买方就不能对卖方采取任何补救办法。不过买方并不因此丧失其对卖方延迟履约所享有的请求损害赔偿的权利。

（五）宣告合同无效

根据《联合国国际货物销售合同公约》第49条，卖方违反合同时，买方可以在下列两种情况下宣告合同无效：①卖方的违约行为构成根本违反合同；②如果发生不交货的情况，卖方在买方规定的合理的额外时间内仍不交货，或卖方声明他将不在买方规定的合理的额外的时间内交货。

《联合国国际货物销售合同公约》第49条2款对买方撤销合同的权利进行了限制，规定：如果卖方已经交付货物，买方就丧失了宣告合同无效的权利，除非他按照《联合国国际货物销售合同公约》的下列规定及时提出撤销合同：①对于延迟交货的情形，买方必须在卖方交货后一段合理时间内宣告撤销合同，否则，他就将失去宣告撤销合同的权利；②对于延迟交货以外的任何违反合同的情形，买方必须在已经知道，或理应知道这种违约事情后的一段合理的时间内，宣告撤销合同，否则，他亦将失去宣告撤销合同的权利。

此外，《联合国国际货物销售合同公约》第72条规定，如果在履行合同日期到来之前，已明显看出一方当事人将根本违反合同，则另一方当事人可以宣告撤销合同。据此，当卖方出现这种预期违反合同的情形时，买方可以撤销合同。

（六）要求减价

《联合国国际货物销售合同公约》第50条规定，如果卖方所交付的货物与合同不符，不论买方是否已经支付货款，买方都可以减低价格。减价按实际交付的货物在交货时的价值与符合合同的货物在当时的价值两者间的比例计算。

可用公式表示如下：

$$\frac{合同价}{减价后价金} = \frac{与合同相符货物的价值}{与合同不符货物的价值}$$

根据《联合国国际货物销售合同公约》，如果卖方已按照《联合国国际货物销售合同公约》规定对其任何不履行合同义务之处做出了补救，或者买方拒绝接受卖方对此作出的补救，买方则不得要求减低价格。

(七) 当卖方只交付部分货物或所交货物只有一部分符合合同规定时买方的救济方法

根据《联合国国际货物销售合同公约》第 51 条,买方这时可采用 46 条至 50 条所规定的救济方法,包括退货、减价及要求损害赔偿等。但一般不能宣告撤销整个合同或拒收全部货物,除非卖方的行为已构成根本违反合同。

(八) 当卖方提前交货或超量交货时买方的救济方法

《联合国国际货物销售合同公约》第 52 条规定,如果卖方在合同规定的日期以前交货,买方可以收取货物,也可以拒绝收取货物。但如果卖方在提前交货遭到拒绝以后,等至合同规定的交货期再次向买方交货时,买方仍须收取这批货物。

如果卖方所交货物的数量大于合同规定的数量,买方可以收取全部货物,也可以拒收多交部分的货物,而只收取合同规定数量的货物,但不能拒收全部货物。如果买方收取多交部分的货物,他就必须按合同规定的价格付款。

(九) 请求损害赔偿

根据《联合国国际货物销售合同公约》,卖方违反合同时买方可以要求损害赔偿,这个权利不因买方采取其他补救办法而丧失。《联合国国际货物销售合同公约》第 75、76 条对在买方撤销合同的情况下损害赔偿的具体计算办法作了规定:①如果买方已宣告撤销合同,而在宣告撤销合同后一段合理时间内,买方已以合理的方式购买替代货物,则买方可以取得合同价格和替代货物交易价格之间的差额,以及因卖方违约而造成的其他损害的赔偿。②如果买方在撤销合同后没有实际补进原来合同项下的货物,而此项货物又有时价的话,则买方可以取得原合同规定的价格和宣告撤销合同的时价之间的差额,以及因卖方违约而造成的任何其他损害的赔偿。但是,如果买方是在接受货物之后才宣告撤销合同,则应按接收货物时的时价与合同规定的价格之间的差价来计算,而不是按宣告撤销合同的时价计算。这里所说的时价,是指合同原定交货地点的现行价格,如果该地点没有时价,则指另一合理替代地点的现行价格。但在这种情况下,应适当考虑货物运输费用的差额。

(十) 中止履行合同义务

参阅本节中买卖双方均可以采用的救济方法关于预期违约的阐述。

三、买方违约时卖方可以采取的救济方法

买方违反合同主要有下列四种情况:一是不按合同规定支付货款;二是延迟支付货

款;三是不按合同受领货物;四是延迟受领货物。《联合国国际货物销售合同公约》对上述情况规定了下列救济方法:

（一）要求买方实际履行其合同义务

当买方不支付货款、不收取货物或不履行其他合同义务时,卖方可以要求买方实际履行其合同义务,除非卖方已采取了与这些要求相抵触的救济方法。但根据《联合国国际货物销售合同公约》第28条,当卖方要求买方实际履行时,法院并没有义务作出要求买方履行义务的判决,除非法院依照本国的法律,对不属于《联合国国际货物销售合同公约》的类似买卖合同应当这样做。

（二）规定一段合理的额外时间,要求买方在这段时间内履行其合同义务

《联合国国际货物销售合同公约》第53条规定,如买方未按合同规定的时间履行其支付货款、收取货物或其他义务,卖方可以规定一段合理的额外时间让买方在此期间内履行其义务。

（三）宣告合同无效

在下列情况下,卖方可以宣告合同无效:①买方的违约构成根本违反合同;②买方在卖方所给予的合理的额外时间内仍没有履行其义务,或声明将不履行义务。

不过,根据《联合国国际货物销售合同公约》,如果买方已支付了货款,卖方原则上就失去了宣告合同无效的权利,除非:①对于买方延迟履约,卖方在知道买方履行义务之前宣告合同无效;②对于买方延迟履约以外的任何违约,卖方在知道或理应知道这种违约后一段合理时间内宣告合同无效。

（四）自行确定货物的规格

在由买方提供货物的具体规格的货物买卖合同中,如果买方在合同规定的时间内,或者在收到卖方要求后的一段合理时间内,没有提出具体规格,根据《联合国国际货物销售合同公约》第65条,卖方在不损害其可能享有的权利（如请求损害赔偿的权利）的情况下,可以依照他所知道的买方的要求,自行确定货物的具体规格。不过,卖方应把确定的具体规格通知买方,而且必须规定一段合理时间,让买方在此期间内订出他所需要的规格。但如果买方在收到上述通知后,没有在规定的合理期间内提出不同规格要求,卖方所确定的规格就具有约束力。

从理论上分析,卖方可依据《联合国国际货物销售合同公约》第65条,自行确定货物的规格。但是从实际操作来看,上述举措存在着较大的风险。因为买方之所以迟迟

不提出具体规格，总是事出有因，例如市场销路或销售价格发生了不利于买方的变化，等等。在此情况下，卖方硬是自行确定货物规格，投入生产或发运货物，往往可能凶多吉少，得不偿失，倒不如据此情况直接要求损害赔偿，这样恐怕更加稳妥些。即使对方不赔偿，我方不至于遭受新的损害。

（五）请求损害赔偿

买方违反其义务的，卖方可根据《联合国国际货物销售合同公约》第 64 至 77 条的规定向买方要求损害赔偿。卖方可单独行使此项权利，也可以同时采用其他救济措施。此项权利不因卖方采取其他补救方法而受到影响。

（六）要求支付利息

如果买方没有支付货款或拖欠货款，卖方有权对这些款额收取利息。不过《联合国国际货物销售合同公约》没有规定利息率如何确定。实践中，利息率主要依货物买卖合同所选用的准据法来确定。

（七）中止履行合同义务

参阅本节中买卖双方均可以采用的救济方法关于预期违约的阐述。

第五节 货物所有权与风险的转移

一、货物所有权的转移

货物所有权转移的问题，主要是指在买卖合同中，货物的所有权从什么时候起，由卖方转移给买方。这个问题直接影响买卖双方的切身利益。例如，买卖合同订立后，在货物所有权尚未转移给买方之前，卖方仍享有对货物的处分权，他可以把货物转卖给第三人，并使后者取得对货物的合法权利。在遇到卖方或买方破产的情况时，这个问题就显得尤其重要。如果卖方破产，但货物的所有权尚未转移而买方已经付款，则买方只能作为普通债权人参与破产财产的分配，要求取回已付的货款，但往往难以收回全部货款，其补偿可能是微乎其微的。但如果货物的所有权已经转移，则买方可以取得合同项下的货物，而不令其归入破产财产，买方就可避免损失。此外，在有些国家，所有权的转移还决定着风险的转移，决定谁对货物享有保险利益，并直接影响到买卖双方在一方违约时，他方可以采取的救济方法及其他有关权利义务。可见，所有权的转移问题具有重要的意义。各国法律一般都允许当事人在买卖合同中就所有权转移的时间问题作出约定。但在实际的货物买卖中,双方约定所有权转移时间的情形并不多见。各国法律都规定了所有权转移的具体规则,在买卖双方没有就这一问题作出约定时,用以确定所有权的转移问题。这方面主要有三种方法:一是以货物的交付作为所有权转移的时间;二是以合同成立时间作为所有权转移时间;三是以货物的特定化作为所有权的转移时间。以下分别介绍有关法律和国际惯例的具体规定。

(一) 我国法律的有关规定

我国《民法通则》第72条规定:财产所有权的取得,不得违反法律的规定。按照合同或者其他合法方式取得财产的,财产所有权从财产交付时转移,法律另有规定或者当事人另有约定的除外。最高人民法院《关于贯彻执行民法通则若干问题的意见(试行)》第84条规定,财产虽已交付,但当事人如约定财产所有权转移附条件的,在所附条件成就时,财产所有权方为转移。

(二) 大陆法系国家的规定

《法国民法典》原则上以买卖合同成立的时间作为所有权转移的时间。但在审判实践中,法院会根据案件情况适用以下原则:

(1) 如果买卖合同的标的物是种类物,则必须经过特定化之后,其所有权才转移,但无须交付;

(2) 如系附条件买卖,如试验买卖(Sale on approval),则必须待买方表示确认后,所有权才转移;

(3) 买卖双方可以在合同中约定所有权转移的时间。

《德国民法典》929条规定:为让与动产的所有权必须由所有人将物交付于受让人,并就所有权的转移由双方成立合意。此外,在卖方有义务交付物权凭证的场合,卖方可以通过交付物权凭证而转移货物所有权。

(三) 英美法系国家的规定

1. 英国法的规定

英国法区分特定物与非特定物两种情况。对于特定物或已经特定化了的货物的买卖,英国《货物买卖法》71条规定所有权应在双方当事人意图转移的时候转移。如果当事人没有作出明确的约定,法院应按下列规则来确定双方当事人的意图:

(1) 凡属无保留条件的特定物的买卖合同,如该特定物已处于可交付的状态(Deliverable state),则货物所有权在合同订立时即转移于买方。

(2) 在特定物的买卖合同中,如果卖方还要对货物做出某种行为,才能使之处于可交付的状态,则货物的所有权须于卖方履行了此项行为,并在买方收到有关通知时,才转移于买方。

（3）在特定物的买卖合同中，如该特定物已处于可交付状态，但卖方仍须对货物进行衡重、丈量、检验或其他行为，才能确定其价金者，则须在上述行为业已完成，并在买方收到有关通知时，货物的所有权才转移于买方。

（4）当货物是按"试验买卖"或按"余货退回"条件交付给买方时，货物的所有权应按下列时间转移于买方：①当买方向卖方表示认可或接受该项货物，或以其他方式确认这项交易时，所有权即转移于买方；②买方虽然没有向卖方表示认可或接受该项货物，但他在收到货物后，在合同规定的退货期届满之前没有发出退货通知；或者，在合同没有规定退货期限时，则在经过一段合理的时间后没有发出退货通知，货物的所有权即转移于买方。

对于非特定的货物的买卖，英国法规定，在将货物特定化之前，其所有权不转移于买方。所谓特定化，就是把处于可交货状态的货物无条件地划拨于合同项下的行为。这种划拨行为可以由卖方提出征得买方的同意，也可以由买方提出征求卖方的同意。卖方将货物特定化，对其所有权没有提出任何保留权时，则货物的所有权在特定化时转移。但如果卖方对货物的所有权提出了保留，则在卖方所要求的条件得到满足之前，货物的所有权仍不转移。

根据英国《货物买卖法》第19条，下列情况应认为卖方保留了对货物的处分权：①当一项合同是买卖特定货物，或在缔约之后货物已被指定属于该项合同时，卖方可根据合同条款，或在该项指定行为中保留对货物的处置权，直至某些条件被履行完毕。在此情况下，不论货物是交付给买方，或交付给承运人、其他受托人或保管人以便转给买方，货物的财产权都不随之转移，直至卖方所提的条件得到履行为止。②当货物已被装船，根据提单所列，收货人是凭卖方或其代理人指定时，应推定卖方保留了对货物的处分权。③当卖方开出汇票向买方收取货款，并将汇票和提单一并交付买方要求其偿付或承兑汇票时，如买方不愿偿付或承兑汇票，则必须退还提单；如果他错误地留下提单，则财产权并不随之转移。

2. 美国法的规定

根据《美国统一商法典》，在把货物确定于合同项下以前，货物的所有权不转移于买方。这是关于所有权转移的一项基本原则。

《美国统一商法典》第2-401条规定：除非双方当事人另有明示的约定，货物的所有权应于卖方实际交付货物的时间和地点转移于买方，而不管卖方是否通过保留提单而保留了对货物的担保权益。具体说，分以下两种情况：

（1）当货物需要运输时。如果按照合同的规定，卖方需要把货物运交买方，但双方没有指定具体的目的地，则货物的所有权应于货物装运的时间和地点转移于买方；如果合同要求卖方把货物运到指定的目的地，则货物的所有权应于目的地交货时转移。

(2) 当货物无需移动时。如果合同出售的货物是就地交货，无需由卖方负责运输时，其所有权转移分两种情况：①如果合同规定卖方必须把代表该项货物的物权凭证交给买方，则货物的所有权应于交付该物权凭证的时间地点转移于买方；②如果货物在订约的时候已经确定在合同项下，而且也不要求卖方交付任何物权凭证，则货物的所有权应于订约的时间和地点转移于买方。

（四）《联合国国际货物销售合同公约》及国际贸易惯例的有关规定

由于各国对所有权转移问题的规定差异较大，不易统一，《联合国国际货物销售合同公约》第4条（b）款明确规定，不涉及买卖合同对所售货物所有权可能产生的影响。《联合国国际货物销售合同公约》对所有权转移的时间、地点和条件等都没有进行规定，国际货物买卖合同中的所有权转移问题由所适用的有关国内法调整。

在国际贸易惯例中，只有《华沙—牛津规则》对所有权转移给买方的时间和条件作出了规定。根据该规则第6条，在CIF合同中，货物的所有权转移的时间应是卖方把装运单据（提单）交给买方的时刻。一般认为，这项原则可以适用于卖方有提供提单义务的其他装运港交货合同，包括CFR合同与FOB合同。至于卖方没有提供提单义务的合同，例如EXW合同，则一般可以推定，货物的所有权是在卖方把货物交付给买方处置的时候转移给买方。

二、货物风险的转移

货物风险是指足以使货物毁损、灭失的意外事故，如盗窃、沉船、火灾、破碎、渗漏、扣押、征用以及不属于正常损耗的腐烂变质等等。货物风险的转移，主要解决对风险造成的损失的承担，从什么时候起由卖方转移给买方的问题。这对买卖双方的利益关系重大，在国际贸易中，货物的风险更大，因而这个问题尤其显得重要。各国法律通常都允许当事人在合同中对风险转移的时间作出约定，同时也对风险转移的时间作出规定。在这个问题上各国法律规定并不一致，其规定大致有三种情况：①以合同成立作为风险转移的时间，如瑞士《债务法典》的规定。②以所有权转移的时间作为风险转移的时间。英国《货物买卖法》和《法国民法典》都采用了这一原则。③以交货时间作为风险转移的时间。当代大多数国家都采纳这一原则，如《美国统一商法典》、《德国民法典》、《奥地利民法典》和斯堪的纳维亚各国的法律都有这方面的规定。

（一）《美国统一商法典》关于货物风险转移的规定

买卖双方当事人可以通过协议来划分双方应承担的风险界限，也可以通过采用某种国际贸易术语来确定各方所应承担的风险。如果双方当事人在合同中对风险转移问题没有作出规定，则在没有违约的正常情况下，根据下述两种情况来确定风险转移的时间：

(1) 当货物需要交由承运人运输时：①如果买卖合同授权或要求卖方把货物交由承运人运交买方，但并不要求卖方把货物交到某个目的地，则货物的风险应是卖方把符合合同的货物适当地交付给承运人时起转移给买方；②如果买卖合同要求卖方把货物交到指定的目的地，则货物的风险须于卖方在目的地向买方提交货物并让买方能受领货物时转移。

(2) 当货物已存放在受托人处无须移动即可交货时：如果货物已存放在受托人处，卖方可以不移动货物，而让买方直接向仓库提货。在这种情况下，风险的转移须视受托人是否出具了代表货物所有权的单据（如仓库收据），以及他所出具的是可转让的物权单据，还是不可转让的物权单据而定：①如果受托人所出具的是可以转让的物权凭证，则货物的风险应从卖方把这项可以转让的物权凭证交给买方的时候转移于买方；②如果受托人没有出具可转让的物权凭证，则应经过一段合理时间，在该受托人承认买方有权占有货物时，货物的风险才转移于买方。如果受托人拒绝按照单据上的指示交货，则卖方的交货不能成立，风险仍由卖方承担。

违约对风险转移的影响有以下方面：

(1) 卖方违约：①如果卖方所提供或交付的货物不符合同的要求，已足以使买方有权拒收货物时，则在卖方消除了货物的缺陷，或在买方接受货物之前，风险仍由卖方承担；②如果买方有正当理由撤销他对货物的接受，买方得在保险合同所不包括的限度内，认为卖方自然就承担了货物原来的风险。

(2) 买方违约：如果卖方已经把符合合同规定的货物确定在合同项下，而买方在货物的风险尚未转移给他以前，拒绝履行合同或有其他违约行为，则卖方得在他的保险合同所不包括的差额的限度内，认为在商业上合理的时间内，货物的风险应由买方负担。

[案例3-6] 多用途塑料制品有限公司诉阿克工业公司（1974年）

原告向法院起诉，要求被告因违反他们之间订立的购买40000磅苯乙烯塑料球合同向它赔偿损失。地区法院判决原告胜诉。康纳狄克州最高法院维持地区法院依据《美国统一商法典》第2-510条第3款作出的原告胜诉的判决。

案情

原告于1971年6月30日与被告达成协议。协议规定，由原告生产40000磅棕色苯乙烯塑料球，并以每磅19美分的价格出售给被告，且这批货物专为被告生产。被告同意在全部生产完毕以后，以每天1000磅的速度提货。原告在两周之内将所订货物如数生产出来，并要求被告提货，但遭到被告的拒绝，理由是公司职员正在休假，人手不够。1971年8月18日，原告向被告致函如下："我方已经生产了40000磅的棕色高弹性的苯乙烯塑料球，但你仍未开具提货单。贵方曾表示每天将提走1000磅。我方已按合同将这批货物储存了 40 多天,但不可能无限期地存放下去。望贵公司速给我方下达发货指令。我们已履行了合同规定的一切义务"。此后,1971 年 9 月 22 日,原告的工厂连同为被告生产的塑料球一并被大火烧毁。原告的火灾险未包括这些货物在内。于是,原告起诉,向被告索取这批货物的货款。

地区法院作出了如下结论:①原告 1971 年 8 月 18 日给被告的信函构成了有效的交货通知;②被告 1971 年 8 月 20 日拒绝接受交货构成了违约行为;③1971 年 8 月 20 日到 1971 年 9 月 22 日这一段时间是商业上一段合理时间。根据《美国统一商法典》第 2-510 条第 3 款的规定,原告有权认为货物灭失的风险由被告承担;④原告有权得到该批货物的货款及其相应的利息。

被告声称,《美国统一商法典》第 2-510 条不适用于本案,因其从未向原告下达过发货指令,并不构成违约。被告还声称,即使第 2-510 条适用于本案,从 1971 年 8 月 20 日至 1971 年 9 月 22 日这一段时间也不能被认为是商业上的一段合理时间,以此来让买方承担货物损失的风险。

讨论

地区法院所作出的被告违约的结论,是以被告同意在生产完成以后每天提取 1000 磅塑料球这一事实为根据的。但被告争辩由于其订单已载明对原告的要求,"生产、储存塑料球,等我方提货",因此,合同并未规定一个确切的交货时间。但此论点不成立,因为没有证据表明该订单是双方协议的一部分。正如地区法院所调查、确认的一样,由于原告在其 1971 年 8 月 18 日的信函中已向被告发出了交货通知,原告有权交货并得到合同规定的货款。

剩下的问题是,从 1971 年 8 月 20 日买方违约日期到 1971 年 9 月 22 日失火日期的这一段时间是否为商业上一段合理时间?在此期间,货物损失的风险是否应由买方承担?对此,地区法院的结论是:"根据本案事实,这一期限并非商业上一段不合理的时间",即这一时间是一段商业上合理的时间。《美国统一商法典》第 2-510 条第 3 款有关期限规定之目的,是使卖方对货物取得必要的保险。地区法院的调查表明,被告曾数次同意签发发货命令,且这批货是根据合同专为被告生产,因此,在这种情况下,卖方有理由相信货物会很快脱手,故也无需对其投保。

结论

康纳狄克州最高法院认为地区法院的判决正确无误,维持原判。

(参阅张文博等著《英美商法指南》,复旦大学出版社 1995 年版,第 70~71 页。)

(二)《联合国国际货物销售合同公约》的规定

《联合国国际货物销售合同公约》允许买卖双方在合同中以各种办法来约定风险转

移的时间和条件,同时《联合国国际货物销售合同公约》也具体规定了风险转移的规则。这些规则在当事人在合同中没有具体规定风险转移时适用。《联合国国际货物销售合同公约》抛弃了风险随所有权转移的陈旧观念,原则上以交货时间来决定风险转移的时间,在《联合国国际货物销售合同公约》第67至69条中区分了以下三种情况:

1. 当合同涉及运输时的风险转移

如果合同涉及要将货物交给承运人运输以便运交买方,有两种情况:

(1) 如果卖方须将货物交付承运人,但却没有义务在某一特定地点交货,那么,自货物依合同交付给第一承运人时,风险即转移,买方须承担运输途中的风险。

(2) 如果卖方有义务在某一特定地点把货物交付承运人,那么,货物于该地点交付给承运人时风险即转移。

在以上情况下,卖方保留控制货物处置权的单据,并不影响风险的转移。在这一点上与英国、美国法的规定都不一样。英国法认为,卖方对控制货物处置权的保留使所有权不发生转移,因而风险也不转移;而美国法把卖方对这些单据的保留定为保留某种担保权益。

根据《联合国国际货物销售合同公约》,在以上两种情况下,卖方尚须以在货物上加标记或以装运单据,或向买方发出通知或其他方式清楚地将货物确定在合同项下。在此之前,风险仍不转移。

2. 货物在运输途中出售的风险转移

所谓货物在运输途中出售,主要是指这样的情形:卖方先把货物装上船开往某个目的港,然后在货物运输途中寻找适当的买主订立买卖合同,这种交易在外贸业务中称为"海上路货"(Floating Cargo)。在这种交易中,风险的划分往往比较复杂,因为订立合同时货物已在运输途中,双方当事人可能都不太清楚货物的状况,货到目的地后如果发现损坏或灭失,往往很难判断这种损失究竟发生在运输过程的哪个阶段。对于这种运输途中出售的货物的风险转移,《联合国国际货物销售合同公约》规定了三个原则:

(1) 对于运输途中出售的货物,原则上从订立合同时起,风险就转移给买方负担。

(2) 如果情况表明有需要时,则从货物交付给签发载有运输合同单据的承运人时起,风险转由买方承担。至于什么是"情况表明有需要",则须根据具体案情来确定。

(3) 如果卖方在订立合同时,就已经知道或理应知道货物已发生灭失或损害,而他又隐瞒这一事实不告知买方,则这种损失应当由卖方承担其风险。

3. 其他情况下的风险转移

在上述两种情况之外的其他情况即指货物不涉及运输,有下列两种情况:①在卖方营业地交货。这时风险从买方接受货物或在货物交由买方处置但买方无理拒收时起转移给买方;②在卖方营业地以外的某一地点交货,在这种情况下,当交货时间已到,而买方知道货物已在该地点交由他处置时,风险转移于买方。所谓交由买方处置,是指卖方已将货物确定在合同项下,完成交货的准备工作,并向买方发出通知等一系列行为。卖方完成上述行为即是将货物交由买方处置。

(三)国际贸易惯例的有关规定

一些影响较大的国际贸易惯例,如国际商会制定的《国际贸易术语解释通则 2010》和国际法协会制定的《华沙—牛津规则》等,对风险转移的时间都有明确的规定。例如,按照《国际贸易术语解释通则》的规定,在工厂交货(EXW)合同中,货物的风险是从卖方在工厂把货物交给买方支配时起转移给买方;在 FOB、CFR 和 CIF 合同中,货物的风险是从货物在装运港装上船时起转移于买方;在目的港交货合同中,货物的风险是在货物运到目的港交由买方支配时起转移于买方。如果双方当事人在买卖合同中采用了有关的贸易术语,则应按这些贸易术语的规定来确定风险转移的问题。目前,中国外经贸公司的进出口货物合同都使用了 FOB 等某种价格术语,故货物风险的转移应按国际商会《国际贸易术语解释通则 2010》的规定处理。

第六节 国际货物买卖中的格式合同

国际格式合同(又称国际标准合同),是指书面的示范合同或一套标准文件,其条款由某一国际组织根据国际商业惯例预先制定,经调整适合于特定交易的各项要求后,由各国当事人自由采纳。国际标准合同将合同的条款标准化,格式化,使当事人简化谈判、签约的手续,节省谈判的时间和费用。这些标准合同是在总结长期贸易实践的基础上制定的,条款比较完备,也有利于国际贸易惯例的形成和发展。在国际货物买卖方面,一些国际组织致力于标准合同制定,主要有联合国欧洲经济委员会(ECE)、国际商会(ICC)以及一些国际贸易协会。许多贸易协会都制定了本行业的标准合同,较著名的如:伦敦谷物与饲料贸易协会、汉堡交易所协会、不莱梅棉花交易所、美国丝绸协会、国际羊毛纺织品组织等。联合国欧洲经济委员会在各贸易协会的标准合同基础上制定了一些买卖共同条件和标准合同格式。这些标准合同在国际贸易中有一定的影响。

本节首先阐述我国合同法关于格式合同的规定,然后评介《国际商会国际销售示范合同》。

一、我国合同法关于格式合同的规定

根据我国《合同法》第 39 条 2 款的规定,所谓格式合同(又称格式条款),是指"当事人为了重复使用而预先拟定,并在订立合同时未与对方协商的条款"。

我国合同法对格式合同规定如下:

（一）应当遵循公平原则确定条款中当事人的权利义务

我国《合同法》第 39 条 1 款规定，"采用格式条款订立合同的，提供格式条款的一方应当遵循公平原则确定条款中当事人的权利义务……"

上述规定强调，体现在合同中的双方（各方）的权利义务应当对等、均衡、互利和合理，不得有明显的不合理。如果提供格式条款的一方利用其经济、技术或业务上的优势，扩大自己的权利，不合理地减轻自己的责任，显然是不符合公平则的。

（二）采取合理方式提请对方注意格式合同的内容

我国《合同法》第 39 条 1 款还要求，提供格式合同的一方要采取合理方式提请对方注意免除或限制其责任的条款。此外，我国《合同法》第 39 条 1 款还规定，要"按照对方的要求，对该条款予以说明"，这是提供方的一项义务。

（三）对格式合同的解释

我国《合同法》第 41 条规定："对格式条款的理解发生争议的，应当按照通常理解予以解释。对格式条款有两种以上解释的，应当作出不利于提供格式条款一方的解释。格式条款和非格式条款不一致的，应当采用非格式条款。"此规定与《国际商事合同通则》的规则相一致。

二、《国际商会国际销售示范合同》评介

国际商会很早就开展标准合同的制定工作，其下属的国际商业惯例委员会于 1995 年开始着手关于制成品买卖的标准合同的制定，即《国际商会国际销售示范合同》（ICC Model Form International Sale Contract），经各国代表反复讨论修改，已于 1997 年定稿出版。该标准合同的条款比较完备、详尽，值得我们认真研究和借鉴。

该标准合同并不试图适用于所有的商品交易，而只是适用于制成品的销售，而且也仅限于对再出售者（如经销商、进口商、批发商等）的销售，而不适用于对一般消费者的销售。

该标准合同由 A、B 两部分组成，A 部分是销售的特别条款，包括合同的各项具体条款，共有货物、价格、交货条件、交货时间、货物的检验、所有权的保留、付款条件、单据、延迟的责任、货物与合同不符时赔偿责任的限制、争议的解决等栏目。订合同时当事人经过协商一致，填写这些栏目即可。B 部分是一般销售条款，作为规范化的条款预先印制成格式，包括一般规定、货物特征、装运前的检验、价格、付款条件、延迟付款的利息、所有权的保留、交货的条件、延迟交货及其救济、单据、货物与合同不符、当事人之间的合作、不可抗力、争议的解决等 14 个条款。A、B 两部分是作为一个

整体使用的，但 B 部分也可以由当事人选定适用于其他的货物销售合同。

我国一些外经贸公司过去的进出口合同是"几十年一贯制"，条款往往过于简单，特别是以略式合同形式出现的销售确认书，只有一些最基本的条件，条款很不完备，一旦发生争议，往往难以妥善解决有关问题。因此，应当认真研究和借鉴《国际商会国际销售示范合同》，根据各时期、各种类商品的特点和销售意图，订立不同的合同条款，切实维护我方正当权益。

《国际商会国际销售示范合同》的 A6 是"所有权的保留"条款，值得引起我们重视。此条款内容应参阅 B 部分一般条件的第 7 条。该条规定："如果当事人有效地约定了所有权的保留，则卖方将保留货物的所有权直至买方付清全部货款。"保留货物的所有权，可以更充分地保护卖方的利益。

[案例 3-7]　铝土所有权争议案

一家英国公司购买荷兰一公司的铝土，并打算将部分铝土用于本公司生产，部分用于转售。买方收取货物后支付了部分货款，因资不抵债而接受了公司清算。买方已转售的部分铝土由清算人支配，剩余的未转卖的部分铝土尚未投入生产。

依据与买方签订的买卖铝土合同，卖方在诉讼中主张，对于转卖铝土的收入和剩余的铝土，卖方拥有优先于其他债权人的请求权，因为合同订立了下列所有权转移条款：①只有当买方付清全部货款时，未投入生产的铝土才能转为买方所有；②买方对未投入生产的铝土只有保管的责任；③在买方付清全部货款之前，卖方对投入生产的铝土所生产出来的成品或最终产品享有追偿权，亦即买方将这些产品售出，只是代理卖方的行为，出售产品的收益归卖方所有。法院支持了卖方的主张，确认了卖方的权利。

从上述判例可以看出，保留对货物的所有权可以充分保障卖方的权益。过去我们极少在合同中作这样的规定，在我公司为卖方时，万一发生上述买方已收货而未付款后来宣告破产的情形，便会使我公司遭受重大损失，故今后应积极采用这一条款。当然我们也应注意到，根据某些国家的法律，对准备再销售的货物是不能保留所有权的，所作的保留是无效的。

应当看到，《国际商会国际销售示范合同》也存在一些不可忽视的问题，主要是在条款内容的规定上过多地考虑了卖方的利益，致使该示范合同具有很大的局限性和一定的不平衡性。有鉴于此，在使用该示范合同或借鉴示范合同拟定自己的格式合同时，应注意以下问题。

（一）关于《国际商会国际销售示范合同》适用的范围

该示范合同对其适用范围在其标题中即明确标明，"仅用于旨在转售的制成品"。

即合同是专门为"制成品"制定的示范条款,不包括初级产品,如原材料、农副土特产品、食品或易腐的其他非制成品;其次,该示范合同主要用于一般可替代的制成品的销售,对定造产品、最终用户购买设备、电子产品等则不适用。

(二) 关于《国际商会国际销售示范合同》的适用法律问题

该示范合同明确规定,合同双方没有相反约定时适用《联合国国际货物销售合同公约》(CISG),即对合同中双方权利义务的解释以及与合同有关争议的解决适用上述公约的规定。而对任何贸易术语的援引,视为对《国际贸易术语解释通则2010》的援引。这一规定,不仅有利于对上述公约和惯例的推广和使用,尤其是对合同当事人所在国尚未批准加入《联合国国际货物销售合同公约》的合同当事人来说,也可将他们的合同自动纳入《联合国国际货物销售合同公约》管辖的范围。这样,当事人通过了解《联合国国际货物销售合同公约》规定的内容和惯例规则的解释,可增加对合同的预见性。

但是,该示范合同又规定,在《联合国国际货物销售合同公约》未作规定的情况下,则参照卖方营业地所在国的法律来处理。该示范合同的这一规定,不仅与《联合国国际货物销售合同公约》、《国际商事合同通则》等国际法律文件中通常应适用国际私法的规则相悖,也与我国法律中规定的"适用与合同有最密切联系的国家的法律"不相一致。因为根据国际私法规则,在某些情况下,也可能适用买方营业地所在国的法律。这一规定,除了有偏袒卖方之嫌外,在实际业务中也难被买方接受。因为一旦在卖方国家诉讼或仲裁,往往要求买方对外国法(卖方营业地所在国法)进行举证。这对买方来说,不仅是很难做到的,有时甚至几乎是不可能的。因此,我国有关公司对示范合同的上述规定,必须谨慎对待。

(三) 关于《国际商会国际销售示范合同》条款某些内容的不平衡性问题

在该示范合同起草过程中,曾广泛征求了国际商会各个国家委员会的意见,对原稿不少地方进行了修改,兼顾到了买、卖双方的利益,也给买、卖双方在磋商他们间的合同时留下了自由商订的空间。但是,由于种种原因,尤其是起草成员多为发达国家的专家,他们更多地考虑了发达国家公司、企业的利益,即卖方的利益。因为发达国家的公司、企业是制成品的主要出口商。上述倾向主要表现在以下条款的规定:

1. 关于价格

在该示范合同 B 部分第 4 条 4.1 款规定:"如果没有约定价格,则应采用合同成立时卖方现行价目表上所列价格。若无此价格,则应采用合同成立时此类货物的一般定价。"示范合同的上述规定,既不符合《联合国国际货物销售合同公约》和许多国家国内法的规定,也不符合业务上的通常作法。根据《联合国国际货物销售合同公约》第55条规定:"如果合同已有效地订立,但没有明示或暗示地规定价格或规定如何确定价格,在没有任何相反表示的情况下,双方当事人应视为已默示地引用订立合同时此种货物在有关贸易的类似情况下销售的通常价格"。可见,《联合国国际货物销售合同公约》对价格待定合同的价格确定标准是:订立合同时,此种货物在类似情况下销售的"通常价格",而不是卖方价格。《联合国国际货物销售合同公约》的上述规定正是为了制约卖方以卖方价格来不合理地操纵货物的销售,而达到买、卖双方利益的平衡。而示范合同的规定正好与《联合国国际货物销售合同公约》的规定相背离,只有当没有"卖方价格"时,才采用"一般定价"。从国内法的规定来看,与该示范合同的规定也有很大的不同,如《美国统一商法典》第2-305条关于缺少价格条款时规定:"价格应为交货时的合理价格",而不是卖方价格。同时,该条第2款指出,如果价格可由卖方或买方单方确定,则必须以善意确定价格。我国《合同法》第62条第2款规定,价款不明确的,按照订立合同时履行地的市场价格确定。

2. 关于延迟付款利息的利率确定

关于利率的确定方法,不仅为买、卖双方所关注,且在各国国内法律的规定上差异甚大。因此,《联合国国际货物销售合同公约》在正式定稿时第78条只对买方或卖方应付款额收取利息作了原则性规定,取消了原草案中可基于两种因素确定利率的标准,即以卖方国家的官方贴现率加1%,或者以卖方国家无担保短期信贷的利率。《国际商事合同通则》对利率的确定,规定了以下方法:"利率应为付款地银行对于最佳借款人通常支付货币的平均短期贷款利率。若该地无此利率,则为货币支付国家的此种利率。当上述两地无此利率时,应为货币支付国家的法律所规定的适当利率。"而该示范合同第6条第2款则规定:"利率应比付款地支付货币现行的对信誉良好借款者计收的银行平均短期贷款利率高2%。若在该地没有这样一个利率,则以付款货币国的同一利率为准。如果两地都没有这样的利率,则应以付款货币国法律所确定的适当利率为准。"将示范合同的这一规定与上述公约草案和通则的规定相比较,它显然对卖方有利。

3. 关于卖方赔付的最高限额

这是一个比较复杂的法律问题,事关双方切身利益。《联合国国际货物销售合同公约》第74条规定了对损害赔偿额计算的一般规则,即"一方当事人违反合同应负责的损害赔偿额,应与另一方当事人因他违反合同而遭受的包括利润在内的损失额相等。但这种损害赔偿额不得超过违反合同一方在订立合同时,依照他当时已知道或理应知道的事实和情况,对违反合同预料到或理应预料到的可能损失"。可见,损害赔偿金额一般应是受损害一方遭受的实际损失加上根据合同可预期得到的利润。各国法律一般也都作了类似的规定,只是《美国统一商法典》的规定更加具体,区分了附带损失和间接损失。不论是公约还是国内有关立法,都未规定违约的最高赔偿限额。而示范合同则区分了卖方延迟交货、不交货和交付的货物质量与合同不符三种违约的情况，并对几种情况下的最高赔偿限额分别规定为5%（延迟交货的最高赔偿限额）、10%（货物不符，并终止合同时的限额）、15%（保留不符货物时的最高赔偿限额）。这种规定，总的来说是对卖方有利的。

4. 关于不可抗力

在该示范合同第13条中，明确规定了构成不可抗力的三个基本要素：一是一方当事人不能履行义务是由非他所能控制的障碍所致；二是在订立合同时，不能合理预见到这种障碍对他履约所产生的影响；三是他不能合理地避免或克服该障碍或其影响。示范合同对确定不可抗力事故的标准，与《联合国国际货物销售合同公约》的有关规定（第79条）基本上是一致的。但是示范合同未对不可抗力事故的范围作出规定。作为一条示范条款，未免显得过分空泛。因为示范合同与公约不同，它必须具有可操作性。从业务实践来看，援引不可抗力免除自己责任的大多是卖方。如果对不可抗力事故范围不作出具体规定，卖方很可能援引某些不属于不可抗力的事件，如供应商不供应原料等来免除自己的责任。可见，示范合同的上述规定，对卖方援引不可抗力留下了较大的空间。这与我国和国际上的通常作法也有所不同。

5. 关于诉讼和仲裁时效

该示范合同在第11条第8款中规定："除非另有书面协议，在货物到达之日起2年后，买方不得对货物不符向法院提起诉讼或向仲裁庭申请仲裁。双方明确约定在此期限届满之后，买方将不以货物不符为由或作出反诉，以对抗卖方因买方不履行本合同而提出的任何诉讼。"对示范合同的上述规定，有两个方面的问题值得探讨，一是关于时效的期限，二是关于期限的起算时间。关于时效的期限，1980年修订的《联合国国际货物买卖时效期限公约》和我国《合同法》，以及《美国统一商法典》均规定，时效期限为4年，示范合同则缩短了2年，明显限制了买方对货物不符请求赔偿的权利的期限。其次，关于诉讼或仲裁期限的起始，也与一些国家国内立法和上述时效期限公约的规定不同。示范合同规定是"在货物到达之日起"，而《美国统一商法典》规定是"在诉讼原因发生后"，我国《合同法》规定则是"自当事人知道或者应当知道其权利受到侵害之日起"。上述时效期限公约对时效期限的计算则区分了几种情况，其中由于货物有瑕疵或不符合合同规定而引起的请求权，规定在货物实际交付于买方或买方拒绝接受之日起计算。从这些规定与示范合同的规定相比较可以看出，示范合同把起始计算点提前了，实际上把买方请求赔偿的期限缩短了。

参考书目

1. 冯大同主编. 国际货物买卖法. 北京：对外贸易教育出版社，1993
2. 沈四宝，王军，焦津洪编著. 国际商法. 北京：对外经济贸易大学出版社，2002
3. 赵承璧著. 国际货物销售合同. 北京：中国对外经济贸易出版社，2001
4. 国际商会国际销售示范合同实用指南. 北京：中国对外经济贸易出版社，1998
5. P. S. Atiyah. *The Sale of Goods*, Pitman Publishing, 1991
6. Albert H. Kritzer. *Guide to Practical Applications of the United Nations Convention On Contracts for the International Sale of Goods*, 1993
7. John Honnold. *Uniform Law for International Sales Under the 1980 United Nation's Convention*, Klawen Law and Taxation Publishers, 1989

思考题

1. 简述《联合国国际货物销售合同公约》的适用范围。
2. 根据《联合国国际货物销售合同公约》规定，卖方和买方各有哪些义务？
3. 什么是卖方对货物的"品质担保"和"权利担保"？
4. 根据《联合国国际货物销售合同公约》规定，卖方所交的货物必须与合同相符，这方面有何具体要求？
5. 简述《联合国国际货物销售合同公约》有关货物风险转移的规则。
6. 简述英国法、美国法关于货物所有权转移的规则。
7. 根据《联合国国际货物销售合同公约》规定，当卖方违反交货义务时，买方可以采取哪些补救方法？

第四章 票 据 法

第一节 票 据 与 票 据 法

一、票据的性质

（一）票据的概念

票据作为有价证券的一种，其制度与有价证券的制度存在着内在的、本质的联系。有价证券又称为证券，在不同的法律范围内，因不同的立法目的不尽相同。"有价证券"是大陆法系的概念，"有价证券"一词产生于德国，在1861年被德国商法典采用，在当时主要是为区分可流通的权利证书和普通的合同性文件，就此形成有价证券的可流通性和权利代表属性，之后为大陆法系国家广泛采用。而在英美法系则称为"流通证券"，英美法系国家之所以把有价证券称为流通证券就是基于其流通性，并采取列举方式来概括它。因此我们将有价证券被定义为：有价证券是指代表一定民事财产权利，依法可以自由流通的权利证书，证书上权利的发生、转移和行使均已持有该证书为必要。如债券、提单、票据等。

大陆法系国家和英美法系国家对有价证券的表象认识上略有不同，但是大多数国家对有价证券实质上特征上的认识基本一致。无论大陆法系国家还是英美法系国家都认为有价证券具有以下三个特征：①有价证券是财产权利的体现。其权利内容具有一定的财产价值，而不是单纯的人身关系内容。它可以代表债权，也可以代表物权和股权；而一些仅代表人身权利的证书，如，结婚证等不属于有价证券。②有价证券是权利和证券的结合体。权利的行使离不开证券，证券商权利的发生、转移和行使，都是以证券的存在为前提，且证券上的权利具有独立性，凡持有有价证券者或者提示有价证券者基本依法推定为证券权利享有者。③有价证券具有可流通性。有价证券依照交易双方的意思表示合法自由流通转让，不需要证券商的权利人或者第三人同意，也不适用合同法有关权利义务的转让规定。

票据是有价证券的一种，和有价证券有着内在的、本质的联系，持有票据是票据权利发生、行使和转移的必要条件，离开票据就不能主张权利，也不能将票据权利转让给他人。在票据立法上不同的国家有着不同的规定，英美法系国家一般采取"包括主义"

的立法原则,即认为汇票、本票、支票并无实质差别,都有《票据法》来调整,我国立法也采取这样的一个立场。而在大陆法系国家则采取"分离主义",汇票和本票被纳入票据法,而支票却有专门的《支票法》来调整,但是它们却没有实质上的区别。

就票据的概念,有广义和狭义之分,从广义上来理解,票据一般是指用来证明一定事物或设定一定权利而做成的某种凭证。例如,股票、债券、货单、车船票、汇票、收据等。狭义的票据是一个专有名词,专指票据法所规定的汇票、本票和支票等票据。从这个意义上来讲,票据是指出票人依据票据法签发的,由本人或委托他人见票时或在票据记载日期无条件支付确定金额给收款人或持票人的一种有价证券。狭义上的票据是指的法律意义上的票据,本章所介绍的是狭义上的票据。

(二) 票据的特征

票据,作为依据票据法发行的,以无条件支付一定金额为目的的有价证券,在有价证券体系中有自己独特的特征。

1. 票据是完整有价证券

票据权利的产生、转让与交付都是以证券的存在为前提,票据作为货币凭证代表着确定数额的金钱,以支付确定金额为标的,因此票据是债权凭证,持票人可以就票据上记载的金额向特定的票据债务人行使兑换请求权和追索权。同时票据还是金钱凭证,持票人可以根据自己所持有的票据要求债务人给付一定金钱,而不是物品或劳务。

2. 票据是设权证券

所谓社区安证券,是指票据权利的发生必须首先做成票据,即票据权利由票据行为的出票而创设,没有票据就没有权利。票据权利是与票据的做成同时发生的,票据的作用在于创设一定的权利,因此,票据又是设权证券。

3. 票据是文义证券

票据上的一切权利义务都必须完全以票据法所载文义而定,不能进行任意解释或者根据票据以外的任何其他文件确定。也就是说,票据上记载的文义即使有错,也要以该文义为准。例如,当票据上记载的发票日与实际发票日不一致时,以票据上记载的日期为准。票据的这一特征,主要是为了保护善意持有人,以维护票据安全。

4. 票据是要式票据

票据的制作格式和记载事项,都必须严格以票据法规定进行,不按照票据法规定制作票据或不按照票据法规定记载事项,会影响票据的效力甚至导致票据无效,票据的签发、转让、承兑、付款、追索等行为均适用严格的形式主义原则;票据上记载的事项又应当记载事项和可以记载事项,对于应当记载事项必须记载,否则导致票据无效,除非票据法另有规定;对于可以记载事项,当事人一经记载,即产生票据法上的效力。

5. 票据为无因证券

所谓无因，是指票据只要具备票据法上的条件，票据权利就成立，至于票据发生的原因，不必理会。这是因为票据上的法律关系只是单纯的金钱支付关系，权利人享有票据权利只以持有票据为必要，至于这种支付关系的原因或者说权利人取得票据的原因均可不问，即使这种原因关系无效，对票据关系也不发生影响。票据债务人如果认为持票人取得票据是由于欺诈、恶意或者重大过失等不正当原因，债务人对此负有举证责任。

6. 票据是流通证券

在英美法系国家就以"流通证券"来形容票据。这里所说票据的可流通性，是指票据权利的转让要比民商法上的其他权利转让更加方便，其他的财产权利的转让应当以通知债务人为要件，而票据权利的转让只需要经过背书或交付的方式即可，不需要通知债务人。一般来说，无记名票据，仅以交付即可转让；记名票据，必须经背书才能转让。

（三）票据的作用

随着商品经济的产生和发展导致票据制度的出现，随着票据制度的完善，又在很大程度上促进和推动商品经济的繁荣和发展。票据有以下作用。

1. 汇兑作用

票据的汇兑作用是指票据具有异地兑换或者转移货币资金的作用。在商业交往中，交易双方往往分处两地或远在他国，经常会发生异地之间兑换或转移金钱的需要，如果以现金作为交易工具，不仅会伴随着大量现金运输的麻烦，还会产生不必要的运输成本和安全风险。如果通过在甲地将现金转化为票据，在乙地再将票据转化为现金的办法，以票据的转移代替现金的转移，则大大减少上述风险。

2. 信用作用

票据的信用作用是指票据具有使出票人凭借某人信用，于未来将取得资金作为当前支付能力来使用的作用。票据的这一作用主要体现在汇票和本票上，通过这个只能可以克服金钱支付在时间上的障碍。为保障在一定时间间隔下，能享受权利和履行义务，当事人双方必须依法达成协议或者缔结契约。在商业票据中，法律允许该票经过背书在市场上流通，即通过债权转移来抵消债务。

3. 支付作用

票据的支付作用是指票据具有代表定额货币，并可以代替现金支付的功能。汇票、本票和支票的不同作用体现在不同的商业交易中，对各种交易工具的不同要求，支付这一作用最主要体现在支票上。

4. 融资作用

融资也可以简单地理解为调度资金，票据的这一作用是指票据当事人可以通过票据转让和贴现来融通资金。根据大多数国家规定，远期汇票具有确定的到期付款效力，在远期汇票还没有到期之前，可以依照贴现规则和转让规则先行转让，以解决短期的融资问题。

二、票据的种类

（一）汇票

汇票是出票人签发的，委托付款人在见票时或者在指定日期无条件支付确定金额给收款人或者持票人的票据。由于在汇票中存在三方当事人，即出票人、持票人、付款人，由出票人委托付款人无条件支付，所以汇票又被称为"委托证券"。在我国的《票据法》中规定，票据的付款人可以使商业当事人也可以是银行。同时汇票又可以分为见票即付的即期汇票和在未来指定日经过承兑方可支付的远期汇票。

（二）支票

支票是指由出票人签发的，委托办理支票存款业务的银行或者其他金融机构在见票时无条件支付确定金额给收款人或者持票人的票据。支票在发票时也有三方当事人，即发票人、收款人和付款人，支票和汇票的不同之处在于支票的付款人是银行，且支票是见票即付的，这是支票的特征。除此之外，支票其他方面和汇票大致相同。

（三）本票

本票是出票人签发的，承诺自己在见票时无条件支付确定金额给收款人或持票人的票据。本票在出票时只有两个当事人，即出票人和收款人。本票是诺成性的票据，在本票中，出票人自己就是付款人。

三、票据法概述

（一）票据法的概念和特征

1. 票据法的概念

在理论上票据法有广义和狭义的区分。广义的票据法是指所有票据法的总称，不仅包括专门的票据法，还包括民法、刑法、诉讼法上关于票据的法律关系的规定；而狭义的票据法则是指规定票据和票据关系的专门立法。因此，票据法是指调整票据关系以及与票据关系有关的其他社会关系的法律规范。票据关系是指票据当事人之间因票据行为而产生的权利义务关系。其他社会关系则是指为保障票据关系的依法产生、变更、实现而产生的社会关系。

2. 票据法的特征

尽管世界各国对票据法的立法体例上和具体规定上各有不同，但各国票据法的实质并无区别，票据法具有如下的特征：

（1）票据法具有强制性。票据法虽然属于民商法的立法范畴，但是随着经济的发展，垄断出现，在社会经济交往中主体地位日益不平等，国家逐渐加强对平等主体之间的经济交往的干涉，以帮助处于弱势地位的经济主体，从而达到在经济交往中平等主体之间实现真正的平等，因此票据法是强制法。在指定票据法的过程中，采取严格的类型法定原则，同时票据法才去的文义主义和要式主义，对非法使用票据者处以刑事处罚或行政处分。

（2）票据法具有技术性。法律规定从道德的角度进行分类，可以把法律分为伦理道德法和技术性法，相对于"杀人者偿命"、"欠债者还钱"这些具有比较强烈色彩的法律而言，票据法的制定多体现技术上的要求，不去考虑当地的风俗习惯。

（3）票据法具有同一性。票据法虽然是世界各国根据自己的实际情况各自制定，但是随着票据跨区域甚至跨国界使用和流通的需要，许多国家的票据法在制定的具体原则上已经基本相同，各国立法这都试图把本国的票据法和国际票据规则接轨。1930年的《日内瓦统一汇票本票法》和1931年《日内瓦统一支票法》为许多国家的票据立法提供参考，票据法的国际统一性成为一种不可逆转的发展趋势。

（二）票据法的立法宗旨

我国《票据法》第一条规定，票据法的宗旨是"为规范票据行为，保障票据活动中当事人的合法权益，维护社会经济秩序，促进社会主义市场经济的发展"。在现代的票据法之中，普遍认为票据的宗旨是保障票据权利的确定和主张票据流通两项，即所谓"确定"和"迅速"的要求。所谓的票据权利的确定，是指票据法应当确认任何形式合法的票据，确认这类票据的效力不受票据产生基础的影响。而所谓票据流通是指票据法应当保证票据权利人转让票据的权利，并且确保权力转让的迅速和便捷。

（三）票据的法律原理

1. 票据的无因性原理

（1）票据的以迅捷、简便的方式进行流通。一般来讲，民商法上的财产权利大部分都可以转让，一半的财产转让应以通知债务人为要件，而票据权利的转让无须通知债务人，只需要经过背书或者直接交付的方式即可，一张票据可以经过多次转让，数次易主，但最后的持票人仍然有权要求债务人向其清偿，而票据债务人不得以他没有接到通知为理由拒绝付款。这一规定和一般民商法上的债权转让不同。

（2）强调保护善意第三人。按照一般民法原则，所有人只能把自己所有的权利转让他人，对于不是自己所有的权利是不能够转让给第三人的，如果第三人主张自己是善意的，应负举证责任。在民法原理之下赃物、无主财产等不适用善意取得；且新的债权人通常要承受原权利人在权利上的瑕疵，债务人对原权利人主张的抗辩对新的权利人也可以主张。而票据权利转让之中，由于票据的无因性，付款人并不管是什么原因，持票人拥有该票据，哪怕这张票据是持票人非法取得的。为了保障票据交易的安全，原则上新的持票人不承受前手在票据上的瑕疵。

2. 票据本身和其基础关系相分离

票据关系是基于票据行为（出票、背书等）而发生的债权债务关系，这是票据本身所固有的法律关系。票据的基础关系是指在票据关系成立之前就已经存在的法律关系，它虽然和票据关系有着某种联系，但却处于票据之外，是票据关系产生的基础，所以又被称为非票据关系。基础关系包括票据原因关系、票据资金关系。

（四）票据原因关系

票据的原因关系是指当事人之间发行、转让、接收票据的依据。票据发行或者转让必然会有一定原因，例如，基于出票就产生了票据关系，而产生这种出票关系的原因是买卖关系。在不同交易之中会因为不同交易情况而产生不同的票据原因关系，也许是因为买卖关系、借贷关系、赠与关系，也可能是因为担保关系等等。尽管票据行为都需要原因关系作为其依据，但各国票据法都规定一旦票据关系成立以后，票据的原因关系即与票据关系相分离。也就是说，一旦票据经过转手，无论原因关系是否存在或者是否合法有效，都不能影响票据关系；票据权利人行使票据权利时，一般只要以持有票据为条件。这一原则的确立主要是为了保证交易安全和维护票据流通信用，保护善意受让人的票据权利。

（五）票据资金关系

票据的资金关系是指在汇票和支票中的付款人和发票人之间（支票是在发票人与银行之间）资金补偿的基础关系。汇票和支票的发票人之间委托付款人付款，一定是有原因的，这些原因可能是：发票人预先将资金存于付款人；付款人对发票人负有债务；抑或者发票人与付款人之间存在信用合同；以及发票人与付款人之间定有其他合同，而由于这些原因付款人愿意为发票人代为付款，这些原因都被称为资金关系。目前除法国之外的大多属国家都认为票据关系和票据资金关系相分离，不论出票人是否和付款人之间存在协议或约定，票据的效力不受影响。在这里我们强调，票据的资金关系只存在于汇票和支票之中，由于本票属于自付证券，不存在委托付款的问题，所以也就没有资金关系。票据和资金关系相分离，主要是为了促进票据的流通。

(六) 票据预约关系

票据的预约关系是基于票据当事人之间在有了原因关系之后，接收票据之前，达成的作为授权票据依据的约定而发生的关系。票据预约关系是以授权票据以及票据的有关事项为内容的民法上的合同。票据预约不仅存在于发票人与付款人之间，也存在于背书人与被背书人之间，由于票据预约行为属于民法范畴，世界各国的法律都规定一旦票据行为成立就与票据预约行为相分离；换句话来说，即使违反预约行为，只要所签发的票据符合票据法的规定，仍然会成立票据关系，违反预约行为只是一种违约行为。票据预约行为的消灭也不影响票据关系，票据仍然有效。

第二节 票据的国际统一法

一、资本主义国家票据法的编制及体系

票据在西方国家出现的比较早，最早出现在古罗马时期，当时称为"自笔证书"，在债权得到实现之后，将证书返还给债务人。到12世纪前后，当时位于地中海各城邦国家在商业交往之中，出现现金结算的困难，于是一些专门从事货币兑换的兑换上出现，他们制作一种兑换证书供异地取款之用，这种兑换证书成为现代意义本票和汇票的前身。到16世纪，背书制度开始出现，是票据的信用和融资作用变得更为重要，但票据的汇兑作用仍然是票据所追求的最基本目的。从这时起具有现代意义的票据制度开始确立。19世纪后期，资本主义各国都制定了自己的票据法。但各国的编制体例各不相同，从形式上看，逐渐形成有代表性的三大法系：①拉丁法系，以法国、比利时、日本等国家为代表，把票据法列入民商法之中。②日耳曼法系，以德国、奥德利、瑞士等国家为代表，采取单性法规的办法。③英美法系，英国采取单性法规的形式，制定了《汇票法》和《支票法》；美国各州原来各自制定了自己的票据法，后来逐渐采取《美国统一商法典》第三编的规定，现在美国的票据法已经基本趋于统一。

二、票据的国际统一法

随着国际贸易的发展，票据的适用范围也不断扩大，由于世界各国票据法的编制体例不同，在票据法的具体规定上也存在差异，这对票据在国际间的流通十分不利，从而影响了国际贸易的发展。因此从19世纪后期开始，国际上就出现了统一票据法运动，直至20世纪才取的实质上的成果。

（一）海牙统一票据法

1910 年在德国、意大利两国的倡议下，有 31 个国家参加了在荷兰海牙召开的国际票据统一会议，会议拟定了《统一汇票本票法（草案）》；1912 年第二次海牙会议，又制定了《统一支票法（草案）》，这些有关汇票、本票和支票的规则和公约被称为《海牙统一票据法》。但是由于第一次世界大战的爆发，而未能获得参加国政府的批准，此项工作被迫中止，没有取得预期效果。

（二）日内瓦统一票据法

第一次世界大战之后，在国际联盟的组织下，1930 年在日内瓦召开了有 31 个国家参加的国际票据法统一会议，这次会议签署了三个公约：《统一汇票本票法公约》、《解决汇票本票法律冲突公约》、《汇票本票印花税公约》。1930 年和 1931 年制定的这些公约被统称为《日内瓦统一票据法公约》。由于该公约集中了三大法系的优点，受到许多国家重视，尤其是大陆法国家，它使拉丁法系和日耳曼法系在票据法上的区别逐渐消除。

（三）联合国统一票据法

《日内瓦统一票据法公约》的通过与签署，在很大程度上解决了大陆法国家在票据上的分歧。但没有根本解决英美法系和大陆法系的分歧，所以日内瓦统一票据公约没有解决世界范围内的票据法分歧。为了促进贸易的发展，联合国国际贸易法委员会于 1988 年通过了《国际汇票本票公约》，只在协调两大法系票据法上的差异。

（1）在票据形式要求问题上，英美法系和《日内瓦统一票据法公约》存在一个重要的区别：英美法系对于票据的形式问题采取比较灵活的态度；而《日内瓦统一票据法公约》则采取严格形式主义，该公约规定汇票必须注明汇票字样，必须载明出票期、不得开具无记名票据等。联合国《国际汇票本票公约》在这个问题上，基本采用了英美法的原则，不对汇票形式作特别规定，但在公约中又规定：①汇票必须载明出票日。②不得开具无记名式国际汇票，但背书人可以用空白背书的方法，使汇票在实际上成为空白汇票；因为经过空白汇票背书之后，其受让人将汇票再度转让时，可以无需背书，只需交出汇票即可转让给别人。

（2）关于持票人保护问题上，英美法系把持票人分为持票人和正当持票人；《日内瓦统一票据法公约》则对"合法持票人"的条件做了规定，所谓合法持票人是指通过一系列不间断的背书证明其是票据拥有所有权的持票人。联合国《国际汇票本票公约》采取了英美法的原则。把持票人分为"持票人"和"受保护持票人"两种。根据《公约》规定受保护持票人必须具备下列条件：①持票人在取得票据时，该票据是完整的；

②他成为持票人时，对有关票据责任的抗辩不知情；③他对任何人对该票据的有效请求权均不知情；④他对该票据曾遭拒付的事实不知情；⑤该票据未超过提示付款的期限；⑥没有以欺诈、盗窃等手段取得票据或参加与票据有关的欺诈或盗窃行为。联合国《国际汇票本票公约》对受保护的持票人给予强有力的保护，主要表现在抗辩权上，当事人除例外情况，不得对受保护的持票人提出任何抗辩。

当事人可以在以下几方面进行抗辩：①关于票据上伪造签名的抗辩；②关于票据曾发生重大改变的抗辩；③关于未经授权或越权代理人在票据上签名的抗辩；④关于汇票须提示承兑而未能提示承兑的抗辩；⑤关于为适当提示付款的抗辩；⑥关于须在不获承兑或不获付款做成拒绝证书的抗辩；⑦关于票据时效已过的抗辩，票据时效期间为4年；⑧基于该当事人本人于持票人之间在票据项下的交易，或者由于该持票人有任何欺诈行为而使该当事人在票据上的签字而提出的抗辩；⑨给予当事人不具备履行票据责任的行为能力的抗辩。

（3）关于伪造背书的后果。按照英美法系的规定，伪造的背书是不起任何作用的，取得这种汇票的人也不能成为持票人，他不能取得票据上的权利。英美法系的规定旨在保护票据真正的所有者，而风险由直接从伪造者手中取得票据的人来承担。而《日内瓦统一票据法公约》则规定：尽管票据曾发生过遗失、被盗或其中有一个签名被伪造等情况，但是对于善意且没有重大过失、通过一系列没有间断的背书而取得该票据的人来说，这项背书仍然是有效的。《日内瓦统一票据法公约》的这一规定旨在保护善意持票人，而把票据风险让票据所有人承担，他可能是丢失票据的出票人或收款人及背书受让人。联合国《国际汇票本票公约》试图用折中的办法来解决这个分歧，该公约规定：凡是拥有经过背书转让给他或前手为空白背书的票据，并且票据上有一系列连续背书人，即使其中任何一次背书是伪造的或者是有未经授权的代理人签字的背书，只要他对此不知情，就应当认为他是票据的持票人而受到保护。同时公约又规定：如果背书是伪造的，则被伪造其背书的人或者在伪造发生之前签署了票据的当事人有权对因受伪造背书所遭受的损失向伪造人、从伪造者手中直接受让票据的人以及向伪造人直接支付票据款项的当事人或受票人索赔。按照联合国《国际汇票本票公约》的规定，伪造票据的风险最终是由伪造者负责，如果伪造者逃匿或破产则由从伪造者手中取得票据的人负责。联合国《国际汇票本票公约》对缔约国当事人不具有强制适用效力，只是任意性效力。

第三节 汇票和本票

汇票和本票的概念在大陆法国家的票据立法中均无明文表述。汇票和本票十分相似，其区别仅在于汇票的付款人是有他人担任，而本票的发票人有自己担任付款人，故汇票是委托证券，而本票是自付证券。大陆法系各国在立法时，往往先详细地规定汇票的规则，然后再将这些规则适用于本票，对于本票的规定与汇票相矛盾的除外。英美法系各国对汇票加以明确的定义，1882年《英国票据法》第3条规定："汇票是一人向他人签发的无条件的书面命令，要求其与即日或于一定日期或于未来的特定时间内，向特定的人或向特定人指定的人或持票人支付一定金额。"《美国统一商法典》第3-104条也作出类似规定。

一、汇票和本票的概念

（一）汇票的概念

汇票是指由出票人签名出具的，要求受票人于见票时或于规定的日期，或于将来可以确定的时间内，向特定的人或凭特定人的指示或向持票人，支付一定数额金钱的无条件的书面支付令。

与本票和支票相比，汇票具有以下几个方面的特征：

（1）汇票是典型的票据种类。无论在英美法系国家好实在大陆法系国家，以及在《日内瓦统一票据法公约》中，都承认汇票是票据的一种。

（2）汇票是出票人委托付款人无条件付款的命令。票据有三方当事人：出票人、付款人和收款人。出票人就是签发汇票委托他人付款的人；付款人是受出票人的委托付款的人；收款人是从出票人处取得汇票向付款人请求付款的人。汇票必须以书面形式作成，而且必须有出票人签名，汇票的付款是无条件的。

（3）汇票一般都记载有到期日，未记载到期日的，为见票即付的即期票据。

（二）本票的概念

本票是指出票人签发的，承认自己在见票时或在指定日期无条件支付确定金额给收款人或持票人的票据。

与汇票和支票相比，本票具有自己的一些特有的法律特征：

（1）本票是票据的一种，具有票据的一切共有特性。也是金钱证券、设权证券、要式证券、文义证券、提示证券、缴回证券等等。

（2）本票是出票人自己支付本票金额，即自付证券。这是本票和汇票的主要区别，在本票中仅有两方当事人：出票人和收款人，没有独立的付款人。而在汇票和支票中都有三方当事人，属于委付证券。

（3）本票不使用承兑制度。本票是在见票时或在指定的日期无条件支付的票据，本票的出票人因出票行为的完成即负无条件付款的责任，不存在承兑制度。

二、汇票和本票的出票

货票和本票的出票又称为票据的发票，是最基本的票据行为。出票是指出票人签发票据并将其交付收款人的票据行为。出票是由"作成"票据和"交付"票据两种行为构成。作成是指记载法律规定的内容并由出票人签章，也就是制作形式完备的合法票据；交付是指出票人基于自己的意志使汇票或本票脱离自己而为他人占有。如果出票人仅仅完成票据的作成，而未交付给收款人，就还不算完成了出票行为，因为在这时候它还可以把自己手中的这张作成票据注销作废，使它不能产生法律效力，所以出票人必须将票据交付收款人时才可以生效。无论是汇票还是本票，它们都是要式证券。各国都将出票规定在诸如"出票及款式"、"开立和格式"的章节中，对于出票的记载事项，作出严格规定。

（一）出票的记载事项

1. 绝对记载事项

绝对记载事项是指必须在票据上完整记载，该类事项若不记载，票据就不产生法律效力。各国共同对票据的绝对记载事项的规定有五项：

（1）票据种类文句。即表明特定票据的性质是"汇票"还是"本票"。

（2）确定的金额。无论汇票还是本票，都是一种金钱证券，其支付标的必须是钱，其金额记载必须确定，不得浮动不定，也不得具有可选择的不确定性，金额可用文字和数字记载，如果二者发生差异，以文字记载金额为准；如果多次发生文字和数字金额的差异，则以最小金额为准。例如，《英国票据法》规定，如果在汇票上记载有利息条款、分期付款条款、汇率条款，或在分期付款的情况下规定，如果有一期不按时付款则全部金额应视为立即到期，不影响汇票金额的确定性，都是有效的。

（3）无条件支付的委托。汇票和本票的付款必须是无条件的，并且禁止当事人附条件出票，凡在票上记载附有条件或限定付款方法的，将被视为无效。

（4）出票日。所谓的出票日是指形式上汇票发行并记载于票面上的年月日。汇票上记载的出票日和实际出票日不符，也不影响汇票的效力。如无证据证明，票据记载的发票日即推定为实际发票时间。

（5）基本当事人。在汇票上的基本当事人有三个：出票人、付款人和收款人；本票的当事人有两个：出票人（同时又是付款人）、收款人。出票人是票据的绝对记载事项，出票人不仅要记载其姓名或名称，而且要亲自签名，否则票据无效。各国票据法要求汇票必须记载付款人的姓名或商号（本票由出票人自付，无需记载）。出票人可以指定银行或其他委托人未付款人，也可以自己为付款人。当出票人以自己为付款人时，这种汇票被称为"对己汇票"。对于对己汇票的性质，各国有不同的法律规定，英美法系国家给当事人选择权，持票人可以把它看做本票或汇票处理；而其他国家都认为付款人是绝对必要记载事项，无付款人的记载，则汇票或本票无效。关于收款人是否记载的问题上，大部分国家认为是绝对必要记载事项，无收款人的记载，则汇票或本票绝对无效；英美法系国家则认为收款人为相对必要记载事项，凡汇票或本票上无记载的，以持票人为收款人，这时的票据为无记名汇票或无记名本票。

2. 相对记载事项

相对记载事项是指应当于汇票上记载，但出票人对其未予记载时则可依法推定其内容而并不导致汇票、本票出票无效的记载事项。这类事项若不记载，除法律另有规定之外，票据不会因此无效。《日内瓦统一票据法公约》的规定与大陆法系国家的规定基本相同，英美法系的规定略有不同。通常情况下，世界各国都认为这三项属于相对记载事项：

（1）到期日。到期日又被称为付款日期，即付款到期日或付款提示期间的起算日。大陆法国家认为，未记载到期日的，是为见票即付；英美法系国家则认为，如果汇票上没有记载到期日，持票人可以自己将其认为正确的日期填补在汇票或本票上，该票据仍然有效。

（2）出票地。出票地是票据出票时，票上记载的出票处所。大陆法系国家认为，未载明出票地的，视写在出票人旁边（或名称下面）的地点未出票地；英美法系国家则认为，如果汇票或本票上没有记载出票地，则可以以出票人的营业场所、住所或居住地位出票地。

（3）付款地。付款地是指票据上记载的付款人支付票据金额的处所。大陆法系国家认为，未记载付款地的，写在付款人姓名旁边（或名称下附记的）地点视为既是付款地又是付款人住所地；英美法系国家则认为，票据上不一定记载付款地，不管付款人在什么地方，只要持票人能够找到他，就可以向他提示付款。英美法系国家关于本票的付款地的规定和汇票略有不同，在本票中未记载付款地的，出票地被认为是付款地。

3. 任意记载事项

任意记载事项是指的法律允许当事人依法定规则于票据上记载并仅以记载内容而发生效力的事项。各国票据法的规定并不相同。大致概括有：担当付款人（我国称为代理付款人）、预备付款人、付款处所、利息和利率、担保责任的免除、分期付款的记载、禁止转让条款、承兑期限、付款期限的变更、付款地通用货币支付的特约、免除拒绝证书或通知的条款等。

4. 无效记载事项

无效记载事项是指因违反票据法关于记载事项规则而依法导致该记载事项无效或导致票据无效的特别记载。各国对无效记载事项的规定不尽相同，例如《日内瓦统一票据法公约》第9条规定："出票人免持担保付款之记载，视为无记载"；《美国统一商法典》第3节第105条规定:"凡对票据的基本效力附加协议限制的记载、附加专用基金支付的记载或者类似附加条件支付记载均将导致汇票无效"。大陆法系国家的票据法则采用排除概括无效事项的范围。

(二) 出票的效力

出票的目的在于创设票据权利,使票据进入流通领域。合法有效的出票行为将在基本当事人之间形成票据上的权利义务关系,该效力对票据的当事人同时发生。

1. 汇票

(1) 对出票人的效力。汇票是委托他人付款的证券,出票人承担的不是支付票据金额的义务,而是与票面金额给付密切相关的担保责任,包括担保承兑和担保付款的责任。从法律角度上来讲,出票人只有在汇票与汇票到期前不获承兑,或汇票的持票人于到期日不获付款时,向出票人行使追索权,其地位仅为第二债务人。

汇票的担保责任为法定义务,当事人不可约定免除。担保责任使出票人的主要义务,除此之外,在特定情况下,出票人还有票据利益返还义务,以及交付汇票副本义务。

(2) 对收款人的效力。收款人取得汇票之后,就取得了票据上的权利,也就是说,是收款人取得承兑权和追索权两项请求权。这两项权利均为附停止条件的权利,只有在汇票被拒绝承兑或拒绝付款之后,才可以行使。因此收款人并不因取得票据,而获得任何现实权利。

(3) 对付款人的效力。出票是一种单方法律行为,它只能够为他人设立权利,而无法使其承担义务,因此付款人并不因出票人的付款委托的单方行为而承担任何票据上的义务,出票人的出票行为对付款人没有任何约束力。

2. **本票**

《日内瓦统一票据法公约》第78条规定:"本票发票人所付责任与汇票承兑人不同。"本票属于自付证券,因此仅有两方当事人,这是本票的出票效力与汇票的出票效力不同之处。具体如下:

(1) 对出票人的效力。本票的出票人出票之后,对持票人负有与到期日支付本票金额的义务。出票后,出票人成为本票的第一债务人,持票人可以在到期日直接向出票人行使付款请求权,出票人不得拒绝,也不附加任何条件。同时出票人的付款责任是绝对责任,除因时效过期而消灭外,不因持票人行使权利或保全权利的手续欠缺而免除。

(2) 对收款人的效力。出票人出票以后,本票的收款人或持票人就依法取得付款请求权和追索权。

三、汇票和本票的背书

（一）背书的概念

票据是流通证券，票据的权利人可以通过票据法规定的转让方式将其所享有的票据权利转让给他人。转让的方式有两种：单纯交付和背书转让。

所谓背书转让是指背书人依法定方式在票据背面或其粘单上进行记载，以转让票据权利或实现其他目的。在汇票或本票背面签名的人称为背书人，接受经过背书的汇票或本票的人被称为被背书人。票据的背书有两个方面的效力：一是把汇票或本票上的权利转让给被背书人；二是背书人对包括被背书人在内的一切后手担保该汇票或本票必然会被承兑或付款，如果汇票的承兑人或汇票本票的付款人拒绝承兑或拒绝付款，任何后手都有权向背书人进行追索。

（二）背书的方式

1. 记名背书

记名背书又称为完全背书，持票人在背书时，在票据背面写上被背书人的姓名、商号，并签上自己的名字，然后将汇票或本票交付给被背书人，票据的转让即告完成。在完全背书中，除背书人签章和被背书人姓名为必要记载事项外，其他不为法律禁止的事项，为任意记载事项。关于背书时是否必须记在背书的年月日的问题，法国、比利时、意大利、荷兰等大陆法系国家的法律认为，背书必须记载日期；而英美法系国家则认为，载明日期并非背书的必要条件。

2. 空白背书

空白背书又称为无记名背书，略式背书或不完全背书，它是背书人不记载被背书人的姓名，仅签章于汇票或本票背面或粘单上背书。空白背书的绝对记载事项只有背书人一项，其他事项均为任意记载事项，记载与否由背书人决定。现在世界各国均承认空白背书。

（三）背书的种类

1. 转让背书与非转让背书

根据持票人背书行为的目标和意思内容，进行分类：

（1）转让背书是指持票人以完全转让票据上的权利为目的，而在票据上进行背书，其基本效果在于使票据上权利转移。这种转让方式是最主要的背书方式，世界各国的票据法规定的背书规则主要是为实现转让背书而设置的。

（2）非转让背书是指背书人作背书的目的不是为了转让票据上的权利，而是另有用意。常见的非转让背书有：①委托背书。背书人在背书时注明背书的目的只是委托被背书人代为取款，而不是转让汇票、本票的所有权利。主要内容是：一是在汇票、本票上载明委任的文句；二是被背书人并非票据真正的所有人，二是票据权利的代理人，可以代理背书人行使一切由票据所产生的权利，违反法律规定的除外；三是被背书人仅能以代理人的身份为背书；四是票据的债务人对持票人提出的抗辩，也可以对抗背书人；五是委托背书中的委托既不因委托人死亡，也不因委托人丧失行为能力而失效。②设质背书，又称质权背书。即背书人以票据权利设定质权为目的所为的背书。其主要内容为：仪式票据上记载"担保金额"、"质押价值"、"为担保"、"为质押"等表明质押意思的真正票据权利人，所以这种背书只起委托背书的效力；三是票据债务人不得以本人对设质背书人的抗辩来对抗设质背书人的被背书人（质权人），但如果后者在接受汇票、本票时明知损害债务人而接受的，不在此限。

2. 一般转让背书与特殊转让背书

根据背书转让有无法律上的特殊性，可将转让背书分为一般转让背书和特殊转让背书。

（1）一般转让背书。一般转让背书是指持票人基于普通的权利转让意图，依票据法基本规则在票据上所作的转让背书。它又可以分为完全背书和空白背书两种。

（2）特殊转让背书。特殊转让背书是大陆法系国家票据法的规定，是持票人在背书时；除签名外，还添加某些特殊文句，借以限制自身的责任、限制票据的再度转让或附加其他条件等。主要有：①无担保背书，即背书人依法记载免除其担保承兑或付款责任的背书。例如，法国《票据法》规定："除有相反条款条款的规定，背书人担保票据的承兑及付款。"②禁止背书，即背书人在背书时记载有禁止转让文句的背书。例如，出票人在汇票、本票上载有"不可转让"、"不得指定人收款"等。按照各国立法规定，禁止转让背书的票据仍然可以由背书取得该票据的被背书人及其后手再以背书而转让，只是该背书对于禁止背书后再由背书取得该票据的持票人，不承担任何票据责任，可以拒绝其他人的追索。这是汇票、本票只能以一般债权让与的方式转让，不发生票据背书转让的效力。③回头背书，即以票据上的出票人、承兑人、付款人、保证人或被背书人等票据债务人为被背书人的背书。回头背书的特殊性在于原票据债务人因回头背书成为票据债权人，此时，债权、债务并不因民法上债的混同原理而消灭。④期后背书，即背书人在付款提示后背书的记载与格式和一般背书完全相同，只是由于其背书时间上的特殊性，其效力比一般背书较弱，仅具有通常债权转让的效力。

（四）背书的连续性

按照《日内瓦统一票据法公约》和大部分国家票据法的规定，汇票的持票人应以背书的连续来证明权利的成立。背书的连续，是指汇票、本票所记载的背书。自付款人至最后的背书人（最后持票人），在形式上均相互连续而无间断。背书的连续是持票人证明自己对汇票、本票具有票据权利，不需要再有其他的证据证明自己对票据所具有的权利，而票据的债务人也就会据此而当然的向其付款，因此背书的连续性非常重要。

（五）转让背书的效力

1. 权利转移效力

一般转让背书依法将原背书人包括原持票人享有的全部票据上的权利完整转移于背书人，包括对付款人的付款请求权、对前手的追索权、对票据保证人的权利等，均由背书人转移于被背书人，即被背书人取代背书人而成为票据上的权利人。

2. 权利担保效力

背书人在无相反记载时，对其后手和其他一切后手，应按照汇票、本票文义负担承兑与付款的责任。当持票人（包括背书人的一切后手）如不获承兑或不获付款时，便可向背书人行使追索权。但这种承兑和付款的效力，来自于法律的规定，除非法律允许背书人在背书时记载免除担保文句，否则他对背书人来说应负绝对法律责任。

3. 权利证明效力

权利证明效力对待持票人而言，如果其所持有的票据上的背书为连续的，应推定其为真正票据权利人，持票人无需另行举证，即可行使票据权利；对票据的债务人而言，当他向背书连续的持票人清偿款形式，也不比要求持票人提出证明，只要债务人是善意的，即使该持票人不是真正的权利人，债务人也必须向持票人付款，同时债务人也免除向真正票据所有人付款的义务。

（六）非转让背书的效力

1. 委托背书的效力

委托背书不以票据上的权力转移为目的，而以委托收款为目的，这样委托背书就会产生三方的效力：

（1）代理授权的效力。背书人对委任取款背书，仅赋予被背书人以形式票据上权利的"代理权"，在性质上产生代理权授予的效力。被背书人对票据无处分权，不得背书转让，只能为背书人的利益再为委托背书。

（2）不切断抗辩权效力。依据票据法的原理，在同一票据上的不同转让背书各具独立性，各票据债务人对其后手的抗辩事由不得对抗票据再背书后的持票人，即"切断抗辩权效果"。而委托背书的效果与此不同，由于票据权利并未转移给持票人，所以票据债务人所对抗背书人的事由均可对抗背书人。

（3）权利证明效力。委托背书不产生权力转移的效果，但却产生代理权的效果，因此委托背书又具有证明代理权的效力。

2. 设质背书的效力

设质背书同样不产生权力转移的效力,它仅仅使背书人取得对票据上的权利的质权。

四、汇票的承兑

(一) 承兑的概念

承兑是指付款人在汇票上表示到期日支付汇票金额的一种票据行为。由于汇票是出票人委托付款人到期付款的票据,是单方法律行为,而付款人并不因为出票人的委托而当然的成为票据的债务人,所以为了保护收款人或持票人可以得到票款,票据法专门设立了一项明确付款人是否愿意承担付款的制度——承兑。承兑是付款人在汇票上明确表示愿意支付汇票金额或承担付款义务的票据行为。在汇票被付款人承兑之前,汇票的债务人是出票人而不是付款人,但是付款人一旦承兑了汇票之后,他就成为承兑人,并因此成为汇票的主债务人即第一债务人,而出票人和其他债务人则成为从债务人即第二债务人。如果付款人在承兑汇票之后,又拒绝付款,持票人可以直接对他提起诉讼。但是,承兑并不能解除出票人和背书人对汇票的责任,如果承兑人在汇票到期时不付款,持票人仍有权向任何前手(即背书人和出票人)进行追索。

(二) 承兑的种类

1. 以承兑的方式为标准,可将承兑分为正式承兑和略式承兑

正是承兑是指在汇票正面记载承兑文句,并由付款人签章的承兑行为;略式承兑是指由付款人在汇票正面签名,而无承兑文句的记载行为。

2. 以承兑有无限制为标准,将承兑分为单纯承兑和不单纯承兑

单纯承兑是指付款人完全按照汇票上记载的文义予以承兑,不附加任何条件。

不单纯承兑是指付款人兑汇票上所记载的文义加以变更或限制而未完全的承兑。包括:①部分承兑,即只承兑汇票金额的一部分,这种部分承兑的后果是承兑人对承兑部分的金额承担拒绝付款义务,持票人应在承兑提示期内做成拒绝证书,以便向其前手和出票人追索不获承兑部分的票据金额。②附条件的承兑,付款人在承兑时附加一定条件,如果持票人不同意附加条件,可视为拒绝承兑,持票人向其前手和出票人行使追索权。否则,承兑人以所附条件对承兑汇票承担绝对付款责任。

(三) 承兑的程序与方式

承兑的方式通常是由付款人在汇票正面写上"承兑"字样,签上自己的名字,并注明承兑日期。其中最为重要的是付款人的签字。具体来讲,有以下程序:

（1）承兑的提示。承兑提示是指收款人（持票人）向付款人出示汇票，然后由付款人决定是否予以承兑。提示是承兑的必要前提，它本身是一种票据行为，但它是行使票据权利的行为和保全票据权利的手段。承兑提示中，持票人为提示人（向付款人出示汇票的人）；被提示人为付款人。

（2）承兑提示的时间。承兑提示的时间，因汇票记载不同而有所差异。①见票即付的汇票无须承兑；②见票后定期付款的汇票必须在法定时间内提示，各国票据法规定的时间均为1年；③出票人和背书人没有记载的，应在付款到期日之前提示。

（3）承兑和拒绝承兑。持票人在规定的期间内向付款人提示汇票请求承兑时，付款人应在一定时间之内作出承兑或拒绝承兑的决定。若付款人对承兑提示不能及时决定，可以请求于第一次提示的次日作第二次提示。《日内瓦统一公约》规定，承兑应于汇票上记载"承兑"或其他相等的字样；英美法国家则认为，承兑只需要有承兑人的签名即可，不必加注"承兑"字样。若拒绝承兑，以口头表示并退回汇票即可，在有些国家还要求出具"拒绝证明"。

（4）交还汇票。付款人作成承兑记载后，将汇票交还给持票人，承兑即告完成。在汇票交付之前，如付款人涂销其承兑，则视为付款人拒绝承兑。

（四）参加承兑

参加承兑是许多国家票据法上的一项重要制度，允许相关的当事人主动参加承兑，以维护票据债务人的信用和保证票据的流通。参加承兑是指票据上的预备付款人或第三人，为了特定票据债务人的利益，代替付款人从事票据承兑，以阻止持票人于到期日前行使追索的一种附属票据行为。各国对于参加承兑的规定各有不同，按照《日内瓦统一公约》和大多数国家的规定，参加承兑仅在已经发生追索事由的条件下才可以进行。一般的追索事由是指汇票被拒绝承兑、付款人或承兑人死亡、逃避或其他原因使持票人在提示期间不能提示承兑时，才允许参加人参加承兑。参加承兑的行为必须在付款日期之前作出，参加人的参加承兑行为才可以阻止持票人行使追索权。

五、本票的见票

本票的见票主要目的于确定到期日，即付款期限自出票人在本票上见票签名之日起算。各国票据法规定本票的到期日有见票即付、定日付款、出票后定期付款和见票后定期付款四种。前三种的到期日都很确定，只有第四种见票日是不确定的，所以需要在本票的规定期限内向出票人为见票提示，出票人为见票时，应签名并记载见票日期、见票字样。如未记载见票日期，持票人应作成拒绝证书并以作成该证书之日为见票日。

本票的见票提示与汇票的承兑提示的主要区别体现在：本票的见票提示，只是为了确定本票的付款日期；而汇票的承兑提示是为了确定付款人对汇票的义务。因此，本票即使未经提示，出票人仍然是该票的第一债务人；汇票如果未经承兑，付款人的付款义务就不能确定。

六、汇票和本票的保证

（一）票据保证的概念和特征

票据保证是指票据债务人以外的人为担保票据债务行为的履行，以负担同一债务为目的所为的一种附属票据行为。它是一种补充特定票据债务人信用不足、促进票据流通的制度，保证人可以对全部票据金额进行保证，也可以对部分金额进行保证。《日内瓦统一公约》以及大陆法系国家的票据法对票据保证作了规定，但是英美法系国家的票据法对此未作具体规定。

票据保证有以下特征：

（1）票据保证是一种单方行为、要式行为和独立行为。票据保证与民法上的保证不同，虽然它们都有一定的从属性，都以主债务的存在为前提，但票据保证具有独立性而民法的保证不具有独立性。具体来讲，在票据保证的场合，即使被保证的主债务因任何原因无效时，除因形式欠缺无效外，保证人仍承担义务；但在民法保证的场合下，如果主债务无效或被撤销，保证债务也就随之无效，保证人可以不承担保证责任。

（2）票据保证是一种附属票据行为。票据保证只能在合法成立的票据上做成，以形式上有效的出票行为和被保证债务有效为前提。被保证债务即使实质上无效，也不影响票据保证的有效成立。

（3）票据保证是担保特定票据债务的履行而为的票据行为。票据保证的被保证人仅为由保证人指定的特定的票据债务人，该债务人可能是出票人、背书人，也可能是承兑人、付款人等。

（4）票据保证的行为人，一般应为原票据债务人以外的人。

（二）票据保证的效力

1. 保证人的责任

（1）保证人责任的从属性。在被保证债务有效的前提之下，保证责任具有从属性，保证人与被保证人的责任相同；被保证人根据票务承担的所有义务，保证人同样承担。

（2）保证责任独立。保证人在保证的票据实质上无效，但形式上有效的情况下，仍应承担保证义务。实质上无效一般是指被保证人无行为能力、被保证人的签名系伪造等。

（3）保证人可以就票据的全部金额承担保证责任，也可以就票据的一部分金额承担保证责任，保证人仅对所保证的部分承担责任。

(4) 共同保证人承担连带责任。两个或两个以上的人为同一票据提供保证时，保证人之间承担连带责任，保证人不得以特别约定加以排除。

2. 保证人的追索权

保证人为汇票付款后，就取得被保证人以及被保证人对汇票债务人由汇票所产生的权利，即向汇票的承兑人、被担保人和对于被保证人应付票据上责任者的追索权。

七、汇票和本票的付款

付款是指付款人或担当付款人支付票据金额，以消灭票据关系的行为。在付款时应遵守以下程序：

（一）付款提示

由于汇票和本票具有流通性，付款人事先不知道什么人是票据的权利人，持票人必须在法定的时间内向付款人作付款提示。对于付款提示的时间，各国有不同的规定：大陆法系国家都规定，定日付款、出票后定日付款或见票后定日付款的汇票、本票的持票人，应于付款日（到期日）前或付款日（到期日）后的两个营业日内为付款提示；而《英国票据法》规定，凡是见票即付的汇票，持票人必须在"合理时间"内向付款人作付款提示，其他汇票如出票后定期付款或见票后定期付款的汇票，必须在到期日向付款人作付款提示，否则，持票人就丧失对出票人及其前手背书人的追索权。《日内瓦统一公约》的规定与大陆法的规定基本相同。

对持票人来讲，付款提示有两方面的效力：①履行付款请求权；②保全追索权。

（二）付款

（1）付款的时间。一般情况下，持票人一经提示付款，承兑人或付款人应即时付款。但有些国家或地区规定，如果持票人同意，付款人可以延期 3 日付款，例如，我国台湾地区的《票据法》；英国票据法则规定，除见票即付的汇票外，付款人有 3 日的优惠期限，加在到期日纸上，付款人可以在优惠日的最后一日付款，《日内瓦统一公约》则没有优惠日的规定。按照世界各国的法律或习惯，如果汇票的到期日是星期日或公休假日，则付款日可以顺延至下一个营业日。

（2）付款人的审查义务。各国法律都规定，付款人应付票据的形式审查义务，即就票据的格式是否合法、绝对记载事项是否齐全和背书是否连续进行审查。对票据的实质性问题，例如，背书人的签名是否真实，持票人是否是真正权利人等问题，付款人没有审查义务。如果权利人主张付款人承担责任，必须对付款人的恶意或重大过失进行举证。

（3）付款人付款后的权利。汇票、本票是交回证券，付款人一旦付清票面金额后，汇票、本票上的债权债务关系就归于消灭。付款人有权要求持票人交回票据并在票据上记载"收讫"字样和签章。对持票人拒不交回的票据的，付款人有权拒绝付款，并且此时持票人不能取得追索权。因为票据是流通证券，如果已付款的票据进入善意第三人手中，付款人仍负有付款的义务。

八、汇票和本票的追索权

（一）追索权的概念

追索权是指汇票到期不获付款或到期不获承兑，或有其他法定原因无从提示承兑或付款时，持票人在履行了保全手续后，向其前手请求偿还汇票金额、利息及费用的一种票据上的权利。

（二）追索权的要件

追索权作为票据的一种补充付款请求权的权利出现，是票据权利不能依正常程序实现时产生的。须具备实质要件和形式要件两部分。

1. 实质要件

（1）不获承兑。当持票人提示承兑而遭到拒绝时，持票人可以选择：一是等到期日时请求付款，如果还遭拒绝则开始行使追索权；二是直接行使追索权，而不必等到期日再请求付款。

（2）不获付款。不获付款可以是由于付款人明确表示拒绝付款，也可以是付款人被宣告破产、解散、歇业或付款人死亡、逃避或其他原因使持票人无法得到付款。

2. 形式要件

（1）提示。包括承兑提示和付款提示，如果持票人没有在规定的期限内为承兑提示或付款提示，就会丧失追索权。但是下列原因可以不为承兑提示，同样使持票人具有追索权。一是付款人死亡、逃避或有其他原因，无从承兑提示；二是付款人受破产宣告；三是有不可抗力事件发生，致使不能于规定期间提示，而且事件延迟至到期日30天以外。一切汇票都应为提示付款，否则就丧失追索权。但是在发生以下的法定事由时，可以不为付款提示：一是承兑被拒绝；二是承兑人死亡、逃避或有其他原因无从为付款提示；三是承兑人受破产宣告或解散、歇业；四是有不可抗力事件发生，致使不能于规定期间提示，而且事件延迟至到期日30天以外。

（2）拒绝证书。持票人提示汇票请求承兑或请求付款遭到拒绝时，持票人要行使追索权，就必须请求有关机关作成拒绝证书以资证明。按照大多数国家的规定，一切汇票在遭到拒付时都应做成拒绝证书，否则就丧失对前手的追索权，出票人已在汇票上注明不必作成拒绝证书的除外。

(3) 拒绝事由的通知。大多数国家的规定和《日内瓦统一公约》的规定相同，在做成拒绝证书后的 4 个工作日内，或在载明"不负担费用"等文句的情况下，在提示日的 4 个营业日内，持票人应将停止承兑或停止付款的事实通知背书人和出票人；背书人在接到通知后的 2 个营业日内，将所知悉的通知内容告知其前手，并记下前通知人的姓名和地址，如此依次通知直至出票人。未尽通知义务的，不丧失追索权，但因其怠定更加严格，按照英国法规定，拒付通知必须在合理时间内作出，合理时间包括：①如果当事人居住在同一地区，则拒付的通知应于拒付的翌日作出，或于拒付后及时发出通知使对方能于翌日收到；②如果当事人居住在不同地方，则拒付通知应于拒付的翌日发出，如翌日无邮班，则应于下一个邮班发出。

九、伪造签名

伪造签名是指以行使票据权利为目的，假冒他人或者虚构他人名义在票据上签章的行为。按照大陆法国家的法律规定和《日内瓦统一公约》的规定，伪造签名的后果有四个方面：

(1) 对于被伪造人的效力。被伪造人由于自己并没有在票据上签章，所以不负任何票据责任。票据的签章是票据有效成立的一个必备条件，现在被伪造的自然人没有在票据上签章，自然不负任何责任。被伪造人可以此为理由对抗一切权利人，包括善意持票人。

(2) 对于伪造人的效力。由于伪造人并没有在票据上签上自己的名字，他就没有为票据行为，所以他也不负票据上的责任。而应对其根据刑法来追究刑事责任或根据民法来要求民事索偿。

(3) 对真正签名人的效力。由于票据行为具有独立性，票据的伪造行为并不影响到其他票据行为的效力，所以凡是在票据上真正签名的人，都应对票据负责。

(4) 对其他人的后果。票据伪造还会对其他的票据关系人产生一定的效力：①对持票人来说，他对伪造人和被伪造人都不能主张票据上的权利，只可向真正的签章人主张票据权利，对伪造人只可要求民法上的救济；②对付款人来讲，如果付款人没有辨认出票据上的签章是伪造而付了款，该付款行为就有效，因为付款人仅对票据的形式合法负责，对签名的真实性不负责任。除非付款人有欺诈或重大过失。

第四节 支 票

一、支票的概念

支票是指出票人签发的、使办理存款业务的金融机构即付款人于见票时无条件支付确定金额给收款人或者持票人的票据。《英国票据法》把支票作为汇票的一种，认为支票是以银行为付款人的即期汇票。支票和汇票一样有三方当事人：出票人、持票人和付款人。支票和汇票、本票相比，具有以下的特征：

（1）支票是委托证券，其付款人是特定的银行或其他法定金融机构，而汇票的付款人不受限制。这个区别体现出汇票是信用证券，而支票是支付证券，具有现实支付的特征。

（2）支票仅限于见票即付，不存在其他种类，如果支票上载有与见票即付相反的文句，该记载无效；而汇票不限于见票即付。

（3）支票无汇票的承兑、参加承兑、参加付款制度，汇票无支票中的保付制度和划线制度。

二、支票的种类

支票按照不同的划分标准，有不同的种类，世界各国对支票的分类如下：

1. 按有无记载收款人的姓名或名称，分为记名支票、指示支票和无记名支票

（1）记名支票是指记载了收款人姓名或名称的支票。这种支票在取款时，必须由收款人当面签章，它的流通也必须采用背书的方式。

（2）指示支票是除了记载收款人的姓名之外，并记载"或指定的人"字样的支票，它的转让也须采用背书的方式进行。

（3）无记名支票，是不记载收款人的姓名或名称，或在收款人一栏记载"来人"或"持票人"的字样的支票，这种支票在持票人要求付款时，付款人不管持票人获得票据是否合法。在英美法系国家，支票基本上都是无记名的，但是大陆法系国家对于无记名支票采用否定的态度，我国法律默认无记名支票。

2. 按付款有无特殊保障，分为普通支票、保付支票和划线支票

（1）普通支票在付款上没有特殊保障。

（2）保付支票是付款人于支票上记载"照付"或"保付"字样并签名，从而绝对负担付款义务的支票。保付制度多见于英美法系，在大陆法系只有票据的保证制度，保付支票会产生付款人对支票的绝对付款义务，出票人和背书人因保付而解除自己的票据责任，持票人不能对其行使追索权。

（3）划线支票是指支票正面划有两道平行线，付款人只能向银行等特定金融机构支付票据金额的支票。划线支票的特点在于，收款人只能是银行，如果付款银行不按划线所表示的意思，把支票的金额付给其他人，银行应对支票的真正所有人承担损害赔偿责任。划线支票实际上是银行业之间的收付。

3. 按其票面金额是否受限，分为限额支票和不限额支票

（1）限额支票是指出票人签发的每张票面金额不超过规定最高限额的支票。如果限额支票的出票人在签发支票时，支票的票面金额超过最高限额，即使支票存款余额足够支付，付款人仍可以"违约超过限额"为由，拒绝付款。

（2）不限额支票，与限额支票相对应而言，其票面金额没有事先规定最高限额。

4. 按其支付方式，分为现金支票、转账支票和一般支票

（1）现金支票是指出票人签发的委托银行等金融机构支付给收款人确定数额现金的支票。现金支票只可用于支付现金，不可用于转账。转账支票是指出票人签发给收款人用于转账结算的支票。

（2）转账支票只可用于转账，不可以用于现金结算。

（3）一般支票是指既可以用于支取现金，又可以转账，但用于转账时必须在支票正面予以注明的支票。

三、支票的资金关系

《日内瓦统一公约》第3条规定："支票应以拥有出票人得处分的资金的银行业务为付款人，并按照出票人与银行之间明示或默示的由出票人以支票处分该资金的约定而发出支票。但未依此规定而发出的支票仍有支票的效力。"资金关系作为出票人签发支票的前提订入法律条文中，表面资金关系对于支票的特殊重要性。支票是出票人委托办理存款业务的金融机构付款的票据，因此出票人应当事先具有专门用于支付支票票额的资金存于该金融机构，即存入资金开设支票存款账户。为防止出票人明知道没有存定。但应当注意的是，由于支票的无因性，空头支票只要形式上具备了法律规定的条件，仍具有支票的效力，对于恶意开空头支票的人可以科以罚金，情节严重者可以追究刑事责任。

四、空白支票

支票是一种严格的要式证券，同时支票又是文义证券，因此支票欠缺任何一项应记载事项，都会使支票的权利义务无法确定，票据关系也无从产生。所以在传统上，世界各国均不承认空白支票的效力，但是随着商业的发展，在商业交往中，往往会出现一些在出票人出票时尚不能确定这些绝对记载事项如何记载，而又必须交付支票的情况，这时就授权给他人依照双方合意补填支票，减少交易困难。现在，世界各国基本上都承认空白支票的效力。所谓空白支票是指出票人在签发支票时，有意识地将票据上应记载事项不记载完全，留待持票人以后填补记载的支票。空白支票在持票人补充记载之前，票据关系没有发生；在持票人记载之后，溯及既往的发生效力。世界各国的法律都承认空白汇票和空白本票，只是因为它们没有空白支票使用的范围广泛，所以较少提到。

参考书目

1. 谢怀栻著．外国民商法精要．北京：法律出版社，2002
2. 苏浩朋主编．美国商法．北京：中国法制出版社，2000
3. 何勤华，李秀清主编．外国民商法导论．上海：复旦大学出版社，2000
4. 张圣翠主编．国际商法．上海：上海财经大学出版社，2002
5. 沈四宝，王军，焦津洪编著．国际商法．北京：对外经济贸易大学出版社，2003
6. 朱晔编著．经济法学．广州：暨南大学出版社，2008

思考题

1. 简述票据的主要特征。
2. 简述票据权利的内容。
3. 什么是汇票？什么是本票？二者有何区别？
4. 什么是支票？
5. 行使追索权的要件有哪些？

第五章 产品责任法

产品责任法起源于西方国家法院的司法判例,通过法官造法的方式予以确立,逐渐趋于立法,进入规范法律调整阶段。在过去相当长的时期内,由于当时生产力水平低下,产品缺陷容易被发现,商品销售的方式基本采用"货离柜台,概不负责"的传统做法,产品责任在19世纪才作为一个法律问题出现。

19世纪是劳动者运动,20世纪是消费者运动。自20世纪以来,现代工业迅速发展,使消费者保护的问题日益突出,尤其是第二次世界大战后,资本主义国家的经济迅速增长,但在生产者和消费者关系上,则显著地向生产者一方倾斜。在这种情况下,消费者的利益越来越得不到保护,从而要求产品的制造商参加产品保险。产品的保险费用急剧增加,导致消费品工业品价格上涨,引起消费者不满。生产者为了减少保险的费用,就只生产已经进入市场对消费者无伤害的产品,因此便可不参加保险,这样就导致了两方面的后果:①消费者受到伤害却得不到应有的赔偿,消费者受伤害的案件不断增加,例如在美国,仅1982年上半年,就受理了8900多宗有关产品责任的诉讼案件;②阻碍了革新产品和对有高风险但具有潜在效益的产品开发,这种情况既危及生产者自身的存在和发展,也危及受害人获得赔偿的利益。

由于生产力水平不断提高,使生产的技术化加强,产品的内在危险性和致害性的可能性大大增加。产品销售由批发、零售等环节组成,消费者很少可能和生产者直接进行交易,消费者受损的可能性加大了。现代社会产品信息的广告化,使消费者面对大量宣传无法正确判断而盲目迷信,常常做出被动选择,致使其利益受损。加之消费者相对于生产者是一些分散的个体,无法和生产企业抗衡。这种情况迫使各国政府寻求法律来保护消费者的利益。而新产品的不断出现,产品竞争激烈,已使原来"以制造者为中心"渐渐转移成"以消费者为中心"。保护消费者利益已成为当今社会发展的重要问题。1962年3月15日,美国总统肯尼迪提出了"关于保护消费者利益的国情咨文",指出消费者是美国经济中一个重要的、但组织不健全、意见不受重视的团体。为保护其合法权益,应采取立法和行政措施,使消费者的权利得以实现。具体表现为四项权利:①安全的权利,即保护消费者的生命及健康权利免受危险商品的侵害;②了解的权利,即保护消费者免受广告欺诈及虚伪陈述的侵害,消费者有权要求明了真相,并使其具备选择商品所必备的知识;③选择的权利,即保护消费者能够自由选择并得以合理公平的价格获得达到一定规格的商品和服务的权利;④意见被尊重的权利,即要求政府在决定某项经济政策时,应保证消费者的意见被充分考虑或采纳。1969年美国总统尼克松在前四项权利的基础上又提出了第五项求偿的权利,即消费者受到不法损害时,有要求惩罚不法制造商并获得赔偿的权利。正是在这种背景下，以保护消费者利益和确定生产者义务为宗旨的产品责任法应运而生。

第一节 产品责任和产品责任法

一、概述

生产产品的目的，是为了满足人们的一定需要，而为达此目的，产品就需达到一定的标准，以保证该产品的安全性和实用性。为此国家制定各种标准，例如：合同规定的质量标准、国家规定的标准、行业标准等等。由于大工业化的生产模式，使得消费者在购买产品时，处于绝对弱势地位，无法知道产品的制造过程和工艺水品，因此各国为保护消费者利益，对产品的质量、规格等通过国家的法律、法规、质量标准以及合同的规定来进行确定。一旦产品质量不符合该规定，给消费者造成损失，生产者应承担民事、刑事、行政等方面的责任。这里所讲的责任是产品质量责任，并非产品责任。在现阶段，我国的法律把产品质量责任和产品责任不加以区分，在《产品质量法》和《消费者权益保护法》中笼统地加以规定，使得我国的生产者、制造者乃至消费者都将这两个概念混淆。当消费者受到损害，在要求生产者、销售者承担责任时，经常会被其以"产品质量合格"为由而加以拒绝。因此，我们首先区分产品责任和产品质量责任。

（一）产品质量责任和产品责任

从概念上来讲，产品质量责任是指产品的生产者、销售者因生产或销售不符合国家有关法律、法规及合同约定的产品有关质量、用途、安全和其他特殊要求，而应承担的责任。即产品质量责任是以该产品不符合国家既定的质量标准为前提的。而产品责任是指经过科学技术手段生产或加工的产品，在该产品进入市场流通领域后，因该产品具有缺陷而致使他人人身或财产受到损害的，应由该产品生产和销售环节中的诸多相关的人对受害者所遭受的损害承担赔偿责任。即一个产品即使完全符合国家既定标准，但由于科技水平、当事人认知水平等等因素的限制，仍可能存在不合理的不安全性。也就是说，质量合格的产品也可能能会致人损害，生产者、销售者需要承担由此而产生的赔偿责任，即产品责任。

从性质上看，产品质量责任是一种综合责任，既包括产品质量违约和侵权的民事责任，也包括产品质量的行政责任和刑事责任。产品责任从总体上来讲是一种民事责任，从性质上来讲属于侵权责任，是一种特殊侵权责任。

从承担责任的依据和条件方面，产品质量责任在没有损害发生时也可以成立，只要有违反质量规定的事实,即使没有造成损害,仍应承担质量责任。而产品责任必须是在给消费者造成实际损害的情况之下才会产生,其仅仅是民事责任,在消费者的人身或财产遭受损失时,才由生产者或销售者承担民事赔偿责任。

由此可见,产品质量责任与产品责任有很大的区别,它们的调整范围各不相同,产品责任被包含在产品质量责任中了,因为产品责任必须是在给消费者造成实际损害的情况之下才会产生,而且产品责任仅仅是民事责任,在消费者的人身或财产遭受损失时,才由生产者或销售者承担民事赔偿责任,而产品质量责任则无论是否给消费者造成损害都要承担相应的责任,无论是民事的还是行政的,甚至于承担刑事责任。

(二)产品责任的性质

如前所述,产品责任实际上是一种产品缺陷责任,是因为产品存在不合理危险性,造成他人人身、财产损害而由生产者、销售者承担的一种责任。从民法理论上来讲产品责任是一种民事责任,但属于合同责任还是侵权责任,还存在争议。一些国家的学者认为应属于民事责任中的合同责任;另一些学者认为属于侵权责任;还有一部分学者认为属于请求权竞合(即双重责任)。实际上,产品责任从性质上来讲属于侵权责任。下面具体介绍几种产品责任的观点:

1. 产品责任属于合同责任

按照英美法系国家"没有合同就没有责任"的原则,即产品责任只存在于有着直接合同关系的买卖双方当事人之间,在没有合同关系的当事人之间,例如,旁观者、家庭成员或者朋友等则不存在产品责任,这样使得没有合同关系的受害人权利无法得到保护。这一理论在产品责任的早期占主流地位,但随着经济的发展,它已经不能过切实的保护消费者的利益。虽然美国的一些州发展了合同责任中的默示担保责任来补充其不足,仍然无法全面保护消费者利益,随着世界各国产品责任方面法律的完善,合同责任的作用逐渐减少,甚至被取代。

2. 产品责任属于侵权责任

在侵权责任中双方的主体资格不会受到限制,这就解决了非直接合同关系受害人因使用有缺陷产品而遭受人身、财产和生命的损失,从而使所有因缺陷产品而受到损害的人的民事权利得到应有的保护。但是按照一般的侵权责任要求,要由受损害的一方即原告来承担举证责任,这就相应的限制了受损害一方的权利。在现代大机械化生产的前提下,受损害一方即原告方处于不知道也不可能知道,或不具有相应的专业知识来举证证明,究竟是由于产品的什么缺陷导致了损害的发生,由于举证不能而使得消费者的合法权利无法获得应有的保护。

随着经济飞速发展,作为上层建筑的法律也在发生相应的变化,侵权责任法也随之有了质的飞跃,特殊侵权行为法出现,使得这一问题得到解决,产品责任、环境污染等新型侵权行为被认为属于特殊侵权行为，其举证责任主要由被告方即产品的生产者、销售者来承担，从而减轻了受损害即原告一方的举证责任，有效地保护受害者的合法权益。

3. 产品责任属于请求权竞合

这种学说认为产品责任既可以是侵权责任，也可以是合同责任，属于侵权责任和合同责任的竞合，由受损害的当事人即原告自己来选择采取哪一种方法追究另一方当事人的责任。从实践来讲，侵权责任更有利于受损害的消费者一方保护自己的合法权利，在侵权责任中，对于当事人双方是否有合同关系不做特别要求，而合同责任则要求当事人双方存在有合同关系，从主体上合同责任的限制比侵权责任更多。除此之外，在合同责任中受损害的一方只能就自己的损失提出赔偿要求，而侵权责任中的赔偿范围就不仅仅限于受损害一方的实际损失，还包括精神损害赔偿。因此，侵权责任对产品责任的中受损害的一方更为有利，而合同责任在产品责任中的作用就显得有限了。

综上所述，产品责任从性质上来讲，属于侵权责任的特殊侵权责任。

二、产品责任法及其发展

（一）概述

早在古罗马时期，市民法的一项基本原则为"买主当心"，除非出卖人欺诈或经口头契约明示担保，否则出卖人并不对物件瑕疵承担任何责任。大陆法系国家遵循罗马法的基本规则，扩大了卖方的责任范围，即卖方需要承担瑕疵担保责任，一旦买方购买了瑕疵物品时，可以要求卖方承担该担保责任。早期英美法也采取罗马法的"买主当心"规则，法律对卖方的保护大大超过对买方的保护，在英美合同法出现以后，产品责任法借助合同法的理论露出了萌芽。产品责任法旨在调整生产者与消费者之间因产品缺陷而产生的损害赔偿的社会关系。它产生于缺陷产品致损的事实急剧增加，但却没有法律加以规范，而消费者利益急需保护的特定前提之下。现代意义上的产品责任法应是源于20世纪初美国的麦克弗森诉别克汽车公司这一判例。该案突破合同关系之限，确立了疏忽责任规则，使合同关系以外的第三者也可以对生产者或销售者提起诉讼。但疏忽责任规则对消费者的保护并不充分，因此，在20世纪60年代，产品责任法又被制造者侵权责任和担保责任所发展，特别是美国1963年格林曼诉尤巴电力公司一案，确立了严格责任，使产品责任法得到飞速的发展。1965年美国法学会在《第二次侵权法重述》中，明确确立了严格责任规则。这个规则被美国大多数州所接纳，为法院判案所经常援引。严格责任对世界各国解决产品责任纠纷、保护消费者的利益产生了巨大影响。

20世纪70年代开始，许多国家开始研究并着手制定产品责任法。如联邦德国1976年颁布的《药物伤害法》、1976年欧洲理事会通过了《关于人身伤害的产品责任公约》、1972 年海牙国际私法会议通过了《产品责任法律适用公约》、1985 年欧共体通过了《欧共体产品责任指令》等。欧共体对产品责任的统一立法要求欧共体各成员国均按照指令制定产品责任法或法律草案，实行严格责任规则。截至目前，英国、卢森堡、丹麦、葡萄牙和联邦德国于 1987 年，希腊、意大利于 1988 年，荷兰于 1990 年，比利时、爱尔兰于 1991 年先后制定产品责任法和消费者权益保护法。西班牙于 1993 年为实施指令也通过了一项关于缺陷产品引起损害的民事责任草案，法国准备将其纳入民法典。

此外，如奥地利（1989 年）、挪威（1989 年）、芬兰（1991 年）、瑞典（1992 年）、冰岛（1992 年）、澳大利亚（1992 年）、瑞士（1994 年）、日本（1994 年）等国家都深受欧共体指令影响，纷纷制定本国的产品责任法。

（二）产品责任法的概念和特征

1. 产品责任法的概念

所谓产品责任法，是指国家制定和认可的，调整产品制造者、销售者因所制造或销售的产品具有某种瑕疵或者某种缺陷给消费者或第三人造成损害而引起赔偿关系的法律规范总和。该法主要目的是加强制造者和销售者的责任，保护消费者的利益。

产品责任法同买卖法有一定联系，因为买卖法当中卖方对货物品质担保责任与产品责任法的一些规定相似，但从法律性质而言，产品责任法与买卖法又不同。买卖法属于"私法"范畴，它调整卖方与买方基于买卖合同而产生的权利义务关系，它的规定大多是任意性的，允许双方当事人在合同中加以变更或排除；而产品责任法属于社会经济立法范畴，它主要调整制造者、销售者与消费者之间基于侵权行为所引起的人身伤害和财产损失的责任，它的规定大多是强制性的，不允许当事人事先在合同中加以排除或变更。

2. 产品责任法的特征

（1）具有强制性。产品责任法的原则和规定大多属于强制性的，不允许当事人双方加以限制或排除。

（2）具有特定性。产品责任法调整的社会关系是特定的，仅调整产品的制造者、销售者与产品的消费者之间的法律关系，即民事侵权法律关系。

（3）具有补偿性。产品责任是基于侵权所引起的一种财产责任，即产品的制造者、销售者给消费者造成的人身伤害和财产损失进行赔偿，这种赔偿以对消费者造成的损失为限，具有补偿性的特征。

第二节 产品责任法的主要内容

美国产品责任法主要是州法,且各有差异。为了统一各州的产品责任法,美国商务部在 1979 年 1 月提出《统一产品责任法》,供各州参考采用,并规定《美国统一产品责任法》取代并在效力上优于所有与本法相类似的法律,但《美国统一产品责任法》不妨碍根据《美国统一商法典》以及类似法律的规定追索经济损失。

欧洲各国向来都没有产品责任方面的专门立法,主要通过引申解释民法典中的有关规定,来处理涉及产品责任的案件。为了协调欧洲共同体成员国有关产品责任的法律,欧洲共同体理事会于 1985 年 1 月 25 日通过了《关于对有缺陷产品的责任指令》,要求成员国在 1988 年 8 月 1 日以前采取相应的国内法予以实施,但准许成员国有些取舍余地。

产品责任法主要是确定产品的制造者和销售者对其生产或出售的产品所承担的责任。在研究产品责任法时,首先应了解产品责任法律关系主体即权利主体和责任主体。对于主体的范围,世界各国的法律规定各不相同。

一、产品责任法的权利主体

产品责任法律关系的权利主体是指因受缺陷产品损害而成为产品诉讼中潜在的索赔主体,有权提起诉讼。权利主体实际上就是消费者,享有索赔权的消费者不仅限于产品的直接购买者,也有可能是购买者的家人、使用该产品的雇工或该物的受赠人。除此以外,还存在另外的潜在的索赔人,他们同制造者和消费者根本没有任何合同关系,也未对产品进行使用或消费,通常只是旁观者,却被产品间接伤害了,如路人、行人、参观者。也就是指我们在后面所讲的原告。

(一) 美国

美国法律对产品责任的权利主体做出比较宽泛的规定。《美国统一产品示范法》第 102 条 (E) 项规定产品责任的权利主体为"因遭受损害而提出产品责任索赔的自然人或实体"。这样使得享有索赔权的权利主体不仅仅限于自然人还可以是自然人以外的实体。同时自然人作为索赔主体不仅仅包括产品的直接购买者,还包括了购买者的家人、使用该产品的雇工或者该物的受赠人。除此之外,还存在另外潜在的权利主体,他们同产品的制造者和销售者根本没有任何关系,也未对产品进行消费或使用,通常只是旁观者,却被产品间接伤害了,如路人、行人、旁观者;他们被称为潜在消费者。美国通过"埃尔默尔诉美国汽车公司"一案扩大了权利主体即索赔人的范围。

[案例 5-1] 埃尔默尔诉美国汽车公司

原告是一位汽车司机,有一天在被告的销售部看车,准备购买。而被告出售的另一辆车有缺陷,致使这一辆有缺陷的汽车迎面将原告撞倒而使其受伤。原告因此起诉至法院。法院经过审理判决原告胜诉。法院认为:"无辜的旁观者应被给予比使用者和消费者更大的保护,以使其免受不合理预见的缺陷的伤害"。

因为使用者和消费者有机会事先进行检查或只使用信誉良好的制造商生产的产品,而旁观者没有选择产品的机会,也无法事先作出检查,因此,理应获得比使用者本人更大的保护。同时,法院也作出了一些防止误解的说明,其中最重要的是,产品应当按照通常预期的方式和用途使用,而且损失不能通过被害人的合理预见加以避免。这样一来,索赔者的范围是:只要是因遭受损害而提出产品责任索赔的自然人或实体,均属索赔主体。

(二)英国

《英国消费者权利保护法》第 5 条规定:"凡不属于通常用于个人使用、消费和占有的财产"或者"遭受损失或损害的人主要不是将该财产用于个人使用、占有、消费的",则生产者、销售者无须承担产品责任法意义上的产品责任。即在英国法中规定,个人消费者才能成为产品责任的权利主体。

(三)德国

德国的法律规定将权利主体按照受损害的是人身还是财产进行不同的法律规定。《德国产品责任法》第一条第 1 款规定:"如果缺陷产品造成他人死亡、人身或健康受到伤害,抑或财产损失的,生产者应当就造成的伤害对受害者予以赔偿。在造成财产损失的情况下,只有受到损失的是缺陷产品以外的财产,该财产通常用于私人使用或消费,而且受害人主要为这个目的而获取该财产,才适用本法。"由此可见,德国法规定在造成人身伤害的情况下,任何消费者均有权要求赔偿;如若仅仅为财产损害,则只有在为私人目的而获取或使用该财产时,消费者才可以提出索赔。

(四)中国

我国《产品质量法》第一条规定:"本法旨在保护用户、消费者的合法权益。"同时该法还规定因产品缺陷致损,受害人可以要求赔偿。这里的用户、消费者并未将法人和其他组织排除在外,因此我国产品责任法规定的权利主体包括包括因产品存在缺陷造成财产损失、人身伤害的一切受害人,包括自然人、法人还是其他组织。

二、产品责任法的责任主体

产品责任法的责任主体是指当缺陷产品给消费者造成人身伤害和财产损失时,依法应承担赔偿责任的自然人和法人,也就是通常所说的被告。对责任主体的规定。世界各国的法律都加以规定,下面分别介绍:

(一) 美国法对责任主体的规定

美国产品责任法中,产品的制造者包含在产品的销售者的范围之中,它是指产品出售给使用者或消费者之前,设计、生产、制造、组装、建造或加工相关产品或产品组件的企业或个人。除此之外,还包括实际上不是但自称是制造者的销售者或实体。《美国统一责任示范法》第 102 条(A)款规定:产品的销售者是指从事产品销售业务的任何自然人或实体,不论交易是为了使用、消费或者再销售。它包括产品制造者、分销商和零售商,也包括产品的出租人和行纪人。从这个定义可以看出,产品销售者的范围十分广泛。为了更好地理解这个概念,下面反过来看,哪些人不包括在产品销售者之中,他们是:①不动产销售者,指批量建造和销售标准住宅的销售者和兼作其他产品销售的不动产销售者。②专业服务提供者,指法律许可的专业范围内使用或销售产品的专业服务提供者,例如医生、律师等;非专业服务的提供者,即使未得到法律许可的服务,则仍属产品责任法的调整范围之内。③旧货销售者,指再行销售基本上保持获得时的原状,但已被消费者或其他使用者使用过的产品的销售者。④融资出租人,指非兼作产品销售者的出租人,融资出租人不是产品制造者、批发者、分销商、零售商,而是依靠其经济能力从事产品出租业务的人。根据租约,选择、占有、使用、维修产品均受出租人以外的人员控制,出租人没有合理的机会检查和发现产品的缺陷。

(二) 欧共体对责任主体的规定

相对于美国产品责任法而言,《欧共体产品责任指令》及其成员国有关产品责任主体的规定,范围要小一些,主要侧重于对生产者的规定,一般不包括批发商和零售商,只有在无法确定产品生产者时,他们才承担责任。《欧共体产品责任指令》第三条对生产者的范围规定得十分广泛,主要包括:①成品的制造者、组装者、加工者。成品的最后制造者作为产品责任的义务主体,它的责任仅限于其制造的危险产品上,如果缺陷来自其他制造者提供的零部件或原材料上,那么它将不承担责任。②零部件的制造者。根据《欧共体产品责任指令》,如果零部件有缺陷,并引起了成品的缺陷,那么消费者可以直接起诉零部件的制造者。③原材料的生产者。如果产品的缺陷是由于原材料的生产者所提供的材料质量有缺陷而引起的,则原材料的生产者要承担责任。④任何将其名称、商标或其他标识置于产品之上的人。由于它自愿将自己放在一个生产者的地位之上，表明它将主动承担对产品的责任，所以虽然它不是产品的真正制造者，仍视为制造者而承担责任。⑤进口商。进口产品到欧共体内部，以任何形式在其成员国内经销该产品的进口商，均被视为生产者承担责任。但不适用于欧共体成员国之间的产品进出口商。⑥产品的提供者。如果不能确定谁是产品的生产者，则提供该产品的供应者即被视为生产者，除非受损害的消费者在合理的时间内获知谁是生产者。

（三）中国对责任主体的规定

我国有关产品责任主体的规定主要在《民法通则》和《产品质量法》之中。《民法通则》第 122 条规定："因产品质量不合格造成他人财产损失及人身损害的，产品的制造者、销售者应当依法承担民事责任。运输者、仓储者对此负有责任者，产品的制造者、销售者有权要求赔偿损失。"《产品质量法》第 31 条规定："生产者、销售者依照本法规定承担产品质量责任。"根据这些法律规定可以看出，我国产品责任的责任主体不仅有范围的限制，而且有先后顺序之分。第一顺序为产品的制造者、销售者，其中包括原材料的供应商、零部件的供应者、零部件的制造者、成品的制造者、进口商、批发商、零售商等；第二顺序为产品的运输者、仓储者。运输者、仓储者的责任的相对主体不是消费者，而是产品的制造者和销售者。

三、产品的界定

确定产品责任首先要对产品这一概念有所了解，只要明确什么是产品，才能明确相关主体的权利义务。

政治经济学上将产品称为商品，认为产品是人类创造的物质成果，具有满足人们需要的使用价值，不同产品具有不同使用价值，即使是同种类产品也有不同的使用价值，而且实用价值随着科技和社会发展也会发生变化。营销学上对产品的认定是从消费者为中心加以确定的，认为消费者购买产品不是为了产品本身，而是为了满足某种需要。不同领域对产品有着不同的解释，但也有共同之处，及产品是人类劳动的结果。由于世界各国立法宗旨的不同以及对消费者保护的政策差异，各个国家对产品的规定也各不相同。

（一）美国法律对产品的界定

《美国统一产品责任示范法》规定："产品是真正具有价值，为进入市场而产生的能够作为组装整件或部件、零件符号的物品，但人体组织、器官、血液成分除外。"美国在其有利于消费者的公共政策的指导下，对产品的范围规定得十分广泛，几乎包括所有有价值的可以用来进行贸易、销售和使用的物品，无论是有体物还是无体物，动产还是不动产，工业产品还是农业产品，物质产品还是精神产品，只要造成消费者或使用者损害，都可成为产品责任的"产品"。但美国产品责任法排除了人体组织、器官、血液组成部分。

（二）欧共体法律对产品的界定

《欧共体产品责任指令》（简称《指令》）第2条规定："产品"指一切动产，即使被组装或安装在另一动产或不动产中的动产也包括在内，但不包括初级农产品和狩猎产品。《指令》在对产品范围作出规定的同时，准许各成员国通过国内立法，将农业原产品和狩猎产品包括在产品的范围之内，但服务未被列入产品的范围。

（三）德国法律对产品的界定

《德国产品质量法》第2条规定："产品是指一切动产，包括构成另一动产或不动产的组成物。"同时明文规定未经初级加工的农产品和其他市场产品不是产品。初级加工是指导致产品变成另一种状态的加工，而且其产品不包括计算机程序，因为计算机程序体现的是一种智力劳动成果。

（四）中国法律对产品的界定

关于产品的范围，根据我国《产品质量法》第2条的规定，是指以销售为目的，通过工业加工、手工制作等生产方式获得的具体特定实用性能的物品，但未加工天然形成的产品，如原矿、原煤、石油、天然气等，以及初级农产品，如农、林、渔等产品，不包括在产品质量法的范围之内。另外还规定建筑物、工程等不动产也不包括在内。

四、产品缺陷

（一）产品缺陷的定义

产品缺陷是产品责任法的一个重要概念，各国立法和实践中对"缺陷"一词的定义和解释，直接关系到权利要求能否得到实现；同时也是实现责任控制、防止过度责任归责的一道主要闸门。因此，产品缺陷的定义为各国所关注。

1.《美国统一产品责任示范法》规定产品缺陷的定义

（1）产品制造上存在不合理的不安全性。
（2）产品设计上存在不合理的不安全性。
（3）未给予适当的警示或指示，致使产品存在不合理的不安全性。
（4）产品不符合产品销售者的明示担保，致使产品存在不合理的不安全性。

美国1965年的《第二次侵权法重述》第402条A规定："①任何人出售任何有可能给使用者、消费者或其财产带来不合理危险的瑕疵产品的，如果：（a）销售者是从事销售此种产品的人并且（b）在出售后产品实际到达预期的使用者或消费者手中而没有发生实质性变化的，那么他对于因此而造成的最终使用者或消费者的人身伤害或财产损害应负侵权责任；②尽管（a）销售者在销售产品前和出售产品时已经尽了所有可能的注意义务，而且（b）使用者或消费者并不是从该销售者处购得该瑕疵产品，或双方没有缔结任何合同，仍适用前款规定。"尽管美国各州对缺陷所下的定义各不相同，多数法院认为"不合理危险的缺陷状态"为产品责任提供了标准，而另一些法院则仅仅依据"缺陷状态"或"不合理危险"作为标准。由此可以看出，美国产品责任法将缺陷界定为"不合理的危险"。缺陷是产品内在危险因素，形成缺陷的原因很多，例如，产品设计不合理，制造过程有疏忽等等。

2. 《欧共体产品责任指令》第6条规定产品缺陷的定义

（1）考虑到下列情况，如果产品不能提供人们有权期待的安全，即属于缺陷产品：①产品的说明；②能够投入合理期待的使用；③投入流通的时间。

（2）不得以后来投入流通的产品更好为由，认为以前的产品有缺陷。从美国法和欧共体的《指令》的有关规定来分析，产品缺陷是指产品缺乏消费者或使用者有权期待的安全性而对消费者或使用者的人身或财产具有不合理的危险。虽然对产品缺陷下了明确的定义，但在实践之中对产品缺陷的判定却十分困难。

3. 中国《民法通则》规定产品缺陷的定义

我国《民法通则》第122条规定："因为产品质量不合格造成他人财产、人身损害的，产品的制造者、销售者应对依法承担民事责任。"这里对缺陷的界定为"质量不合格"。我国《产品质量法》第46条规定："本法所称缺陷，是指产品存在危及人身、他人财产安全的不合理危险；产品有保障人身健康和人身、财产安全的国家标准、行业标准的，是指不符合该标准。"将缺陷界定为"不合理危险"，几乎与美国产品缺陷的定义相一致。

从上述各国有关产品缺陷的定义来看，都将缺陷定义建立在"产品具有不合理的危险性"、"产品缺乏人们有权期待的安全"的认识上。可见安全性是人们对产品质量的一种基本要求，那么什么是安全性？根据欧共体《产品一般安全性指令》的规定，对产品的安全性可以从以下四个方面理解，一是要考虑该产品的使用期限以及通常使用用途；二是该产品无危险性或虽有危险性，却与人类健康紧密联系而且已被降到最低程度；三是要考虑产品的特性、相互之间的作用以及使用者等因素；四是不能仅因后来的产品可能具有较高的安全性而否认现有产品的安全。

（二）产品缺陷的类别

在产品缺陷的分类上，世界各国的规定比较类似。由于美国是产品责任法最为发达的国家，我们就以美国产品责任法的分类来加以介绍。根据美国1965年《第二次侵权法重述》第402A条规定:"对使用者或消费者或其财产有不合理危险的缺陷状态。"尽管美国各州对缺陷所下的定义各不相同,多数法院认为"不合理危险的缺陷状态"为产品责任提供了标准,而另一些法院则仅仅依据"缺陷状态"或"不合理危险"作为标准。从以上所讲可以看出,所谓缺陷,是指产品具有不合理的危险。缺陷是产品内在危险因素,形成缺陷的原因很多,例如,产品设计不合理,制造过程有疏忽等等。《欧共体产品责任指令》第6条规定了缺陷的定义:①考虑到下列情况,如果产品不能提供人们有权期待的安全,即属于缺陷产品:一是产品的说明;二是能够投入合理期待的使用;三是投入流通的时间。②不得以后来投入流通的产品更好为由,认为以前的产品有缺陷。从美国法和欧共体《指令》的有关规定来分析,产品缺陷是指产品缺乏消费者或使用者有权期待的安全性而对消费者或使用者的人身或财产具有不合理的危险。虽然对产品缺陷下了明确的定义,但在实践之中对产品缺陷的判定却十分困难。

根据美国产品责任法的理论,把产品缺陷划分为三大类:

1. 产品制造缺陷

《美国统一产品责任示范法》第104条A项规定:决定产品在制造过程中有不合理的不安全时,应以产品离开制造商支配时,即具有缺陷加以认定。也就是说,产品脱离制造商控制时,即在一些重要方面不符合制造商的设计说明或性能标准,或者不同于同一生产线上生产的同一产品。例如,有一位年轻人买了一辆自行车,前几个月用得比较满意,但是有一次,他突然摔倒并且跌断胳膊。经检查发现是由于自行车的车叉断了,而车叉断的原因是这种关键部位所使用的加工钢材有材料上的缺陷,无论制造商、产品检验者、销售者都可以通过检查发现这个缺陷。由此可以看出,制造缺陷可以通过对其规格、技术要求的检验或通过对正常产品的对比检验进行主观识别。由于这种缺陷只影响某一类产品或某批产品,而不至于影响整批产品,所以制造缺陷的赔偿范围比较小,制造者没有太大的负担。在美国,产品制造缺陷引起的诉讼案件远没有设计缺陷引起的诉讼案多,法院在审理制造缺陷时,也不像审理设计缺陷时要确定特定产品的设计缺陷的标准。

2. 产品设计缺陷

《美国统一产品责任示范法》第104条B项规定:产品在设计上有不合理的不安全因素,是指产品存在着造成损害的危险并且这种危险已超过防止该危险而设计产品的制造者的成本负担,以及替代的设计将会阻碍产品的有效性。设计缺陷是产品的构思、方案、计划、图样等设计上的事项而造成的。具体来说,包括在产品表面所提供的任何警告、指示以及结构零件设置不合理,材料或配方选择不适应等。在现实生活中,设计缺陷是非常难以证明的,在美国通常准许原告通过证明还有更加安全的可供选择的设计方案,并且这种设计方案能够避免损害发生,来证实被告的设计是有缺陷的。尽管如此,设计缺陷的案件仍被认为是难度最大、最不易确认的案件。

3. 产品指示缺陷

这是指对产品有关的危险或产品的不正确使用，未给予适当的警告或指示，致使产品存在不合理的不安全性。美国《第二次侵权法重述》第402A条评论指出，当产品具有不为人普遍知悉或合理预见的危险时，如果销售者知道或应该知道这一危险，就应当在产品的包装上说明使用方法及危险警告。法院在审理具体案件时，对具体的指示是否具有缺陷的问题理解也各不相同。例如，新泽西州在1982年的"贝沙达诉约翰逊——曼维尔产品公司案"中，新泽西州最高法院裁定石棉制造商对因不可知悉的石棉危险未作警示而导致的损害负有责任，而不得以工艺水平作为未能警示为抗辩理由。随后不久的另一案"费尔得曼诉莱得利实验室"中，同一法院却对同一问题给予相反的答案。认为这一儿童因使用四环素而使牙齿发生灰色病变，而判决药物制造商仅有义务提供已知悉的危险警告，对制造商尚不可知的危险不负警示义务。具体来说，对产品的警示是否存在缺陷可以从三个方面判断：①警示的时间。对产品在制造时即已存在造成原告受损害或类似损害的可能性，应当在产品出厂时即加以警告；对产品经过一段时间，通过最新的科技成果才发现的缺陷，应从发现危险时加以警告。②警示的内容。警示的内容应当是可以避免与产品有关的风险以及安全使用的指示或说明；同时警示必须是突出和容易理解的。③警示的对象。被生产者警示的对象应该是合理预见的最终使用者，但由于中间人的过失则可以免除生产者的责任。

[案例5-2] 霍木斯诉阿什富特

被告是一个染发剂制造商，向某理发店提供瓶装染发剂，在该瓶上和说明书上都有"该染发剂对皮肤有过敏现象，应对其进行实验"的警示说明，原告来到理发店染发时，理发师明知道这一警示却忽视了这一点，在没有作任何过敏试验的情况之下，直接给原告使用了该种染发剂，致使原告受到伤害。于是原告把生产者和理发师都告上法院。法院判决，生产者没有责任，而理发师负有责任。

第三节 产品责任的归责理论

一、美国产品责任法的归责理论

美国产品责任法起初沿袭了19世纪中期英国的"温特博特姆诉怀特案"确立的原则。这种基于合同相对性的传统规则作出的判决，确立了合同关系的"非合同即非责任原则"，并被解释为：无契约关系的第三人因产品缺陷而受损害，制造者或卖主既无契约责任也无侵权责任,这一规则保护了处于初级发展阶段的制造商的利益。一直到20世纪60年代,美国才形成相对独立的产品责任法,在这期间美国的产品责任法经历了由合同责任向侵权严格责任的巨大发展,先后形成了合同责任、疏忽责任、担保责任和严格责任四种归责原则。

(一) 合同关系责任

18世纪末到20世纪初,美国一直沿用英国1842年"温特博特姆诉怀特"一案所确立的"没有合同就没有责任"的原则。直到1851年罗德曼诉霍力德案,该案中原告被她的丈夫买来的煤油灯炸伤,要求煤油灯的制造商即被告赔偿。法院判决认为,原告和被告之间没有合同关系,所以原告无法获得赔偿。这个判决做出之后,在美国司法界引起非常大的反响,很多法学家认为在这种以合同关系作为基础的产品责任诉讼中,第三者的利益得不到充分保障,受害人得不到赔偿,这种判决有时是显失公平的。于是,在司法实践中创设"例外"来弥补不足。如:对"固有危险物品的责任"和"非属固有危险责任范畴,但由于某些瑕疵或其他任何原因而制造商对此知晓的,事实上属危险品的责任"例外条件的规定,即使原、被告之间没有直接的合同关系,只要存在这些例外情况,被告不得以"合同关系责任"来进行抗辩,从而加重被告的责任,加强对原告的保护。在1852年"托马斯诉温切斯特案"中作为判案依据使用是个例外。

[案例5-3]　温特博特诉怀特

该案原告是受雇于驿站长的马夫,一日,因有信件须送往另一处,于是原告就驾驶驿站长的马车去送信,在送信的途中马车的一个轮子突然断裂,致使原告受伤,而轮子之所以会破裂是因为被告使用不符合质量规定的材料造成的。于是原告向被告(马车的制造商)提起求偿的诉讼。被告辩称原告与他无直接的合同关系,不负赔偿责任。法院认为抗辩有效,由于原告与被告之间无直接的合同关系,所以就判决原告败诉。

[案例5-4]　托马斯诉温切斯特

1852年,托马斯去批发商文切斯特处购买蒲公英制剂,批发商由于疏忽把颠茄错标为蒲公英制剂而出售,托马斯在使用该种制剂过程中受到伤害。托马斯起诉到法院,法院判决批发商温切斯特应对最后的消费者负赔偿责任。纽约州最高法院认为,尽管原、被告之间没有合同关系,但由于出售的商品对生命和健康具有"近迫的危险",有过失的制造商或销售者仍应对此负赔偿责任。

这一判决使"例外"成为判案依据,也就是说,受害人在下列情况时可以不受合同关系的约束,而让制造商或销售商承担责任:①缺陷产品对人的安全具有危险;②制造商明知产品有缺陷,却没有向使用人透露;③原告可以证明被告有过失。

(二) 疏忽责任

疏忽,又称过失,是指产品的生产者或销售者有疏忽之处,致使产品有缺陷,而且由于这种缺陷致使消费者的人身或财产遭到损害,对此,该产品的生产者或销售者应承担责任。这一定义和"近迫的危险性"有相似之处,许多法院把"近迫的危险性"的概念扩大到因疏忽而制造的产品上。

[案例5-5] 麦克弗森诉别克汽车公司

1916年,原告麦克弗森从一个汽车代销商处购买了一辆别克汽车公司生产的汽车,当他以每小时8公里的时速行驶时,一个轮胎爆炸了,麦克弗森受了伤。汽车轮胎是由一个声誉良好的配套商制造的,由别克汽车公司购买了该配套商的产品并装在自己的汽车上。在审理的过程中,纽约州上诉法院认为,如果布克汽车公司在装配轮胎之前,经过认真的检测,这只轮胎的缺陷是应该被发现的,而本案中,被告没有尽到合理注意的义务,故应承担赔偿的责任。因为制造者的责任不限于他自己制造的产品,他的责任还应扩展到他的产品生产过程中使用配套生产厂或其他零部件,他应当对成品负责。

本案的审理法官卡多佐在判决中指出:具有近迫危险的产品概念并不局限于毒药、爆炸物或其他同类物品,而应扩大到对人身有危险的一切物品上。如果一件物品制造上有疏忽,依其本质,可合理确定将使生命和人身处于危险之中,那么它就是一件危险品。除此之外,制造商若知悉该物品将由购买者之外的第三者不经检查而使用,则无论有无合同关系,该危险品的制造者都负有仔细加以制造的义务和责任;同时制造商所承担的责任不受合同关系的限制,受害者无需与制造商有相互关系即可获得赔偿。在这个案件中,上诉法院创设了产品制造商的一般责任原则——即产品的制造商要对产品负责,麦克弗森案标志着疏忽责任的开始。此后的半个多世纪里,疏忽责任原则一直被适用于产品有关的损害案件中。英美法国家认为疏忽责任属于一种侵权责任,在以疏忽为理由进行诉讼时,不需要原被告之间有直接的合同关系,但当原告以疏忽为理由向法院起诉被告要求其承担赔偿责任时,举证的责任在原告。原告必须证明:①被告没有做到"合理的注意",也就是说被告有疏忽之处;②由于被告的疏忽直接造成原告的损失。

(三) 担保责任

英美法系国家把合同的条款分为条件和担保两个种类,条件是指合同的重要条款,而担保则是指合同的次要条款,主要分为明示担保和默示担保两种。担保责任是指生产者或销售者因违反了产品的明示或默示担保而应承担的责任。在美国,追究担保责任一般都适用《美国统一商法典》的规定。在《美国统一商法典》第 2 – 313 条明确规定:明示担保产生的方式有:①卖方向买方所做的有关货物的声明和允诺如果构成合同组成部分,则该允诺构成明示担保;②货物的说明若是达成交易的基础则构成明示担保,即保证货物将与说明相符;③样品和模型若是达成交易的基础则构成明示担保,即保证货物将与样品和模型相符。以明示担保责任提起诉讼虽然比疏忽责任获得胜诉的机会大,但由于它仅限于原告、被告双方存在直接的合同关系,才可以以此理由进行诉讼,它的发展在一定程度上受到制约。为了加强对原告方的保护,美国后来对明示担保责任也进行了重大的突破。

[案例 5 – 6]　　巴斯克特诉福特汽车公司

被告福特汽车公司在卖车的广告中表示,其生产的双层挡风玻璃不易破碎,原告巴斯克特信赖被告的广告中对质量的保证,从销售商处购买了一辆福特牌汽车,但原告在正常驾车行驶时,一辆与其并行的汽车弹起一块石头,打碎了原告的福特汽车的挡风玻璃,使巴斯克特眼睛受伤并致残。原告巴斯克特为此上诉法院,认为福特牌汽车的产品性能与其广告宣传中的承诺不符,福特汽车公司在广告中曾对加层玻璃的安全性大肆渲染,而事实表明该公司违反了担保责任。因此,原告向无合同关系的福特汽车公司提起违反明示担保的诉讼,华盛顿最高法院受理此案后支持巴斯克特的请求。

法院认为,由于制造商借广告向消费者大众作广泛陈述,如果它的虚伪陈述导致消费者受损,则基于公序良俗和诚实信用原则,制造商应承担明示担保责任,因为原告信任了被告在广告中的说明。

在此以后,美国的一些州法院在审判中逐步放宽了对合同关系的要求,即无需原、被告双方有合同关系。但原告在起诉时必须证明:①被告所作的担保;②原告相信了这个担保;③伤害是由于产品不符合被告所作的担保而引起的。

《美国统一商法典》第 2 – 314 条第 2 款规定:"除非不予适用或加以修改,如果出售人是出售这种商品的商人,则合同应默示保证该商品适合销售。"一般情况下称为"商销性默示担保"。《美国统一商法典》第 2 – 315 条规定:"如果卖方在订立合同时,有理由知道买方对货物所要求的特定用途,而且买方信赖卖方的技能和判断能力来挑选适合的货物,则卖方就承担了货物必须适合这种特定用途的默示担保责任。"这种担保我们把它称为"适合特定用途的默示担保"。和明示担保相比较,默示担保在产品责任法领域的发展更为重要。1913 年 "梅泽特诉阿穆尔公司案" 使得默示担保责任的范围扩大到食品。在该案中,原告购买了一盆被告生产的烧舌肉,但舌肉严重变质了,致使不幸的消费者吃了一口就从椅子上跳了起来。法院判决认为:食品生产者在现代情况下,默示担保其原装销售食品的安全性,此项担保适用于任何在交易过程中使用的人。

根据这个默示担保的案例，产生了使食品制造商作为保证人对最后消费者承担责任，形成了"食品案件"的类型。1960年新泽西州最高法院使默示担保从食品类案向其他产品发展。

[案例5-7]　　海宁森诉布鲁姆费尔德汽车公司

海宁森先生从布鲁费尔德汽车公司购买一辆新汽车作为圣诞节礼物送给其妻子，汽车交付一个星期，海宁森夫人驾车外出时，方向盘失灵，汽车撞在墙上，海宁森夫人受了伤，汽车全部报废。海宁森夫人要求赔偿，汽车公司以海宁森夫人不是产品的购买者，与售货单位没有销售合同为由，拒绝赔偿。海宁森夫人于是提起诉讼。新泽西州最高法院判定，虽然海宁森夫人不是购买者，但她仍有权获得对自己人身伤害的赔偿金。该法院宣布："应把汽车制造商或销售商负担的商销性适销性默示担保扩展到汽车的购买者、购买者的家庭成员或其他经购买者同意占有或使用汽车的人，在进行补偿时必须考虑这些人。"

这个案件使违反默示担保的卖方承担责任的范围突破了合同关系的界限，使许多法院最终接受了非合同关系的产品责任诉讼适用默示担保的理论，从而终结了处理因产品使用所致损害的契约原则与侵权原则并存引起的混乱局面。

无论是明示担保还是默示担保在产品责任法上的发展，都突破了合同关系的理论，后来美国在成文法上给予肯定。《美国统一商法典》第2-318条就"利益第三者担保"责任提出三种可供选择的方案：第一方案，卖方的明示或默示担保责任涉及买方的家庭成员、共同居住者或其家庭中的客人。若可以合理预见这些自然人会使用、消费或受该产品的影响并因此受到人身伤害，卖主应对他们的人身伤害负责；第二方案，把担保责任扩大到任何可以合理预见的将使用、消费或受该产品影响的人的人身伤害，而不仅仅限于在买主家的人；第三方案，将责任扩大到任何可以合理预见会使用、消费或受该产品影响的人的人身伤害和财产损失。从这三个方案可以看出，违反担保已经扩大到各个领域，不再局限于合同的当事人本人。但是作为原告他仍负有一定举证的责任，即证明被告违反了明示担保或默示担保，这样一来，原告的证明责任加重了，但被告却可以通过原告本身违反担保的抗辩而获得免责。

（四）严格责任

严格责任又称之为侵权法上的无过失责任，是近年来发展起来的一种产品责任理论。由于疏忽责任和担保责任的原告方要承担举证责任，使原告在诉讼中的地位没有发生实质性的变更，消费者的权利没有得到完全的保护，法院只好寻求新的方法来保护消费者，这种方法就是严格责任。1944年的"艾丝特拉诉可口可乐瓶装公司案"是产品造成损害适用严格责任的重要判例之一。原告因可乐瓶的爆炸而受到伤害,原告诉称被告出售的瓶装可乐有过失,但却无法证明被告的特定过失行为。加州最高法院判决认为,过失存在于制造商一方,法院依照"自我证明"的要求,认定有过失的被告应承担赔偿的义务。这个判例被有些州所接受,而一部分州尚不能接受。直到1963年的"格林曼诉尤巴电器公司案",情况才有了较大的改变。

[案例5-8]　　格林曼诉尤巴电器公司

1955年圣诞节,格林曼夫人购买了尤巴电器公司的一种电动工具,送给丈夫作为圣诞节礼物,该工具可以连接使用。为此,1957年,原告格林曼先生又买了一个连接装置作为配件使用。一天,当他加工一大块木头,按照说明书进行操作时,被电动工具飞射的木片击中头部而受伤,原告以违反担保为由提起诉讼。加州最高法院判决原告胜诉,尤巴电器公司负有赔偿责任,理由是:生产者知道他的产品在投入市场之后,不经检测就会被使用,因此,只要能证明该产品存在引起人身伤害的缺陷,生产者就应对被伤害者负责。同时法院还指出:虽然原告认为电器有缺陷,但他无法证明工具制造上有疏忽,此案不属于违反担保责任的范围,而是属于侵权法上的严格责任。

该案的审查重点从制造商的过失转移到产品的性能上,即在于审查产品本身及使用所引起的危险,而不在于制造商在设计和生产过程中,是否有足够的注意。本案的审理法官特雷诺指出:为使生产者承担严格责任,原告一方无需证明明示担保的存在,当制造商知道他所投入市场的产品将不经检验而被使用,而且其产品被证明有致人伤害的缺陷时,该制造商就负有侵权法上的严格责任。在此处,责任不是以合同关系为基础的,而是以侵权法的严格责任方面的法律调整。所以,那些在买卖法中足以满足双方要求的担保责任方面的法律,已不能完全保护消费者的利益。特雷诺法官对严格责任又进一步解释,"没有疏忽,但公众准则认为哪一方负责任后,最能有效地减少市场上有缺陷产品对人的生命与健康的潜在威胁,就应该由那一方来负责。很明显,制造商的预测能力是高过消费者的。"

美国法院通过判例创立了"格林曼规则",即严格责任,该规则标志着严格责任在产品责任领域被正式予以确认。把对案件审查的重点从制造商的过失转移到产品的性能上,也就是说,原告无需证明被告有疏忽,而只需证明产品有缺陷,减轻了原告的举证责任,从而充分保护消费者利益。1965年,美国法学会出版的《第二次侵权法重述》确认了这一来自判例的原则,从而使产品责任有了明确的依据,其402A条规定:①凡出售任何有缺陷的产品,对使用者或消费者或其财产带来不合理危险的人,对于由此所造成使用者或消费者的人身伤害或财产损失应承担责任。②只要出售者是从事经营出售此种产品的人,即使使用者或消费者并没有从出售者手中购买该产品,即使同出售者无任何合同关系,上述规则仍然适用,出售者仍需承担责任。以上规定遵循了格林曼规则,以严格责任为依据起诉对原告最为有利,因为严格责任是一种侵权之诉,不需要原告、被告之间有直接合同关系。原告起诉时,无需承担证明被告有疏忽的举证责任,它要求被告在无过失的情况下也需承担责任。在这种情况下,原告的举证责任仅限于:①产品存在缺陷;②产品的缺陷是在投入市场时就有的;③损害是由产品缺陷造成的。

综上所述,合同关系责任、疏忽责任、担保责任和严格责任这四个原则,构成各自独立的美国产品责任法的基本体系。美国各州的产品责任法各有差异,又能重叠和相互影响,但其总原则基本相同,而从发展趋势看,合同责任已经被取代,严格责任已为大多数州所接受。

二、欧洲国家产品责任法的归责理论

(一) 英国产品责任法的归责理论

传统英国产品责任法的归责原则一直存在与合同法、买卖法和普通侵权法之中。随着欧共体 1985 年 7 月 25 日实施的《欧共体产品责任指令》,英国于 1987 年制定了《英国消费者保护法》及实施的对不安全产品的严格责任制度,使英国产品责任法包含了三种归责原则,以及合同担保责任、侵权过失责任和严格责任。

1. 合同担保责任

在 19 世纪,西方国家的法律认为,合同在缔约当事人之间具有相当于法律的效力,这个效力几乎是绝对的,使合同仅在缔约当事人之间生效,非合同当事人不能根据合同取得任何利益或负任何责任,这就是合同相互关系责任理论。英国早期的产品责任法严格按照这个合同理论,而对产品责任产生的问题通常都按照合同的明示或默示条款进行解决。早在 1842 年,英国的"温特博特诉怀特"(见案例 5-3)树立先例,对以后类似案件均有约束力。这个案件确立了合同关系的"非责任原则",并进一步解释为:无合同关系的第三人因产品缺陷而受到损害,制造者或卖主既无合同责任也无侵权责任。根据该判例英国 1893 年的《货物买卖法》第 13 条、第 14 条、第 15 条分别作了专门的规定,要求出卖人必须保证其出售的商品具有"适销性"。1979 年《货物买卖法》修订,专门对产品质量的适销性和适用性的默示担保条款作了明确的规定(见本书第三章货物买卖法有关违反条件和违反担保的规定)。但是合同的担保责任理论受直接合同关系的限制,无法全面保护消费者利益,这使得英国产品责任法的归责原则不得不转而求助于侵权行为法。

2. 过失责任

过失责任最早出现在罗马法之中,英国普通法引用了这个概念,认为过失就是违反了注意的义务,即在过失之前必须有注意的义务存在。英国早在 1932 年的"多诺霍诉史蒂文森案"中确立了"注意"义务。

[案例5-9]　　多诺霍诉史蒂文森案

　　1932年，多诺霍夫人的朋友从史蒂文森的咖啡馆里为她买了一瓶生姜酒。在生姜酒快要用完时，多诺霍夫人发现瓶底匿伏着腐烂的蜗牛，因而受到惊吓患上了肠胃病。多诺霍夫人向法院起诉，要求史蒂文森承担赔偿责任。法院认为，咖啡馆的所有人史蒂文森应该对本案负责，应为作为制造者具有注意的义务。尽管其他人没有提起诉讼，但是大部分人只是从瓶子里倒出部分生姜酒，并不把瓶子里的姜渣全倒出来，而多诺霍夫人的诉讼证明了史蒂文森生产的姜酒产品质量控制系统不完善，据此，他应承担赔偿责任。

　　英国法院以三比二的多数判决认定原告胜诉。法官在判决中指出："产品制造者以某种方式出售这些产品时，已表示他意图使这些产品到达直接消费者那里时，处于离开他时的状态，而消费者没有进行中间检查的适当可能性，他也知道在准备和提供这些产品时，如果缺乏合理的注意将导致消费者人身或财产的损害，那么该制造商对消费者负有合理注意的义务。"这个判例确立了制造商对他的产品负有注意的义务，使制造商对其产品给消费者造成的损害承担赔偿责任。本案的法官同时指出："你必须合理注意，以避免那种你应当预见到可能伤害你的邻居的作为或不作为。那么从法律上讲，谁是我们的邻居呢？答案好像是这样的，如果一些人受我的行为影响非常紧密、直接，以至于我应当考虑在我有意进行某种作为或不作为时，这些人是否受我的影响，那么这些人就是我的邻居。"这就是著名的"邻人原则"，即制造商对产品的责任对象不限于合同当事人或使用产品的第三人，而是适用于因产品有缺陷而受到损害的一切消费者。这种过失作为一种独立的侵权行为形式，作为处理产品责任案件时的归责原则，不仅实现了英国产品责任上的创新，而且发展了英国的侵权行为法。由于过失责任必须由原告来举证，这时原告应证明：①被告对原告负有注意的义务；②被告违反了该义务；③原告因此受到伤害；④原告受到伤害与被告违反义务有因果关系。

[案例5-10]　　格兰特诉澳大利亚针织品公司

　　格兰特向上诉法院起诉澳大利亚针织品公司，声称由于穿了被告生产的衬裤引起皮炎。理由是针织品衣服上有过量的亚硫酸盐。尽管由于衬裤已经洗过了，不可能举证。法院对生产者的调查表明，制造过程是正确的，生产者了解残留的亚硫酸盐会对人体有害并已采取了预防措施，尽管如此，法院认为如果衣物上仍然留有过量的亚硫酸盐，则他们必定是某一方面的过错造成的。法院以过错责任推定的方式，认定制造商有责任，判决制造商赔偿损失。

法院认为，制造商的过失并不取决于是否由其工作系统不良或监督检查不利的证明。他可能对其雇员在受雇过程中的过失负替代责任。如果能合理推测原告的伤害是这种过失的结果，法院就可以把这种伤害确定为制造者的责任。这意味着在英国的法院里，证据可能不是铁的事实，它可以是推断出来的。在现代工业发展的情况下，原告的举证十分困难，几乎到了不可能的状态，因而法院在处理具体案件时，往往采用"事实自我证明"的规则，即事实可以不是铁的事实，可以是推断出的。这样来减轻原告的举证责任，要求被告必须设法证明自己没有推定的过失，否则就承担责任，并逐步提高制造商证明自己无过失的要求，但仍存在制造商证明自己无过失而免责的可能性。

3. 严格责任

随着欧共体《关于对有缺陷产品的责任指令》的颁布，要求成员国通过相应的国内法予以实施，但准许各成员国有某些取舍余地。英国根据《关于对有缺陷产品的责任指令》制定了《英国消费者保护法》，在该法中确立了因缺陷产品致损而引起的严格责任原则。这标志着英国产品责任法走向成熟。

（二）法国产品责任法的归责理论

法国一直都没有独立的产品责任法，有关产品责任方面的法律规定都集中在《法国民法典》之中，通过合同法和侵权法的各项原则来调整产品责任的诉讼。

1. 瑕疵担保责任

法国法规定：凡买卖标的物不符合一般用途或双方约定的特殊用途时，均属有瑕疵。《法国民法典》第1641条、第1643条规定，出卖的标的物含有隐蔽瑕疵以至于不适应其应有用途或减少其用途，致使买方知此情景不会买受或必须减价才愿接受时，出卖人应负担保责任；出卖人即使不知标的物含有隐蔽瑕疵仍负担保责任，买受人要证明瑕疵在买卖当时就已存在。反之，卖主对后来出现的瑕疵不负责任，除非买主能辨明那些瑕疵是货物所固有的，在短时期内提出其要求。这些规定仍沿用大陆法传统的过失责任原则，对消费者的保护仍缺乏力度。后来，法院在司法实践之中对法律进行解释，形成一个原则：无论何时只要制造者或供货者的产品含有"内在缺陷"，他就要承担责任。即法院判定一个职业的卖主应当被推定为知道任何影响其产品的"内在缺陷"。这样法国产品责任法的瑕疵担保责任逐渐演变为严格责任。但是这种以合同关系作为基础的产品责任，诉讼的主体仅限于合同双方当事人，当买主起诉要求赔偿损失时，他只可向最后的卖主索赔。这样会造成买主又利用侵权法再一次起诉制造商。为防止重复诉讼，法国法院在判例中把卖主的责任扩大到合同范围之外，允许在连锁买卖关系中任一点上的购买者有权直接对一切在先的制造者或批发商提起诉讼，制造商对最后的购买者如同对其直接购买者一样负有同样的义务。我们把这种诉讼制度称为"直接诉权"制度。作为最后的买主，他享有一种选择权，可以在自己的直接卖主、中间卖主或制造商之间，任意选择其一，依民法追究瑕疵担保责任。如果买主以外的其他人受到伤害，则无法从担保方面寻求法律帮助，只好根据侵权责任加以调整。

2. 侵权责任

《法国民法典》第1382条、第1383条规定："任何行为使他人受损害时，因自己的过失而致使损害发生之人应对他人负赔偿责任"，"任何人不仅对因其行为所引起的损害，而且对因其过失或疏忽所造成的损害负有赔偿责任。"由此可以看出，侵权责任是以过失责任为基础的，受害者很难证明生产者的过失。法院为了更有力地保护受害者的利益，对这两条规定作了灵活解释，认为只要有生产者将致人损害的有缺陷的产品投入流通的事实，即可认定其有过失，使他承担责任。《法国民法典》第1384条规定："任何人不仅对其自己的行为所造成的损害，而且对应由其负责的他人的行为或在其管理下的物件所造成的损害，均应负赔偿责任。"法国最高法院扩大了对该条的适用范围，使"管理下的物件造成的损害"扩大于火车、汽车、电气、瓦斯等产品缺陷所致的损害，这样使法国传统的侵权的过失责任逐渐向严格责任发展。

3. 严格责任

为了实施《欧共体产品责任指令》，法国提出了修改民法的草案，建立了无过失的责任，提出从今后起，所有制造商、销售商、供应商、出租商等都要受到新法的制约，而且新法是受害方唯一可获得救济的规则。但是新法尚未实施。

（三）德国产品责任法的归责理论

德国产品责任方面的立法在大陆法中是最早的，主要通过侵权行为法来追究责任，即通过举证倒置，以达到保护消费者利益的目的。

1. 合同责任

《德国民法典》规定，卖方应向买方保证他所出售的物品在风险责任移转于买方的时候不存在失去或减少其价值，或降低其通常的用途或合同规定的使用价值的瑕疵。并规定，卖方应担保货物在风险责任移转买方时具有他所担保的品质。如果违反这种担保，买方享有要求退货、减价或解除合同的权利。但是，如果买方在订立买卖合同时，已经知道出售的货物有瑕疵者，卖方可不负瑕疵担保的责任。德国法院认为，无论卖主是不是专业的卖主，都不能推定其有过失或知情，并认为对不履行合同义务的当事人不推定其有过失。利用合同关系要求卖方承担产品责任，原告要承担举证的责任，此种规责原则对消费者的保护并不全面。

2. 侵权责任

《德国民法典》第823条、第826条规定：一个人如果违反法律，故意或粗心大意地损害他人的生命、身体、健康、自由、财产或其他权利时，应当赔偿受害人由此蒙受的任何损害。这是德国法关于侵权责任的一般规定，当时并没有作为产品责任的主要归责原则,直到 1968 年 11 月 16 日联邦最高法院在著名的"鸡瘟案"才确立。

[案例 5-11] 鸡瘟案

该案的原告为一养鸡场场主,在给鸡注射了制造商提供的疫苗后,未有效起到免疫的作用,致使他的 4000 多只鸡病死,损失达 10 万德国马克。联邦法院认为,既然"防瘟疫苗"没起到防止鸡瘟的效果,则足以证明该产品存在缺陷,判令被告承担赔偿责任。

通过"鸡瘟案"确立了产品缺陷引起损害的侵权行为的责任,只要受害人能证明损害是由产品的缺陷造成,则产品制造者即被推定为有过失。除非制造者能推翻这一推定,否则缺陷的风险责任即落在制造者身上,制造者需就其无过失负举证责任,从而使举证责任倒置。这种侵权责任有些接近严格责任,成为德国产品责任中保护消费者利益的归责原则。

3. 严格责任

德国为了实施《欧共体产品责任指令》,专门制定了《德国产品责任法》。该法明确规定了严格责任适用于所有因缺陷产品产生的人身伤害、健康损害和财产损害。同时适用民法典关于产品的侵权责任,由法官根据对消费者最有利的原则进行选择。

三、中国法关于产品责任的归责理论

我国《产品质量法》第 3 条规定:"生产者、销售者依照本法规定承担产品质量责任。"这里所说的产品质量责任包括承担相应的行政责任、民事责任和刑事责任。承担民事责任,包括产品的合同责任和产品侵权损害赔偿责任。在判定承担产品质量责任的归责原则时,采用对产品的明示担保和默示担保的条件。在产品质量法的规定中,所谓默示担保,是指国家法律、法规对产品质量规定的必须满足的要求。所谓的明示担保,是指生产者、销售者通过标明的标准、产品标识、使用说明、实物样品等方式,对产品质量作出的明示承诺或保证。在产品责任的诉讼中,消费者可以以违反担保为理由进行诉讼,也可以通过产品有缺陷为理由进行诉讼。在产品责任的举证方面,我国目前采用过失责任和无过失责任原则并举。我国《民法通则》第 106 条和第 132 条规定,公民、法人由于过错侵害他人财产或人身的,应当承担民事责任;但是损害人对损害都没有过错的,可以根据实际情况,由当事人分担民事责任。

第四节 被告的抗辩与损害赔偿

一、被告的抗辩理由

各国的产品责任法在保护消费者利益的同时,也赋予被告一些抗辩权利,可以减轻或免除其责任,以达到保护被告的合法利益的目的,使双方利益达到平衡。

(一) 美国法的规定

1. 担保的排除和限制

《美国统一商法典》规定,买卖双方可以在合同中明示或默示地限制或排除其在产品销售中的担保条件。在以担保责任为理由的诉讼之中,被告如果已在合同之中排除各种明示担保或默示担保,他就可以提出担保已被排除作为抗辩,但在消费交易中,卖方如有书面就不得排除种种默示担保。

2. 相对疏忽

在侵权的产品责任诉讼中,被告可以以相对疏忽进行抗辩,要求减免责任。在美国普通法早期的规定中,认为被告在侵权之诉中可以以承担疏忽进行充分的抗辩,即原告在使用产品的过程中也有过错,一旦确认原告承担疏忽,被告可以不承担责任。近年来,美国许多州已通过立法和判例放弃了承担疏忽原则,而采取相对疏忽原则,即法院只是按原告的疏忽在引起损害中所占的比重相应地减少其索赔的金额,也就是说被告只能以此作为抗辩要求减轻其责任。

3. 自担风险

自担风险是指:①原告已经知道该产品有缺陷或带有危险;②尽管如此,原告也甘愿将自己置于这种危险或风险的境地;③由于原告甘愿冒风险而使自己受到伤害。

根据美国《侵权行为法重述》402A 条的解释,受害人自担风险,他就不能要求被告赔偿损失。但从美国各州的法律发展趋势来看,采取相对疏忽原则的各州都规定,自担风险只能作为原告减少其索赔的依据,而不能完全阻止原告索赔。

4. 非正常使用产品或误用、滥用产品

如果原告非正常使用产品,或误用、滥用产品,已超出了被告可以合理预见的范围,而且被告亦采取措施予以防范,被告可以以此作为抗辩,要求免除责任。

5. 擅自改动产品

如果原告对产品或其中部分零件加以变动或改装,从而改变了该产品的状态或条件,因而使自己受损害,原告就无权要求被告承担责任。

6. 带有不可避免的不安全性

如果某种产品即使正常使用也难以完全保证安全，而且权衡利弊，该产品对公众是有益的，是利大于弊的，则销售这种产品的人可以要求免除责任。即使在严格责任的诉讼中，被告也可以提出这一抗辩。

（二）欧共体各国的法律规定

1. 未将产品投入流通

欧共体指令及其成员国产品责任立法，均对此作出明文规定。在以这个理由进行抗辩时，应当注意何为"投入流通"。产品是否投入流通，应以最初生产者投入流通为准，与其后的各流通环节上的批发、零售、输入等无关。产品未投入流通一般是指，产品并未脱离生产者的控制。

2. 产品投入流通时引起损害的缺陷尚不存在

只要生产者能够证明，引起损害的缺陷在产品投入流通时不存在，或该缺陷是产品脱离其控制后出现的，则生产者不承担责任。

3. 将产品投入流通时的科学技术水平尚不能发现缺陷存在

这个抗辩理由又被称为"开发的风险"，指如果产品被投入流通时的科技知识使生产者无法发现产品的缺陷，那么即使以后由于科技进步而证明了产品存在缺陷，生产者对损害也不负责任。

4. 产品符合政府机构颁布的强制性法规而导致产品存在缺陷

这一抗辩理由在许多国家立法中有明文规定。欧共体指令第 7 条 D 款规定："产品为符合官方政府所规定的强制性法规而制造产生缺陷的，生产者不承担责任。"对这一抗辩有些国家不予承认，例如荷兰。

5. 时效

在产品责任的诉讼中，时效已过也是重要的抗辩理由，欧共体《产品责任指令》规定：①损害赔偿之诉的诉讼时效为 3 年，诉讼时效期间从原告知道或理应知道该缺陷和生产者的身份起计算。②受害者的索赔权利从造成损害的产品投入流通市场满十年后消灭，但受害者在此期间对生产者提起诉讼的除外。

（三）中国法律规定

1. 产品未投入流通

产品在未被投入市场之前，本来不应该存在发生损害的可能性，因此也就无从产生产品责任了；同时这一条规定，也排除了产品因被盗或遗失而流入市场、发生损害而产生的赔偿责任。

2. 产品投入流通时引起损害的缺陷尚不存在

我国《产品质量法》第 29 条规定，只要生产者能够证明，引起损害的缺陷在产品投入市场时不存在，或该缺陷是在产品脱离其控制之后出现的，则生产者不承担责任。

3. 将产品投入流通时科技水平尚不能发现缺陷的存在

4. 因产品责任而发生的诉讼

按照我国《民法通则》第 136 条规定："身体受到伤害要求赔偿，出售质量不合格的商品未声明的，其诉讼时效从被害人知道或理应知道权利被侵害之日起 1 年有效。"我国《产品质量法》第 33 条规定："因产品缺陷造成损害，要求赔偿的诉讼时效期间为 2 年，自当事人知道或理应知道其权利受到损害起计算。因产品存在缺陷造成损害要求赔偿的请求权，在造成损害的缺陷产品交付最初用户、消费者满 10 年丧失，但尚未超出明示的安全使用期的除外。"

二、损害赔偿的形式与范围

一件缺陷产品引起的损害后果可能是多种多样的，主要表现为下列几种情形：

（1）因缺陷产品所致的对人身或财产的损害，以及此类损害带来的间接的资金损失。

（2）维修或替换产品以排除缺陷的危险因素的费用，以及因产品不能使用而引起的诸如利润损失等金钱损失。

（3）产品本身的缺陷给产品自身造成的损害。

（4）维修或替换产品以排除未对人身或财产构成威胁的缺陷的费用。

各个国家对上述损害赔偿作出特别规定或限制，下面分别介绍：

（一）美国

按照美国法院的判例和《美国统一产品责任示范法》第 102 条 F 项的规定，在产品责任诉讼中，原告可以提出的损害赔偿的请求范围相当广泛，判决金额常常都在 100 万美元以上，有时甚至上亿美元。具体说来，原告可以提出的损害赔偿包括：

1. 补偿性损害赔偿

（1）人身伤害的赔偿。产品责任中的人身伤害，一般是指产品具有缺陷而对他人生命、身体、健康所造成的损害，具体包括生命的丧失、肢体的伤残及健康受损。对人身伤害应赔偿由此造成的财产损失历来被视为确定人身伤害赔偿的一般原则。在美国即指合理的医疗费用和身体残疾的补偿费用。除此之外，还包括由于肉体的伤残引致的精神损害赔偿和收入的减少及挣钱能力的减弱。在人身伤害的赔偿金额中，精神损害的赔偿比重远远大于肉体伤害的比重。

（2）财产损失的赔偿。财产损失是指缺陷产品造成的缺陷产品之外的其他的财产损失。通常包括替换受损坏的财产或修复受损财产所支出合理费用。

(3) 商业性损害赔偿。商业性损害又称为"产品伤害自己",一般包括产品毁灭之外,还包括产品本身价值的减少,不能使用,必须修缮或丧失营业利益等。美国各州对产品自身的损害是否可以得到赔偿持不同的态度,要具体案件具体分析。

2. 惩罚性损害赔偿

如果有过错的被告全然置公共政策于不顾,受损害的原告可以要求法院给予惩罚性的损害赔偿。这种赔偿是作为惩罚被告的一种方式,而给予原告超出其实际损失的损害赔偿金。多数情况之下,适用于被告故意侵权及被告有意识地引起伤害的情形。

(二) 欧共体国家

《欧共体产品责任指令》(简称《指令》)第9条规定,赔偿损害是指:(1) 因死亡或人身伤害引起的损害;(2) 缺陷产品以外的任何财产的损失或灭失。由此可以看出,欧共体产品责任指令规定的损害只包括缺陷产品以外的人身损害和财产损失。同时指令规定,上述财产应当在以下情形时才可以获得赔偿,而且损害不得低于5000欧洲货币单位:一是通常为个人生活消费所需的那类产品;二是被害人主要将其用于个人使用或消费。

关于精神损害赔偿,《指令》没有具体作出规定,但是并不排除适用国内法的规定。同时,准许各国对最高赔偿金额作出规定。

《德国产品责任法》规定:"由于产品有缺陷,致人死亡,使人身或健康受到伤害或财产遭受损害,产品制造人有义务对由此产生的损失予以赔偿。在财产损害的情况下,仅在有缺陷产品外的另一财物遭受损失,而该物一般地确定为供个人使用或消费,并已为受害人专门使用过的。"人身损害的最高赔偿金额为1.6亿马克。

《英国消费者保护法》规定:"损害是指死亡或人身伤害或财产的毁损灭失,对缺陷产品本身的损害或组装到另一产品中的产品损害或纯经济损失,不予赔偿。财产损害造成的最低赔偿额为275英镑。"

(三) 中国

因产品质量不合格而造成他人财产、人身损害的产品,生产者、销售者应承担赔偿责任。我国《民法通则》第119条规定:"侵害公民身体造成伤害的,应当赔偿医疗费、因误工减少的收入、残废者生活补助费等费用;造成死亡的,并应当支付丧葬费、死者生前抚养的人必要的生活费等费用。"《产品质量法》第4条规定,中国产品质量责任的赔偿范围为"实际损失",包括财产损害和人身损害两个方面。

第五节 缺陷产品的召回制度

一、概述

缺陷产品召回制度是指产品的生产者、进口商或者经销者在获悉其生产、进口或经销的产品存在可能威胁消费者健康、安全的缺陷时，依法向政府部门报告，即通知消费者，并从市场和消费者手中收回有问题产品，予以更换、赔偿的积极有效的补救措施，以消除缺陷产品危害风险的制度。

缺陷产品召回制度始于20世纪60年代的美国，1966年美国国会制定了《国家交通与机动车安全法》，该法根据美国法典第49条第301章授权交通部属下的国家公路交通安全管理局负责制定机动车安全运行标准，并监督汽车制造商执行相关标准。此后，美国又先后出台多项关于产品安全和公众健康的立法，并引入召回制度。例如：《消费者产品法》（CPSA），《儿童安全保护法》（CSPA），《食品药品与化妆品法》（FDCA），《交通召回增加责任与文件》（TREAD）。这些法律的颁布实施，使得美国缺陷产品召回制度逐步完善。

欧洲各国自20世纪70年代以后，同样面临大量因产品缺陷造成的公共安全问题，美国法律的缺陷产品召回制度的有效实施，促使欧洲各国开始建立和实行缺陷产品召回制度。欧共体制定一系列成员国均应遵守的关于缺陷产品召回的一般法律（GPS法令），各成员国转化此法为自己的国内法，其他的发达国家先后都颁布了缺陷产品召回的法律制度。

目前，实行缺陷产品召回制度的国家有美国、日本、欧共体成员国、澳大利亚、韩国、加拿大等国家。

我国关于缺陷产品召回制度方面立法主要体现在《中华人民共和国合同法》、《中华人民共和国产品质量法》、《中华人民共和国消费者权益保护法》之中。《中华人民共和国合同法》第111条规定："质量不符合约定的，应当按照当事人约定承担违约责任。对违约责任没有约定或约定不明的，依照本法第61条的规定仍不能确定的，受损害一方根据标的的性质以及损失大小，可以合理选择对方承担修理、更换、重做、退货、减少价款或者报酬等违约责任。"《消费者权益保护法》第18条第2款规定："经营者发现其提供的产品或服务存在严重缺陷，即使正确使用商品或者接受服务仍然可能对人身、财产安全造成危害，应当立即向有关行政部门报告和告知消费者，并采取防止危害发生的措施。"这些规定是我国建立缺陷产品召回制度的立法依据。

2004年3月15日，我国制定发布《缺陷汽车产品召回管理规定》（第60号令）标志着我国对缺陷产品管理开始走向法制化,2007年8月27日又颁布了《儿童玩具召回管理规定》(国家质检总局第101号)。该规定的颁布实施进一步扩大了我国缺陷产品的召回的范围,目前我国颁布的有关召回方面的规章制度有《食品召回管理规定》(国家质检总局第98号)、《药品召回管理办法》(国家食品药品监督管理局令29号)、《医疗器械召回管理办法(试行)》(卫生部令第82号)等,这意味着我国缺陷产品召回制度逐步建立。

必须指出,我国现行的缺陷产品召回的规章制度,法律效力层次比较低,仅仅对本部门产生相应的法律效力,无法对其他部门产生法律约束力。而以美国为代表的欧美产品召回制度具有极强的可操作性,它们不仅就产品召回做出一般性规定,而且还以一系列法律文件的方式为召回制度制定了具体的操作规则,为产品召回形成了比较健全的法律体系。目前我国急需在组织机构、法规制度、安全标准、信息采集、缺陷认定、信息公告和预警、产品召回实施等方面建立一套完善的法律体系,使得我国产品召回制度可以有效的实施,更有力保护消费者的合法权益。

二、美国缺陷产品召回制度

(一)美国缺陷产品召回监督主管部门

1. 基本机构——消费者安全委员会(CPSC)

根据美国《消费者产品安全法》第4条规定,消费者安全委员作为《消费者产品安全法》的执行机构,其主要职能为①负责具有潜在危险的消费品的生产及销售的管理,保护消费者避免造成伤害;②协助消费者鉴定消费品的安全性能;③制定统一的消费品安全标准;④促进对死亡、疾病、受伤等事故的产品危害原因以及防治措施的研究和调查;⑤提供消费品安全问题信息咨询并编制有关教育计划方案。① 对一般消费品享有最广泛的执法管辖权,有着实施产品召回方面的职能。

2. 特殊机构(对CPSC无执法权的特殊产品进行召回)

(1)国家公路交通安全管理局(NHTSA)。该机构负责维护机动车和道路交通安全,负责机动车及其配件质量和缺陷产品召回。

(2)食品药品管理局(FDA)。该机构负责生物制品、食品、化妆品、药品、医疗器械、放射性电子产品、兽医产品质量和召回。

(3)农业部食品安全检验局(FSIS)。该机构负责对肉类、家禽产品等质量与缺陷产品的召回。

(4)环境保护署(EPA)。该机构负责对高使用频率的发动机、杀虫剂产品、超出

---

① 肖法:《柠檬法与美国消费维权》,载《海峡消费报》,2003年2月21日。

排放标准的机动车等进行监督和实施缺陷产品召回。

(5) 海岸警卫队（USCG）。该机构负责调查因娱乐船只及其设备存在缺陷而引发的安全问题，负责要求制造商对存在安全隐患的船只机器设备作出召回处理。

美国是产品召回最为发达的国家，在美国不同的监督主管部门，各自的职责和职能和负责的事项各不相同，其内容差异较大，本书仅仅介绍一般消费品召回制度。

(二) 美国一般消费品的召回制度

1. 一般消费品召回的法律依据

在美国，消费品召回的法律依据是美国国会于 1972 年 10 月颁布的《消费品安全法》，该法是美国关于消费品安全最基本的一部立法，该法案以保护消费者，防止其受到缺陷产品不合理的伤害为目的。这部法律覆盖了大部分提供给个人消费者使用、消耗或娱乐的产品，由其他法规明确调整的除外。该法案确立了产品安全制度的基本模式，设置了两项确保消费品安全的制度：信息披露制度和强制认证制度。信息披露制度，是指消费品安全委员会建立伤害信息交换中心。专门负责收集、调查、分析并发布与消费品有关的死亡、伤害和疾病的原因的数据和信息，以便发现消费品安全隐患和事故，进行预防控制，避免事故发生[①]；强制认证制度是指根据消费品安全委员会的要求，某些消费品必须经过认证。根据《消费品安全法》设立消费者安全委员会，该委员会负责有关产品安全方面事项。

2. 消费者安全委员会职责

(1) 制定标准。与企业及各个州共同制定有关产品性能、警示标签等方面的标准。标准分自愿标准和强制标准两种，强制标准为最低标准，是自愿标准的基础。

(2) 监督活动。监督检查消费品是否遵守安全法规，发现确认存在重大安全隐患的产品，寻求更安全标准。

(3) 宣传活动。通过网络、媒体等渠道向政府及消费者进行宣传活动，介绍相关按消费品安全知识，帮助消费者了解产品的安全性能，指导消费。

(4) 受理举报。通过电话网络等方式收集公众投诉，鼓励消费者举报不安全产品。

3. 缺陷产品召回程序

(1) 启动召回。接受消费者投诉或者企业报告，通常在发现产品不安全 24 小时内向消费者委员会进行报告。

(2) 缺陷确认。通过确认缺陷的类型；缺陷产品的销售量及其危险程度等来确定该产品的风险等级，是召回制度的核心环节。

(3) 风险评估。美国一般通过公众所面临的风险程度来对缺陷产品进行评估。分

---

① 陈飞等著：《消费品安全监管概论》，清华大学出版社 2012 年版，第 46 页。

为极为危险（A级）；中等危险（B级）；轻微危险（C级），只要达到这三个级别，都需要采取措施。

（4）补救方案。一旦确认产品需要召回，要立即与企业联系，制定书面召回计划。

（5）发布召回信息。通过电视、新闻、报纸、网络、海报、手机信息等方式进行，以安全委员会和企业名义共同发布召回公告。

（6）实施召回。召回的具体措施，包括产品回收，补救措施等。

三、欧盟缺陷产品召回制度

（一）欧盟缺陷产品召回监督主管部门

1. 欧盟委员会（Commission of European Union，简称欧委会）

欧委会是欧盟常设机构，具有立法和执行职能，负责实施欧盟条约和欧盟理事会做出的决定。在产品质量监管方面的主要职能有：①立法，起草产品安全法规；②执法，监督产品安全法规的有效执行；③协调，在欧盟内部进行产品安全风险信息交流，协调各国风险产品控制和查处；④推动，推动欧盟各国加强产品安全管理机构的建立和完善，适时地给予资金帮助和人员的培训。其下设健康与消费者保护总司、企业总司、市场总司和环保总司，健康与消费者保护总司负责开展与消费者保护相关的立法与管理工作；企业总司负责化学品和一般消费品的立法工作，以及玩具、化妆品、医药、兽药等安全生产工作；市场总司负责追究不合格产品生产商的法律责任；环保总司负责化学制品的安全问题。

2. 欧盟食品安全监督委员会

欧盟的食品监管机构主要以委员会的方式出现，由成员国代表组成委员会。包括食品常任委员会，食品科学委员会和咨询委员会三部分，其中食品常任委员会和食品科学委员会作用最为显著，咨询委员会基本不起作用。

3. 欧盟食品安全局（European Food Safety Authority EFSA）

为应对疯牛症等食品安全事件，欧盟在2002年筹备，2004年正式成立食品安全局，负责为欧盟委员会、欧洲会议和欧盟成员共同提供风险评估结果并为公众提供信息。

（二）欧盟缺陷产品的召回制度

1. 产品伤害和监测系统与伤害数据库

1986年欧盟委员会开始收集关于家庭和休闲意外的数据信息，并将这些信息数据记录在欧洲家庭和休闲事故监测系统中，后来该系统发展成为欧洲公共卫生信息网，1999年，欧盟制定《伤害预防方案》，由此欧洲公共卫生信息网进行改进和更名，称为伤害检测系统以及伤害数据库，2002年欧盟颁布《公共卫生方案》替代《伤害预防方案》，直至2007年，该数据库已经包含所有伤害类型。该数据库通过全面介绍欧盟成员国称为欧盟成员国的伤害情况，来有针对性地制定伤害预防措施，提高消费者的安全感，让成员国可以对造成伤害产品进行认知和比较，从而减少伤害的发生，因此该预警系统称为缺陷产品找回的重要组成部分。

2. 消费快速预警系统

欧盟的消费快速预警系统的目的是为了在欧洲特别是欧盟成员国之间快速交换和传递消费品安全信息，分为食品和饲料快速预警和非食品类快速预警。

食品和饲料快速预警是一个链接欧盟委员会、欧洲食品安全管理局和欧盟各成员国的食品、饲料安全主管机构的网络。系统明确要求成员国机构，必须将本国有关食品和饲料对人体健康所造成的直接或间接风险，以及限制某种产品出售所采取措施的所有信息，都通报给欧盟快速预警系统。系统收到信息后会加以整理和研究后，上报欧盟委员会转发相关部门，通知系统内的其他成员国，成员国收到信息后立即对自己的国内市场进行检查，是否存在问题产品，并采取相应措施，然后回报欧盟委员会。如果发现是欧盟成员国以外的国家或地区的食品或饲料还有对人体有危害的成分，而该国还没有能力进行处理，欧盟则采取紧急措施。

非食品类消费品快速预警系统是依据《欧盟一般产品安全指令》而设立的，主要针对非食品的消费品。按照《欧盟一般产品安全指令》规定，在该预警系统中的消费品是指：①向消费者提供的产品；②并非为消费者设计，但仍然可能被消费者使用的产品，如机械类产品；③以服务形式向消费者提供的产品，或向服务行业提供的，但却被消费者大量使用的产品。预警程序与食品和饲料快速预警的程序基本相同，由欧盟委员会的健康与消费者保护司负责管理检测，市场上对消费者具有风险的产品进行采样、检测，一旦发现该产品具有危害消费者人身安全的危险并被有关职能部门或销售商等阻止销售或进行召回时，立即上报该产品信息给健康与消费者保护司，经过确认该预警后通报快速预警系统，各成员国通过这个系统共享这个信息，检查自己国家市场上是否有该种产品正在销售以便各成员国采取相应的措施。

3. 缺陷产品召回程序

根据《欧洲产品安全——包括召回在内的纠正措施指南》是由欧洲产品安全执法论坛，欧洲工业和工人联合会联盟，欧盟的零售、批发和国际贸易代表，欧洲消费者组织共同签署的该指南不具有强制执行力，但是得到欧盟成员国、消费者组织以及行业的认可和支持，《欧洲产品安全——包括召回在内的纠正措施指南》中的程序规定成为大部分成员国的法律依据。在市场上，一旦有消费者抱怨或产品涉及诉讼，产品测试、服务工程师反馈等等，有证据表明该产品有可能给消费者或非预期用户带来危害存在安全隐患时，需要采取整改措施。

(1) 前期规划。前期规划包括①建立整改措施,整改措施要符合法律规定,尽量减少消费者的不便,减少该产品造成的不良影响。组建整改团队,要求具有专门设计、生产、质量检测、风险管理的专业人员组成团队。②监控产品信息,利用监测系统检测并采集与产品有关的所有信息;对产品进行追踪,用来确定受影响的产品的批次、型号、经销商、产品原材料及其供应商信息;③技术文件,有关产品的生产设计、使用材料等一系列的信息;④鉴别危害,评价风险水平。对危害的性质、起因受影响的产品型号范围、受影响的人员等进行采集,以便确定危害的范围以及危害的程度;同时对使用和解除该产品而受伤害的人员的伤害程度、发生危险的可能性及市场上还存在多少该种产品,有多少已经销售被消费者使用等等,来确定危险等级以便采取相应的措施。指南将危险等级分为三级:严重危险,必须立即采取措施;中等危险,采取必要的措施;轻微危险,对市场上的产品不需要采取措施。⑤决定采取措施。对严重危险隔离存货,通知零部件供应商联络客户;中等危险的一般将销售中的产品撤回并上报主管机构即可;轻微危险的,只须在设计和生产中对产品加以改变即可。

(2) 启动召回。启动召回包括:①与召回有关的人员包括该产品生产的公司人员,专业客户、供应商、国家贸易组织、市场监管机构、警察、检测机构、专家顾问、维修服务等人员进行沟通和联络;准备召回信息。②跟踪用户。确定用户、联系用户。③召回事宜的告知。召回信息可以通过卫星、有线电视、图文和数字电视、互联网、公司网站、电子商务平台、新闻机构以及社团进行传达。

(3) 实施召回。实施召回包括①回收产品,从分销商处收集该产品;如果产品是可以移动的,通知消费者将产品交回最方便联系的分销商或零售商,如果产品不方便移动,由工作人员从消费者处回收产品。②销毁产品,需要销毁的产品必须有明确清晰的标志,销毁时注意不要造成环境污染。③监控补救措施的进展以及总结经验。

四、中国缺陷产品召回制度

(一) 行政主管机关

1. 国家质量监督检验检疫总局

我国《缺陷汽车产品召回管理规定》第 6 条规定,国家质量监督检验检疫总局负责全国缺陷汽车召回的组织和管理工作,国家发改委、商务部、海关总署等国务院有关部门在其职责范围内,配合主管部门进行工作。各省、直辖市、自治区的质量技术监督部门和各直属检验检疫部门负责组织本行政区域内缺陷汽车的召回监督工作。2008 年 1 月 31 日颁布的《儿童玩具召回信息与风险评估管理办法》做出了和《缺陷汽车产品召回管理规定》相同的规定,即国家质量监督检验检疫总局为其行政主管部门。

2. 有关行政管理部门

《上海市消费者保护条例》第 33 条明确规定"有关行政主管部门"指令经营者召回有缺陷的产品。对于有关管行政管理部门究竟是哪个部门没有明确规定；《北京市产品质量监督管理条例》在 2010 年 12 月修正，明确规定市、区、县人民政府产品质量监督管理部门负责本行政区域内的产品质量监督管理工作；《广东省查处生产销售假冒伪劣商品违法行为条例》（2012 年 9 月 28 日进行修正）第 4 条规定规定："各级人民政府负责组织领导本行政区域内查处生产、销售假冒伪劣商品违法行为的工作""县级以上质监、工商、食品药品监督管理、卫生、农业、知识产权、公安等部门按照各自职责负责……"。

我国缺陷产品的召回制度还不完善，没有国家立法机关的相应立法，这一系列的地方条例法律效力层次底，规定不明确，制约我国缺陷产品召回制度的发展。

（二）召回程序

目前我国缺陷汽车召回程序有：制造商主动召回和主管部门指令召回。一般召回有以下五个步骤：①企业提出缺陷产品报告；②监管机构评估及确认；③制定召回计划；④实施召回；⑤保存召回企业召回的缺陷产品记录。

第六节 产品责任的诉讼管辖和法律适用

一、诉讼管辖

诉讼管辖是指确定产品责任的管辖权，是受理产品责任案件时首先需要解决的问题。美国产品责任法和欧洲各国的国内法对这个问题都作出明确规定。

（一）美国

由于美国法律分为联邦法和州法两个部分，各州都有立法的权力，各州都制定自己的法律，因此州与州之间常常存在法律的冲突，所以冲突法就显得特别重要。

（1）实际控制原则。这是指被告在法院地亲自被送达，只要被告在法院辖区内被送达传票，该法院就对他有管辖权，即使被告仅仅是坐飞机路经此地，法院也可因有效的送达传票而取得对被告的管辖权。

（2）住所地原则。只要被告在该州内有住所，即使诉讼开始时他不在他的住所所在的州，该州仍然对他有管辖权。

（3）最低限度联系和长臂管辖权。早期的美国各州普遍采用"实际控制"原则，但这样一来使各州法院由于被告不在本州有住所,从而无法行使对一些案件的管辖权。

[案例5-12]　　国际鞋业公司诉华盛顿州法院

联邦最高法院认为:本案的上诉人——国际鞋业公司虽然设立于密苏里州,但它在华盛顿州雇用10多个推销员为该公司展览样品,接受订单,并将订单寄回公司,说明该公司在华州有业务活动,涉及本案的纳税义务直接产生于这些活动,故该公司与华盛顿州已有足够的联系,按照公平和正义原则,该州要求该公司纳税是公平合理的。同时最高法院确认,一个公司的经济活动构成了公司在宪法上的公平对等和实质公正原则意义内的"出现",并判定,如果被告人与一个州有"最低限度的接触"时,该法院就有管辖权,因此,联邦最高法院维持了华盛顿州法院的一审判决。

在这一判例出现以后,20世纪50年代有些州开始制订"长臂管辖法"。1955年,伊利诺伊州首先制定"长臂管辖法令",该法令被各个州效仿和援引。1963年,美国统一州法委员会公布了一项标准的长臂管辖法,即《美国统一州际和国际诉讼法》。该法规定,只要有下列接触之一而提起诉讼,法院就有管辖权:①在该州经营商业;②签订合同,在该州供应货物;③在该州的作为或不作为造成侵权伤害;④在州外的作为或不作为而在该州造成侵权伤害,如果他在该州经常从事商业或招揽商业,或从事任何其他持续性的行为,或从该州所使用或消费的商品或提供的劳务中获得相当收入的。通过"最低限度联系"的原则,美国法院扩大了国内法的管辖范围。从1969年开始,美国法院对外国制造或生产的产品在美国造成人身或财产损害的,即对该产品的外国制造商或生产者行使司法管辖权,并认为它们是最合适的法院,因为原告、证人和证据均在美国。

(二) 欧洲国家

欧洲国家在产品责任方面采取分别对待的方法,对欧共体内部成员国适用其内部的公约,对欧共体以外的国家则按国内法的规定。

1.《民商事案件管辖权和判决执行公约》

《民商事案件管辖权和判决执行公约》是欧共体成员国中的法国、德国、比利时、意大利、卢森堡和荷兰6个国家签订的,于1973年2月1日生效。公约规定,在成员国有住所的人之间关于侵权行为的诉讼,向损害发生地法院提起。对于在共同体成员国内没有住所的被告人,管辖权适用各成员国国内原有的规定。在产品责任的诉讼中,往往存在共同被告人,如制造商、出口商、进口商和零售商或第三人的情况,所以根据该规定,共同体成员国之间进行产品责任诉讼,原告即可以在本国确定一个法院对进口商和其他被告起诉。

2. 欧共体对非成员国

德国法采取被告住所地原则，即依被告住所地来决定管辖的原则。如果确属侵权行为的诉讼，根据德国法，由侵权行为地法院管辖。而法国法和德国法的规定不同，采取依当事人国籍来确定管辖权的原则。根据法国新的民事诉讼法规定，在侵权行为管辖上，除被告住所地的普通管辖权之外，还扩大了侵权行为地法院的管辖权——既可以是损害事件发生地法院管辖，也可以是损害承受地法院管辖。

（三）中国

在产品责任方面，按照《中华人民共和国民事诉讼法》第243、245条的规定："因合同和其他财产权益纠纷，对在中华人民共和国领域内没有住所的被告提起的诉讼，……应由被告住所地或侵权行为地人民法院管辖。""涉外合同或涉外财产权益纠纷的当事人，可以用书面协议选择与争议有实际联系的地点的法院管辖。"从我国法律的规定可以看出，我国在解决产品责任的管辖权时，采用被告人住所地或侵权行为地法院管辖，由当事人自己选择。

二、法律适用

产品责任的法律适用是指一国法院在审理产品责任案件时，应适用哪一国法律来确定双方当事人的权利和义务。

（一）美国

产品责任实行严格责任以前，美国各州普遍按照1934年颁布的第一次《冲突法重述》的规定适用损害发生地法来确定当事人的责任，产品在什么地方对消费者或用户造成了损害，就适用那个地方的法律来确定产品生产者和销售者的责任。但近年来，随着严格责任的出现，这项规则不断受到批评。特别在涉及交通事故产品责任案件中，由于汽车到处行驶，经常跨州越国。完全以出事地点的法律来确定汽车的生产者或销售者的产品责任，有时可能对受害者不利。因此，在1972年公布的第二次《冲突法重述》中，原则上废弃了第一次《冲突法重述》的侵权行为地主义，而采取比较灵活的规则——最密切联系原则。在第二次《冲突法重述》第145节中规定：①当事人对侵权行为中的权利和义务，应由同该事件及当事人有最密切联系的州的法律决定。②在确定问题应适用何种法律时，应考虑的联系：一是损害发生地；二是引起损害的行为的发生地；三是当事人住所、居所、国籍、公司所在地和各当事人的营业地点；四是各当事人之间关系集中的地点。最密切联系原则的适用，使法官可以自由地选择和特定民事纠纷有最密切联系地的法律。从美国所形成的众多判例可以看出，法院在对最密切联系原则的适用大多数是从保护消费者的利益考虑的。

(二) 大陆法系国家

德国和法国在审理产品责任的案件时,一般都适用法院地的国内法。德国法一般规定为传统的侵权行为地法,如果侵权行为地和损害发生地不在一处时,则适用有利于受害者的法律。法国法采用侵权行为地法中的加害行为地法。

(三)《关于产品责任的法律适用公约》(《海牙公约》)

《海牙公约》是由第12次海牙国际私法会议制定,在1973年10月2日签订,该公约于1979年10月1日生效。批准国有法国、荷兰、挪威、比利时、意大利、奥地利、卢森堡、瑞士、葡萄牙等国家。该公约共22条,对产品的范围、损害的含义和责任主体作了规定。法律适用规则具体包括四个方面:

(1) 适用受害者惯常居住地的法律为第一顺序。但还必须符合下列条件之一:①该国为应负损害赔偿责任者的主要营业地所在国;②为直接被害人取得产品的所在国。

(2) 如果不具备适用直接被害人惯常居住地的条件,则适用侵害发生地所在国法。该国仍须符合下列条件之一:①为直接受害者惯常居住地国;②为被请求负损害赔偿责任者的主要营业地所在国;③为直接被害人取得产品所在地国。

(3) 如果不具备前两条所规定的条件,而不能适用直接被害人惯常居住地法时,应适用损害地法,但如果原告不这样主张,则应适用被请求负损害赔偿责任者的主营业地所在国法。

(4) 如果被请求负损害赔偿责任的被告,能证明其不能合理地预见该产品或同类产品经由商业渠道在侵害地国或直接受害人惯常居住地国出售时,则该两国法律均不得适用,唯一能适用的即是被请求负损害赔偿责任者的主营业地国的法律。

(四) 中国

在涉外产品责任的法律适用上,我国目前适用《民法通则》第八章"涉外民事关系的法律适用"以及相关的司法解释加以解释。《民法通则》第142条规定:"中华人民共和国缔结或参加的国际条约同中华人民共和国的民事法律有不同规定的,适用国际条约的规定,但中华人民共和国声明保留的条款除外。"由此可以看出,在我国,国际条约优先于国内法的规定。我国《民法通则》第142条第3款规定:"中华人民共和国法律和中华人民共和国缔结或参加的国际条约没有规定的,可适用国际惯例。"在产品责任的法律适用上,主要是指现代各国纷纷采用的"最密切联系"原则。除此以外,我国《民法通则》第146条规定:"侵权行为的损害赔偿,适用侵权行为地法律。当事人双方国籍相同或在同一国家有住所的,也可以适用当事人本国法律或住所地法律。"

也就是说，在产品责任的诉讼中，也可以直接适用侵权行为地法。最高人民法院《关于贯彻执行〈中华人民共和国民法通则〉若干意见》第187条规定："侵权行为地的法律包括侵权行为实施地法律和侵权结果发生地法律。如果两者不一致，人民法院可以选择适用。"

参考书目

1. 张菊辉等著. 国际商事法律理论与实务. 广州：中山大学出版社，1995
2. 李玉明，张思前等著. 产品质量一百案例精析. 北京：中国人民大学出版社，1994
3. （英）克拉克著. 产品责任. 北京：社会科学文献出版社，1992
4. 王利明著. 民法——侵权行为法. 北京：中国人民大学出版社，1993
5. 王家富主编. 中国民法学民法债权. 北京：法律出版社，1991
6. 刘静著. 产品责任论. 北京：中国人民大学出版社，2000
7. 何美欢著. 香港合同法. 北京：北京大学出版社，1995

思考题

1. 什么是产品责任？什么是产品责任法？
2. 美国产品责任法有何特征？
3. 试述美国产品责任法关于承担产品责任的四种学说之要点。
4. 在涉外产品责任的法律适用上，我国法律的主要规定是什么？

第六章 代 理 法

第一节 代理法概述

在现代商品经济条件下,商品交换高度发达,社会关系复杂多样,人们不可能事事亲力亲为。17世纪时商业代理关系产生了,在国际贸易中,许多业务工作都是通过各种代理人进行的,其中包括普通代理人、经纪人、运输代理人、保险代理人、广告代理人以及银行等。在许多情况下,代理人即是公司,有些国家的法律把代理人作为一种商业机构来对待。

代理人对于沟通对外贸易当事人之间的业务联系,促进国际经济贸易的发展,起着相当重要的作用,同时也使国际贸易产生了更为复杂的多方面法律关系。为此,各国都十分重视代理与代理人的法律地位问题。为了调整其法律关系,各国通过立法手段,确认代理制度,规定了一系列关于代理制度的规则。为了消除由于各国对代理法律制度的不同规定而造成的障碍,国际统一私法协会于1979年成立政府专家委员会,起草有关国际货物销售代理的统一规则。1983年2月15日在日内瓦召开了由49个国家代表参加的外交会议,正式通过了《国际货物销售代理公约》(以下简称为《代理公约》)。该公约共5章35条,现在仍对各国开放签字。

一、代理的起源

(一)大陆法系关于代理制度的起源

代理制度是随着社会经济关系的发展而逐步形成的,代理在早期的罗马法中没有规定,后来随着商品经济的发展,才逐步形成萌芽期的代理制度。罗马早期的商品经济完全以家庭为单位进行,奴隶和家庭成员常常代表家长进行交易,所以在早期的罗马法之中没有规定代理制度。到了罗马帝国后期,家长制松弛以及外来商人的进入使代理制度在后期的罗马法之中出现。但这时候的代理制度和现代意义上的代理制度是不同的,它认为被代理人一律向和他签约的代理人承担个人责任,而被代理人和第三人之间是不存在直接责任的。也就是说被代理人相当于现代意义上的担保人,是为借款人进行担保的人。直到17世纪,荷兰法学家格老修斯在其著名的《战争与和平》一书中写道:"代理人的权利直接来源于本人,他的行为基于本人的委任。"这为大陆法的代理制度提供了理论依据，大大影响了以后大陆法代理制度的建立。

由于大陆法习惯于把符合逻辑的理论作为法律的基础，然后进行法律编纂。在代理方面，《法国民法典》把代理关系规定在委任契约之中，"委任或委任书为一方授权他方以委任人的名义处理其事物的行为。委任契约须经受任人的承诺而成立。"这个规定很明显是继承了罗马法关于代理的规定，所不同的是《法国民法典》中对委任契约涉及第三人的权利和义务关系作了明确规定，"委任对于受任人依授予的权限所缔结的契约，负履行的义务。委任人对于受任人权限之外的行为，仅在其明示或默示追认时，始负责任。"这样一来使本人直接对第三人负责，免除了代理人因享有代理权而对第三人负责。在《法国商法典》中，也只规定了一般经纪人和证券经纪人、居间商、运输行纪商等。实际上仍没有把代理从委任之中分离出来。

在德国，对于代理与委任的区别是在 1861 年的《德国商法典》规定的商事代理制度中出现的。直到 1896 年《德国民法典》将代理和代理权的概念和内容规定在总则之中，如《德国民法典》第 164 条、181 条规定："某人在其享有的代理权范围内，以被代理人的名义发出的意思表示，直接为被代理人和对被代理人发生效力。意思表示是明示以被代理人的名义进行，还是根据情况可以推断是以被代理人的名义进行，并无区别。""意思表示在法律上的效力，在受意思瑕疵、对特定情形的明知、应知影响时，应以代理人为判断标准，而不应以被代理人为判断标准。""在通过法律行为授予代理权的情形，如代理人根据被代理人的指令作出行为，则授权人不得就自己知道的情形，主张代理人不知情。授权人应该知道的情形，以应知等同于明知为限，亦同。"而将委任规定在"债的关系"之中，放在第二编中，"受任人因接受委任而有义务以无偿方式为委任人处理委任的事务。"对代理和委任进行区分。按照德国法的规定，代理的内部关系（委任契约）与代理的外部关系，以及委托授权的单方法律行为与代理人、委托人之间的契约行为区分开来。委任（委托人和代理人之间的合同）与授权（代理人与第三人为法律行为的权力）相分离。在《德国商法典》中，为了区分授权和委任，从商业角度规定了 13 种具体的代理人：①民事代理人；②经理人；③一般业务代表；④特殊业务代表；⑤代办商；⑥店员；⑦行纪商；⑧商事居间商；⑨零售居间人；⑩保险代理商；⑪运输代理人；⑫国内承运人；⑬海上承运人。

（二）英美法系关于代理制度的沿革

早在 1307 年之前，代理制度还处在萌芽时期。在那时，社会关系十分简单，代理法还不具备充分发展的条件。直到 12 世纪中期，伴随着教士在诉讼上的主体不合格，产生了诞生代理的需要。当时的教会法规认为，修道士在法律上被宣告为民事死亡，但他的一些民法上的权利仍然保留，并规定由修道院的院长代为行使。根据 1307 年"寺院院长曾经由于修道士购买用于修道院的货物的价金而被诉"的判例，法官梅特兰指出:"修道士在法律上死亡,促进了代理法的发展。"大约同一时间,律师业的出现,也促进代理制度的发展。12世纪直到13世纪初,指定代理人仍是一项特权,必须经过王室特许,并在法院履行正式手续之后才能完成。1235年,英国颁布实施了《莫顿法案》以后,指定代理人才成为每一个人的权利;到13世纪末期,代理人才频繁地在法庭上出现。这是由于当时的普通法审理程序过于复杂,只有少数人可以掌握,这一部分人很快形成专门进行法庭诉讼的人,也就是现代通常所说的"律师",而这些精通法庭诉讼的人就代理别人进行诉讼,成为最早的代理人。1383年的桑德维奇案,使商业代理成为必要。

[案例6-1]　　桑德维奇案

伦敦市一名商人的学徒,向一个法国商人购买了10吨酒,但未付货款。法国商人从法院得到了针对学徒的判决书,使学徒因无力支付酒钱而被判入狱。后来,该学徒又以他的雇主作为被告提起诉讼,声称雇主命令他到桑德维奇去买酒,他曾经授意进行这笔交易。伦敦市长和市政厅官员审理后认为:"根据商法和伦敦地区的惯例,店铺学徒为其主人购买或购买供其主人使用的物品,应由主人直接向卖方支付货款。而学徒则应无罪释放。"

这个判例的意义在于,第三人可以向本人提出权利请求,从而使代理人—本人—第三人的关系得以确立,但在这时第三人和本人的关系的性质并未得到确定。从12世纪开始,商业贸易的发展使代理成为必要。在1469年的一个判例中更加明确指出:"如果我要求我的仆人购买某些物品,或者我把某人作为我的代理人派去购买商品,而此人从另外一个人那里买到了商品。在这种情况下,我应负责履行该合同,即使该货物从未到达过我的手中,或者我根本不知道该代理人作了什么,因为我已经向他授权了。"这时,代理中的本人对第三人的责任得以确立下来,使本人直接和第三人形成合同关系,直接对本人负责,这样英美法系的代理制度得以确立,到十七八世纪,形成了专门的商业代理制度。

二、代理的概念

英美法系国家没有从立法的角度对代理下一个定义,但其法学家都强调代理权的客观性以及对内部关系的独立性。英国《商业代理法》将商业代理定义为:"在惯常的商业业务中有权售货,以寄售方式售货,购进货物,或以货物质押借款。"这个定义避免了抽象提炼的特征,并不完备。但在英美法国家成文法在确定代理权的范围和性质方面不起重要的作用,而主要通过商业习惯和法院的审判实践来解决各类代理方面的权限问题。美国的《法律重述—代理》中对代理下了一个定义:代理是双方明示合意由一方当事人（代理人）遵照另一方当事人（本人）的指示，为其（本人）利益为一定行为的受托信义关系。从英国法和美国法的规定可以看出，普通法系更强调代理行为在本人、代理人和第三人之间所产生的权利义务关系，至于代理行为的来由以及如何行使并不重要。

大陆法系从行为的角度对代理下定义。《德国民法典》第 164 条第 1 项规定：代理人在代理权限内，以被代理人的名义所为的意思表示，直接对被代理人产生效力。而我国《民法通则》第 63 条第 2 款对代理的规定如下：代理人在代理权限内以被代理人的名义同第三人实施的民事法律行为，所产生的民事权利和民事义务由被代理人承受。

从各国对代理的规定可以把代理定义为：代理是被代理人、代理人和第三人在特定的法律活动中形成的一种特殊的相互关系，即由于代理人在代理权限内，以被代理人的名义与第三人为法律行为，其法律效果直接归属于被代理人的活动所产生的相互关系的总和。这里所说的被代理人，通常又被称为本人或委托人；代理人就是受本人委托替本人办事的人；而第三人则泛指一切与代理人打交道的人。按照对代理的规定，在代理中必须存在三方当事人，即代理人、本人和第三人；如果代理人是在本人的授权范围之内行事，他的行为就对本人产生约束力，即本人既可以取得由此而产生的权利，也须承担由此而产生的义务，而代理人则一般不承担个人责任。

三、代理的类型

（一）英美法系的分类

英美法系根据代理形成的原因把代理分为协议代理、追认代理、不容否认的代理和为情势所迫的代理，根据本人公开程度把代理分为本人完全公开的代理、披露本人存在的代理和本人完全不公开的代理。

1. 根据代理形成的原因分类

（1）协议代理。代理权来源于本人和代理人之间的代理协议。这种代理协议可以是明示的，也可以是由协议以外的文字、行为或口头表示推断出来的默示协议，但沉默不构成授权。也就是说，代理不是一个合同，而是一个授权。

[案例 6-2] 宾劳诺玛发展公司诉法尼新制造有限公司

被告公司的一个秘书，以公司的名义租了辆车子，但用于办私事，被告人以秘书雇车私用，非公司业务，公司拒绝付款。法院认为，公司秘书有默示的合理权限为公司目的订车，原告认为秘书为被告的代理人成立，故被告公司应当付款，至于公车私用，只能由公司内部处理。

(2) 追认代理。追认代理是指在代理人未经事前授权而采取行动时，委托人可以于事后承认该代理人的行动，从而使行动对自己产生约束力。英美国家的法学家认为，任何行为都是可以追认的，包括违法的行为，后来的判例逐步限制对违法和民事侵权行为的追认。形成了追认代理的三条规则：A. 代理人必须声称为被代理人采取行动；B. 代理人行动时，必须有一个有行为能力的被代理人；C. 在追认代理时，被代理人必须具备自己采取该行动的行为能力。在追认代理中还须注意两个问题：①追认是有时间限制的，必须在时限范围内进行。②沉默不构成追认，除非这种沉默是持久的、令第三人受损的或产生不公平结果的，才可以构成不容否认的代理。

[案例 6-3]　　菲利普斯诉霍姆福蕾（1835 年）

本案中，农场的持有人之一与第三人签署涉及农场产权的买卖合同，另一个产权的持有人表示了反对，但是在得到忠告说买卖是阻止受按揭人变卖的唯一方法之后，他让交易完成，三年之后，他起诉要求否定该交易，法院判决认为，产权持有人反对涉及产权的交易，应在知悉交易情况后，立即向买方表示反对，原告在三年以后提出异议显然为时已晚，原告的沉默已经构成对交易的追认。

(3) 不容否认的代理。不容否认的代理又称为代理法上的禁止反言规则。它的含义是某人以自己的言论或行为作出某种表示，如果其他人对此项表示的依赖而采取了另一行为，前者将不再被容许推翻他前面的言行，否则是不公正的。这种代理的规定出现在衡平法之中，所以又被认为是对追认代理的补充。英美法系的法院在适用不容否认的代理时，须符合三个要求：①存在一项声明，受声明人依赖声明作出行为，声明使声明人的境况有所改变（通常是坏的改变）；②这个声明可以是积极作为的，也可以是消极不作为的；③声明应该由被代理人作出，但后来的判例又有所发展，认为只要有实际权力管理涉及有关合同业务的人代替被代理人作出上述声明，即产生如同被代理人自己声明相同的效果。在以后又对声明人扩大到"有管理业务的实际权力的人"。

(4) 为情势所迫的代理。这种代理是对协议代理、追认代理和不容否认的代理的一种补充，在以上三种代理没有规定的情况下，基于社会利益的要求而由法律加以规定的代理关系。在1924年之前，法院只承认因出票人信誉而承兑票据的和船长因为情势所迫，才可以由法律自动构成代理。但在1924年以后的判例对这条规定的适用范围进行了扩大。现代法院在适用该种代理时，要求必须具备以下条件：①必须有紧急情况，这种情况是出乎当事人在订立协议时所可以预见的，而且确有作出这种代理的必要性；②必须是不可能与委托人联系，至少是不能与被代理人及时联系，或按照正常的联系方法之后，将造成无法挽回的损失。

[案例6-4] 斯佩内格诉维斯铁路公司

维斯铁路公司替原告运一批西红柿到 A 地,由于铁路工人罢工,西红柿被堵在半路上,眼见西红柿将腐烂,维斯铁路公司于是就地卖掉了西红柿,原告起诉到法院。法院认为:虽然维斯铁路公司是出于善意的、保护原告利益,但当时是可以通知原告的,在可以联系而未联系的情况下私自处理他人货物,不能算是具有客观必需的代理权,被告维斯铁路公司败诉。

2. 根据本人的公开程度分类

(1) 本人完全公开的代理。这是指代理人在实施交易行为时,明确告知交易的对方当事人,自己是以某人的代理人的身份进行交易,该本人是交易的实际权利和义务的承担方。代理人不但公开该本人的存在,还公开他的姓名。

(2) 公开本人存在的代理。公开本人的代理是指,代理人在实施交易行为时,告知交易对方,自己是以代理人的身份进行交易,但被代理人的姓名与具体身份不予告知,而由该未完全公开的本人承担交易的权利义务。该种代理具备两个条件:①代理人必须表明自己是代理人的身份;②被代理人的身份和姓名由于种种原因无法公开。但是这个被称为被代理人的委托人必须确实存在,如果委托人不存在,则应由代理人来承担责任。

[案例6-5] 凯尔纳诉巴克斯特

原告与被告均为公司的筹建人,1866 年 1 月 9 日,双方与其他筹建人签署了公司章程。27 日原告向代表公司的被告致函,表示愿意出售若干货物,被告代表公司接受,并承诺某日期前付款,原告交付了货物,后来公司虽然成立并使用了这批货物,但是在付款日期到来之前就倒闭了,原告就向被告要求付款。首席法官厄尔判决被告的交易行为没有可受约束的委托人(公司并未成立),因而被告本人被该交易约束,原告胜诉。

(3) 本人完全不公开的代理。本人完全不公开的代理是指,代理人没有公开本人的存在并以自己的名义与第三人为法律行为。在本人完全不公开的代理中,代理人是以自己的名义而非本人的名义进行交易,代理人不披露本人的姓名、身份和任何使人认为是为某个人的利益而交易的其他信息。

(二) 大陆法系的分类

大陆法系根据代理人是否以本人的名义与第三人为法律行为,将代理分为直接代理和间接代理;根据代理人是否主动为意思表示,将代理分为积极代理和消极代理;根据代理人的代理权产生的原因,将代理分为法定代理和意定代理。下面分别介绍:

1. 根据代理人是否以本人的名义与第三人为法律行为分类

直接代理是指代理人在代理权限内,以本人的名义为意思表示或接受意思表示,直接对本人产生法律效力的代理。直接代理类似于英美法系的完全公开本人的代理和披露本人存在的代理。而间接代理则是指代理人以自己的名义,为本人之计算,为意思表示或接受意思表示,其法律效果通过协议转移给本人的代理。在大陆法国家,间接代理实际上就是行纪。如《德国民法典》第383条将行纪定义为"以自己的名义为他人购买或销售货物、有价证券,并以其作为职业的人"。

2. 根据代理人主动为意思表示或接受意思表示分类

积极代理是指代理人为意思表示的代理,而消极代理是指代理人接受意思表示的代理。

3. 根据代理权产生的原因分类

法定代理是指代理权的产生不是基于当事人的授权,而是基于法律的规定而产生的代理。法定代理权的产生主要是基于:①根据法律规定而享有代理权,如根据民法的规定,父母对未成年子女的代理权;②根据法院选任而取得代理权,如法院指定的法人的清算人;③根据私人的选任而取得代理权,如亲属所选任的监护人。意定代理是指来源于本人的意思表示,从而赋予当事人代理权。这种意思表示可以是口头的、也可以是书面形式的;可以向代理人表示,也可以向同代理人打交道的第三人表示。

(三)《国际货物销售代理公约》

按照《国际货物销售代理公约》的规定,本人对代理人代理权的授予,可以是明示的,也可以是默示的。授权无需以书面形式授予或证明,不受任何形式限制。对授权的证明可以采取任何方式,包括证人证明。公约的规定相当宽松,主要考虑到有些国家的法律不强调书面形式的要求。但是,如果本人或代理人设有营业所的缔约国已对上述规定作出保留声明,则根据该国立法的要求,代理权的授予、追认和终止,均须以书面形式作出或证明。

四、代理权的消灭

(一)代理权消灭的原因

根据各国法律规定以及《国际货物销售代理公约》的规定,代理权终止主要有四种情况:

(1)根据本人与代理人之间达成的协议终止代理权。例如双方当事人在代理合同中订明期限,期限届满即代理权终止。

(2)授权代理的某一笔或数笔交易已经履行完毕。

(3) 本人撤销代理权,或者代理人放弃代理权。根据各国法律,原则上都准许本人在代理存续期间撤回代理权。但是,本人在终止代理关系时,须事先向代理人提前发出合理的通知;本人在代理的存续期间不适当地撤销代理关系,本人须赔偿代理人的损失。

(4) 根据代理协议适用的法律规定而终止。各国法律规定,本人死亡、破产或丧失行为能力;代理人的死亡、破产或丧失行为能力,都会产生代理关系终止的后果。

(二) 对代理人的效果

代理关系终止之后,代理人就失去代理权。有些大陆法国家为了保护商业代理人的利益,在商业代理中特别规定,在终止代理合同时,代理人对于他在代理期间为本人建立的商业信誉,有权要求本人给予赔偿。因为代理合同终止后,这种商业信誉仍将为本人带来好处,而代理人则将因此而失去一定的利益。

(三) 对第三人的效果

本人单方面撤回代理权或终止代理合同,对第三人是否有效,主要取决于第三人是否知情。根据英美法,当终止代理关系时,必须通知第三人,才能对第三人发生法律效力。如果被代理人在终止代理合同时,没有通知第三人,后者由于不知道这种情况而与代理人签订了合同,则该合同对被代理人仍有约束力,被代理人对此仍须负责。代理是根据法律规定而终止的,就不必通知第三人了。

五、无权代理

无权代理是指欠缺代理权的人所为的行为。各国立法根据无权代理的原因和后果的不同,将无权代理划分为狭义的无权代理和表见代理,并分别设立法律进行调整。狭义的无权代理不发生属于有效代理的法律后果,而表见代理则既可能发生代理无效的后果,也可能发生代理有效的后果。

(一) 狭义的无权代理

1. 概念

狭义的无权代理是指行为人既没有本人的实际授权,也没有足以使第三人善意误信其有代理权的外观,但行为人与第三人所为行为之利益牵连于本人的法律关系。狭义的无权代理由于代理人不具备代理权,甚至不具备让人误以为有代理权的情况,使代理行为处于一个效力待定的状态。因为狭义的无权代理并不都是不利于被代理人的,因此需由本人自己来判断是否追认代理权。如果本人承认了代理人的行为,该无权代理行为就具有代理的效力。如果本人不承认代理人的行为,就导致这个代理行为自始至终不发生法律效力。狭义的无权代理形成的原因有：①不具备明示授权或默示授权的代理，但无权代理人自称是代理人；②授权行为无效或被撤销；③超越授权范围的代理；④代理权消灭后的代理。

2. 狭义无权代理效力的确定

法律对于不确定的法律行为，总是赋予行为主体以权利，以便于肯定效力待定法律行为的效力。在代理法中，各个国家都赋予本人和第三人一定的权利，这实际上是对无权代理的一种补救措施。

（1）本人的追认权。所谓追认权是指本人对无权代理人的代理行为有追认其效力的权利。追认权可以是明示的，也可以是默示的，甚至可以是从本人的行为之中推断出来的。除此之外，法律对追认权的期限也作出规定，追认权必须在除斥期间内作出，否则就丧失追认权。例如，《中华人民共和国合同法》规定："相对人可以催告被代理人在一个月内予以追认。被代理人未作表示的，视为拒绝追认。"追认权是一种形成权，仅凭权利人的单方意思表示即决定权利人与相对人之间的法律关系的变动。追认权的行使，使无权代理行为成为合法的代理，产生的直接后果是，本人直接对第三人负责，经过追认，无效的代理行为被认为是自始至终有效的法律行为。

（2）第三人的催告权。所谓催告权是指第三人可以自行规定一个合理的期限，催告本人明确地承认或否认无权代理的代理行为，但如果代理人逾期不作表态，应视为否认。《德国民法典》第177条、178条，以及《日本民法典》第114条、第115条，均规定无权代理的相对人，可以规定相当时间催告本人确切答复，对是否无权代理予以追认。在《中华人民共和国合同法》之中也有类似的规定。

（3）第三人的撤回权。所谓撤回权是指在本人对无代理权行为进行追认之前，第三人有权撤回与无代理权人所为的行为。也就是说，在本人未为承认之时，相对人有撤回权。第三人行使撤销权，使不确定的权利义务关系直接归于消灭，避免第三人因本人拒绝或延迟追认而受到损失。

在无权代理的情况下，如果经过本人的承认，使行为转化为真正的代理，无权代理人和相对人之间便不产生直接的关系。如果本人对无权代理不予追认，则无权代理人对善意第三人承担责任。在本人和无权代理人之间会形成两种关系：①因为无权代理行为是由于为本人利益计算，而在本人和代理人之间成立无因管理的关系；②如果无权代理事实上是对于本人不利的，并使其受到损害，即构成侵权行为，由无权代理人承担侵权的责任。

（二）表见代理

1. 表见代理的概念和要件

我国法学界的通说认为：表见代理是指行为人虽无代理权，但善意第三人客观上有充分理由相信行为人具有代理权，而与其为法律行为，该法律行为的后果直接由本人承担的无权代理。表见代理实质上体现了一种有权代理。大陆法系国家认为，在代理关系之中存在两个契约关系，一是被代理人对代理人的授权行为；另一种是代理人和第三人之间的契约关系。代理权具有独立的法律意义，代理权的发生必须以本人的授权为前提。在表见代理之中，并没有这种明确的授权意思，所以，在大陆法系国家，表见代理实质上是一种无权代理。但是，随着商品经济的发展，为保护善意的第三人，立法上又赋予表见代理以代理的效力。在英美法系国家，认为表见代理是一种有效的代理，它和"不容否认的代理权"基本是相同的。

表见代理除了应该具有本人、代理人和第三人的要件之外，还应该具备以下的特别要件：

（1）必须是"代理人"以本人名义实施意思表示或者受领意思表示，即出示能够证明自己有代理权的授权书或声称代理本人的行为。

（2）必须是本人以其行为表示授予行为人以代理权。这一表示可以是作为的或不作为的，只要使第三人相信无权代理人具有代理权就可以了。例如，亲属关系、劳务合同等。

（3）需要第三人在行为时是善意并且无过失。如果第三人明知他人无代理权，而仍与他进行法律行为，则不构成表见代理。在判断第三人是否善意时，以"客观上足以使第三人信赖"和"第三人主观上善意且无过失"这两个条件共同进行判断。英美法对表见代理的认定原则是：当本人提供"信息"，并且第三人有理由相信此事而遭受损害时，即产生不容否认的代理或表见代理。

（4）必须是委托代理。在法定代理之中，因不存在授权行为，所以也就不存在表见代理。

2. 表见代理的类型

（1）因表示行为而产生授权表象的表见代理。因表示行为而产生授权表象的表见代理，是指本人以自己的行为表示授予他人代理权，或者知道他人表示愿为其代理人而本人不作反对表示。在这种表见代理之中，按照本人对授权的主观态度，又可以分为积极的表见代理和消极的表见代理。所谓积极的表见代理，是指本人以书面或口头形式，直接向特定的或不特定的第三人表示以他人为代理人，但事实上本人并未对他人进行真实的授权的意思表示。例如，借用合作专用章或盖有公章的空白合同书。所谓消极的表见代理，是指由于本人对他人假托自己的授权行为不作否认表示，因而客观上使第三人误信，才构成有违背本人真实意愿的表见代理。例如，第三人催告或无权代理人将自己的行为告知本人。

（2）因越权行为而产生的表见代理。所谓越权代理是指代理人有代理权，而第三人基于善意，与代理人所进行的超出代理人真实代理权限的行为。该种代理应该符合这几个要件：①代理人被授予代理权；②代理人与第三人所实施的行为超越了代理权限；③需要第三人在行为时善意且无过失。

（3）因行为延续而产生的表见代理。所谓行为延续而产生的表见代理，是指代理权被全部撤回或因其他原因而消灭，但是因为撤销权人的行为造成足以令人信其代理权依然存在的假象，而发生的表见代理。从定义之中可以看出，该种表见代理应符合这几个要件：①代理人曾经有过代理权；②代理人以本人名义实施意思表示或受领意思表示；③行为时代理权已被全部撤回；④撤回权人造成足以令人信其有代理权的假象；⑤第三人在行为时善意且无过失。

3. 表见代理下的当事人之间的关系

（1）本人和第三人。表见代理虽然属于无权代理，但各国法律都规定，一旦表见代理成立，就产生与有权代理相同的法律效力。即在本人和第三人之间产生法律关系，本人对第三人负授权的责任（即履行责任而非损害赔偿责任）。

（2）本人和代理人。本人不得以无权代理人的行为属无权代理为由或以本人无过失为理由对抗善意第三人。在表见代理之中，如果本人因向第三人承担责任之后，遭受损失，则他有权向无权代理人请求赔偿。

（3）代理人和第三人。表见代理已成立，就构成有效代理关系。代理人和第三人之间不发生法律上的权利义务关系。

表见代理始终是属于无权代理，法律之所以赋予它和有效代理相同的效力，主要是出于保护交易安全和保护善意第三人，因此，如果第三人认为向无权代理人追究法律责任对自己更有利，第三人可以主张该表见代理为狭义的无权代理，并按狭义的无权代理追究代理人的责任。

（三）《国际货物销售代理公约》的规定

根据《国际货物销售代理公约》规定，一旦代理人无权或越权行为时，本人和第三人一般不受代理人行为的约束，但是下述情况例外：①如果由于本人的行为，致使第三人合理地并善意地相信，代理人有权代表本人行使，而且是在本人授权范围内行事的，本人不得以代理人无权代理而对抗第三人；②本人可以追认代理人的无权或越权代理行为，一经追认，即产生同授权行为相同效力。这种追认，可以是明示的，也可以是默示的。在本人发出的追认书送达第三人或第三人知悉追认时，追认开始生效。第三人在未收到追认书之前可以拒绝承认追认。③如果代理人的无权或越权代理行为未得到追认，代理人要对第三人承担赔偿责任；如果第三人明知代理人无代理权而与之订立合同，代理人不承担赔偿责任。《国际货物销售代理公约》对无权代理所作的规定，旨在保护善意第三人，使不知该代理人作出无权代理行为的第三人，不因其无权代理行为而遭受损失。

第二节 代理的法律关系

通常情况下,代理包括两种法律关系:本人与代理人的内部关系;本人、代理人和第三人的关系,一般称为外部关系。在这两种法律关系之中,前者是代理关系的基础,因为有前者的存在,才产生后者。

一、代理的内部关系

对于代理的内部关系,即本人与代理人之间的关系,各国都通过国内法来确定,在通常情况下,本人和代理人之间的权利义务通过代理合同来加以确认。对上述问题,《国际货物销售代理公约》没有作具体的规定,大陆法国家的规定和英美法国家的判例法所形成的法律原则基本相同。

(一)代理人的义务

1. 执行的义务

代理人的首要任务就是为所代理的本人执行代理义务,只有在本人所委托的义务违法的情况下,代理人才可以拒绝执行代理。代理人在履行其代理义务时,应当以适当的谨慎与技巧,勤勉地履行代理职责。凡书面明确代理人任务的,代理人只须依书面行事,书面规定不够明确,代理人应力争调和他所得到的指示和他认为对本人有利的事。否则,因代理人过失造成损失的,要向本人负赔偿责任。同时,代理人不得另行指定代理人。代理关系是一种信任关系,所以一般代理人不得把本人授予的代理权转授他人,让他人来代为履行代理义务。但是在某些情况下,可以变通,例如遇到紧急情况。

2. 服从的义务

接受本人委托的代理人应当在本人有所指示时,服从指示,而没有酌情处理的权利。在没有本人的指示或没有及时地接到本人的指示的情况下,代理人才有酌情处理的权利。

3. 诚信忠实的义务

(1)代理人必须向本人公开他所掌握的有关客户的一切必要情况,以供本人考虑决定是否同意与该客户订立合同。

(2)代理人不得以本人的名义同代理人自己订立合同,除非事先征得本人同意。代理人不经过本人特别许可,也不能兼为第三人的代理人,两边收取佣金。

(3)代理人不得密谋私利。即代理人不得谋取超出本人付给的佣金或酬金以外的任何私利;如果代理人受了贿赂,本人有权向代理人索还,并有权不事先通知代理人而解除代理关系；代理人不得与第三人串通，损害本人的利益。

（4）代理人不得泄露商业秘密。代理人不得泄露在他的代理业务中所获取的保密情报和资料，代理人在代理协议有效期间或代理协议终止之后，都不得把代理过程中所获取的保密情报和资料向第三人泄露。

（5）代理人须向本人申报账目。由于代理人的自由活动权十分广泛，为了使本人方便地了解情况，迫使代理人诚实行事，代理人有义务对一切代理交易保持正确的账目，并根据代理合同的规定或本人提出要求时，向本人申报账目。代理人为本人收取的一切款项应交给本人。

（二）本人的义务

1. 支付佣金

在本人和代理人之间签有代理协议的情况下，按照代理协议中关于佣金条款的规定，本人向代理人支付佣金是本人最基本的义务。在代理人与本人之间没有代理协议时，本人对代理人有补偿的义务，一般来说，这种补偿是完全的补偿，对于无偿代理人的补偿费也是一样。

2. 偿还代理人因履行代理义务而产生的费用

除合同规定之外，代理人履行代理义务所开支的费用，是不能向本人要求偿还的，因为这属于正常的业务开支。但是，如果他因执行本人指示的任务，而支出了额外的费用或遭受损失时，则有权要求本人进行赔偿。例如，代理人根据本人的指示，在当地法院进行诉讼所遭受的损失和所支付的费用，本人必须进行补偿；另外，代理人在进行代理义务时所为的侵权行为，本人也要承担责任。这一原则又被称为替代责任原则。例如，一百货商场的职员在商场里打伤了与之争论的顾客，商场对此侵权行为就要承担责任。

3. 本人有义务让代理人检查核对其账目

这是大陆法系的一项规定，代理人有权查对本人的账目，以便核对本人付给他的佣金是否准确无误。

二、代理的外部关系

代理的外部法律关系是指代理人、本人和第三人的关系。代理人代替本人与第三人签订合同或作其他法律行为时，原则上合同一经签订，代理人便退出合同，而由本人来承担由此而产生的权利义务。但在实践中，由于各国法律的规定各不相同，有时第三人很难分清楚自己究竟和谁签订合同，因此使代理的外部关系更加复杂。

代理行为是一种双方法律行为，它必须借助第三人才能完成。代理人虽然独立地实施法律行为，但该法律行为并不当然地对他产生法律效力，代理人和第三人之间不发生权利义务关系。下面分别介绍有关的规定。

（一）大陆法系的规定

在确定第三人究竟是和代理人还是和本人签订合同时，大陆法国家采取的标准是：代理人是以代表的身份同第三人签订合同的，还是以他自己个人的身份同第三人签订合同。如果代理人是以代表本人的身份与第三人签订合同，代理人需明示地指出本人的姓名或表示他是受某人委托来签订合同。在这种情况下，合同的权利义务就由本人来承担，由本人对第三人负责。如果代理人是以自己的身份与第三人签订合同，合同所产生的权利义务则由代理人自己来承担，本人不再对合同负责。

按照大陆法系的规定，根据代理权的来源，将代理分为直接代理和间接代理。在直接代理之中，由于代理人是以被代理人的名义，在代理权限内与第三人实施某种商业活动，如签订合同，其法律后果直接由本人承担。在这种代理关系中，代理人对第三人不承担责任，也不享受权利。在另一种代理——间接代理中，代理人以自己的名义，为本人的计算而与第三人订立合同，日后再将其权利和义务通过另一合同转移给本人。在间接代理中，存在两个合同关系。首先，代理人以自己的名义和第三人签订合同。其次，由代理人和本人签订以前合同为基础的第二个合同。这样一来，第一个合同的权利义务，就通过第二个合同转移给本人。大陆法系强调，本人不能直接对第一个合同行使权利，不得直接对第三人主张权利。

（二）英美法系的规定

究竟是由代理人自身来承担责任，还是由本人承担责任，英美法系在此问题上与大陆法系的规定不同，它采用所谓的义务标准。在此，必须按照代理中对本人的公开程度的分类进行进一步说明。

1. 完全公开本人的代理

代理人在订约时，已向第三人指明本人的姓名，在这种情况下，这个合同的双方当事人为本人和第三人，而代理人在合同成立之后退出合同，由本人行使合同的权利和义务。对上述问题，英美法有例外的规定，代理人在下列已指明本人的姓名的某些情况下，仍须承担责任：A. 如果代理人以自己的名义在签字蜡封式合同上签名，他就对该合同负责；B. 如果代理人以自己的名义在汇票上签名，他就要对该汇票负责。

2. 披露本人的代理

在这种代理之中，代理人在订约时，仅披露本人的存在但不公开其姓名、身份，代理人已表明了有代理关系存在，该合同关系的双方当事人仍然是本人和第三人。合同所产生的权利和义务仍由本人承担，而代理人既不能从合同中获取权利，也不必对合同承担义务。

3. 本人完全不公开的代理

代理人在本人的授权范围之内，以自己的名义同第三人订立合同，根本不披露本人的存在，不指明有代理关系存在。在这种情况下，第三人不知道自己是在同本人签订合同，而以为是和代理人订立合同。那么究竟是由代理人自己承担责任，还是由本人承担责任？在这种情况下，仅仅是代理人自己和第三人签订了合同，代理人当然成为合同的另一方当事人，承担因此而产生的权利义务。作为未披露的本人能否直接依据代理合同取得另一个合同的权利义务？是否也像大陆法系的间接代理的规定那样，需通过再签订一个合同来转移原合同的权利和义务？英美法系在这个问题上和大陆法系的规定有所不同，认为未被披露的本人原则上可以通过以下两种方式直接进入合同，取得权利和承担义务：

（1）完全不公开的本人有权介入合同，并直接对第三人行使请求权，或在必要时，对第三人起诉。如果本人行使了介入权，他就要对第三人承担义务。

（2）第三人发现了本人之后，享有选择权。他可以从代理人或本人中任选一人作为履约的对象，也可以选择代理人或本人作为起诉的对象。但第三人一旦选定承担义务的对象之后，就不能再改变。

在英美法系中，完全不公开的本人可以直接行使介入权，无需像大陆法系的间接代理那样，通过另一个合同转移权利和义务，本人可以直接对第三人主张权利，这是英美法代理制度的一个主要特征。

（三）《国际货物销售代理公约》的规定

《国际货物销售代理公约》没有对本人和代理人的关系加以规定，却通过代理人行为所产生的法律效力，对本人、代理人和第三人的外部关系加以规定。

1. 代理人行为约束本人和第三人

代理人在本人的授权范围之内，代表本人行使权利，而且第三人已经知道或理应知道代理人的身份，则本人和第三人的关系，受到代理人的行为约束。

2. 代理人的行为只约束代理人和第三人

在这种情况下，代理人的行为对本人没有约束力，需符合以下两个条件：A. 代理人在本人的授权下代表本人行事，第三人不知道代理人是代理的身份。B. 代理人的行为，是由代理人承担只约束其自己的情况所产生。

但是，在上述情况下，本人可以直接介入合同，行使代理人从第三人处得到的权利，而第三人也可以对本人行使从代理人那里取得的权利。此问题应注意下述几点：

（1）当代理人因第三人不履行义务或因其他原因而未履行、无法履行他对本人的义务时，本人可以行使代理人从第三人处得到的权利。此时，代理人应先将第三人的名称通知本人。值得注意的是，本人行使这项权利时，第三人对代理人提出的任何抗辩，本人都应承担。

（2）当代理人未履行或无法履行他对本人的义务时，第三人可对本人行使他从代理人那里取得的权利。不过第三人应承担代理人可能对第三人提出的任何抗辩以及本人可能对代理人提出的抗辩。

（3）本人或第三人要行使上述权利，必须事先通知代理人。

（4）当代理人因本人未履行义务以致不能或无法履行对第三人的义务时，代理人应将本人的名称通知第三人。

（5）当第三人不履行其对代理人的义务时，代理人应把第三人的名称通知本人。

（6）如果第三人知道本人的身份就不会订立合同时，本人不得对第三人行使代理人从第三人处取得的权利。

从以上对大陆法、英美法和《国际货物销售代理公约》有关规定的介绍，可以看出它们之间各有异同。相同之处是，它们都对代理人表明自己代理身份作了相似规定。但英美法中完全不公开本人的代理，本人可以直接行使介入权。而按照大陆法系的间接代理，本人需通过另一个合同才可对第三人行使权利。《国际货物销售代理公约》在适用范围上明确规定，不适用于第三人在订约时不可能知道代理人是以代理的身份行事的情形。《代理公约》仅规定代理人无法履约时，本人可以直接进入合同，对第三人行使权利，这与英美法和大陆法的规定是完全不同的。

第三节 中国代理法

一、概述

代理法制度和其他的法律制度一样，在中国立法的时间还是比较短的。1986年颁布的《中华人民共和国民法通则》（以下简称《民法通则》）中第4章第2节（第63～70条）比较具体地规定了代理制度的基本规范和原则，构成我国民事代理的基本框架。1999年颁布的《中华人民共和国合同法》（以下简称《合同法》），相对原来的《民法通则》的规定，有了很大的改变。如《合同法》第402条规定："受托人以自己的名义，在委托人的授权范围内与第三人订立的合同，第三人在订立合同时知道受托人与委托人之间的代理关系的，该合同直接约束委托人和第三人，但有确切证据证明该合同只约束受托人和第三人的除外。"《合同法》第403条规定："受托人以自己的名义与第三人订立合同时，第三人不知道受托人与委托人之间的代理关系的，受托人因第三人的原因对委托人不履行义务，受托人应当向委托人披露第三人，委托人因此可以行使受托人对第三人的权利，但第三人与受托人订立合同时如果知道该委托人就不会订立合同的除外。受托人因委托人的原因对第三人不履行义务，受托人应当向第三人披露委托人，第三人因此可以选择受托人或者委托人作为相对人主张其权利，但第三人不得变更选定的相对人。"从上述规定可以看出，我国《合同法》规定了介入权和选择权。这两个权利行使的条件和《国际货物销售代理公约》及《欧洲合同法原则》的规定基本是一致的。

二、代理的概念

按照我国《民法通则》第63条第2款的规定："代理人在代理权限内，以被代理人的名义实施民事法律行为，被代理人对代理人的代理行为，承担民事责任。"从代理的概念可见，一个合法的代理具有几个方面的条件：①代理之中有三方当事人——本人、代理人和第三人；②代理人须以本人的名义向第三人实施法律行为；③须属于民事法律行为并且代理行为的标的是财产行为。

三、代理的类型

1. 按照代理权发生的条件，将代理划分为意定代理与法定代理

（1）意定代理。意定代理是基于本人授予代理权而产生的代理。在《中华人民共和国民法通则》上称为"委托代理"。除此以外，还有通常所说的"职务代理"。

（2）法定代理。法定代理是因法律规定的身份或资格而取得代理权的代理。《中华人民共和国民法通则》第14条规定："无民事行为能力人、限制民事行为能力人的监护人是他的法定代理人。"

2. 按照代理行为是否以本人名义实施，将代理划分为显名代理和隐名代理

（1）显名代理。显名代理是以本人名义实施的代理。《中华人民共和国民法通则》所规定的代理都是显名代理。

（2）隐名代理。隐名代理是指不以本人名义实施、但依其他情形第三人知道他是代理而成立的代理。如《中华人民共和国合同法》第402条规定。

3. 按照代理人的选任人是本人还是代理人，将代理划分为本代理和复代理

（1）本代理。本代理是代理人由本人选任或依照法律规定而产生的代理。

（2）复代理。复代理是代理人基于复任权而选任的代理人所实施的代理。按照《中华人民共和国民法通则》的规定："委托代理人为被代理人的利益需要转托他人代理的，应当事先取得被代理人的同意。事先没有取得被代理人同意的，应当在事后及时告诉被代理人，如果被代理人不同意，由代理人对自己所转托的人的行为负民事责任，但在紧急情况下，为了保护被代理人的利益而转托他人代理的除外。"

四、代理权

1. 代理权的发生

（1）法定代理权可以因法律规定而产生，如监护人为未成年人的法定代理人。也可以因主管部门指定而产生；还可以因为法院选定而产生。

（2）意定代理权经本人的授权行为而产生。这种授权行为是本人的单方面的意思表示就可成立的。按照《中华人民共和国民法通则》第65条的规定，授权行为可以是口头、书面甚至是公告形式的，法律另有规定的除外。

2. 代理权的灭失

代理权的灭失在我国《民法通则》第69条和第70条分别作了规定：意定代理因代理事务完成而消灭；因代理权的期限届满而终止；因本人或代理人破产而消灭；因代理权被全部撤回而消灭；因为代理人辞去代理而消灭。法定代理因本人恢复或取得完全行为能力而消灭；监护因监护人的资格被取消而消灭；法定代理还可以因为其他的原因而消灭。

五、无权代理

无权代理和前面介绍的西方国家的规定基本是一样的，也把无权代理分为狭义的无权代理与表见代理。此处不再重复。

参考书目

1. 谢怀栻著. 外国民商法精要. 北京：法律出版社，2002
2. 苏浩朋主编. 美国商法. 北京：中国法制出版社，2000
3. 何勤华，李秀清主编. 外国民商法导论. 上海：复旦大学出版社，2000
4. 张文波，张胜翠，乔飞著. 英美商法指南. 上海：复旦大学出版社，1995
5. 张胜翠主编. 国际商法. 上海：上海财经大学出版社，2002
6. 沈四宝，王军，焦津洪编著. 国际商法. 北京：对外经济贸易大学出版社，2003
7. 冯大同主编. 国际商法. 北京：对外贸易出版社，1991

思考题

1. 简述代理的类型。

2. 什么是狭义的无效代理?
3. 表见代理的成因及要件有哪些?
4. 代理人的义务有哪些?

第七章 商事组织法

第一节 商事组织的概念与形式

一、商事组织概念

所谓商事组织，是指国民经济运行的主体和基本运行单位，一个国家国民经济的运转，是通过为数众多的商事组织的生产经营活动而实现的。商事组织是适应商品经济发展的需要而逐渐形成的，各个国家在实践中采取各种各样的组织形式，来适应现代商业活动和投资的需要。人们根据自己的商业目标以及有关控制权、税收、责任等方面的考虑，选择不同的商事组织形式。

二、商事组织形式

从大多数国家商法的规定来看，商事组织的形式主要有个人企业、合伙企业和公司等三种。

（一）个人企业

个人企业（Individual Proprietorship）又称单人业主制企业或独资企业，是指由单个人出资，独立承担企业经营的法律责任的企业。个人企业一般不是法人，不具有独立的法律人格。企业主既是出资者，又是经营者。他独享企业的利润，也独自承担所有的风险，对企业的债务承担无限责任，即他对企业债务的赔偿责任不以企业的资本为限，他的一切个人财产都可以用来偿债。

个人企业的优势是成立简单，经营灵活简便，它几乎没有任何内部机构，不需耗费太多资源在经营管理上，企业主可自己控制经营过程的一切细节，独享利润。在税收方面，企业主只需交纳个人所得税，无需交纳企业经营所得税。个人企业的产权转让也较为自由。

个人企业的不足之处是企业主须承担无限责任，风险大，而且其筹集资金的能力有限，通常规模较小。所以，个人企业虽是数量最多的商事组织形式，但大多数属于中小型企业，在世界各国经济中并不起主要作用。有些国家的法律对个人企业的经营范围作一定的限制，其设立必须得到政府部门的批准并取得营业许可证。所以个人企业通常分布在零售业、服务行业和农业等行业。此外，个人企业的一切业务往来，包括对外所签订的所有商业合同，都是以业主个人名义进行的，所以，如果企业主死亡，该企业的业务一般都得中断。

（二）合伙企业

合伙企业（partnership）是由两个或两个以上的合伙人为共同目标，共同出资，共同经营，共享利润，共担风险所组成的企业。合伙人通过订立合伙协议来成立合伙企业，合伙协议规定合伙人各自享有的权利和应承担的义务。同个人企业一样，每个合伙人对企业所欠债务负无限责任。大多数西方国家不对合伙人授予法人资格，但近年来情况有所变化，有些国家如法国、比利时、日本等国承认合伙人亦为法人。合伙企业由于资金和法律方面的限制，一般都采取中小型企业的形式，主要分布在商业、零售业和服务业领域。所以合伙企业虽然数量也较多，但其经济实力和影响并不太大。

（三）公司

公司（Corporation）是指依照法定条件和程序设立的，以营利为目的的社团法人组织。公司是法人，具有独立的法律人格。公司的财产大都与股东的财产区别开来，即股东对公司的债务仅以其出资额为限。公司和自然人一样，在法律上具有权利能力和行为能力，可以用公司的名义为法律行为和诉讼行为。大多数公司的拥有者和经营管理者是分离的，负责公司日常经营管理的不是股东，而是专门的管理人员，如董事、经理等。公司作为法人可以长期存在，股东的死亡或变更不会影响公司的存续。公司是现代西方发达国家普遍采用的一种最重要的、最富有生命力的商事组织形式。公司的数量在各国社会经济中所占比例虽然不是很大，但其经济实力和影响却是任何其他商事组织所无法比拟的。

第二节 合伙企业法

一、合伙企业与合伙企业法概述

（一）合伙企业的概念与特征

合伙企业是由两个或两个以上的合伙人为共同目标，共同出资、共同经营、共享利润、共担风险所组成的企业。与其他商事组织相比，合伙企业主要具有以下法律特征：

(1) 合伙是基于合伙合同产生的。合伙人之间的关系是一种合同关系，他们通过签订合同来确定各自在合伙中的权利和义务。

(2) 合伙人共同出资。合伙人共同出资是合伙人进行共同经营的物质条件。合伙人一般可以以金钱、实物、技术或劳务出资。各合伙人出资内容和数额，可根据各合伙人的不同资力、不同情况作出不同的约定。

(3) 合伙人共同经营。除非合伙合同有特别规定限制某个或某些合伙人参与经营，每个合伙人均有平等地参与合伙经营管理的权利。

(4) 合伙人对合伙企业的债务负无限连带责任。合伙人以自己的全部财产对合伙企业所欠债务负责。合伙人对合伙企业债务承担着向债权人全部给付的责任，在合伙企业资产不足以清偿债务时，债权人可以要求全体合伙人、部分合伙人或一位合伙人偿还全部债务，合伙人不得以其出资或盈利分配的多少为由来拒绝清偿。

(5) 合伙人与合伙企业的关系密切。合伙企业是合伙人的联合，如果有合伙人死亡、退出或破产，都将导致合伙企业的解散。

(二) 合伙的类型

(1) 民事合伙与商事合伙。民事合伙是指不以营利为目的的合伙和虽以营利为目的、但未达到一定程度和规模的合伙。商事合伙是指以营利为目的并且达到一定的经营规模的合伙。

(2) 普通合伙与有限合伙。普通合伙是指全体合伙人享有平等参与合伙企业经营管理的权利，同时承担无限连带责任的合伙。有限合伙是指由普通合伙人和有限合伙人共同组成的合伙，前者对合伙的债务负无限责任，而后者则只负有限责任即仅以出资为限。

(3) 显名合伙与隐名合伙。显名合伙是指各合伙人公开其身份和姓名，并具体参与合伙经营事务的合伙。隐名合伙是指合伙中存在合伙人不公开身份和姓名，不参与合伙的经营活动，但参与合伙的利润分配，对合伙的债务也只承担有限责任的合伙。

(4) 个人合伙与法人合伙。这是我国《民法通则》对合伙所作的独特分类。个人合伙是指以自然人为成员的合伙。法人合伙是指以法人为成员的合伙，《民法通则》将其作为联营的一种形式。

(三) 合伙的法律地位

自有罗马法以来，传统立法都不承认合伙为法人，其主体资格只能是合伙人个人。其理由是：合伙一般较为松散，是人的组合，不具备法人的外部特征；它不具有独立的财产，主张合伙关系只是合伙人之间的合同关系，不具有外部的统一性，其对外活动仍然以公民个人资格进行。

随着时代的变迁，社会经济的发展，许多发达国家有关合伙的立法发生了很大的变化，不再将合伙仅仅作为单纯的契约关系来处理。如今，发达国家关于合伙企业的法律地位的认识概括起来主要有这么两种：一种是将合伙企业视为法人，如法国 1978 年重新修订的《法国民法典》第 1842 条明确规定："除本篇第三章规定的隐名合伙以外的合伙，自登记之日起均享有法人资格"。荷兰、比利时、日本等国法律也规定合伙为法人。另一种则认为合伙企业是独立于法人之外的另一种独立的民事法律主体即非法人型经营主体，如美国《统一合伙法》第 6 条规定："合伙是两个或更多的人作为共有人为营利进行营业的团体。"又如《英国合伙法》第 4 条第 2 款规定："在苏格兰，商行在法律上有别于其合伙成员，且有独立的人格"。

我国《民法通则》有关合伙的规定是，个人合伙不在法人范畴之内，但鉴于个人合伙组织体的客观存在及其参加各种民事活动的事实和经济意义，《民法通则》第 33 条规定："个人合伙可以起字号，依法经核准登记，在核准登记的经营范围内从事经营。"这意味着，合伙组织可以以字号或组织的名义参与民事活动，从而成为法律关系的主体。1997 年 2 月 23 日第八届全国人民代表大会常务委员会第二十四次会议通过，2006 年 8 月 27 日第十届全国人民代表大会常务委员会第二十三次会议修订的《合伙企业法》将合伙企业视为一种独立的民事主体，这种做法不仅符合现实需要，而且有充分的法理依据。因为合伙企业有自己独立的名称和一定的独立人格，它以自己的名义对外开展经营活动，而且以自己的名义在法院起诉和应诉；它也有相对独立和稳定的财产，合伙企业的财产在一定程度上是与合伙人的个人财产相分离的，在合伙企业进行清算前，合伙人不得请求分割合伙企业的财产；它还有相应的责任能力，主要表现在对合伙企业的债务的清偿首先是由合伙企业以合伙企业的财产清偿，只是在合伙企业财产不足于清偿时才由合伙人承担清偿责任。①

（四）有关合伙的法律规定

有关合伙的法律规定早在罗马法中就已存在，现在西方国家的法律对合伙都做了规定，大陆法系国家一般将合伙放在民商法典中加以规定。《法国民法典》第三编第四章对合伙作了专门规定。《法国商法典》则对商事合伙另作规定，此规定后来被 1966 年《商事企业法第 66－537 号》的有关规定所取代。《德国民法典》也对合伙作了具体规定。

英美法系国家的合伙法是以单行法形式公布的。英国现行的合伙法是由《1890 年合伙法》和《1907 年合伙法》组成的。美国的合伙法属于州法，原先各有差异。为统一各州的合伙法，美国统一州法委员会于 1914 年起草制定了《统一合伙法》和《统一有限合伙法》，这两个标准法已为大多数州通过立法程序采纳，其内容深受英国《1890

---

① 汤春来著：《市场经营主体的法律问题及对策》，中国人民公安大学出版社 1998 年版，第 193 页。

年合伙法》的影响。

我国有关合伙的法律主要体现在《民法通则》和《合伙企业法》。《民法通则》分别在其第二章"公民"和第三章"法人"中对个人合伙和法人合伙（即联营）加以规定，但《民法通则》的有关规定显得过于简单和概括。《合伙企业法》放弃了大陆法将合伙视为一种契约的传统观点，从主体的角度对合伙企业进行了规范，它对合伙企业的设立、合伙企业财产、合伙企业的事务执行、合伙企业与第三人关系、入伙、退伙、合伙企业解散与清算、法律责任等方面都做了具体的规定，进一步完善了我国关于合伙企业的法律制度。

二、合伙企业的设立

（一）合伙人的范围

各国有关合伙的法律都规定合伙企业要有至少两个以上的合伙人，但对合伙人的范围规定不一。美国《统一合伙法》明确规定组成合伙的"人"（Persons）包括自然人和法人，《统一有限合伙法》也规定组成有限合伙的成员，无论是普通合伙人，还是有限合伙人，都可以是法人。大陆法系国家如德国、日本、瑞士等国，虽然没有美国这样明确的规定，但其法律也并没有限制或禁止法人充当合伙人的规定。只有我国台湾的法律明文规定法人不得充当合伙人。2006年修订后的我国《合伙企业法》第2条规定："本法所称合伙企业，是指自然人、法人和其他组织依照本法在中国境内设立的普通合伙企业和有限合伙企业。"可见在我国合伙人既可以是自然人，也可以是法人和其他组织。

（二）合伙协议

合伙是基于合伙协议产生的，合伙人之间须有合伙协议，以规定他们在合伙中所享有的权利和所承担的义务。按照大陆法的规定，合伙必须有明确的协议，否则不能认为存在合伙关系。而英美法主张，合伙可以是明示的或默示的，法律并不一定要求书面形式。明示合伙是指合伙人以明确的协议表示建立合伙关系；默示合伙是指合伙人之间并未订立明确的合伙协议，但事实上建立了合伙关系。几个人只要共同拥有财产，参加管理并共同分享收益，又符合法律规定的合伙特征者，即使当事人没有直接表示要建立合伙关系，也视为合伙企业已经成立。如果合伙企业要以商行名称出现时，则一般都要订立合伙合同。

我国《合伙企业法》规定，设立合伙企业应当有书面合伙协议，合伙协议应当载明下列事项：①合伙企业的名称和主要经营场所的地点；②合伙目的和合伙企业的经营范围；③合伙人的姓名或者名称、住所；④合伙人出资的方式、数额和缴付期限；⑤利润分配、亏损分担方式；⑥合伙事务的执行；⑦入伙与退伙；⑧争议解决办法；⑨合伙企业的解散与清算；⑩违约责任。

（三）合伙企业的设立登记

合伙企业的成立手续一般比较简单，有些国家要求履行申请登记手续，有些国家则不要求。大陆法系的国家大都要求合伙企业必须在商业登记册上注册登记，方能成立。英美法系的国家对普通合伙一般不要求有政府的批准登记，但要求所有的合伙组织都必须有合法的目的。英国的合伙法对合伙组织的商号名称有特别要求：合伙组织的商号一般应以普通合伙人的姓氏命名，在姓氏之后可以加上"商号"（Firm）或"公司"（Company）字样，但无论是普通合伙还是有限合伙，其名称中均不得加上"有限"字样，否则即予罚款。如果商号名称中未包含合伙人的真实姓氏或未包含合伙人真实教名的开头字母，则要求该合伙组织必须向有关主管部门进行注册登记，并须在其一切信笺文具上提供参与商业活动人员的详情以及每人的地址（一般为营业地址）。美国法则对律师业、医师业等少数行业的合伙组织要求须向主管部门申领开业执照后才能正式从业。

我国《合伙企业法》规定，申请合伙企业设立登记，应当向企业登记机关提交申请书、合伙协议书、合伙人身份证明等文件。合伙企业的营业执照签发日期，为合伙企业成立日期。合伙企业领取营业执照前，合伙人不得以合伙企业名义从事经营活动。同时还规定，合伙企业名称中应当标明"普通合伙"字样。

三、合伙企业的财产关系

合伙企业的财产关系，包括合伙人之间内部的财产关系和合伙人对外承担的财产责任关系。主要包括以下四个方面：

（一）合伙投资的统一管理与使用

各合伙人依照合伙协议，向合伙企业投入的财产，仍属个人所有，但应由合伙人统一管理和使用，从而保证合伙企业对投资的管理权和使用权，以实现合伙经营的目的。合伙人不得擅自抽取有关的财产和资金，以防止对合伙事业造成损害，侵犯其他合伙人的合法权益。

（二）合伙积累财产的共有关系

根据英国合伙法规定，合伙财产包括：①作为合伙出资投入合伙的财产和权利财产。②基于商行利益或合伙经营目的而以购买等方式取得的财产。③用无争议属于商行资金购买的财产。其中的②、③两财产就是合伙积累财产。

合伙企业经营所积累的财产,归全体合伙人共有。这些财产在分割以前,也由合伙企业依据合伙协议统一管理使用,任何合伙人均不得擅自处分。

(三) 合伙盈余分配和债务清偿关系

合伙经营所得的盈余,属全体合伙人共有。各国法律有关合伙盈余分配的规定主要有以下几点:①如有合伙协议或有特别约定的,则依其约定。②合伙契约未经约定的,立法上有规定时依其法律执行。如《德国民法典》等722条规定:"合伙人分配损益的份额未经约定者,各合伙人应不论其出资的种类和数额,平均分配相等的损益份额"。③契约有规定按各合伙人出资的多寡而定者依其决定。如《日本民法典》第674条规定:"仅就利益或损失定分配比例时,其比例,推定为利益、损失通用的比例。"

合伙人对合伙债务应共同负责,包括两方面:一是从合伙人内部看,合伙的债务由各合伙人按照协议的规定或出资比例或平均分配,以各自的财产(不限于合伙人投资的财产,还包括合伙人个人的其他财产)承担清偿责任;另一是从合伙的对外关系看,西方各国对于合伙人对合伙债务是否需承担连带责任有两种不同主张:连带主义和分担主义。连带主义主张,合伙为共同共有的团体,合伙债务为各合伙人的共同债务,属于合伙团体。合伙人除以合伙财产为一般担保物的有限责任外,并负以自己的全部财产为担保人的无限责任,以确保合伙的信用,维护债权人的利益。大多数国家持这种主张。我国《民法通则》和《合伙企业法》都规定合伙人对合伙债务承担连带责任。分担主义则主张,各合伙人对合伙债务仅各就其分担部分负清偿的无限责任。法国、日本等国持这种主张。[①]

(四) 合伙终止的财产处理

合伙终止时,如果合伙企业的财产清偿了所有债务之后仍有剩余,所有合伙人都有权参加该剩余财产的分配。分配可依合伙协议的规定进行,合伙协议未作规定的,可按出资比例分配。

四、合伙企业的内部关系与外部关系

合伙企业事务的执行和合伙人对外代表合伙企业的行为分别构成了合伙企业的内部关系和外部关系。合伙企业事务的执行和合伙人对外代表合伙企业的行为有时是同一行为,从合伙企业内部关系看属于合伙事务的执行,从合伙企业外部关系看属于代表合伙企业对外经营行为。合伙人在执行合伙事务时不得侵犯其他合伙人的利益,在从事对外代表合伙企业的行为时,也不得损害合伙企业的利益和交易相对方的利益。

---

① 梁建达编著:《外国民商法原理》,汕头大学出版社1996年版,第309页。

（一）合伙企业事务的执行

1. 合伙人在合伙企业事务执行中的权利和义务

合伙人在合伙事务的执行中享有如下几项主要权利：

（1）合伙人有参加合伙企业经营管理的权利。各国合伙法都规定每一合伙人都可参加合伙业务的管理，在正常的业务范围内有权相互代理。但实践中，合伙人往往通过合伙合同规定由某位或某几位合伙人负责合伙企业的日常业务往来。

（2）合伙人有对合伙事务执行进行监督的权利。不参加合伙事务执行的合伙人有权监督执行事务的合伙人，检查其执行合伙企业事务的情况，有权了解合伙企业的经营状况，有权查阅合伙账册。

（3）合伙人有对合伙事务的表决权。对合伙企业有关事项通过表决作出决议时，合伙人通常有参与表决的权利。

合伙人在合伙企业事务的执行中负有如下几项主要义务：

（1）合伙人有忠实的义务。每个合伙人在执行合伙企业的事务时，须对其他合伙人负"绝对真诚"之责，不得谋私利，亦不得欺诈，必须向其他合伙人提供合伙企业的真实账目和一切情况。合伙人不得私自以合伙企业的名义与自己订立合同，否则由此所产生的利润归合伙企业。

（2）合伙人有竞业禁止的义务。任何合伙人均不得经营与合伙企业相竞争的事业。合伙人若利用其职权或充分了解合伙企业内部状况的有利地位，与合伙企业竞争，就会给其他合伙人造成损害。因此，所得到的利润应归合伙企业所有。

（3）合伙人有严格按照委托或决议的要求，执行合伙企业的事务的义务。被委托执行合伙企业事务的合伙人，应当严格按照合伙协议或者全体合伙人的决定执行合伙企业事务，否则其他合伙人有撤销对其委托的权利。

合伙人必须严格履行上述义务，对其他合伙人负"绝对忠诚"之责。

[案例7-1]　　梅恩赫尔德诉萨蒙

1902年4月，被告萨蒙与出租人盖利订立一份房产租赁合同，欲将该房产改建为商店和办公室，租期20年。与此同时，被告与原告梅恩赫尔德订立一份合伙协议，约定由原告提供该物业重建、改建、管理及运营所需要的半数资金，该物业的管理、租出、转租以及运营由被告全权处理，原告在租期的前五年内每年可获得40%的净利润，在以后各年可获得50%的净利润。1922年1月，即租约快到期时，该房产的新主人找到被告，与被告所拥有、控制的房地产公司签订了一份新租约。此事被告对原告只字未提。后来原告听说此事，要求被告将此租约作为合伙企业的信托资产，并提出分担担保的相关个人义务，但被拒绝。因此，原告提起诉讼，法官认为被告作为负责经营管理的合伙人获得新租约,却事先未告诉其他合伙人,是未尽绝对忠诚之责,故判原告胜诉。

2. 合伙企业事务执行的方式

合伙人原则上都有参与合伙企业事务执行的权利,但各国法律对于具体的合伙企业事务执行的方式有不同的规定,实践中也有各种不同做法,归纳起来,主要有三种方式:合伙人全体执行事务、部分合伙人执行事务和委托第三人执行事务。

(1) 合伙人全体执行事务。如《德国民法典》第709条规定:"合伙的事务应由合伙人全体共同执行之;每项事务须经全体合伙人的同意。"中国《合伙企业法》规定,根据合伙协议的约定或者全体合伙人决定,可以委托一名或数名合伙人执行合伙企业的事务。但下列事务必须由全体合伙人同意:①改变合伙企业的名称;②改变合伙企业的经营范围、主要经营场所的地点;③处分合伙企业的不动产;④转让或者处分合伙企业的知识产权和其他财产权利;⑤以合伙企业名义为他人提供担保;⑥聘任合伙人以外的人担任合伙企业的经营管理人员。

(2) 部分合伙人执行事务。即依照合伙协议,由合伙企业的一名或数名合伙人执行合伙企业事务,对外代表合伙企业,其他合伙人不再执行合伙企业事务。如中国《合伙企业法》规定,根据合伙协议的约定或者全体合伙人决定,可以委托一名或数名合伙人执行合伙企业的事务。但值得注意的是,这种委任的范围只能限于合伙事务的执行,不属于事务执行的事项,不能以合伙协议委任于事务的执行人,如合伙协议的变更,合伙人的加入、开除,合伙的解散等。

(3) 委托第三人执行事务。合伙企业可以聘任合伙人以外的人担任合伙企业的经营管理人员,在授权的范围内执行合伙企业的事务。

(二) 合伙的外部关系

合伙的外部关系是指合伙企业与第三人的关系。合伙企业作为法律上的经营主体,必然要与第三人发生法律关系,这种法律关系具有以下几个特点:

(1) 合伙人之间适用相互代理原则。即每个合伙人作为其他合伙人的代理人,在经营合伙企业通常的业务中所作的行为及由此而产生的后果,对合伙企业和其他合伙人均有约束力。英国《合伙法》第5条规定:"任何以通常方式执行业务的合伙人,其行为对合伙企业及其合伙人产生约束力,除非:①为该行为的合伙人对执行该项业务无权力;②与之进行交易的第三人知道该合伙人无此项权力;③与之进行交易的第三人不知道或不认为该人是合伙人。"英国合伙法还规定,合伙人具有以下无需授权的默示代理权:出售合伙企业的货物、购买合伙企业通常所使用的货物、支付合伙企业的债务、雇用人员、以企业名义发行和承兑流通票据、为企业贷款并以企业的货物作抵押、委派律师参加诉讼等。合伙人就上述事项同第三人订立的合同,对合伙企业和其他合伙人都具有约束力。

（2）合伙人之间约定的对某个合伙人权力的限制，不得用来作为对不知情的第三人的抗辩。也就是说，如果合伙人的代表权有限制而该限制不为善意的第三人所知的话，则该合伙人与善意第三人之间进行的交易行为对合伙企业有效。但是，如果第三人与某一合伙人进行交易时，明知该人不具有这种权利而与其发生法律行为，则合伙企业和其他合伙人对该人的行为不负责任。

（3）如果执行合伙事务的合伙人在执行合伙企业事务的过程中造成了他人的损害，侵害了他人的合法权益，该侵权行为的后果应由合伙企业承担。合伙企业只能依据合伙企业内部规章或合伙协议追究合伙人个人的责任。

（4）合伙企业对其债务，应先以其全部财产进行清偿；合伙企业财产不足以清偿其到期债务的，合伙人应当承担无限连带清偿责任，合伙人内部有关债务承担份额的约定不得对抗合伙企业的债权人。如果合伙人所清偿的数额超过其应当承担的份额时，有权向其他合伙人追偿。

（5）合伙人的债权人的抵销权与代位权的行使受到限制。合伙企业中某一合伙人的债权人，不得以该债权抵销其对合伙企业的债务，也不得代位行使该合伙人在合伙企业中的权利。当合伙人个人财产不足清偿其个人所负债务的，该合伙人只能以其从合伙企业中分取的收益用于清偿；债权人也可以依法请求法院强制执行该合伙人在合伙企业中的财产份额用于清偿。

五、入伙与退伙

（一）入伙

入伙是指在合伙企业存续期间，原来不具有合伙人身份的自然人、法人或其他经营主体加入合伙企业，取得合伙人身份的法律行为。

许多国家法律规定，合伙企业要接纳新合伙人，必须得到全体合伙人的同意，如果合伙人中有人表示异议，入伙便不能成立。如《法国民法典》第1861条规定："合伙企业成立后，非经全体的同意，不得允许他人加入为合伙人。"中国《合伙企业法》第43条也规定："新合伙人入伙，除合伙协议另有约定外，应当经全体合伙人一致同意，并依法订立书面入伙协议。"

除入伙协议另有约定外，一般情况下新合伙人与原合伙人享有同等权利，承担同等义务。对于新合伙人，在其入伙前合伙所负的债务，大多数国家认为不需承担责任。而有的国家，如日本、瑞士等国法律未作明确规定。中国《合伙企业法》则明确规定："新合伙人对入伙前合伙企业的债务承担无限连带责任。"

(二) 退伙

退伙是在合伙企业存续期间,合伙人因一定的法律事实而消灭合伙人身份的一种法律行为。根据退伙的事由,可将退伙分为声明退伙、法定退伙、协议退伙和除名退伙。

(1) 声明退伙。指依一方的意思表示终止合伙人与其他合伙人之间在合伙契约中的法律关系,是一种单方的法律行为。有的国家主张退伙人声明只须告知其他合伙人,如德国等;有的国家则主张退伙人声明须得到其他合伙人的同意,如法国等。关于声明退伙的时间,各国的规定也有所不同,有的允许随时退伙,有的则只允许在企业会计年度终结前的一定时期内才能声明退伙。中国《合伙企业法》的有关规定是:"合伙协议未约定合伙期限的,合伙人在不给合伙企业事务执行造成不利影响的情况下,可以退伙,但应当提前三十日通知其他合伙人。"

(2) 法定退伙。是指不基于合伙人的意思,而依法律规定的一定事由而当然发生的退伙。如《日本民法典》第679条规定,法定退伙事由有:①死亡;②破产;③禁治产;④除名。

中国《合伙企业法》第48条规定:"合伙人有下列情形之一的,当然退伙:①作为合伙人的自然人死亡或者被依法宣告死亡;②个人丧失偿债能力;③作为合伙人的法人或者其他组织依法被吊销营业执照、责令关闭撤销、或者被宣告破产;④法律规定或者合伙协议约定合伙人必须具有相关资格而丧失该资格;⑤合伙人在合伙企业中的全部财产份额被人民法院强制执行。"此外,合伙人被依法认定为无民事行为能力人或者限制民事行为能力人的,经其他合伙人一致同意,可以依法转为有限合伙人,普通合伙企业依法转为有限合伙企业。其他合伙人未能一致同意的,该无民事行为能力或者限制民事行为能力的合伙人退伙。

(3) 协议退伙。指合伙人在合伙协议约定的退伙事由出现时或经全体合伙人同意时退出合伙企业。中国《合伙企业法》第45条规定:"合伙协议约定合伙期限的,在合伙企业存续期间,有下列情形之一的,合伙人可以退伙:①合伙协议约定的退伙事由出现;②经全体合伙人一致同意;③发生合伙人难以继续参加合伙的事由;④其他合伙人严重违反合伙协议约定的义务。"

(4) 除名退伙。指合伙企业根据某种正当理由,将某一合伙人从合伙企业中除名而使该合伙人退伙。中国《合伙企业法》第49条规定:"合伙人有下列情形之一的,经其他合伙人一致同意,可以决议将其除名:①未履行出资义务;②因故意或者重大过失给合伙企业造成损失;③执行合伙事务时有不正当行为;④发生合伙协议约定的事由。对合伙人的除名决议应当书面通知被除名人。被除名人接到除名通知之日,除名生效,被除名人退伙。被除名人对除名决议有异议的,可以自接到除名通知之日起30日内,向人民法院起诉。"

退伙一旦成立,即发生相应的法律效力,主要表现在:①合伙资格的丧失;②退还退伙人在合伙企业中的财产份额;③退伙人对退伙前已发生的合伙企业债务继续承担责任。

六、合伙的解散与清算

合伙的解散有两种情形:一种是协议解散;一种是依法解散。协议解散是指合伙依合伙人之间的协议而解散,可以是在合伙合同中规定的合伙的期限,当期限届满时就宣告解散。也可以不在合伙合同规定期限,而在事后另行达成协议,宣告合伙企业的解散。依法解散是指合伙依照法律规定而解散,主要有以下几种情形:①除合伙协议另有规定外,合伙人之一死亡或退出合伙企业,合伙企业即告解散;②当合伙企业或合伙人之一破产时,合伙即告解散;③如因发生某种情况,导致合伙企业所从事的事业成为非法时,合伙即告解散;④如发生了战争,合伙人之一成了敌国公民时,合伙即告解散;⑤如合伙人之一永久的精神失常,或永久地不能履行合伙合同中所应承担的责任,或某一合伙人犯有渎职罪,或发生了某种情况致使合伙企业只能在亏损的情况下进行经营,则任何合伙人有权向法院提出申请,要求法院下令解散合伙。

我国《合伙企业法》根据本国的实际情况,在第85条对合伙企业的解散事由作了如下规定:"合伙企业有下列情形之一时,应当解散:①合伙期限届满,合伙人决定不再经营;②合伙协议约定的解散事由出现;③全体合伙人决定解散;④合伙人已不具备法定人数满30天;⑤合伙协议约定的合伙目的已经实现或者无法实现;⑥依法被吊销营业执照、责令关闭或者被撤销;⑦法律、行政法规规定的其他原因。"

合伙解散后,就要对合伙财产进行清算。清算由合伙人全体或由其选任的人进行。清算人的选任,以全体合伙人的过半数决定。合伙清算,并非合伙事务的执行,因此,除有约定或选任者外,合伙事务执行人不能执行清算。

清算人的事务主要有:①了结合伙事务。即对合伙企业已经存在或正在进行的业务着手了结。②收取合伙债权。对合伙企业所享有的债权,清算人应及时收取。③清偿合伙债务。对于已到期的合伙债务,应先以合伙财产清偿。对于尚未到期的或正在诉讼中的债务,应从合伙财产中提取清偿所必需的数额加以保留。如果合伙企业财产不足以清偿合伙的债务,合伙人须对余债承担责任。④返还合伙人出资。清算人在清偿合伙的债务或提取必需的数额后,应以剩余的合伙财产偿还各合伙人的出资。⑤分配剩余财产。在偿还合伙人的出资后还有剩余财产时,应依合伙协议规定或出资比例分配。

第三节 公 司 法

一、公司法概述

(一) 公司与公司法

1. 公司的概念与特征

公司（Corporation）是指依照法定条件和程序设立的，以营利为目的的社团法人组织。公司具有以下几个法律特征：

(1) 公司以营利为目的。公司是以营利为目的的经营组织，设立公司的目的就是获取利润，实现资产的保值增值，而且是连续不断地从事同一性质的经营活动，不是偶然的从事一两次营利活动。公司的营利性特点使之与行政管理机关、公益社团法人等区别开来。

(2) 公司是独立的法人。各国的公司法都赋予公司特别是有限责任公司和股份有限公司以法人地位。公司作为法人，具有独立的法律人格，具体表现在：一是公司财产独立。公司财产虽然是由组成公司的成员（股东）的出资构成的，但股东一旦把自己的财产交给公司，该财产就与股东的其他财产相分离，由公司独立支配，股东再也无权直接处置该财产。二是公司意志独立。公司法人作为法律拟制的产物，具有独立的权利能力和行为能力。尽管公司在设立之时，其权利能力的设定要受到创立人意志及国家意志的影响，但公司一旦成立，在其存在的整个期间内，便以其独立健全的组织机构（即公司的机关）为其意思机关，独立地为意思表示，享受权利并承担义务。[①] 三是公司责任独立。公司责任独立意味着公司以其全部资产对公司债务承担责任，即使公司的全部财产不足于偿还公司债务，公司的债权人也不能向公司的成员（股东）追索，即股东承担有限责任，仅以其出资额为限对公司承担责任，而不直接对公司债权人负责。股东的有限责任被称为公司法人制度的基石。

(3) 公司必须是依照公司法的规定登记注册而设立的。公司设立的目的、程序和条件等都必须符合公司法和其他有关法律的规定。只有依照法定条件和程序，经法定机关注册登记的公司才能具有独立的法律人格。

2. 公司的独立法人人格与公司法人人格之否认

公司法人人格制度的产生，尤其是股东有限责任制度的确立，被西方学者誉为

---

① 徐晓松著：《公司法与国有企业改革研究》，法律出版社2000年版，第9页。

"现代社会最伟大的独一无二的发明"。有限责任制度在分散投资风险、刺激投资欲望、扩大经营规模、降低公司成本等方面的优势推动了经济的迅速发展。然而,公司法人人格制度也并非完美无瑕的,尤其在现实经济生活中,由于在观念和制度上将公司独立人格和有限责任制度绝对化,使其出现了一定程度的不合目的性。其缺陷和弊端主要体现在以下几方面:

(1) 对债权人有失公正。公司以公司的全部财产对外独立承担责任,一旦公司出现资不抵债的状况,股东由于有了有限责任的保护屏障,公司债权人不能穿过公司的面纱,直接向股东行使追偿权,从而使公司债权人承担了本应由股东承担的投资风险损失。

(2) 为股东特别是控制股东、董事滥用公司的法律人格提供了机会。由于控制股东、董事在公司法律架构中所处的优势地位,他们可能利用这种地位做出一些有损公司中小股东或债权人利益,但有利于其自身利益的不法行为;也可能利用公司的独立人格,规避法律义务,为自己谋取非法所得;还可能利用公司的独立人格,隐匿财产、逃避清偿债务等。

(3) 成为规避侵权责任的工具。在现代工业社会中,产品致人损害的侵权行为日益普遍,任何不特定的当事人均可能因各种侵权行为遭受损害,而成为非自愿债权人。如果出现公司财产不足于赔偿他们所受到的损失的情况,而股东又有有限责任的保护,结果就是让受害者来承担公司的冒险行为所造成的后果。

在公司高速发展的现代社会,公司独立法人人格制度的上述这些缺陷日益突出,因此,需要有一个相应的制度来平衡公司的股东和债权人的利益,扶正公司人格体系中倾斜的公平正义目标体系。公司法人人格否认制度便应运而生了。

所谓公司法人人格否认(disregard of corporate personality),又称为"揭开公司的面纱"(lifting the corporations veil),是指在具体法律关系中,基于特定事由,否认公司独立人格和股东的有限责任,使股东对公司债权人或公共利益直接负责的一种法律制度。自本世纪初美国法院首次提出"揭开公司面纱原则",很快为其他国家所接受,无论是英美法系国家的法律,还是大陆法系国家的法律,都以不同的方式认可了这一原则。公司法人人格否认制度并不是对整个公司法人人格制度的否定,而是针对公司独立法人人格制度在某些特定情况下表现出来的不合理性加以弥补,意欲使公司法人人格制度能更好地存在和发挥作用。因而,各国在司法实践中对公司法人人格否认的适用都采取极其慎重的态度,即使在英美法系国家,法官在决定是否"揭开公司面纱"时所掌握的条件也相当严格;在大陆法系国家,则一般均要通过立法严格规定公司法人人格否认适用的条件和程序。

关于公司法人人格否认具体的适用情形,各国法律规定不一,有的国家适用范围较窄(如英国),有的国家则较为宽泛(如美国),总的归纳起来,主要有以下几种情形:

(1) 利用公司法人人格规避法律义务。这通常是指受强制性法律规范制约的特定主体，应承担作为或不作为之义务，但其利用新设公司或既存公司的法人人格，人为地改变了强制性法律规范的适用前提，达到规避法律义务的真正目的，从而使法律规范本来的目的落空。[1]

(2) 利用公司法人人格规避契约义务或侵权债务。较为常见的利用公司法人人格规避契约义务的情形有：①负有竞业禁止等契约上不作为义务的主体，设立由自己支配的公司来实施这些行为，以回避自己的义务；②通过设立公司，逃避个人合同义务；③负有交易上巨额债务的公司的支配股东为逃避债务而解散公司或者设立一个新公司，并将原公司财产转移于新设公司，使原公司空壳化。利用公司法人人格规避侵权债务的情形主要有两种：一种是类似于上述利用公司法人人格规避契约义务的第三种情形，负有侵权之债的公司的支配股东将原公司解散，设立一个新公司，将原公司财产转移于新设公司，使原公司空壳化，以达到逃避侵权债务的目的。另一种情形是一些经营高风险业务的公司，为了分散风险而将一家公司分割成数家公司，以逃避可能发生的侵权债务。

(3) 公司资本金不足。这里所讲的公司资本不足，并不是指公司的资本未达法定最低资本额，而是指公司未具有充足的财产来应付其预期应承担的合理的义务。

(4) 公司法人人格形骸化。这是指公司与股东完全混同，在债权人看来股东与公司是浑然一体，难以区分，造成一种股东即公司、公司即股东的局面。这种情形在母子公司及一人公司中表现得最为典型。

公司法人人格否认制度作为公司法人制度的必要的、有益的补充，其产生是历史发展的必然。它体现了法律对实质意义上的公平和正义的追求，有力地保护了债权人的利益，使股东、公司、债权人三者的利益又趋于平衡。目前，公司法人人格否认制度在西方发达国家被广泛接受，成为现代公司法人制度的重要组成部分。在我国，公司法人人格否认制度还未在正式立法中得到确立。但是，随着我国市场经济发展的加快，在我国的经济生活中股东滥用公司人格现象常有出现，由于缺乏明确的法律规定，这些损害债权人利益、危害我国正常经济生活的现象得不到相应的规制。因此，尽快建立我国的公司法人人格否认制度已是大势所趋。

3. 公司的分类

依照公司股东对公司债务所承担的责任、公司的组成形式、获取资本和资金的途径、经营管理结构、股东权益的转让等因素的不同，可将公司分类如下：

(1) 无限责任公司。无限责任公司是指由两个以上的股东组成的，股东对公司债务负无限连带清偿责任的公司。其特点如下：①股东对公司的债务负无限清偿责任。股

---

[1] 朱慈蕴：《论公司法人格否认法理的适用条件》，载《中国法学》，1998年第5期。

东要以自己的全部财产对公司所欠债务负责,当公司资产不足以清偿公司债务时,股东需以自己的个人财产来偿还债务。②股东对公司债务负连带责任。股东无论其出资种类、数额及盈亏分配的比例如何,对公司债务承担着向债权人全部给付的责任。在公司资产不足以清偿债务时,债权人可以要求全体股东、部分股东或一位股东予以偿还全部债务,股东不得以其出资或盈利分配的多少为由来拒绝清偿。如果全部债务仅由一个股东偿还,则他可保留向其他股东要求偿还应分担的那部分债务的权利。③公司的所有权和经营管理权是统一的,股东有权直接参加管理公司事务。无限责任公司是建立在合资者之间密切的关系基础之上,其信用来自于股东本身而不是资本。公司经营状况的好坏与股东的利益密切相关。④公司的账目无须向公众公开。

无限责任公司在许多方面的特点与合伙企业相似,但很多国家承认无限责任公司为法人而不承认合伙为法人。虽然无限责任公司具有一些有利之处,例如他具有法人地位,其设立和解散的手续简单等,但由于其股东须承担无限连带责任,风险太大,所以在现代西方国家中,无限责任公司数量并不多,不是一种重要的公司组织形式。

(2) 有限责任公司。有限责任公司是指由法律规定的一定人数的股东所组成,股东就其出资额对公司债务承担责任的公司(与英国的"Private Company"和美国的"Closeheld Company"相类似)。有限责任公司是西方国家中数量最多的一种重要的公司形式,许多中小企业往往采取这种形式。例如,德国目前有2500多家股份有限公司,却有40多万家有限责任公司。随着法人持股和相互参股的普遍化,有限责任公司已不仅仅只存在中小企业领域,也进入大型企业领域,在经济生活中发挥着日益重要的作用。

(3) 两合公司。两合公司是指由承担有限责任的股东和承担无限责任的股东联合组成的公司。负无限责任的股东对公司债务承担无限连带清偿责任,他们享有代表和管理公司的权利,如果转让股份,须经其他股东全体同意。负有限责任的股东对公司债务的责任仅以其出资额为限,他们无权代表和管理公司。如果转让股份,无需经全体股东同意,只要无限责任股东同意即可。两合公司的无限责任股东之间的关系,与无限责任公司股东之间的关系相同。可以说,两合公司是无限公司的进一步发展,在许多基本问题上仍然适用有关无限公司的规范,如《德国商法典》第161条就两合公司的规定载明:"凡在本章没有特别规定的,准用有关无限公司的规定。"两合公司这种商事组织仅见于大陆法系国家,它类似于英美法系中的有限合伙,但与有限合伙不同的是,它具有法人资格。

(4) 股份有限公司。股份有限公司是指以确定的资本分为等额的若干股份,由一定人数以上的有限责任股东所组成的公司。股份有限公司通过发行股票,公开向社会募集资金,其股东人数一般较多,而且股东的变更较频繁,因为股份有限公司的股票可以自由转让而无需通知其公司或其他股东。股东仅以出资额为限对公司的债务承担责任。

股东一般不直接参加公司的管理，而是由专门的管理人员如董事、经理等，负责公司的一切日常经营活动。股份有限公司是现代西方国家作用最大、地位最重要的一种公司形式，主宰着西方各国的政治、经济和社会生活。

4. 各国有关公司的法律规定

大陆法系国家早期的公司法，主要规定在民商法典中。随着公司在社会经济活动中的作用和影响的日益扩大，以及公司本身问题的复杂性与特殊性，大陆法系中的许多国家将公司法从民商法中分离出来，制定成单行的法规。目前，大陆法系国家中仅有日本、意大利、瑞士、瑞典等少数国家，仍将公司法放在民法典和商法典中。

英美法系的国家关于公司的规定一般采取单行法的形式。英国的公司立法始于1825年，1856年制定了第一部规范股份有限公司的公司法。美国的公司法属于州法，每个州都有各自的公司法，没有一部统一的联邦公司法。美国律师协会于1933年起草了美国《标准公司法》，供各州制定和修改公司法时参考，其本身没有法律约束力。目前，美国已有40多个州采用了1984年《修订标准公司法》的规定。

各国在制定了公司法后，又根据经济发展和公司变化的需要，不断地予以充实和完善。特别是第二次世界大战后，各国普遍对公司法进行调整，或制定新的公司法，或对原有的公司法进行修订，使之更为科学化、完善化。例如：法国1966年摒弃了原有的单行法规和《商法典》中规定公司的体制，重新制定了一部公司法，该公司法以内容充实、结构严谨著称。日本于1950年、1962年、1974年、1981年分别对股份有限公司法进行了修订。英国于1967年、1972年、1981年分别对1948年公司法作了重大修改。西方国家对公司法修改的普遍倾向是，国家通过法律手段来加强对公司的监督和管理，增强国家对整个国民经济的宏观调控能力。例如，在对公司行为的监督方面，法国1966年公司法规定，资金超过30万法国法郎的有限责任公司，必须执行审计制度，股份有限公司的财务报告需经公共审计员负责审查。日本1974年修订的股份有限公司法，强化了监察机关的地位，使监察机关在行政职权上更具有独立性，并对大公司的财务监察实行公共管理，即由公选会计师或监察人以财务监察人的身份参与监察工作，强制性地从外部进行监察。此外，各国还充实了一些与公司法相关的法律法规，如公司登记法、证券法、证券交易法、税法、反垄断法等，形成了较为系统的公司法律制度。

近年来，由于国际间商品交换的日益扩展，各种国际组织和跨国公司的大量涌现，各国公司法出现了统一化的趋势，这种趋势主要表现在两个方面：

（1）各国在新制定和修改公司法时，尽可能吸收其他国家的立法长处，使本国法律与之趋同。例如，原属大陆法系国家的日本在"二战"后，其公司法吸收了许多美国法的内容；英国为配合欧共体的一体化过程，多次修订其公司法，使之与大陆法协调起来。

（2）编纂普遍适用的统一公司法。最有代表性的是欧洲经济共同体（EEC）为协调各成员国公司法,由欧共体委员会起草发布了一系列"关于共同体公司法的指令"(以下简称"指令")。这些"指令"虽然不能对各成员国的公民或公司直接发生效力,但各成员国有义务通过制定或修改相应的国内法,使"指令"转化为其国内法,以约束其本国的公民和公司。

1993年12月29日,在第八届全国人民代表大会常务委员会第五次会议上,通过了《中华人民共和国公司法》,并于1994年7月1日实施。该法的颁布与实施,是中国公司立法的一个重要里程碑。它从法律上确认了公司这种现代股份制企业的典型形式,打破了中国传统企业立法以所有制性质分类立法,使企业处于不平等的法律地位的状况。它标志着中国的公司进入了规范化阶段,公司的设立、组织机构、合并分立、解散终止等行为都有法可依了。公司法的颁布,还将促进与之相联系的证券法、国有资产管理法、破产法、社会保险法、工资法、统一的企业所得税法等一系列法律法规的建立与完善。

(二) 公司的设立

公司设立,是指发起组建公司的人为组建公司,并使其获得法人资格而进行的一系列法律行为的总和。

1. 公司设立的原则

各国公司设立的原则随着时代的变迁和公司类型的发展而发生变化,概括起来,大体经历了以下几个阶段:

(1) 自由主义。又称放任主义。是指公司的设立完全由设立人自由为之,法律不加干涉。公司的设立没有任何的法定条件和程序,公司一经组成便具有法律上的人格,无须注册登记。自由主义存在于欧洲中世纪公司制度发展的早期阶段,其理论基础是:公司设立行为不过是发起人之间的利益分配关系,具有交易行为的一般属性,所以应当遵循意思自治原则。[①] 由于自由主义容易造成公司的泛滥,危及债权人的利益,不利于维护正常的经济秩序,后来被其他原则所取代。

(2) 特许主义。指公司的设立须经由国家元首或立法机关予以特许,方能设立。特许主义盛行于17世纪至19世纪的英国,例如,1600年成立的英国东印度公司就是由英王伊丽莎白一世特许成立的。后来,特许主义由国家元首特许发展为由国家立法机关制定法律特许。例如,法国通用电气公司等五家国营工业公司,就是根据法国1982年2月11日颁布的第82-155号法令(即国有化法令),对通用电气公司等五家私营工业公司实行国有化而设立的。

(3) 核准主义。指公司的设立除必须具备法律规定的条件和履行法定程序外,还

---

① 王小能主编:《商法学》,高等教育出版社2000年版,第98页。

须经政府行政主管机关的审查和批准。核准主义创设于法国路易十四时代制定的《商事条例》，后为德国等许多国家所采纳。核准主义虽然比特许主义有很大进步，大大简化了公司设立的手续，但随着社会经济的高速发展，核准主义对公司设立的限制仍显得过于严格，不能满足公司发展的需要，逐步为准则主义所取代。

（4）准则主义。指由法律对公司设立的条件作出规定，凡是具备这些法定条件的，不必经过政府行政主管机关批准，就可直接向登记机关申请成立公司。准则主义简化了公司设立程序，便于公司及时设立，但容易造成滥设公司的后果，因此，许多国家采取严格准则主义，即在法律上严格规定设立公司的条件，并加重设立人的责任，以及加强法院和行政机关对公司的监督。现代大多数国家公司立法普遍采用严格的准则主义。

2. 公司设立的方式

公司的设立主要有两种方式，即发起设立和募集设立。

（1）发起设立。也称共同设立或单纯设立，是指由发起人认购公司应发行的全部股份而设立公司。发起设立的认股是在发起人中进行的，不向社会其他公众发行股票，由发起人协商认购公司的全部股份或公司首次发行的股份，发起人应按照认购的股份数向公司缴纳股款。这种设立方式的特点是设立程序简单，设立所需时间短、成本低，适合于中小型公司采用。

（2）募集设立。也称渐次设立或复杂设立，是指由发起人认购公司应发行股份的一部分，其余部分向社会公共募集而设立公司。募集设立区别于发起设立主要之处就在于向发起人以外的社会公众募股，所以程序较为复杂。为了防止不具有一定经济能力的发起人完全凭借他人资本来开办公司，各国公司法一般都对发起人认购的股份有最低额的限制。例如中国公司法规定，发起人认购的股份不得少于公司股份总数的35%。

3. 公司章程

公司章程是公司本身制定的规定公司各方面原则的重要文件，是公司的行为规范。它由发起设立公司的全体股东共同制定，对全体股东具有约束力。许多国家的法律规定，章程必须经主管机关核准或公证机关公证才能发挥效力。如《德国有限责任公司法》规定：公司章程经全体股东签名同意通过后，必须采用公证形式。我国《公司法》第22条规定：股东应当在公司章程上签名、盖章。公司章程经公司登记机关核准登记后，对公司具有约束力。

大多数国家的公司章程由单一文件组成，一般记载公司的名称、宗旨、资本总额、组织机构以及其他重要事项。但在英、美等国家，公司章程则由两个文件组成，即公司组织大纲（英 Memorandum of Association，美 Article of Incorporation）和公司内部细则（英 Articles of Association，美 By-Laws）。前者是规定公司对外关系的法律文件，主要包括公司的名称、宗旨、公司种类、经营范围、资本等内容；后者是处理公司内部事务的法律文件，主要包括公司机构的设置和人员的安排，各自的权限及责任，业务的执行等内容。公司内部细则被视为是公司组织大纲的补充，不必提交注册登记机关备案，也不必向公众公布，因而也只能在公司内部生效，不能对抗善意第三人。如果公司内部细则与公司组织大纲发生冲突时，则以组织大纲为准。

公司章程的内容可分为绝对必要记载事项、相对必要记载事项和任意记载事项。绝对必要记载事项是指根据法律规定必须记载于公司章程中的条款，否则章程无效。各国公司法对公司章程的绝对必要记载事项都加以明确规定，一般包括公司的名称、住所、注册资本、组织机构等。相对必要记载事项是指法律规定的一些由公司设立人自主决定是否将之记载入公司章程的事项。综合《德国股份公司法》第 26 条与 27 条、《日本商法典》第 168 条、《法国公司法施行细则》第 55 条等的规定，章程的相对必要记载事项有：①受特别利益者的姓名、住所及利益内容；②有关现物出资的事项；③有关财产受让的事项；④设立费用及发起人的报酬；等。这些事项如果被记载入公司章程，便产生法律效力；如果未被记载入公司章程，则不产生法律效力，但不影响整个公司章程的法律效力。[①] 任意记载事项是指在不违反法律的强制性规定、公共秩序和善良风俗的前提下，由公司设立人根据实际需要自行决定是否记载的事项。这些事项如果被记载入公司的章程，便产生与其他事项同样的法律效力。如不加以记载，也不影响整个公司章程的法律效力。

（三）公司资本

1. 公司资本的概念与特征

公司资本是指在公司成立时由公司章程所确定的由股东出资构成的公司财产总额。公司资本具有以下主要特征：

（1）公司资本是股东投资于公司的股份财产的总和。它既包括股东于公司设立时已经投入的资金，也包括股东负有分期缴纳义务的尚未投入的资金。

（2）公司资本是股东对公司的永久性投资。任何人只要投资成为公司的股东后，就不能要求退股抽回股金，假若他不想持有股份，只能把股份转让给他人。

（3）公司资本是公司债务的总担保。由于有限责任公司和股份有限公司及其股东都只对公司债务承担有限责任，当公司资不抵债时，股东不对超出部分的债务承担清偿责任，所以公司资本实际上是公司债权人利益的唯一财产担保。

2. 公司资本的基本原则

为了保护债权和交易安全，传统公司法确认了公司资本的三项基本原则，即资本确定原则、资本维持原则和资本不变原则。

（1）资本确定原则。此原则是指公司在设立时，必须在章程中对公司的资本总额

---

① 梁建达编著：《外国民商法原理》，汕头大学出版社 1996 年版，第 339 页。

作出明确规定,并由股东全部认足,否则公司不能成立。这一原则为一般大陆法系国家公司法所确认,它能够有效地保证公司的资本真实、可靠,防止利用公司进行欺诈和投机行为的发生。

(2) 资本维持原则。此原则又称为资本充实原则,指公司在其存续过程中,应经常保持与其资本额相当的财产。这一原则在各国公司法中具体表现为如下规定:①亏损必先弥补。公司缴纳所得税后的利润,必须先用于弥补公司的亏损,在公司弥补了亏损后仍有盈余的,才允许分配股利。②无利润不得分配股利。公司在虽无亏损却无利润的情况下,也不得分配股利,以免造成公司资本总额的减少。③债务不得抵消。公司作为法人,具有独立的人格,公司与股东在法律关系上是两个独立的主体,所以,公司的债务人不得以其对股东个人的债权,主张与其所欠公司的债务相抵消。④股票的发行价格不得低于股票的面值。股份有限公司的股份表现为股票,如果公司以低于票面值的价格发行股份,会影响公司资本的实际财产价值。资本维持原则为各国公司法所确认,因为它有利于防止因公司资本的减少而危害债权人的利益,防止股东对盈利分配的过高要求,确保公司本身业务活动的正常开展。

(3) 资本不变原则。此原则是指公司的资本一经确定,即不得随意改变,如需增加或减少资本,必须严格依法定程序进行。公司资本不变,并非绝对不能改变,而是指不得随意改变。公司成立后,如果情况发生变化而需要改变公司资本,只要依照法定程序办理有关手续,仍然可以改变。资本不变原则与资本维持原则一样是为了防止因公司资本总额的减少而导致公司责任能力的减弱。

3. 公司资本制度

根据西方国家公司法律规定,公司资本制度有法定资本制、授权资本制和折中资本制三种。

(1) 法定资本制。它是指公司章程中所载明的公司资本额,在公司设立时必须全部由股东认购完毕,否则公司不得成立。公司如增加资本必须经股东大会作出决议,变更公司章程中的资本数额,并办理相应的变更登记手续。法定资本制有利于保证公司资本真实、可靠,防止公司设立中的欺诈、投机行为,但对资本充足的要求过于严厉,限制了公司的尽快成立。法定资本制为德国、法国等多数大陆法系国家所采用。

(2) 授权资本制。它是指公司必须在公司章程中载明授权资本的数额,但在公司设立时,不必按授权资本的数额全部发行股份,而可以先发行一部分,其余则留待日后根据公司业务发展的需要决定是否发行。授权资本制便于公司迅速成立,适应现代股份公司发展的客观需要。但公司资本的落实缺乏足够保障,容易被欺诈行为所利用,不利于对公司债权人利益的保护。授权资本制为英国、美国、荷兰等国所采用。

授权资本制使公司资本内容趋于复杂化,具体表现为如下三种不同形态:①授权资本(Authorized Capital),又称核准资本或名义资本(Nominal Capital),是指公司依照章程规定有权通过发行股票而募集的资本总额。由于授权资本并不要求发起人或股东全部认足，所以它并不是公司实际拥有的资产，而是代表公司发行股份的最高限额和公司今后可能达到的规模，它只是一种名义资本。②发行资本（Issued Capital），是指公司实际上已向股东发行的股本总额，也就是股东已同意认购的股本总额。由于授权资本在实际上限制了发行资本的范围，所以发行资本只能是等于或小于授权资本，永远不可能超过授权资本。③实缴资本（Paid-up Capital），是指公司股东实际向公司已经缴纳的资本。发行资本是股东同意认购的股本总额，却不是股东实缴的资本，因为股东认购了股份后，可能是一次缴清全部股金，也可能是在法律规定的一定期限内分数次缴清。

（3）折中资本制。折中资本制，又称认可资本制，是介于法定资本制和授权资本制之间的一种新的公司资本制度。它是指公司设立时，股东不必将全部资本认足，可以授权董事会在一定期限内随时发行，发行数额不得超过资本总额的一定比例。自20世纪50年代以来，一些国家和地区相继修改公司法，改法定资本制为授权资本制，但对授权资本制加以种种限定，实质上多为折中资本制，如日本等国的公司法。

4. 公司资本的增加和减少

（1）公司资本的增加。公司资本的增加，简称增资，是指公司成立后，依照法定条件和程序增加公司的资本总额。

有限责任公司增资的方式通常有两种：一种是按原有的出资比例增加相应的资本，增资后各股东的出资比例不变；另一种是通过增加新股东并增加新的出资的方式。

股份有限公司增资的方式主要有：①发行新股，即公司在原定股份总数之外发行新的股份。新增的股份既可由原有股东优先认购，也可向社会公开出售股票。向原有股东发行新股时，既可采取由原有股东另外缴款购买新股的方式，也可采取将股息红利转换为股票的方式。向社会发行新股时，可采取出售新股票和将可转换公司债转换成公司股份两种方式。②增加股份金额，即公司在不改变原定股份总数的情况下增加每一股份的金额。这种方式的增资只能在原有股东内部进行。

公司增资必须依法定程序进行。一般来说，公司增资须经股东大会通过增资决议，并变更公司章程，然后向公司登记机关办理变更登记手续。有些国家法律对公司增资还规定了一定的限制条件。例如中国公司法规定，公司发行新股，必须具备下列条件：①前一次发行的股份已募足，并间隔一年以上；②公司在最近三年内连续盈利，并可向股东支付股利；③公司在最近三年内财务会计文件无虚假记载；④公司预期利润率可达同期银行存款利率。

（2）公司资本的减少。公司资本的减少，简称减资，是指公司成立后，依照法定条件和程序减少公司的资本总额。

由于公司资本实际上是公司债权人利益的唯一财产担保，为保护债权人的利益，有限责任公司一般不得减少资本。有的国家虽然允许有限责任公司减资，但为债权人利益计，对减资的程序作出了严格的限制。《德国有限责任公司法》第58条规定，减少资本时不仅要有股东会的特别决议，而且关于减资的决议应在规定的报纸上公告三次，同时催告公司的债权人向公司申报债权。如已向公司申报的债权人不同意减资时，公司应对其债权予以清偿或提供担保。我国《公司法》对有限责任公司的减资程序也作出了严格的限制：减资决议的作出，必须经代表2/3以上表决权的股东通过。公司决议减少注册资本时，必须编制资产负债表及财产清单。公司应当自做出减少注册资本决议之日起10日内通知债权人，并于30日内在报纸上至少公告三次。债权人自接到通知书之日起30日内，未接到通知书的自第一次公告之日起90日内，有权要求公司清偿债务或者提供相应的担保。公司减资后的注册资本不得低于法定注册资本最低限额。

股份有限公司的减资，也会直接影响到公司债权人的利益，而且还直接涉及股东的权益。因此，股份有限公司的减资决议应由股东大会做出，由出席股东大会的半数以上的表决权通过。减少公司发行的任何类别股份的总数，还必须报有关部门审查同意。同时，需履行与有限责任公司相同的法定减资程序。公司减少资本后的注册资本也不得低于法定的最低限额。股份有限公司减资的方式主要有：①减少股份数额，即减少股份总数，而每股金额不变。②减少股份金额，即股份总数不变，只减少每股的金额。

（四）公司债

1. 公司债的概念与特征

公司债（Debentures bonds）是指公司依照法定条件和程序，通过发行有价证券的方式，向社会公众募集资金并约定在一定期限内还本付息的债务。

与股份相比较，公司债具有如下特征：

（1）股份的持有人为公司的股东，有权参加股东大会，对公司的重大问题行使表决权。公司债的持有人为公司的债权人，与公司是债权债务关系，无权参与公司的经营管理。

（2）股份（普通股）一般没有固定的股利率，只有在公司有盈余时，才能获得股利，且股利的多少取决于公司盈余的多少；公司债有固定的利息率，公司定期发放利息，无论公司盈利与否，公司都应当支付约定的利息。

（3）股份是永久性投资，股东一旦认购股份，缴纳股款之后就不能要求公司退还股金；公司债是有一定期限的，公司必须到期后向公司债持有人归还本金。

（4）当公司解散分配剩余财产时，公司债有权得到优先清偿。

2. 公司债的种类

按照不同的标准，可以对公司债进行不同的分类，主要有以下几种：

（1）担保公司债与无担保公司债。担保公司债是指公司以其全部或部分财产作为偿还本息的担保而发行的公司债券。公司为债券提供担保的，可以是公司现有的实物形态财产,也可以是公司持有的其他公司的债券或股票,还可以是其他公司(通常是母公司)的保证。

无担保公司债是指公司仅凭其信用(Credit)而未提供任何担保所发行的公司债券。这种公司债既无财产抵押,又无他人作保,一旦公司到期无力清偿债务,债券持有人只能以公司一般债权人的身份,对公司提起诉讼,要求清算偿还。

(2)记名公司债与无记名公司债。记名公司债是指在公司债券上记载债权人姓名或名称的公司债券。无记名公司债是指不在公司债券上记载债权人姓名或名称的公司债券。我国《公司法》第171条规定:公司债券可分为记名债券和无记名债券。

(3)转换公司债与非转换公司债。转换公司债是指可以转换为股份的公司债。转换公司债的持有人在持券后的一段时间内可以将债券转换为公司的股票,从而变成公司的股东。根据我国《公司法》第172条规定:上市公司经股东大会决议,可以发行可转换为股票的公司债券。发行这种债券时,应当在债券上标明可转换公司债券字样,公司应当按照其转换办法向债券持有人换发股票,但债券持有人对转换股票或不转换股票有选择权。非转换公司债是不得转换为股份的公司债。凡在发行债券时未约定可转换的,均为非转换公司债。

(4)参与公司债与普通公司债。参与公司债是指当公司盈利较多,股票股利的分配比例超过债券利息率时,债权人还可以分到公司对债券增加的一定比例的利息。这种债券的利息已接近于股票的分红,具有不确定性。普通公司债是指有一定偿还期和固定利息率的公司债。绝大多数的公司债都是采取这种形式的。

3. 公司债的发行与转让

各国公司法一般都对公司债的发行主体明确加以规定,许多国家将公司债的发行主体限定于股份有限公司。因为公司债涉及社会公众利益,为保障社会秩序稳定,需要限定只有规模大、偿还能力强的公司,才能发行公司债。中国公司法根据本国国情实际规定,股份有限公司、国有独资公司和两个以上的国有企业或者其他两个以上的国有投资主体投资设立的有限责任公司,为筹集生产经营资金,可以依照公司法发行公司债券。此外,我国《公司法》规定:发行公司债券必须符合下列条件:①股份有限公司的净资产额不低于人民币3000万元,有限责任公司的净资产额不低于人民币6000万元;②累计债券总额不超过公司净资产额的40%;③最近3年平均可分配利润足以支付公司债券1年的利息;④筹集的资金投向符合国家的产业政策;⑤债券的利率不得超过国务院限定的利率水平;⑥国务院规定的其他条件。

公司债券作为有价证券,原则上可以在证券市场上自由转让。我国《公司法》第171条规定:记名公司债券的转让由债券持有人以背书的方式或者法律、行政法规规定的其他方式转让,并由公司将受让人的姓名或者名称及住所记载于公司债券存根簿。无记名债券则由债券持有人在依法设立的证券交易场所将该债券交付给受让人后即发生转让的效力。

（五）公积金与股利分配

1. 公积金

公积金（Reserve funds）又称储备金或准备金，是指公司依法律和章程规定，从公司利润中提取的，不作为股利分配，保留在公司内部备用的基金。公司提留公积金主要是为了在必要时可用之来弥补亏损和扩充资本。

公积金主要可分为两类：

（1）法定公积金。它是法律规定必须提取的公积金。法定公积金依其来源，又可分为法定盈余公积金和法定资本公积金。法定盈余公积金是指公司在弥补亏损后，分配股利前，按法定比例从纯利润中提取的公积金。关于提取的比例，各国规定有所不同，例如：法国、德国规定为5％，中国《公司法》规定为10％。这种公积金达到一定数额时一般都不再提取，例如：法国、德国规定为10％，中国规定为50％。法定资本公积金是指直接由资本或其他原因所形成的公积金。其来源主要有：股票超面额发行所得的净溢价额；资产估价增值所获得的估价溢额；处分资产的溢价收入；吸收合并其他公司所随承受的资产余额；接受赠与财产的所得；等等。

（2）任意公积金。任意公积金是公司根据章程和股东大会决议在法定公积金之外提取的公积金。任意公积金是否提取以及提取的比例，均由公司章程和股东大会来确定，法律不作强制性规定。例如，我国《公司法》在第177条第3款规定："公司在从税后利润中提取法定公积金后，经股东会决议，可以提取任意公积金"。

2. 股利分配

根据各国公司法规定，原则上只有当公司有盈余时，才能分配股利，禁止从资本中支付股利。所谓公司盈余是指公司当年的利润减去了应缴纳的税款和费用，弥补了以前的亏损和提取了法定公积金后的剩余利润。但是，为了维护公司的股票信誉，在符合法律规定的特殊条件下，公司虽然没有盈余，也可分配股利。例如中国法律规定，公司为了维护股票信誉，在已用盈余公积金弥补亏损后，经股东大会特别决定，可按不超过股票面值6％的比率用盈余公积金分配股利，且分配股利后，公司法定盈余公积金不得低于注册资本的25％。

公司按照股东所持的股份比例分配利润，同股同利。股利分配一般采取现金支付方式，但也可以采取股份分配和财产分配方式。对采取股份分配和财产分配的，法律有所限制，须履行法律手续进行分配。

公司必须依法进行股利分配，公司股东大会或者董事会如果违反法律规定，在公司弥补亏损和提取法定公积金、法定公益金（我国公司法规定必须提取的）之前向股东分配利润的，必须将违反规定分配的利润退还公司。

（六）公司的合并与分立

1. 合并

公司的合并（Merger，amalgamation）是指两个以上的公司，依法达成协议合并为一个公司的法律行为。公司合并有两种方式：吸收合并和新设合并。吸收合并是指将一个或一个以上的公司解散，将其财产及债权债务转归一个现存的公司。新设合并是指将现存的两个以上的公司同时解散，共同成立一个新的公司。有些国家法律对有限责任公司的合并有所限制，如日本有限公司法要求有限责任公司之间合并后的公司，应当采取有限责任公司的形式。又如德国法不允许有限责任公司吸收合并股份有限公司。

公司合并的程序，一般是由合并各方在自愿平等的基础上通过协商，达成合并协议后，由各公司召开股东会作出合并的决议。公司还应即时向各债权人分别通知或公告，债权人提出异议的，公司应当清偿债务或提供偿债的担保。各国法律还规定，反对合并的股东有权要求公司以公平的价格收购其所持有的股份。公司合并后，应在法律规定的期限内向公司登记机关办理登记手续，并进行公告。此外，我国《公司法》对股份有限公司的合并控制较严，要求必须经国务院授权的部门或者省级人民政府批准，对有限责任公司则没有这一要求。

2. 分立

公司的分立是指一个公司依据法定条件和程序分为两个或两个以上公司的法律行为。许多国家的公司法未设公司分立制度，将其包容于公司的设立之中。我国《公司法》为规范公司的分立行为，对公司分立作出了专门的规定。

公司的分立可以采取新设分立和派生分立两种形式。新设分立是指将一个公司的全部资产进行分割，分别设立两个或两个以上的公司，原公司消灭。派生分立是指将原公司的部分财产、人员和营业分离出去建立一个新的公司，原公司存续。

按照我国《公司法》的规定，公司分立的程序为：公司的股东会作出决议、分立各方签订分立协议、编制资产负债表和财产清单、通知债权人和办理分立登记。

（七）公司的解散与清算

公司的解散（dissolution），是指公司因法律或章程规定的解散事由出现而停止营业活动并逐渐终止其法人资格的行为，它是公司主体资格消灭的必经程序。公司解散的原因主要有：

（1）公司自己决定解散，即公司股东会作出决议，认为公司没有继续存续的必要，决定解散。

（2）法律规定的解散事由出现，又称法定事由解散，主要包括：①公司章程规定的营业期限届满或规定的解散事由出现；②与其他公司合并或分立；③公司破产。

(3) 有关机关责令解散,又称强制解散,包括:①公司违反国家法律法规被依法撤销;②应少数股东请求,命令解散。

公司解散后,应对公司的财产进行清算(Liquidation)。清算由清算人(Liquidator)来主持。清算人的选任大致有三种作法:一是由公司董事担任。如日本商法规定,股份有限公司和有限责任公司的清算人由董事担任;二是由股东会选任。如中国《公司法》第191条规定,股份有限公司的清算组由股东大会确定其人选;三是由法院依利害关系人的申请选派。如中国《公司法》规定,有限责任公司的清算由股东组成,股份有限公司的清算组由股东大会确定其人选;逾期不成立清算组进行清算的,债权人可以申请人民法院指定有关人员组成清算组,进行清算。清算人在清算过程中所担负的职责主要有:清理公司财产,编制资产负债表和财产目录;以公告方式通知公司债权人申报债权;了结公司业务;收取公司债权;偿还公司债务;处理公司剩余财产;代表公司进行民事诉讼活动。清算人须在一定期限内完成公司的清算工作。公司清算终结后,清算组应当制作清算报告,报股东大会或有关主管机关确认,并报送公司登记机关,申请注销公司登记,并公告公司终止。

二、有限责任公司

(一) 有限责任公司的概念与特征

有限责任公司是指由法律规定的一定人数的股东所组成,股东就其出资额对公司债务承担责任的公司。有限责任公司具有以下主要特征:

(1) 不公开发行股票。股东通过协商确定各自的出资额,在他们缴纳出资后,由公司出具书面的股份证书,作为他们在公司享有权益的凭证。例如中国公司法规定,有限责任公司成立后,应当向股东签发出资证明书。

(2) 股份一般不得随意转让。西方国家公司法规定,股东如需转让其股份,必须经符合法定人数的股东同意,而且在同等条件下,其他股东有优先购买权。中国公司法第35条规定,股东之间可以相互转让其全部出资或者部分出资。股东向股东以外的人转让其出资时,必须经全体股东过半数同意;不同意转让的股东应当购买该转让的出资,如果不购买该转让的出资,视为同意转让。经股东同意转让的出资,在同等条件下,其他股东对该出资有优先购买权。

(3) 股东人数一般有限制。西方国家公司法对有限责任公司股东人数大都有最高限额的规定。如法国公司法规定,有限责任公司的股东最多不得超过50人,美国有的州规定不得超过30人,日本规定不超过50人。中国公司法规定,有限责任公司股东为2个以上50个以下,国家授权投资的机构或者国家授权的部门可以单独投资设立国有独资的有限责任公司。

（4）股东对公司债务负有限责任。有限责任公司股东对公司债务所负责任，一般仅以其出资为限。但也有规定限于出资额的数倍的，如三倍或五倍等，这种公司称为担保有限公司。

（二）有限责任公司的设立

1. 制定公司章程

公司章程由发起设立公司的全体股东共同制定，对全体股东具有约束力。公司章程经公司登记机关核准登记后，对公司具有约束力。对公司章程的主要内容，各国公司法一般都有具体的规定。例如，我国《公司法》第 22 条中有限责任公司章程应当载明下列事项：①公司名称和住所；②公司经营范围；③公司注册资本；④股东的姓名或名称；⑤股东的权利和义务；⑥股东的出资方式和出资额；⑦股东转让出资的条件；⑧公司的机构及其产生办法、职权、议事规则；⑨公司的法定代表人；⑩公司的解散事由与清算办法；⑪股东认为需要规定的其他事项。

2. 认缴出资

有限责任公司由于不得向社会公开募集资本，所以其资本必须在设立过程中由全体股东予以认缴出资。涉及股东认缴出资的问题有：

（1）出资数额。各国公司法对有限责任公司的出资数额大都有限制。出资数额包括每个股东出资的数额和公司资本总额。就股东出资的数额而言，有的国家规定了最低额，例如，《日本有限公司法》规定：每股出资额不得少于 1000 日元；《德国有限公司法》规定：有限公司每一股东出资不得少于 500 德国马克，就资本总额而言，有限责任公司的最低资本额为 5 万德国马克；《法国有限公司法》规定：有限责任公司最低资本额为 2 万法国法郎。中国《公司法》第 23 条规定："有限责任公司的注册资本为在公司登记机关登记的全体股东实缴的出资额。有限责任公司的注册资本不得少于下列最低限额：①以生产经营为主的公司为人民币 50 万元；②以商品批发为主的公司为人民币 50 万元；③以商业零售为主的公司为人民币 30 万元；④科技开发、咨询、服务性公司为人民币 10 万元。特定行业的有限责任公司注册资本最低限额需高于前款所定限额的，由法律、行政法规另行规定。"

（2）出资方式。有限责任公司股东的出资，可以是现金，也可以是实物、工业产权、非专利技术和土地使用权。以实物、工业产权、非专利技术或土地使用权出资的，必须进行评估作价，核实财产，不得高估或者低估作价。股东出资是实物的，一般限制在生产经营所需的建筑物、设备或其他物资范围之内。

（3）缴纳期限。各国公司法在此问题上有两种不同规定：一是要求一次全额缴纳，以保证公司资本的充实。《日本有限公司法》规定：董事应责成股东将出资全额缴纳，或者将作为出资标的财产全部给付。我国《公司法》第 25 条规定：股东应当足额缴纳公司章程中规定的各自所认缴的出资额。股东以货币出资的，应当将货币出资足额存入准备设立的有限责任公司在银行开设的临时账户；以实物、工业产权、非专利技术或者土地使用权出资的，应当依法办理其财产权的转移手续。股东不依照上述规定缴纳所认缴的出资，应当向已足额缴纳出资的股东承担违约责任。股东全部缴纳出资后，必须经过法定的验资机构验资并出具证明。二是允许分期缴纳，但是第一期缴纳的出资，不得低于总额的一定比例。其余应缴出资规定在一定时期内缴清。《德国有限公司法》第7条规定：申请登记只能在非实物出资的股本出资已缴纳1/4时，才得提出；如果有实物出资，股东的实际总额中现金出资总额加上实物出资总额至少达到25000德国马克；如果公司仅由一人设立，则只有当至少前两项规定的数额已经缴付，并且该股东已为其余的货币出资提供了担保，方得进行申请。

（4）出资证明。有限责任公司成立后，应当向股东签发出资证明书，作为其对公司资产拥有所有权的凭证。出资证明书一般应当载明下列事项：①公司名称；②公司登记日期；③公司注册资本；④股东的姓名或者名称、缴纳的出资额和出资日期；⑤出资证明书的编号和核发的日期。出资证明书由公司盖章。

3. 注册登记

有限责任公司的设立必须依法经注册登记，才能取得其法律上的人格地位。股东在制定章程并按规定缴纳了出资后，就应向有关机关申请注册登记。各国主管公司登记的机关不尽相同，有的国家为法院，例如德国；中国为工商行政管理机关。公司申请登记时，可由全体股东指定代表或共同委托代理人向登记机关办理有关手续，应向登记机关提交公司登记申请书、公司章程、验资证明等文件。登记机关对申请的有关文件进行审查，符合公司法规定设立条件的，予以核准登记，发给公司营业执照。公司营业执照签发的日期，为有限责任公司成立日期。

（三）有限责任公司的资本和股份

1. 有限责任公司的资本

有限责任公司的资本是指公司股东出资的总额。有限责任公司的资本采取法定资本制，即公司章程中所载明的公司资本额在公司设立时必须由股东一次认缴，即使有的国家公司法规定股东可以分期缴纳出资，但也必须在设立时一次认足，然后对公司负按期缴纳的义务。公司如增加或减少资本，必须修改公司章程和向原登记机关办理变更登记的程序。法定资本制有利于保证公司拥有充实的资本，防止利用公司进行欺诈、投机活动。

2. 有限责任公司的股份

有限责任公司的股份是作为公司资本构成的基本单位而存在，是股东在公司中享有权利和承担义务的依据。有限责任公司的股份一般不是等额的，因而每个股东实际上在公司股本中只持有一股。股份的量化是通过股东出资在公司资本总额中所占比例来决定，股东根据其出资在公司资本总额中所占比例的多少，享受权利和承担义务。有限责任公司的股份不表现为股票形式，而是由公司开具出资证明书，具有股东权利义务凭证的性质，在公司法上一般称之为股单。股单都必须载明持股人的姓名，不能像股份有限公司的股票那样自由流通，但在一定条件下可以转让。

3. 有限责任公司股份的转让

股东转让出资应当是在有限公司成立之后进行，股东应当向董事会提出转让的申请，由董事会提交股东会议讨论，须经符合法定人数的股东的同意才能转让。股东向本公司其他股东转让与向非股东转让所受限制不同。如《日本有限公司法》第19条规定，股东可以将其股份全部或部分转让于其他股东；如股东欲将其股份全部或部分转让于非股东时，则需经股东会承认，而且其他股东在同等条件下有优先购买权。此外，出让人为一般股东还是公司董事，其出资转让所受限制亦不同。如果出让人为一般股东，须经1/2或2/3以上多数股东同意才可以转让，如果出让人为公司董事，则必须经过全体股东同意方能转让。

（四）有限责任公司的组织机构

有限责任公司属社团法人，作为社团（组织），它不可能通过整体行为从事活动，而必须设置机构，以公司机构为其法人的首脑，指挥并代表法人为民事行为。有限责任公司的组织机构主要包括股东会、董事会（包括其任命的经理）、监事会。其中，股东会是公司的最高权力机构，董事会是公司的经营管理执行机构，监事会是公司经营活动的监督机构。股东人数较少和规模较小的公司可以不设董事会和监事会。

1. 股东会

股东会由全体股东组成，是股东行使其权利的机关。股东会议分为定期会议和临时会议。定期会议是按照公司章程的规定按时召开的，一般是半年或一年召开一次。临时会议一般是为议决公司临时性的重大事项而召开的。临时会议的召开，既可由董事会来作出决定（需多数董事同意），也可由占一定比例的股东来提出。例如《日本有限公司法》规定：持有相当于资本1/10以上出资股数的股东，可向董事提交记载会议目的事项及召集理由的书面材料，以请求召集股东大会。我国《公司法》第43条规定：代表1/4以上表决权的股东，1/3以上董事或者监事，可以提议召开临时股东会议。

股东会一般由董事会召集，董事长主持。股东会的首次会议则由出资最多的股东召集和主持。召开股东会议，应当于会议召开前若干天（如我国《公司法》规定为15天）通知全体股东。

股东会议通过表决来形成决议。对股东的表决权各国有不同的规定。我国《公司法》规定：股东按照出资比例行使表决权。股东会议形成决议一般采取少数服从多数的方法。法国和德国的法律都规定，同意者所持有的资本超过公司的资本1/2时，决议就可通过。但对于一些特别重大事项的通过，各国一般都有较为严格的要求。如法国、德国规定，形成特别决议须经代表资本3/4以上股东同意方可。我国《公司法》第106条、107条规定：股东会对公司增加或者减少注册资本，分立、合并、解散或者变更公司形式作出决议，以及修改公司章程的决议，必须经代表2/3以上表决权的股东通过。

股东表决权一般为自己行使，也可委托他人代理行使。股东是法人的，必须指定一人作为其代理人。股东委托代理人出席股东大会行使表决权，应出具委托书，载明授权范围。各国法律对代理表决有一些限制。例如，《法国公司法》第58条规定：股东可以委派其他股东或其配偶作为自己的代理人，如果委派另外的人作自己的代理人，则应以公司章程有特别规定为限。股东不得只将一部分代理权委托代理人行使而另一部分由自己行使。

关于股东会的权限，各国公司法规定有所不同，我国《公司法》第38条规定：股东会行使下列职权：①决定公司的经营方针和投资计划；②选举和更换董事，决定有关董事的报酬事项；③选举和更换由股东代表出任的监事，决定有关监事的报酬事项；④审议批准董事会的报告；⑤审议批准监事会或者监事的报告；⑥审议批准公司的年度财务预算方案、决算方案；⑦审议批准公司的利润分配方案和弥补亏损方案；⑧对公司增加或者减少注册资本作出决议；⑨对发行公司债券作出决议；⑩对股东向股东以外的人转让出资作出决议；⑪对公司合并、分立、变更公司形式、解散和清算等事项作出决议；⑫修改公司章程。

2. **董事会**

许多国家公司法比较重视有限责任公司的股东会的作用，对有限责任公司是否设立董事会不作严格要求，尤其是股东较少、规模较小的公司可以不设置董事会，由股东会选举执行董事，由董事来执行公司业务管理，对外代表公司。但对规模大的有限公司，有的国家则规定必须设置董事会。如丹麦有限公司法规定，有40万克朗以上股份资本，雇员超过50人的有限责任公司，应同股份公司一样设置董事会。

董事会的组成人数，有些国家法律规定不得少于3人，有些国家还对上限也作了规定。如我国《公司法》规定：有限责任公司董事会，其成员为3人至13人。董事会一般设有董事长、副董事长，董事长为公司的法定代表人。

关于董事的资格，各国公司法一般都有所限制。首先，董事必须由完全行为能力的自然人来担任。法人为公司股东的，应委派自然人作为代表。其次，董事一般应从股东中产生。中国台湾的公司法明确规定董事只能由股东担任。不过，中国公司法没有这一限制。再次董事应具有善良品行和经营能力。对有经济方面犯罪的前科，且刑满释放未达一定年限者，或者对某一企业破产负有主要责任的企业法定代表人，自企业破产未逾一年年限者，各国法律一般不允许其担任有限责任公司董事。我国《公司法》第57条规定有下列情形之一的，不得担任公司的董事、监事、经理：①无民事行为能力或者限制民事行为能力；②因犯有贪污、贿赂、侵占财产、挪用财产罪或者破坏社会经济秩序罪，被判处刑罚，执行期未逾 5 年，或者因犯罪被剥夺政治权利，执行期满未逾 5 年；③担任因经营不善破产清算的公司、企业的董事或者厂长、经理，并对该公司、企业的破产负有个人责任的，自该公司、企业破产清算完结之日起未逾 3 年；④担任因违法被吊销营业执照的公司、企业的法定代表人，并负有个人责任的，自该公司、企业被吊销营业执照之日起未逾 3 年；⑤个人所负数额较大的债务到期未清偿。此外，中国公司法还规定国家公务员不得兼任公司的董事、监事、经理。

关于董事会的权限，我国《公司法》规定：董事会对股东会负责，行使下列职权：①负责召集股东会，并向股东会报告工作；②执行股东会议的决议；③决定公司的经营计划和投资方案；④制订公司的年度财务预算方案、决算方案；⑤制订公司的利润分配方案和弥补亏损方案；⑥制订公司增加或者减少注册资本的方案；⑦拟订公司合并、分立、变更公司形式、解散的方案；⑧决定公司内部管理机构的设置；⑨聘任或者解聘公司经理（总经理），根据经理的提名，聘任或者解聘公司副经理、财务负责人，决定其报酬事项；⑩制定公司的基本管理制度。

董事会职权的行使是通过召开董事会会议实现的。董事会会议一般由董事长召集和主持；董事长因特殊原因不能履行职务时，由董事长指定副董事长或者其他董事召集和主持。中国公司法规定，1/3 以上董事提议也可以召开董事会会议。

有限责任公司董事要对公司尽管理人的注意义务和竞业禁止义务。董事应遵守公司章程，认真执行业务，维护公司利益，不得利用在公司的地位和职权为自己谋取私利，不得侵占公司财产。董事不得自营或者为他人经营与其所任职公司同类的营业或者从事损害本公司利益的活动，否则所得收入应当归公司所有。董事违反法律或违反其职责而使公司遭受损失，董事须负赔偿责任。例如美国有些州的法律规定，由于经营失当而导致的公司债务，董事或管理人员应承担赔偿责任。

[案例 7-2]　　克里林凯诉朗杰瑞（1984 年）

原告克里林凯和被告朗杰瑞都是柏林空中有限责任公司的股东、董事，原告是副总裁，被告是总裁。1977 年，该公司与几家旅行社洽谈有关提供服务的合同，但没有成功。1978 年 6 月，被告获悉那几家旅行社有意订约，便于同年 7 月自己合并了 ABC 空中出租公司并成为其唯一股东。同年 8 月，ABC 公司与那几家旅行社展开谈判，并 9 月达成协议。原告认为，被告违背其对柏林空中有限责任公司的诚信义务。法院判决原告的指控成立，被告败诉。

有限责任公司设经理，由董事会聘任或者解聘。经理对董事会负责，主要行使下列职权：①主持公司的生产经营管理工作，组织实施董事会决议；②组织实施公司年度经营计划和投资方案；③拟订公司内部管理机构设置方案；④拟订公司的基本管理制度；⑤制定公司的具体规章；⑥提请聘任或者解聘公司副经理、财务负责人；⑦聘任或者解聘除应由董事会聘任或者解聘以外的负责管理人员；⑧公司章程和董事会授予的其他职权。此外，经理一般可以列席董事会会议。

3. 监事会

监事会是对公司事务实行监督的机构。有限责任公司经营规模较大的，一般设立监事会；股东人数较少和规模较小的，通常可以不设监事会。设立监事会的，其成员不得少于三人，并在其中推选一名召集人。不设监事会的，可以设一至二名监事。监事会一般由公司股东和公司职工代表共同组成，具体比例由公司章程规定，其中的职工代表由公司职工民主选举产生。监事会作为公司经营活动的监督机构，其成员的职责就是从事专门性的监督工作，所以，公司的董事、经理以及财务负责人不得兼任监事。

监事会或者监事主要行使下列职权：①检查公司财务；②对董事、经理执行公司职务时违反法律、法规或者公司章程的行为进行监督；③当董事和经理的行为损害公司的利益时，要求董事和经理予以纠正；④提议召开临时股东会；⑤公司章程规定的其他职权。此外，监事也列席董事会会议。

三、股份有限公司

（一）股份有限公司的概念与特征

股份有限公司是指以确定的资本分为等额的若干股份，由一定人数以上的有限责任股东所组成的公司。

股份有限公司具有以下主要特征：

（1）公司的资本总额平分为金额相等的股份。股份有限公司的全部资本，须分为等额股份，股份采用股票（stock）的形式。股东根据持股份的比例对公司享有权利和承担义务。

（2）公司可以公开发行股票，而且股票可以自由转让。一般来说，任何人只要愿意支付股金，都可以买到股票而成为股东。因此股份有限公司的股东相当广泛，而且更换频繁。

（3）股东人数不得少于法律规定的数目。股份有限公司本身是公开招募股东的，它的人数不能低于规定的数目。对于股东人数最低限额，各国公司法有不同的规定，例如：法国、日本法律规定为至少7人，德国商法规定最低为5人，我国公司法规定一般应当有5人以上，国有企业改建为股份有限公司，发起人可以少于5人，但应当采取募集设立方式。

(4) 股东以其所认购的股份对公司承担有限责任。股份有限公司的债务以公司的全部财产承担清偿责任。股东必须就其所认购的股份向公司缴足股金,并以其认购缴足的股金为限对公司债务承担责任。股东个人的财产与公司的财产是分离的,股东在向公司缴足股金后,即从公司财产中游离出来,股东对公司财产不再享有占有、使用等所有权权能,与公司的债权、债务也不再有直接的关系。公司则独立地享有对公司财产的占有、使用及依法处分权,并以公司财产对公司债务承担责任。

(5) 公司的拥有者和管理者大都是分离的。负责公司一切日常经营管理活动的不是股东,而是董事会、经理等专门的经营管理人员。董事、经理通常要以自己的全部财产,对因其失职而造成的公司经济损失负赔偿连带责任。

(6) 公司的账目必须公开。各国公司法一般都规定,股份有限公司必须在每个财政年度终了时将公司董事会的年度报告、公司损益表、资产负债表等,向政府主管机关、股东及公众公开。股东一般也有权要求检查公司的账目,了解公司的财务和管理状况。

(二) 股份有限公司的设立

股份有限公司因其具有向社会募集资金的职能,而且其经营规模较大、人员较多,对社会生活影响比较大。因此,各国公司法在公司设立的有关问题上,都规定了比有限责任公司较为严格的要求。

公司的设立,是公司依照法定程序取得法人资格的过程。各国公司法对设立股份有限公司的手续各有不同的规定,但一般说,公司的设立都要经过这样几个步骤:①设立股份有限公司必须要有一定数目的发起人,发起人负责制订公司章程及认购股份;②由发起人召开公司创立大会并选出公司第一届管理机构;③向政府有关主管部门办理注册登记,经主管机关审查认为符合法律规定的条件准予登记后,公司即告成立。

1. 发起人

股份有限公司的发起人为公司的筹建人。具体说来,发起人是指订立发起人协议,提出设立公司申请,认购公司股份并对公司设立承担法律责任者。各国公司法一般规定自然人和法人都可以充当公司的发起人。关于发起人的国籍,大多数国家不加以限制,但也有些国家法律有一定要求。例如,挪威法律规定,股份有限公司的发起人中至少有一半人数是在挪威居住2年以上的;我国公司法规定,须有过半数的发起人在中国境内有住所。各国法律对发起人大都有最低数量要求,例如:德国规定至少为5人,法国规定至少为7人,中国规定一般为5人。

发起人的任务是负责公司的筹备工作,包括组织对所设立的公司进行可行性研究;认购公司股份;负责起草公司章程;通过一定方式筹集资金;办理公司设立申请等有关手续;召集创立大会,选举公司机构等。发起人除了履行必要的法定义务,还应当对自已设立公司的行为所引起的一定财产后果承担相应的责任。主要包括：①公司发行的股份未能认足或募足并足额缴纳时，应负连带认缴责任；②公司不能成立时，对设立行为所产生的债务和费用负连带责任；③公司不能成立时，对认股人已缴纳的股款，负返还股款并加算银行同期存款利息的连带责任；④在公司设立过程中，由于发起人的过失致使公司利益受到损害的，应当对公司承担赔偿责任。

由于发起人对公司设立承担了特别的义务及责任，所以发起人在公司成立之后，可以因其设立行为而获得报酬及享有其他特别的权益，主要包括：其投资的股份可以成为优先股；可以以货币以外的其他形式出资；可优先认购新股；公司解散时，可以优先分配剩余财产；等等。

2. 公司章程

公司章程是指依法制订的规定公司宗旨、组织和活动原则、经营管理方法等重大事项的文件。公司章程是由公司发起人制订的，在公司创立阶段，它主要是作为申请募股和申请设立的必要文件来使用，经公司登记机关审核批准后，才成为对公司具有法律约束力的文件。

对公司章程的主要内容，各国公司法一般都有具体的规定。例如，我国《公司法》第79条就明确规定股份有限公司章程应当载明下列事项：①公司名称和住所；②公司经营范围；③公司设立方式；④公司股份总数，每股金额和注册资本；⑤发起人的姓名或者名称，认购的股份数；⑥股东的权利和义务；⑦董事会的组成、职权、任期和议事规则；⑧公司法定代表人；⑨监事会的组成、职权、任期和议事规则；⑩公司利润分配办法；⑪公司的解散事由与清算办法；⑫公司的通知和公告办法；⑬股东大会认为需要规定的其他事项。

3. 设立方式

股份有限公司的设立，可以采取发起设立或者募集设立的方式。

发起设立的认股是在发起人中进行的，无需向社会其他公众发行股票，由发起人协商认购公司的全部股份或公司首次发行的股份，发起人应按照认购的股份数向公司缴纳股款。发起人在入股财产上通常可以享受以实物和非金钱财产（如工业产权、专有技术等）抵缴股款的优惠权利。入股的实物一般可为公司生产经营所需的建筑物、生产经营设施或其他物资，对实物抵缴股款的，应按有关规定对实物价值进行评估和作价，核定资产。对以工业产权、专有技术作价抵缴股款的，应由发起人共同协商来确定合理价格。

募集设立区别于发起设立主要之处就在于向发起人以外的社会公众募股，其程序包括以下步骤：①发起人须先行认购公司部分股份。为了防止不具有一定经济能力的发起人完全凭借他人资本来开办公司，各国公司法一般都对发起人认购的股份有最低额的限制。②募股申请。发起人向有关机关提交募股申请时，发起人必须提交募股审批的有关文件，其中最主要的是募股章程。募股章程不同于公司章程，它是专为招募股份而制订的，其主要内容包括：公司章程的主要事项、各发起人所认股份数额、股票超过票面金额发行时的价格、发行优先股的总数及其权利义务、发行不记名股的总数、认股人的权利义务、募足股份总数的期限等。③募股和认股。募股申请经审查批准后，便可公开向社会公众募股。募股前发起人应制作认股书供认股人填写。认股人应在认股书上写明自己所认的股份总数及住所，并签名盖章。认股人填写认股书后，便有缴清股款的义务。股款可以一次缴清，也可分期缴清，除发起人外，一般应以现金缴付。如果认股人不在发起人所规定的期间内缴清股款，视为自动放弃所认购股份，发起人可就其所认股份另行招募，对因此给公司造成的损失，认股人应负赔偿责任。④召开创立大会。以募集设立方式组建公司必须在发行股份的股款缴足后召开创立大会。创立大会为公司设立的首次股东大会，其目的是由认股人对公司发起人发起设立公司的行为进行审查确认，并选举产生公司的组织机构，通过公司章程。创立大会由发起人召集，通知全体认股人参加。创立大会的职权主要是：其一，审议发起人关于公司筹办情况的报告；其二，通过公司章程；选举董事会成员；其三，选举监事会成员；其四，对公司的设立费用进行审核；其五，对发起人用于抵作股款的财产作价进行审核；其六发生不可抗力或者经营条件发生重大变化直接影响公司设立的，可以作出不设立公司的决议。

目前，西方国家股份有限公司的设立多采用发起设立的方式，因为发起设立的手续较为简便，有利于公司早日成立。有的国家公司法甚至只规定了发起设立一种方式，如德国股份公司法。我国制定公司法时，考虑到本国的实际国情，规定股份公司的设立可以选择发起设立或募集设立的方式。

4. 公司的最低资本额

公司设立必须拥有一定数量的资本，任何股份有限公司的资本都不得低于法定最低资本额，否则，公司登记机关将不予核准登记，公司就不能成立。各国公司法对股份有限公司最低资本额的规定有所不同：大陆法系国家一般对公司最低资本额都有明确的规定，如法国规定为 10 万法国法郎（不向公众邀约认股的）和 50 万法国法郎（向公众邀约认股的），德国规定为 10 万德国马克，意大利为 2 亿里拉，等等。英美法系国家对公司最低资本额的要求较低，有的甚至不作要求，如美国《标准公司法》早在 1969 年就取消了有关公司最低资本额的规定。我国公司法对股份有限公司的最低资本额的要求较高，规定为人民币 1000 万元。

5. 设立登记

设立登记是股份有限公司成立必须履行的法律程序。采取发起设立方式设立的公司登记注册，由发起人缴纳全部出资后，选举产生出董事会与监事会，由董事会向公司登记机关申请设立登记；采取募集设立方式设立的公司，应当在创立大会结束后一定期限内，由创立大会选举产生的董事会向公司登记机关申请设立登记。董事会在向公司登记机关申请设立登记时，应当报送的文件主要有：①董事长签署的登记申请书；②政府审批部门的有关批准文件；③公司章程；④股东名册；⑤创立大会的会议记录；⑥筹办公司的财务审计报告；⑦缴足股款的证明文件及验资证明；⑧董事会、监事会成员姓名及住所；⑨法定代表人的姓名、住所。设立登记的申请经过审核批准，公司登记机关就给予公司登记注册，发给营业执照。公司营业执照签发之日，即为公司成立之日，公司取得法人资格。公司成立后，一般应进行公告。

（三）股份有限公司的股份

1. 股份的概念与特征

股份（share），是指按等额划分的公司资本构成单位。每一股代表一定的金额，每股金额相同。例如，一家股份有限公司的资本总额为1000万元，其股份有1000万股，每股为1元。股份也是股东对公司的权利义务的表现，任何人拥有公司的股份，便对公司享有了股东权，股东享有权利的大小取决于其所认购股份的性质和数量。股份有限公司的股份是以股票为表现形式的。股票是股份有限公司的股份证书，是股东享有权利的凭证和依据。

股份有限公司的股份具有以下主要特征：

（1）股份是对公司资本的等额划分，每一股份所代表的资本额相等，所包含的权利义务平等。股东投入公司财产的多少和享有权利的大小，是通过持有股份数额的多少来体现的。

（2）股份以股票作为其表现形式。股票是代表股权的文书，也是股东身份的证明文件。合法持有公司股票的人即可根据该股票行使股东权利。

（3）股份可以自由转让。股份表现为股票，股票是一种有价证券，可以在证券市场上自由转让，因而股份也可以自由转让，无需征得公司机关或公司其他股东的同意。股份的转让是通过交付股票的形式进行的。

2. 股份的种类

依据不同的标准，可以把股份有限公司的股份划分为不同的种类，主要的分类有以下几种：

（1）依股东享有权益和承担风险的大小，可将股份分为普通股和优先股。

普通股（Common stock）是指股份有限公司通常发行的、没有区别待遇的股份，它是公司最基本的一种股份。普通股没有固定的股利率，其股利的有无多少，视公司的经营状况而定，而且须在公司支付了公司债利息和优先股股利后方能分得。普通股的股东有权在公司解散或清算时，参与分配公司的剩余财产，但须列于公司债权人和优先股股东之后。

普通股的股东一般享有下列权利：①分派股息和红利的权利。②参与股东大会并投票的权利（包括参与选举公司董事等公司重大问题的决策）。③转让股份权。④在公司解散时分配剩余财产的权利。

优先股（Preferred stock）是指在财产权利方面优于普通股的股份。优先股在公司股份中占少数，持有优先股的股东一般为公司的发起人、公司的职工、放弃表决权的股东，以及公司设立时为了尽快募足资金而以优先股吸引入股的股东。优先股与普通股相比，其特点表现在如下三个方面：①优先股的股利是固定的，一般在发行股票时就予以确定，而且在分配股利时先于普通股得到分配。②在公司解散或清算分配财产时，先于普通股受偿。③优先股一般没有表决权。

根据优先股所享有的优先权内容的不同，又可将优先股分为：①累积优先股和非累积优先股。累积优先股（Cumulative Preferred stock）是指公司某一年度的盈利不足以分派优先股应分的股利，公司应当在以后年度的盈利中补足其欠额的优先股。非累积优先股是指股利的分配只以公司当年的盈利为限，如果盈利不足以分配，其不足部分，往后年度不再补足的优先股。②参与优先股和非参与优先股。参与优先股（Participating Preferred Stock）是指除按规定优先获取固定比率的股利外，还可以同普通股一起参与分配其余盈利的优先股。非参与优先股是指只能按原定比例分配公司盈余，此后即使公司仍有充分盈余，也不能再参加分配的优先股。

（2）依据股份是否以金额表示，可将股份分为有票面金额股和无票面金额股。

有票面金额股（Parvalue stock）是指在股票票面上标明了一定金额的股份。如在股票上标明每股金额为1美元或10美元等。有票面金额股的每股金额必须一致。有些国家法律规定了股票面额的最低限额，例如：德国规定股份最低额为50马克，法国规定为100法郎，日本规定为500日元。有票面金额股的发行价可以高于票面金额，即溢价发行，但不能以低于票面金额的价格发行，以免造成公司资本的虚空。

无票面金额股（Nonparvalue stock），又称份额股，是指在股票上不标明股份具体金额，只注明其占公司资本总额的比例的股份。有些国家的法律明文禁止股份有限公司发行无票面金额股，因为无票面金额股所代表的金额经常处于不确定状态之中，股份转让和交易的难度较大，而且国家难以对公司进行监督。目前只有美国、日本、卢森堡等少数国家允许股份有限公司发行无票面金额股，而且大都对其发行作出了种种限制性的规定。我国《公司法》只允许发行有票面金额股。

（3）依据股份是否记载股东的姓名，可将股份分为记名股和无记名股。

记名股（Registered stock）是指在股票上记载有股东姓名或名称的股份。记名股不仅要求股东购买股票时须将姓名记入，而且要求股东转让股票时须向公司办理过户手续，否则不产生转让的效力。记名股份的权利只能由股东本人享有，非股东持有股票，不能行使股权。

无记名股（Stock to bearer）是指不在股票上记载股东姓名或名称的股份。无记名股的转让无需办理过户手续，只要将股票交付给受让人，即产生转让的效力。任何持有无记名股票的人都是公司的股东，都可以对公司主张股东权。大多数国家公司法规定既可以发行记名股，也可以发行无记名股。但有些国家对发行无记名股有一定限制，如规定无记名股必须在缴足股款后才能发行，以免日后催缴股款困难。我国公司法规定公司向发起人、国家授权投资的机构、法人发行的股票，应当为记名股票，并应当记载发起人、机构或者法人的名称，不得另立户名或者以代表人姓名记名。对社会公众发行的股票，可以为记名股票，也可以为无记名股票。

3. 股份的转让

股份有限公司的股份的转让，是指股东将自己的股份转让给他人的行为。股份的转让是通过交付股票的形式进行的。股份有限公司的股票原则上是可以自由转让的，只要根据转让人和受让人双方的意愿，按法律规定履行了必要的手续，转让就具有法律上的效力。但是，有些国家公司法对股份的转让也有一定的限制。大多数国家公司法规定，在公司设立登记之前，股票不得转让。有些国家公司法对股份转让关系的主体，即出让人和受让人作出限制，例如，发起人，由于发起人和公司有特殊利害关系，有的国家公司法规定在公司成立后的一段时间内（如我国公司法规定为三年），发起人不得转让其持有的股票。公司董事、监事、经理所持有的本公司的股份，一般在任职期间内也不得转让。一些国家对把股票转让给外国人作了限制。例如，英国公司法规定，非经国家财政部同意，不得将英国公司的股票转让给非居住于联合王国、爱尔兰、马恩岛、英法海峡各岛和直布罗陀的居民。有些国家则规定股份有限公司不得充当本公司股票的受让人。

股份有限公司的转让方式为：如果是无记名股票，只需出让人将股票交付给受让人，就可达到转让的法律后果；如果是记名股票，则以背书方式转让，出让人须在股票上背书，受让人亦须将自己的姓名或名称记载于股票上，并登记到股东名册之中，转让才告完成。

（四）股份有限公司的组织机构

股份有限公司的机构设置与有限责任公司一样，也分为股东大会、董事会、监事会三大机构。股东大会是公司的最高权力机构；董事会是由股东大会选举产生的公司决策和管理机构，经理是由董事会聘任的，在董事会领导下的公司管理与执行机构；监事会是由股东大会选举产生的，对董事会及经理的活动进行监督的机构。

1. 股东大会

股东大会是由股东组成的公司最高权力机构。股东大会是股份有限公司的非常设机构，一般采取定期会议和临时会议两种方式。定期会议一般每年召开一次。临时会议往往是在有特别情况出现时，董事会或监事会认为有必要或董事会拥有一定比例以上股份的股东的请求而召开。我国《公司法》第 104 条规定有下列情形之一的，应当在两个月内召开临时股东大会：①董事人数不足公司法规定的人数或公司章程所定人数的 2/3 时；②公司未弥补的亏损达股本总额 1/3 时；③持有公司股份 10% 以上的股东请求时；④董事会认为有必要时；⑤监事会提议召开时。

股东大会必须达到法定人数才能开会，但各国对法定人数有不同的要求。例如，美国许多州的公司法规定需要有一半的股东出席才能开会，法国则规定只需有代表股本总值的 1/4 的股东出席即可召开。召开股东大会应当于开会前若干天通知全体股东，并作出公告。股东大会一般由董事长主持。股东大会以表决形式来形成决议，原则上每一股份有一表决权。股东大会的普通决议，一般须经出席会议的股东所持表决权的半数以上通过。股东大会对公司合并、分立或者解散公司，以及修改公司章程等重大事项所作的特别决议，一般须经出席会议的股东所持表决权的 2/3 以上通过。股东可以委托代理人出席股东大会，代理人应当向公司提交股东授权委托书，并在授权范围内行使表决权。有些国家法律对代理人的资格有所限制，如法国公司法规定，代理人必须是股东的配偶或公司的其他股东。

股东大会作为公司的最高权力机构，享有对公司的重大事务的决策权。但是，随着现代股份有限公司的发展，出现了公司所有权与管理权相分离的趋势，董事会、经理实际掌握着公司的经营管理大权，股东大会的权限日益减少，有些国家公司法也反映出了这种倾向，例如，依照德国股份公司法规定，董事会成员由监事会选任与解任，而不是由股东大会选任与解任。

从大多数国家公司法来看，股东大会还是拥有作为公司最高权力机构的职权，主要有以下几项：①选任和解任董事会成员和监事会成员；②听取并审议董事会、监事会的工作报告；③审定公司的年度财务结算，股息红利分配方案；④决定增加或减少公司的资本；⑤变更公司的章程；⑥决定公司债券的发行；⑦决定公司的分立、合并或解散；⑧对公司其他重要事项作出决议。

2. 董事会

董事会是股份有限公司必备的、常设的经营决策与业务执行机构。各国公司法均规定股份有限公司须设董事会，这一点与有限责任公司不同，股东较少、规模较小的有限责任公司可以不设董事会。董事会是股份有限公司的常设机关，自公司成立开始，董事会即作为一个稳定的机构存在，虽然其会议有开会、闭会、休会之分，但其活动始终进行。在闭会、休会期间，董事长作为董事会的代表，董事作为公司的任职常设于公司，代表董事会行使职权。董事会作为公司的经营决策与业务执行机构，在公司的经营管理中发挥着中心的作用，已成为领导公司的最重要的机关。美国标准公司法规定，公司的一切权力都应由董事会行使或由董事会授权行使，公司的一切业务活动和事务都应在董事会的指示下进行。

董事会是由董事组成的，而董事一般是由股东大会选举产生的。各国公司法对公司董事的人数及资格都作出一些规定。如《法国商事公司法》规定：股份有限公司的董事会由3名以上、12名以下的董事组成。我国《公司法》第112条规定：股份有限公司董事会成员为5人至19人。董事会一般设董事长1人，副董事长1人或数人，董事长、副董事长由董事会选举产生。董事长为公司的法定代表人。

各国公司法对公司董事的资格都有所限制，如无行为能力、限制行为能力者、有涉及公司方面犯罪前科者、公务员等特定身份者，不能担任董事。关于董事是否必须由股东担任，各国公司法有不同规定。一些国家如法国、比利时的公司法规定，董事必须由股东担任。而另一些国家如美国、日本，以及我国的公司法则不要求必须由股东担任，允许非股东担任董事，这反映了股份有限公司管理职业专业化的发展趋势。

董事会作为公司的经营决策与业务执行机构，享有实力广泛的职权，一般说来，除法律和公司章程规定由股东大会行使的权力外，公司的全部业务均可由董事会决定和执行。我国《公司法》规定董事会行使下列职权：①负责召集股东大会，并向股东大会报告工作；②执行股东大会的决议；③决定公司的经营计划和投资方案；④制订公司的年度财务预算方案、决算方案；⑤制订公司的利润分配方案和弥补亏损方案；⑥制订公司增加或者减少注册资本的方案以及发行公司债券的方案；⑦拟订公司合并、分立、解散的方案；⑧决定公司内部管理机构的设置；⑨聘任或者解聘公司经理，根据经理的提名，聘任或者解聘公司副经理、财务负责人，决定其报酬事项；⑩制订公司的基本管理制度。

董事会的权力主要是通过董事会会议决议的方式体现出来的。董事会的会议分为定期召开的会议和临时会议。定期召开的会议，一般半年召开一次，有的国家规定三个月召开一次，临时会议一般由符合法定人数的董事或总经理提议召开。董事会会议由董事长负责召集并主持。董事会会议一般应由1/2以上的董事出席方可举行。董事会会议应由董事本人出席。董事因故不能出席，可以书面委托其他董事代为出席董事会，委托书中应载明授权范围。董事会会议实行一人一票的表决方式，董事会作出表决，须经全体董事的过半数通过。董事应当对董事会的决议承担责任。董事会的决议违反法律、公司的章程和股东大会决议，致使公司遭受严重损失的，参与决议的董事对公司负赔偿责任。但经证明在表决时曾表明异议并记载于会议记录的，该董事可以免除责任。董事对股份有限公司应尽的义务与有限责任公司董事的义务大同小异，这里不再详述。

股份有限公司设经理，由董事会聘任或者解聘，对董事会负责。经理主要行使下列职权：①组织实施董事会的决议，并向董事会提出报告；②负责公司的日常业务活动；③拟订公司年度经营计划、财务结算方案以及分配方案；④聘任或解聘除应由董事会聘任或解聘以外的负责管理人员；⑤代表公司对外处理重要业务；⑥董事会授权的其他职权。

3. 监事会

在股份有限公司中，董事会的权力往往很大，为对其实行制约和监督，一些发达国家（如德国）在公司法中规定设立监事会行使此职能，形成股东大会、董事会、监事会三机构"三权分立、相互制约"的体制，以防止董事会滥用权力等弊病。

各国公司法对股份有限公司是否须设监事会有不同的规定。有些国家实行"双轨制"，即在股东大会之下设董事会和监事会，如德国等。有些国家则实行"单轨制"，即只设董事会而不设监事会，如英国、美国等。还有一些国家实行单轨制与双轨制的共存体制，即规定公司可设监事会，也可以不设监事会，由公司章程作出选择，如法国等。我国公司法要求股份有限公司必须设立监事会，作为公司经营活动的监督机构。

关于监事会的职权，各国的规定也有很大区别，有的权限广泛，有的则很有限。我国《公司法》明确地规定了监事会的职权，其职权是较为广泛的，具体规定如下：①检查公司的财务；②对董事、经理执行公司职务时违反法律、法规或者公司章程的行为进行监督；③当董事和经理的行为损害公司的利益时，要求董事和经理予以纠正；④提议召开临时股东大会；⑤监事列席董事会会议；⑥公司章程规定的其他职权。

监事会成员一般由股东大会选任，人数通常为三人以上，并在其中推选一名召集人。有些国家（如德国、中国）公司法规定监事会由公司股东代表和公司职工代表共同组成。监事会作为监督公司经营活动的机构，公司的董事、经理及财务负责人等一般不得兼任监事。

第四节 中国外商投资企业法

中国自实行改革开放以来，在发展外商投资企业，引进先进技术和管理经验方面取得了显著成绩。截至 2012 年 4 月底，中国已累计批准外商投资企业 74.5 万家，实际使用外资金额 1.2 万亿美元。这些企业对于扩大对外经济技术交流、促进国民经济的发展发挥了重大的作用。

中国于 1979 年 7 月 1 日颁布了第一部关于外商投资企业的法律——《中华人民共和国中外合资经营企业法》。此后，又陆续制定和公布了《中外合作经营企业法》、《外资企业法》、《外商投资企业和外国企业所得税法》等一系列法律，以及与之相应的一些实施条例，形成了一个比较完整的体系，为吸引外资提供了良好的法律环境。

中国外商投资企业，是指在中国境内根据中国法律设立的、有外商资本投入的企业。目前在中国设立的外商投资企业，包括中外合资经营企业、中外合作经营企业和外资企业三种类型。

一、中外合资经营企业

(一) 中外合资经营企业的概念与特征

中外合资经营企业(简称"合营企业"),是指由外国公司、企业或其他经济组织或个人与中国公司、企业或其他经济组织依照中国法律,在中国境内共同投资、共同经营、共享利润、共担风险而设立的企业。

合营企业具有如下主要特征:

(1) 合营企业是由两个或两个以上的中外合营者共同设立的。外方合营者可以是在外国注册登记具有法人资格的公司,和公司以外的其他企业形式,如合伙,也可以是其他经济组织或者个人。中方合营者是指已经在政府主管机关注册登记,取得法人资格的企业,包括全民所有制企业、集体所有制企业和具有法人资格的其他经济组织,私营企业也在其内。

(2) 合营企业是设立在中国境内的,经中国政府批准并注册登记后,便取得中国法人资格。合营企业作为中国法人,在中国境内的所有活动必须遵守中国的法律,必须服从中国政府和法律的管辖,其合法权益受中国政府和法律的保护。

(3) 合营企业的形式是有限责任公司。合营企业具有自己独立的财产,以企业的全部财产作为企业从事经营活动的经济担保,企业对其债务所负的责任仅以其注册资本为限,而中外合营双方对合营企业的债务所承担的责任也仅以其出资额为限,合营各方彼此不负连带责任。

(4) 合营企业属于股权式的合营企业。根据联合国工业发展组织编写的《发展中国家各类合营企业的法律手册》,合营企业分为两种类型:股权式合营企业和契约式合营企业。股权式合营企业合营各方的所有投资以货币形式进行估价,然后折合成相应的股份,合营者根据各自出资额在整个注册资本中所占的股权比例,对合营企业享受权利和承担义务。

(二) 中外合资经营企业的设立

1. 设立程序

根据《中外合资经营企业法》及其实施条例的规定,合营企业的设立审批程序可分为以下几个阶段:

(1) 立项。由中外合营各方经过接触,编制设立合营企业的项目建议书,并由中方合营者呈报企业主管部门审查,主管部门同意后,再转报审批机构批准。

(2) 进行可行性研究。在项目建议书获得中方合营者上级主管部门同意并经审批机构批准后,合营各方应对合营项目进行可行性研究,编制可行性研究报告。可行性报告需报请中方合营者上级主管机关进行审批。

（3）签订合营的协议、合同、章程。合营各方在项目建议书和可行性研究报告获得批准后，可以进入谈判阶段，通过谈判就设立合营企业的有关事项达成一致意见，并签订协议、合同和章程。这个阶段很重要，签订协议、合同、章程必须依照《中外合资经营企业法》及其实施条例的有关规定，不能有违反国家利益和法规的内容。

（4）申请审批。合营企业的合营各方在签订协议、合同和章程之后，即可向审批机关申请审批。

（5）注册登记。申请者应在收到批准证书后1个月内，按《中华人民共和国中外合资经营企业登记管理办法》的规定，凭批准证书向合营企业所在地的省、自治区、直辖市工商行政管理局办理登记手续。合营企业的营业执照签发日期，即为该合营企业的成立日期。

2. 法律文件

（1）合营企业的协议。合营企业的协议是指合营各方对设立合营企业的某些要点和原则达成一致意见后签订的文件。协议主要包括如下内容：①合营各方的名称；②合营企业的名称、性质、经营范围；③资本总额、各方出资的比例和出资方式；④产销的大体安排；⑤管理机构的组成；⑥技术的引进及其补偿办法；⑦利润的分配。

合营各方也可以不订立合营企业协议而直接签订合营企业合同和章程。如果协议与合同相抵触，应以合同为准。

（2）合营企业的合同。合营企业的合同是指合营各方为设立合营企业就相互权利、义务关系达成一致意见而订立的文件。它既是合营协议的具体化和固定化，又是合营章程制定的依据。它须由各方当事人以书面形式达成协议，并经中国政府批准才能生效。合同经批准生效后，就具有法律约束力，当事人双方必须全面履行合同规定的义务，任何一方不得擅自变更或解除合同。合营企业合同应包括下列主要内容：①合营各方的名称、注册国家、法定地址和法定代表的姓名、职务、国籍；②合营企业的名称、法定地址、宗旨、经营范围和规模；③合营企业的投资总额、注册资本，合营各方的出资额、出资比例、出资方式、出资的缴付期限以及出资额欠缴、转让的规定；④合营各方利润分配和亏损分担的比例；⑤合营企业董事会的组成、董事名额的分配以及总经理、副总经理及其他高级管理人员的职责、权限和聘用办法；⑥采用的主要生产设备、生产技术及其来源；⑦原材料购买和产品销售方式、产品在中国境内和境外销售的比例；⑧外汇资金收支的安排；⑨财务、会计、审计的处理原则；⑩有关劳动管理、工资、福利、劳动保险等事项的规定；⑪合营企业期限、解散及清算程序；⑫违反合同的责任；⑬解决合营各方之间争议的方式和程序；⑭合同文本采用的文字和合同生效的条件。合营企业合同的附件，与合营企业合同具有同等效力。

合营合同的订立、效力、解释、执行及其争议的解决，必须适用中国法律。合营各方不得选择其他国家的法律作为该合同的准据法。

(3) 合营企业的章程。合营企业的章程是依据合营企业合同规定的原则，经各方一致同意，规定合营企业的宗旨、组织原则和经营管理方法等事项的文件。它应包括下列主要内容：①合营企业名称及法定地址；②合营企业的宗旨、经营范围；③合营各方的名称、注册国家、法定地址、法定代表的姓名、职务、国籍；④合营企业的投资总额、注册资本，合营各方的出资额、出资比例、出资额转让的规定，利润分配和亏损分担的比例；⑤董事会的组成、职权和议事规则，董事的任期，董事长、副董事长的职责；⑥管理机构的设置、办事规则，总经理、副总经理及其他高级管理人员的职责和任免方法；⑦财务、会计、审计制度的原则；⑧解散和清算；⑨章程修改的程序。

章程的内容不得与合同规定相抵触。章程经批准后即成为合营企业的行动准则。

(三) 中外合资经营企业的资金

1. 投资总额与注册资本

合营企业的投资总额是指按照合营企业合同、章程规定的生产规模需要投入的基本建设资金和生产流动资金的总和，包括合营各方的投资额（即注册资本）和以合营企业名义借入的资金两部分。

合营企业的注册资本是指为设立合营企业在登记管理机构登记的资本总额，应为合营各方认缴的出资额之和。它是合营企业各方利润分配的基础和承担风险责任的依据。注册资本一经确定后，在合营期内是不得抽回或减少的，也不得随意对注册资本作其他形式的变更。

合营企业的注册资本与投资总额是否保持适当的比例是个值得注意的问题。如果注册资本与投资总额的比例悬殊，会导致企业负债过重，要承担过大的风险。同时，也会减少国家财税收入。因为按照有关法律规定，在计算合资企业应税所得额时，作为注册资本的出资，无论是货币、实物、工业产权或专有技术，均不得列为成本、费用和损失（即所得税前支出部分），而企业贷款的利息，则可列入。因此，合资企业注册资本缩小、借贷资金扩大，就会导致企业所得的税前支出增大，而应税所得额相应减少。

为了防止合营企业注册资本与投资总额比例悬殊导致上述不良后果，我国于1987年3月1日由国家工商行政管理局公布了《关于中外合资经营企业注册资本与投资总额比例的暂行规定》，明确中外合资经营企业的注册资本与投资总额的比例，应当遵守如下规定：

(1) 中外合资经营企业的投资总额在300万美元以下（含300万美元）的，其注册资本至少应占投资总额的7/10。

(2) 中外合资经营企业的投资总额在300万美元以上至1000万美元（含1000万美元）的，其注册资本至少应占投资总额的1/2，其中投资总额在420万美元以下的，注册资本不得低于 210 万美元。

（3）中外合资经营企业的投资总额在 1000 万美元以上至 3000 万美元（含 3000 万美元）的，其注册资本至少应占投资总额的 2/5，其中投资总额在 1250 万美元以下的，注册资本不得低于 500 万美元。

（4）中外合资经营企业的投资总额在 3000 万美元以上的，其注册资本至少应占投资总额的 1/3，其中投资总额在 3600 万美元以下的，注册资本不得低于 1200 万美元。

合营企业增加投资的，其追加的注册资本与增加的投资额的比例，应按上述规定的比例执行。

2. 出资比例与出资方式

合营企业的出资比例，是指中外合营各方投入的资本在注册资本中所占的份额。合营各方的出资比例决定了合营各方的经营管理权利、对企业利润的分配、企业结束时对资产的分配以及对责任的分担等。

《中外合资经营企业法》第 4 条规定："在合营企业的注册资本中，外国合营者的投资比例一般不低 25％。"这一规定限制了外国合营者出资的最低比例，而未规定外资所占比例的最高限额。这是因为，我国举办中外合资经营企业的目的在于吸引外资，引进先进的技术和管理经验，如果外国合营者的投资比例太小，就达不到这一目的。所以，只规定外资在合营企业投资的下限而不规定外资比例的上限，有利于我们在具体项目上灵活掌握中外双方的投资比例，可以更好地鼓励外商积极来华投资。当然，对外资比例不予上限规定，并不等于任何项目都可以由外商任意提高投资比例，而是要根据外商所提供的技术的经济价值和我方的需要程度来确定。

对于合营各方的出资方式，根据《中外合资经营企业法》及其实施条例的规定，合营双方可以如下几种方式进行投资：

（1）现金投资。以现金投资，可以是人民币，也可以是外币。

（2）实物投资。实物投资是指以建筑物、厂房机器设备或其他物料等有形财产投资。作为外国合营者出资的机器设备及其他物料，必须符合下列条件：①为合营企业生产所必不可少的；②中国不能生产，或虽能生产但价格过高或在技术性能和供应时间上不能保证需要的；③作价不得高于同类机器设备或其他物料当时的国际市场价格。

（3）工业产权、专有技术投资。作为外国合营者出资的工业产权或专有技术，必须符合下列条件之一：①能生产中国急需的新产品和出口适销产品的；②能显著改进现有产品的性能、质量，提高生产效率的；③能显著节约原材料、燃料、动力的，而且应提交该工业产权或专有技术的有关资料。关于外国合营者工业产权或专有技术投资的作价，中国有关法律未作规定，可以由双方商定公平合理的价格。如果合资企业在经营中需使用中方所拥有的工业产权或专有技术，则中方的工业产权或专用技术亦应作价投资或收取一定的技术转让费。

(4) 场地使用权投资。根据《中外合资经营企业法》规定，中国合营者的投资可包括为合营企业经营期间提供的场地使用权。其作价金额应与取得同类场地使用权所应缴纳的使用费相同。《中外合资经营企业法实施条例》还规定，合营企业对于获准使用的场地，只有使用权，没有所有权，而且这种使用权不能转让。

无论合营各方以何种方式出资，都应当按照合营企业合同的规定按时缴付出资。根据中国有关法律的规定，如果合营企业合同规定一次缴清出资的，合营各方应当在营业执照签发之日起6个月内缴清出资；如果合同规定分期缴纳出资的，合营各方第一期出资不得低于认缴出资额的15％，并且应当在营业执照签发之日起3个月内缴清。合营各方如果到期未能缴纳出资，合营企业将自动解散。合营一方未按期缴纳出资，则构成违约，守约的一方应催告违约方在1个月内缴付或缴清出资，并有权依法请求违约方赔偿因此而造成的经济损失。

3. 投资份额的转让

投资份额的转让，是指合营企业中合营一方把自己的全部出资额或部分出资额转给合营企业的另一方或第三者。中国法律允许合营各方在经合营他方同意后将自己的投资份额转让给第三者，但合营他方有优先购买权。投资份额的转让还应由董事会会议通过，并报原审批机构批准，向原登记管理机构办理变更登记手续。

（四）中外合资经营企业的组织机构

中外合资经营企业的组织机构由合营企业的董事会和经营管理机构组成。

1. 董事会

（1）董事会的职权。董事会是合营企业的最高权力机构，它有权决定合营企业的一切重大问题，包括合营企业的发展规划、生产经营活动方案、收支预算、利润分配、劳动工资计划、停业，以及总经理、副总经理、总工程师、总会计师、审计师的任命或聘请及其职权和待遇等。

（2）董事会的组成。董事会成员的多少，可由合营各方依据合营企业的具体情况商定，但根据中外合资经营企业法的规定，董事会成员不得少于3人。从举办中外合资经营企业的实践看，董事会成员大都在7至11人之间，一般为单数。董事会成员由合营各方自行委派，各方委派的董事名额比例，参照各方的出资比例协商解决。

合营企业的董事长和副董事长由合营各方协商确定或由董事会选举产生。中外合营者的一方担任董事长的，由他方担任副董事长。董事长是合营企业的法定代表，董事长不能履行职责时，应授权副董事长或其他董事代表合营企业。董事会根据平等互利的原则，决定合营企业的重大问题。

（3）董事会会议。董事会会议每年至少召开1次，由董事长负责召集并主持。经1/3以上董事提议，可由董事长召开董事会临时会议。董事会会议应有2/3以上董事出席方能举行,董事不能出席,可出具委托书委托他人代表出席和表决。董事会讨论决定企业的重大问题,一般可依据合营企业章程载明的议事规则作出决议,但对下列事项,必须由出席董事会会议的董事一致通过方可作出决议:①合营企业章程的修改;②合营企业的中止、解散;③合营企业注册资本的增加、转让;④合营企业与其他经济组织的合并。

2. 经营管理机构

合营企业在董事会的领导下,设立经营管理机构,负责企业的日常管理工作。经营管理机构设总经理1人,副总经理若干人,副总经理协助总经理工作,总经理处理重要问题时,应同副总经理协商。总经理、副总经理由合营企业董事会聘请,董事长、副董事长、董事可以兼任合营企业的总经理、副总经理或其他高级管理职务。

合营企业实行董事会领导下的总经理负责制。总经理执行董事会会议的各项决议,组织领导合营企业的日常经营管理工作。在董事会授权范围内,总经理对外代表合营企业,对内任免下属人员,行使董事会授予的其他职权。总经理和副总经理不得兼任其他经济组织的总经理或副总经理,不得参与其他经济组织对本企业的商业竞争。总经理、副总经理及其他高级管理人员有营私舞弊或严重失职行为,经董事会决议可以随时解聘。

(五)中外合资经营企业的期限、解散与清算

1. 合营企业的期限

合营企业的合营期限,按不同行业、不同情况,由合营各方当事人作不同约定。有的行业的合营企业,应当约定合营期限;有的行业的合营企业,可以约定合营期限,也可以不约定期限。

合营期限,一般项目为10年至30年。投资大、建设周期长、资金利润率低的项目,由外国合营者提供先进技术或关键技术生产尖端产品的项目,或在国际上有竞争能力的产品的项目,其合营期限可以延长到50年。经国务院特别批准的可在50年以上。合营企业的合营期限,由合营各方在合营企业协议、合同、章程中作出规定。合营期限从合营企业营业执照签发之日起算。

约定合营期限的合营企业,合营各方如同意延长合营期限,还可申请延长,但应在合营期满前6个月之内,向审批机构报送由合营各方授权代表签署的延长合营期限的申请书。审批机构应在接到申请之日起1个月内予以批复。

2. 合营企业的解散

合营企业在下列情况下解散:①合营期限届满;②企业发生严重亏损,无力继续经营;③合营一方不履行合营企业协议、合同、章程规定的义务,致使企业无法继续经营;④因自然灾害、战争等不可抗力遭受严重损失,无法继续经营;⑤合营企业未达到其经营目的，同时又无发展前途；⑥合营企业合同、章程所规定的其他解散原因已经出现。

除上述第一种情况外，其他各项情况发生导致合营企业需要解散的，应由企业董事会提出申请书，报审批机构批准。

合营一方不履行合营企业协议、合同、章程规定的义务，致使企业解散的，违约方应对合营企业由此造成的损失负赔偿责任。

3. 合营企业解散时的清算

合营企业宣告解散时，董事会应提出清算的程序、原则和清算委员会人选，报企业主管部门审核并监督清算。

清算委员会一般应在合营企业的董事中选任。董事不能担任或不适合担任清算委员会成员时，合营企业可聘请在中国注册的会计师、律师担任。审批机构认为必要时，可以派人进行监督。

清算委员会的任务是对合营企业的财产、债权、债务进行全面清查，编制资产负债表和财产目录，提出财产作价和计算依据，制订清算方案，提请董事会会议通过后执行。清算期间，清算委员会代表该合营企业起诉和应诉。

合营企业以其全部资产对其债务承担责任。合营企业清偿债务后的资产净额或剩余财产超过注册资本的增值部分视同利润，应依法缴纳所得税。税后剩余的财产按照合营各方的出资比例进行分配，但合营企业协议、合同、章程另有规定的除外。

合营企业的清算工作结束后，由清算委员会提出清算结束报告，提请董事会会议通过后，报告原审批机构，并向原登记管理机构办理注销登记手续，缴销营业执照。

二、中外合作经营企业

（一）中外合作经营企业的概念与特征

中外合作经营企业，是指由外国的企业和其他经济组织或者个人与中国的企业或者其他经济组织，根据中国的有关法律规定，按照合作企业合同中约定的合作条件，在中国境内设立的经济组织。

合作企业具有如下主要特征：

（1）合作企业属于契约式的合营企业。在合作企业中，中外各方的投资一般不必作价和折成相应的股份，也不按股份比例确定合作双方的权利和义务，而是由合作各方在合作企业合同中具体约定投资或合作条件、收益或者产品的分配、风险和亏损的分担、经营管理的方式和合作企业终止时财产的归属等事项。这与前述股权式合营企业有着明显的差别。

（2）合作企业可以办成企业法人，也可以办成不具备法人条件的联营式的企业。

我国《中外合作经营企业法》第 2 条规定:"合作企业符合中国法律关于法人条件规定的,依法取得中国法人资格。"因此,合作各方可以根据合作项目的特点自主选择是否取得法人资格。具有法人资格的合作企业,以其全部财产承担债务责任,而合作各方对企业的债务责任是以其各自的投资额为限。不具有法人资格的合作企业,合作各方依照各自的出资或依照合同的约定承担债务责任;合同约定负连带责任的,承担连带责任。

(3) 合作各方可以在合作企业合同中约定,外国合作者可以在合作期限内先行回收投资。同时在合同中约定合作期满时合作企业的全部固定资产归中国合作者所有。

(4) 合作企业的组织机构可以采用董事会的形式,也可以采用联合管理机构的形式。一般来说,合作企业具备法人资格的,成立董事会;不具备法人资格的,则成立联合管理机构。

(二) 中外合作经营企业的设立

1. 设立程序

合作企业的设立,首先由中外合作者经过接触洽谈,双方都表示有共同投资意向之后,由中国合作者向审批机构报送有关设立合作企业的申请书;审批机关审查、批准后,中外双方应对该项目的经济、技术方面进行可行性研究,编制可行性研究报告,商签合作企业协议、合同及章程等,并将这些文件报送对外贸易经济合作部或者国务院授权的部门或地方政府审查批准。审查批准机关自接到申请之日起 45 天内决定批准或不批准。获得批准的中外合作经营企业,应当自接到批准证书之日起 30 天内向工商行政管理机关申请登记,领取营业执照。合作企业的营业执照签发日期,为该企业的成立日期。

2. 中外合作企业的合同和章程

中外合作企业的合同,是指中外合作各方为设立合作企业而签订的,用于明确各方权利义务关系的书面文件。合作各方应在合作企业合同中约定投资或者合作条件、收益或者产品分配、风险和亏损的分担,经营管理的方式和合作企业终止时财产的归属等事项。

合作企业合同应包括以下主要内容:①合作企业的名称、地址、经营范围和规模;②合作企业的组织形式、其法定代表的姓名、职务和国籍;③合作双方的名称、注册国家、法定地址、法定代表的姓名、职务和国籍;④合作经营的内容、规模及经营管理方式;⑤合作各方的投资和提供的合作条件及其构成;⑥合作各方投资的缴付期限以及欠缴时的责任等;⑦董事会或联合管理机构的组成;⑧合作各方收益的分配方法;⑨合作各方对债务、亏损承担的责任和履行职责的方式;⑩合作企业采用的财务、会计制度;⑪物资购买和产品销售办法,产品内外销比例和企业所需的外汇平衡办法;⑫劳动工资、劳动管理、劳动保险等事项;⑬合同的期限和终止、清算的程序和方法,包括合作期满时资产的处理;⑭合作一方在合作期内如向第三者转让其全部或部分投资和投资的合作条件时,须经合作他方同意,并经原审批机构批准;⑮违反合同的责任;⑯争议的解决方式。

建立法人经济实体的中外合作经营企业,合作各方还应共同商订合作经营企业的章程。合作企业章程是合作各方依据合作企业合同规定的原则,对合作企业的宗旨、组织机构、管理制度和经营活动加以规定的法律文件。

合作企业章程应包括以下主要内容:①合作企业的名称和法定地址;②合作企业的宗旨、经营范围、经营规模及合作期限;③合作各方的名称、注册国家、法定地址及法定代表的姓名、职务、国籍(外国合作者如是个人时,写明其姓名、职业、住所地、国籍);④合作各方的出资方式、出资额、各方的责任和权利;⑤董事会的组成,董事会的职权和议事规则,董事任期,董事长、副董事长的产生、职责;⑥合作企业管理机构的设置,高级管理人员的职责和任免程序;⑦合作企业财务、会计、审计制度;⑧劳动管理、劳动工资、福利待遇及劳动保险制度;⑨合作期限和终止,清算的程序和办法,资产的处理方法;⑩争议的解决及仲裁问题;⑪章程的修改程序。

(三) 中外合作经营企业的出资方式

合作企业的中外合作者的投资或提供的合作条件,可以是现金、实物、土地使用权、工业产权、非专利技术和其他财产权利。从我国举办合作企业的实践来看,一般都是由中国合作者提供土地使用权、资源开发权、公用设施、劳务等作为投资,外国合作者则提供资金、设备、原材料和工业产权或专有技术的使用权等作为投资;合作各方的投资不必折算成股份,投入的实物和权益亦不必作价。合作企业的投资方式由合作双方在合作企业合同中协商规定。对于合作企业中外合作者的出资,《中外合作经营企业法》没有作限制规定,由合作双方通过协商在合作合同中确定。

无论合营各方以何种方式出资,都必须按合同规定,如期履行缴足投资、提供合作条件的义务。逾期不履行的,由工商行政管理机关依照国家有关规定处理。此外,中外合作者用作投资或者合作条件的借款及其担保,由各方自行解决。

(四) 中外合作经营企业的利润分配和投资回收

我国《中外合作经营企业法》第22条对合作企业利润分配的原则作了规定,即中外合作者依照合作企业合同的约定,分配收益或者产品,承担风险和亏损。合作企业的利润分配方式和比例,合作各方应在合作合同中明确规定。由于在合作企业内,合作各方的投资不按照股份计算,所以一般也不按股份分配收益,而是采用利润分成或产品分成或合作各方共同商定的其他方式分配收益。采用利润分成方式的,合作各方可在合作合同中约定各方的利润分配比例,在合作经营期间,净利润按合同规定的比例分配,如三七分成、四六分成。采用产品分成方式的,也是由合作双方在合作合同中约定分配的比例,合作经营的产品按合同规定的比例分配给合作各方。

关于外国合作者投资回收的问题,《中外合作经营企业法》第22条第2款规定:中外合作者在合作企业合同中约定合作期满时合作企业的内部固定资产归中国合作者所有的,可以在合作企业合同中约定外国合作者在合作期限内先行回收投资的办法。外国合作者先行回收投资的方式主要有两种:一是通过固定资产折旧的方式回收,一般是采用加速折旧方式,以折旧费偿还合作各方的投资原有资本;二是采用扩大单方利润分成比例的办法回收投资原有资本。外国合作者先行回收投资的期限由合作双方通过协商,在合作企业合同中约定。

我国《中外合作经营企业法》在规定允许外商先行回收投资的同时,也规定了相应的前提条件:

(1) 在合作企业合同中约定外国合作者在合作期限内先行回收投资的,必须在该合同中约定合作期满后合作企业的全部固定资产归中国合作者所有。

(2) 合作企业合同约定外国合作者在缴纳所得税前回收投资的,必须向财政税务机关提出申请,由财政税务机关依照国家有关税收的规定审查批准。

(3) 外国合作者在合作期限内先行回收投资的,在合作期限内,中外合作者仍应按照有关法律的规定和合作企业合同的约定对合作企业的债务承担风险。

(五) 中外合作经营企业的组织机构和经营管理

我国《中外合作经营企业法》第12条规定:"合作企业应当设立董事会或者联合管理机构,依照合作企业合同或者章程的规定,决定合作企业的重大问题。"合作企业采取何种组织机构,根据企业组织形式而定。一般来说,具备中国法人资格的,成立董事会;不具备法人资格的,则成立联合管理机构。董事会或联合管理机构是合作企业的最高权力机构,负责讨论决定企业的一切重大问题,包括企业发展规划、生产经营计划、利润分配、企业高级职员的任命及其职权、待遇等。

《中外合作经营企业法》第12条还规定:"中外合作者的一方担任董事长、联合管理机构的主任的,由他方担任副董事长、副主任。董事会或联合管理机构可以决定任命或者聘请总经理负责合作企业的日常经营管理工作。如果合作企业成立后改为委托中外合作者以外的他人经营管理的,必须经董事会或联合管理机构一致同意,报审查批准机构批准。"由此可见,中外合作企业的经营管理可以采取多种形式;合作企业经营管理的具体方式,由合作各方通过协商在合作企业合同中确定。

合作企业的管理方式主要有以下三种:

(1) 由合作各方共同管理,即由合作企业的董事会或联合管理机构进行管理。董事会或联合管理机构可以任命总经理负责合作企业的日常经营管理工作,实行董事会或联合管理机构领导下的总经理负责制。

(2) 由合作各方商定，委托其中一方负责管理。一般是让具有管理经验的外国合作方管理企业，这样既可以提高经营效益，又可引进外国先进的经营管理经验。

(3) 经合作各方商定，由合作企业委托中外合作者以外的第三方负责管理。合作企业与第三方须订立委托经营管理合同，明确委托方与受托方的权利义务关系、预期经济效益、管理人员的聘任、管理期限和费用等。

(六) 中外合作经营企业的期限、解散与清算

中外合作企业的合作期限由中外合作者协商并在合作企业合同中订明。合作企业一般建设周期较短，资金周转较快，所以合作企业的经营期限大多在5年至20年。合作企业的合作期限自合作企业的营业执照签发之日起算。中外合作者同意延长合作期限的，应当在距合作期满180天前向审查机关提出申请。

合作企业在合同规定的合作期限届满，或者合同中规定的终止原因或条件出现时即自动解散。合作企业在出现下述情况时，中外合作者一方或各方可提出合作企业提前解散的申请，报审批机关批准：

(1) 合作企业发生严重亏损，无力继续经营。

(2) 中外合作者一方不履行合作合同中规定的义务，以致无法继续合作。

(3) 合作企业因不可抗力事件造成严重损失和损害，无力继续合作。

(4) 合作企业经中外合作者共同努力，未达到合作目标，又无发展前途。

合作企业期满或者提前终止时，应当依照法定程序对资产和债权、债务进行清算。中外合作者应当依照合作企业合同的约定确定合作企业财产的归属。

三、外资企业

(一) 外资企业的概念与特征

外资企业是指依照中国有关法律在中国境内设立的全部资本由外国投资者投资的企业，不包括外国企业和其他经济组织在中国境内的分支机构。

外资企业具有如下主要特征：

(1) 外资企业的全部资本均来自外国投资者。外国投资者可以是外国的公司、合伙，也可以是其他经济组织或者外国个人。

(2) 外资企业的组织形式为有限责任公司，经批准也可以为其他责任形式。外资企业为有限责任公司的，外国投资者对企业的责任以其认缴的出资为限；外资企业为其他责任形式的，外国投资者对企业的责任适用中国法律、法规的有关规定。

(3) 外资企业可以是法人，也可以不是法人。外资企业符合中国法律关于法人条

件的规定的，依法取得中国法人资格。外资企业一般都可依法取得中国法人资格。

（二）外资企业的设立

根据我国《外资企业法实施细则》的规定，设立外资企业，必须有利于中国国民经济的发展，能够取得显著的经济效益，并应当至少符合下列一项条件：

（1）采用先进技术和设备，从事新产品开发，节约能源和原材料，实现产品升级换代，可以替代进口的。

（2）年出口产品的产值达到当年全部产品产值50%以上，实现外汇收支平衡或者有余的。

（三）外资企业的法律地位

外国投资者在中国境内的投资，获得的利润和其他合法权益，受中国法律保护。中国对外资企业不实行国有化和征收；在特殊情况下，根据社会公共利益的需要，对外资企业可以依照法律程序实行征收，并给予相应的补偿。但是，外资企业也必须遵守中国的法律、法规，不得损害中国的社会公共利益。

（四）外资企业的经营管理与终止、清算

外资企业享有经营管理自主权，其依照经批准的章程所进行的经营管理活动，如设置内部组织机构、制订和执行生产经营计划、职工的聘任等，不受干涉。

外资企业的经营期限，根据不可行业和企业的具体情况，由外国投资者在设立外资企业的申请书中拟订，经审批机关批准。

外资企业有下列情形之一的，应予终止：①经营期限届满；②经营不善，严重亏损，外国投资者决定解散；③因自然灾害、战争等不可抗力而遭受严重损失，无法继续经营；④破产；⑤违反中国法律、法规、危害社会公共利益被依法撤销；⑥外资企业章程规定的其他解散事由已经出现。

外资企业终止时，应当依照法定程序进行清算。外资企业在清算结束以前，外国投资者不得将该企业的资金汇出或者携出中国境外，不得自行处理企业的财产。清算结束时，外资企业的资产净额和剩余财产超过注册资本的部分视同利润，应当依照中国税法缴纳所得税。外资企业清算处理财产时，在同等条件下，中国的企业或者其他经济组织有优先购买权。

参考书目

1. Klayman, Irwin's Business Law. Bagby Ellis, 1994
2. 沈四宝, 王军, 焦津洪编著. 国际商法. 北京: 对外经济贸易大学出版社, 2008
3. 石少侠著. 公司法. 长春: 吉林人民出版社, 1994
4. 卞耀武编. 当代外国公司法. 北京: 法律出版社, 1995
5. 朱慈蕴著. 公司法人格否认法理研究. 北京: 法律出版社, 1998
6. 王小能主编. 商法学. 北京: 高等教育出版社, 2000
7. 梁建达编著. 外国民商法原理. 汕头: 汕头大学出版社, 1996
8. Aderson, Fox & Twomey. Busines Law. South-Western Publishing Co. Tenth Edition, 1989

思考题

1. 简述个人企业的优势与不足之处。
2. 有限责任公司具有哪些主要特征?
3. 比较合伙与股份有限公司的主要区别。
4. 简述股份有限公司的股东大会与董事会的关系。
5. 比较股份有限公司股份与公司债的区别。
6. 股份有限公司的股东享有什么权利?
7. 比较中外合资经营企业和中外合作经营企业的主要区别。

第八章 调整和管制国际贸易的法律制度

第一节 世界贸易组织

一、世界贸易组织概述

（一）世界贸易组织产生的背景

世界贸易组织（World Trade Organization，WTO），简称世贸组织。它是根据乌拉圭回合多边贸易谈判达成的《建立世界贸易组织协定》（Agreement Establishing the World Trade Organization）于1995年1月1日成立，取代原来的关税与贸易总协定，并按照乌拉圭回合多边谈判达成的最后文件所形成的一整套协定和协议的条款作为国际法律规则，对各成员之间经济贸易关系的权利和义务进行监督、管理和履行的正式国际经济组织。[①]

由于关贸总协定的职能以协调货物贸易为主，不能涉及整个国际贸易，而且缺乏执法权力，不能调节处于不同经济发展阶段的国家间的贸易问题，因此，建立一个更完善的国际贸易组织的构思由来已久。早在20世纪50年代后期，联合国经社理事会就提出建立国际经济组织，1964年联合国第一届贸发会议审查了建立国际贸易组织的可能性，此后的几届贸发会议又提出了不少有关该组织的体制、原则等的设想，但关贸总协定在1989年前未曾就此进行商讨。直至1990年，加拿大、瑞士和美国等国先后提出方案，经过多次谈判，终于在乌拉圭回合中达成了《建立世界贸易组织协定》，决定以世贸组织取代关贸总协定。

（二）《建立世界贸易组织协定》的主要内容

1. 世贸组织的宗旨和目标

《建立世界贸易组织协定》的序言指出，世贸组织的宗旨为："提高生活水平，保证充分就业，大幅度和稳步地增加收入和有效需求，扩大货物和服务的生产与贸易，按照持续发展的目的，最优运用世界资源，保护和维护环境，并以不同经济发展水平下各

---

① 陈同仇、薛荣久主编：《国际贸易》，对外经济贸易大学出版社1997年版，第404页。

自需要的方式，加强采取各种相应的措施；需要积极努力确保发展中国家，尤其是最不发达国家在国际贸易增长中的份额，与其经济发展需要相称。"其目标是"产生一个完整的、更具有活力的和永久性的多边贸易体系来巩固原来关税与贸易总协定以往为贸易自由化所作的努力和乌拉圭回合多边贸易谈判的所有成果"。

同时，明确指出实现世贸组织宗旨与目标的途径是"通过互惠互利的安排，导致关税和其他贸易壁垒的大量减少和国际贸易关系中歧视性待遇的取消"。

2. 世贸组织的职能

根据《建立世界贸易组织协定》，世贸组织的职能为：对世界贸易组织协定及其附件中协议的贯彻与运行进行监督、管理；为实施上述协议提供统一的体制框架；为多边贸易谈判提供论坛和场所；主持综合性贸易争端的解决和对成员国贸易政策的审议；与国际货币基金组织和世界银行等国际机构合作，以协调全球经贸政策。

3. 世贸组织的组织机构

（1）部长会议（The Ministerial Conference）。由世界贸易组织成员方的部长组成，是世界贸易组织的最高权力机构和决策机构，拥有对重大事务的决策权。部长会议至少每两年召开一次。

（2）总理事会（The General Council）。由所有成员方的代表组成，负责监督各项协议和部长会议所作决定的贯彻执行，并作为统一的争端解决机构和贸易评审机构发挥作用。总理事会在部长会议休会期间，行使部长会议的职权和世界贸易组织赋予的其他权力。总理事会下分设三个分理事会：①货物贸易理事会（Goods Council），负责1994年关贸总协定和各项货物贸易协议的贯彻执行；②服务贸易理事会（Service Council），监督执行服务贸易总协议的贯彻执行；③知识产权理事会（TRIPS Council），监督与贸易有关的知识产权（包括冒牌货交易）协议的贯彻执行。此外，总理事会下还建立若干负责处理相关事宜的专门委员会，如贸易与环境委员会、贸易与发展委员会、国际收支委员会等相对独立的机构。在三个分理事会下也设立相应的附属机构——次一级的专门委员会，以处理有关方面的专门问题和监督相关决议的执行。

（3）秘书处。世界贸易组织还在日内瓦设立秘书处，负责处理日常工作。它由部长会议任命的总干事（Director-General）领导。总干事的权限、职责和任期等由部长会议通过规则确定。总干事有权指派其所属工作人员。在履行职务中，总干事和秘书处工作人员均不得寻求和接受任何政府或世界贸易组织以外组织的指示，各成员方应尊重他们职责的国际性。

4. 世贸组织的法律地位

根据《建立世界贸易组织协定》规定，世贸组织及其有关人员具有以下的法律地位：

（1）世界贸易组织具有法人资格。

（2）世界贸易组织每个成员方向世界贸易组织提供其履行职责时所必需的特权和豁免权。

（3）世界贸易组织官员和各成员方代表在其独立执行与世界贸易组织相关的职能时，享有每个成员方提供的所必需的特权与豁免权。

（4）每个成员方给予世界贸易组织的官员、成员方代表的特权和豁免权等同于联合国大会于1947年11月21日通过的特殊机构的特权与豁免公约所规定的特权与豁免权。

5. 世贸组织的决策方式

世贸组织沿袭关贸总协定"一致同意"作出决定的原则，只有当无法达成共识时，再以投票方式进行表决。每一成员方都在部长级会议和理事会上各拥有1票，欧盟票数与其成员数相同。除另有规定外，部长会议及理事会记录都采用投票形式经半数以上票数通过。部长会议与理事会对世贸组织协定及多边协定的解释和决议，经3/4以上票数通过；会员国如欲豁免世贸组织协定多边的协定义务，必须在90天内以理事会全体同意的方式达成协议。

6. 世贸组织的成员资格

《建立世界贸易组织协定》规定，凡接受协定和多边贸易协议的关贸总协定缔约方和欧共体，包括按关贸总协定议定条件接受者，为世贸组织创始成员国；凡接受该协定及附件1、附件2和附件3的多边贸易协议者，均可根据它与总理事会约定的条件加入本协定；世贸组织的任何成员国均可退出该协定，一旦退出即不再是世贸组织的缔约方。

二、世界贸易组织的基本原则

1. 非歧视原则

非歧视待遇原则又称无差别待遇原则，这是多边贸易体制最基本的原则。根据这一原则，世贸成员不对另一成员采用任何对其他成员不适用的优惠性或限制性措施。包括与贸易有关的知识产权协议在内的世贸各协议条款中均有非歧视原则的体现，这一原则既适用于货物贸易，也适用于服务贸易。非歧视原则由最惠国待遇、互惠待遇、国民待遇条款具体体现出来。[①]

最惠国待遇的基本含义是，缔约方现在或将来给予任何第三方在贸易上的特权、优惠和豁免，也同样给予缔约对方。世贸组织的最惠国待遇是多边的无条件的。它要求每一个缔约国在贸易方面应该以相等的方式对待所有其他缔约国，而不应采取附加条件的歧视待遇。根据《1994年关税与贸易总协定》（第1条）、《服务贸易总协定》（第2

---

① 沈伯明编著：《世界贸易组织与中国"入世"教程》，中山大学出版社2000年版，第23页。

条)和《与贸易有关的知识产权协议》(第4条),世贸组织的成员在商品和服务的贸易方面,以及在知识产权的保护方面,承诺同样的义务。但最惠国待遇条款不适用于总协定签订时已经存在的特惠关税、关税同盟、自由贸易区以及毗邻国家之间对边境贸易所给予的优惠待遇。

国民待遇是指一缔约方保证另一缔约方在其境内的公民、企业、货物和商船享受与本国公司、企业、货物和商船所获得的相同待遇。国民待遇原则反对在本国货物、服务和服务企业、知识产权的持有人与外国的货物、服务和服务企业、知识产权的持有人之间实施歧视政策。《1994年关税与贸易总协定》和《与贸易有关的知识产权协议》把国民待遇作为世贸组织成员的主要义务。

2. 透明度原则

透明度原则是指世贸成员方正式实施的有关进出口贸易的政策、法规、法令、条例以及签订的有关贸易方面的条约等必须予以正式公布,非经正式公布,不得实施。这一原则要求:①世贸成员需在互惠的基础上迅速公布对外经贸及有关的法规、条例、条约、判决和决定;②世贸成员采取的统一办法提高进口货物关税或其他费用征收的方式,以及限制或禁止普遍适用的措施,非经正式公布,不得加以实施;③各成员应以公正、合理、统一的方式实施所有已予以公布的法规、条例等。

3. 可预见的和不断增长的市场准入原则

所谓市场准入是指一成员方允许另一成员方的货物、劳务与资本参与本国市场的程度。世界贸易组织要求成员方增强对外贸易体制的透明度,减少和取消关税、数量限制和其他壁垒,以及通过各成员对开放其特定市场作出具体承诺,切实改善各成员方市场准入条件,保证各成员的商品、服务和资本可以在世界市场上公平自由地竞争。

4. 公平贸易原则

公平贸易原则是指各世贸组织成员被要求在进行国际贸易交往中,应进行公平的贸易竞争,不得采取不公平的贸易手段进行国际贸易竞争或扭曲国际贸易竞争。该原则不允许成员方政府对出口商品实行补贴,也不允许成员方企业对外倾销商品,同时加强对知识产权的保护,从而创立和维护公平竞争的国际贸易环境。

5. 关税减让原则

世贸组织的目标之一是通过关税减让的多边贸易谈判逐步降低关税,以促进国际贸易的发展。因此,世贸组织规定,经过多边谈判正在互惠基础上达成的关税减让表对各成员方具有拘束力,任何一个成员方都无权单方面予以改变,某成员方在特殊情况下要提高本国关税,则必须与有关成员方进行协商,并给予相应补偿。

6. 一般禁止数量限制原则

一般来说,实行进出口数量限制都是违反《1994年关税与贸易总协定》(简称《总协定》)基本原则的。《总协定》规定原则上应取消进出口数量限制。《总协定》第十一条规定:"任何缔约国除征收税捐或其他费用以外,不得设立或维持配额、进出口许可证或其他措施以限制或禁止其他缔约国领土的产品的输入,或向其他缔约国领土输出或销售出口产品。"在某些例外情况下允许数量限制。这些例外是:①为了稳定农产品市场;②为了改善国际收支;③为促进发展中国家经济发展的需要;④为实施保障措施协议规定的数量限制。

三、世贸组织的一系列多边协议

经过乌拉圭回合长达8年的艰苦谈判,与会各国终于就建立世贸组织及其相关法律制度达成共识,签署了一揽子协定即《乌拉圭回合多边贸易谈判成果最后文件》,其中主要包括《建立世界贸易组织协定》及其4个附件。

附件1包括:①货物贸易多边协定;②服务贸易协定;③与贸易有关的知识产权协定。

货物贸易多边协定又包括:①GATT1994;②农产品协定;③卫生植物检疫措施协定;④纺织品与服装协定;⑤贸易技术障碍协定;⑥与贸易有关的投资措施协定;⑦反倾销协定;⑧GATT1994第7条执行协定;⑨装船前检查协定;⑩原产地规则协定;⑪输入许可证协定;⑫补贴与反补贴措施协定;⑬保障条款协定。

附件2为《争端解决规则和程序的协定》。

附件3为《贸易政策评审制度》。

附件4为诸边协议,包括:①民间航空器协定;②政府采购协定;③国际乳制品协定;④国际牛肉协定。

由于篇幅的局限,这里就不对上述协议的具体内容加以介绍。

四、世界贸易组织的争端解决机制

由于关贸总协定的争端解决机制存在着争端解决的时间拖得太长、专家小组的权力很小、监督后续行动不力等缺陷,不能有效解决成员间的贸易纠纷,因此,需要建立一个新的争端解决机制,以保障各成员方的权利和义务得以实现。在乌拉圭回合最终通过了《关于争端解决规则和程序的谅解协议》(简称《谅解协议》),决定建立新的贸易争端解决机制。

(一)世界贸易组织争端解决机制的适用范围

世界贸易组织的争端解决机制适用于以下各协议所引发的贸易争端:

(1) 建立世界贸易组织的协定。

(2) 货物贸易多边协定。

(3) 服务贸易协定。

(4) 与贸易有关的知识产权协定。

(5) 争端解决规则和程序的协定。

(6) 诸边贸易协议。该协议包括：①民间航空器协定；②政府采购协定；③国际乳制品协定；④国际牛肉协定。

上述的各项多边贸易协定大都自身规定有适合其内容的争端解决规则和程序，作为对《关于争端解决规则和程序的谅解协议》的补充，当两者之间存在不一致时，《谅解协议》规定，各多边贸易协定的特殊规则和程序优先适用。

(二) 参与争端解决的机构

(1) 争端解决机构（Dispute Settlement Body，DSB）。在通常情况下，世贸组织总理事会在履行争端解决职能时，即视为争端解决机构。该机构与总理事会的组成成员相同，但它有自己的主席、工作人员、工作程序等。

(2) 世界贸易组织秘书处。秘书处有责任协助专家小组的工作，特别是在处理争端的法律和程序方面，向专家小组提供资料和帮助，并为专家小组提供文秘和技术支持。秘书处还有责任应发展中成员方的请求提供来自世界贸易组织技术合作司的合格法律专家，向它们提供额外的法律帮助和法律咨询。

(3) 专家小组。审理争端案件，对受理争端作出客观评价，提出有助于争端解决机构根据有关协议作出裁决的建议。

(4) 上诉机构。争端解决机构有常设的 7 人上诉机构，其成员为公认的权威人士，不隶属于任何政府，精通法律、国际贸易和有关协议的主要内容。上诉机构对进入上诉程序的专家小组的报告进行审查，可以维持、修改或推翻专家小组的法律裁定和结论。

(5) 世界贸易组织总干事。根据《谅解协议》第 5 条第 6 款，世界贸易组织总干事以其身份当然地可以参与贸易争端的斡旋、调解和调停程序，以协助成员解决争端。

(三) 争端解决的程序

1. 协商程序

如果一成员方认为另一成员方违反决议，或认为另一成员方贸易措施损害了其利益，它可以提出书面协商申请。接到请求的另一成员方应从收到申请之日起的 10 天内作出答复，并在 30 天之内进入磋商程序（在紧急情况下，包括涉及易腐货品的争端，应在收到该项请求之后不超过 10 天的时间内进行磋商），60 天之内通过协商解决争端。

2. 斡旋、调解和调停程序

该程序是在争端双方同意的基础上自愿进行的。进行该程序的请求可由争端的任何一方在任何时候提出。该程序可在任何时候开始，也可在任何时候终止。一旦调解程序终止，申诉方即可提出成立专家组的要求。若争端各方同意，在专家组程序进行过程中仍可继续进行调解程序。世贸组织总干事以其职务上的资格可以进行斡旋、调解和调停以协助各成员解决争端。在进行调解程序时，应为争端各当事方所持立场保密，并应无损于任何一个当事方依照程序进行下一步诉讼程序的权益。

3. **专家小组程序**

当协商或斡旋、调解和调停均不能解决争端时，一方可请求争端解决机构成立专家小组，争端解决机构在接到申请后的第二次会议上必须作出同意或不同意的决定，只有当争端解决机构全体反对，专家小组才不能成立。这意味着在世界贸易组织体制下较关贸总协定体制下更容易成立专家小组，因为在关贸总协定体制下，可以"协商未完"为借口拖延专家小组的成立。

4. **上诉复审程序**

如有一方对专家小组的最终报告不服，可以上诉。但是上诉局限于专家报告中涉及的法律问题，或专家小组提出的法律解释问题。在争端解决机构内有常设的上诉机构，由7位成员组成，该机构的任期为4年。上诉机构可以维持、修改或推翻专家小组所做的法律认定和结果。除非争端解决机构一致反对，否则，上诉机构的报告应在该报告向各成员发布的30天内由争端解决机构通过和采纳。一旦上诉机构报告被争端解决机构所采纳，争端双方对上诉机构的建议报告必须无条件地接受。

5. **执行程序**

在通过专家小组或上诉机构的报告后30天内，有关成员方应就其执行争端解决机构通过的裁决或建议的意向通知争端解决机构。争端解决机构对有关各方执行建议或裁决的情况应进行经常的监督，以及保持对主要遗留问题的监管，直到问题的解决。

第二节 国际反倾销法和反补贴法

一、反倾销法

（一）倾销与反倾销法

1. **倾销的概念与特征**

各国法律关于倾销（Dumping）的概念是指一国的产品以低于其正常价值的价格出口到另一国的行为。倾销一般具有以下特征：

（1）倾销表现为一国的产品以不正常的低价销售到另一国，使得出口产品的价格低于相同产品在出口国市场上的销售价格。

（2）倾销通常是以扩大本国出口，占领国外市场为主要目的的。

(3) 倾销往往会对进口国的相关产业造成损害或有损害的威胁，同时也会扰乱进口国的市场秩序。

(4) 倾销在本质上是一种不公平竞争行为，因为倾销通常是以冲击或者摧毁进口国国内的竞争对手为目的的。

2. 反倾销法的概念与特征

反倾销法是指进口国为了保护本国的经济和本国生产者的利益，维护正常的国际贸易秩序而对倾销行为进行限制和调整的法律规范的总称。

反倾销法主要具有以下特征：

(1) 反倾销法的目的是保护本国的经济和本国生产者的利益，维护正常的国际贸易秩序。它通过对倾销产品征收反倾销税或其他反倾销措施，消除不公平的价格差别，从而起到制止倾销，保护本国相关产业免受损害的作用。

(2) 反倾销法属于经济行政法的范畴。各国的反倾销法主要是行政管理法规，其执行机构也不是法院而是各国有关的行政主管部门，行政主管部门直接受理反倾销案件，并负责审理和作出裁决。除非行政管理部门有明显的违法行为，否则法院一般不得干预。

3. 反倾销法的历史沿革

世界上第一个关于反倾销的国内立法是 1904 年加拿大反倾销法，其后各国纷起仿效。美国于 1916 年制定了第一部反倾销法，之后又制定了一系列法规和修正案。美国现行的反倾销法由三部分组成：①美国国会批准通过的贸易法中有关反倾销条款，如 1930 年美国《关税法》，1976 年美国《贸易协定法》，1984 年《贸易和关税法》，1988 年《综合贸易和竞争法》等；②美国商务部和美国国际贸易委员会根据贸易法的授权所制订的反倾销法实施细则等规章条例；③美国国际贸易法院审理不服商务部和国际贸易委员会裁决的反倾销上诉案并对该案所作的判例，以及联邦巡回上诉法院审理不服美国国际贸易法院判决的判例。

欧共体于 1968 年 4 月颁布了统一适用于所有成员国的反倾销法，即《欧共体理事会关于防止来自非欧共体成员国的倾销或补贴进口商品的条例》（EEC No 459/68）。以后经过多次修改，现行有效的反倾销条例是 1995 年 12 月 22 日公布的《抵制来自非欧共体成员国的倾销进口产品条例》，对反倾销的问题进行了详尽的规定。

第一个国际反倾销立法是 1948 年 1 月 1 日生效的《关税与贸易总协定》第 6 条。在肯尼迪回合谈判中，总协定缔约国 1967 年 6 月 30 日签订了《关于执行总协定第 6 条的决定》，即《反倾销法典》，东京回合谈判对 1967 年《反倾销法典》作了修改，签署了新的《反倾销守则》，并于 1980 年 1 月 1 日生效。该守则是以国际条约形式规定的反倾销法，对协调和统一各国反倾销法具有重要作用，已被美国、欧共体等许多国家接受并纳入国内法。在乌拉圭回合谈判中，各缔约国又达成了《乌拉圭回合最后文件》中的《反倾销协议》。该协议进一步加强和严格了反倾销的规则和程序，规定了反规避、反倾销的措施，同时对发展中国家有若干例外规定。

（二）倾销成立的条件

根据关贸总协定和各国的反倾销法，确定一国商品在另一国的销售是否构成倾销必须同时满足三个条件：①必须证明存在倾销行为，即该产品的出口价格低于正常价值；②必须证明这种倾销对进口国的相关工业造成实质损害或有实质损害的威胁，或实质阻碍了该国某一相关工业的建立；③倾销与损害之间存在因果关系。以下就这三方面进行简要介绍。

1. 倾销的确定

（1）正常价值（Normal Value）的确定。确定一项进口产品是否存在倾销，主要是通过将被指控倾销的产品的出口价格与该产品的所谓"正常价值"进行比较，如果前者低于后者，则存在倾销，否则不存在倾销。因而确定倾销是否存在，首先就须确定该产品的出口价格和正常价值。根据关贸总协定以及各国的反倾销法，正常价值可以采用三种方法来确定，即国内销售价格、向第三国出口价格以及结构价格。

第一，国内销售价格。国内销售价格是确定正常价值的最基本的方法，是指被指控倾销的产品在进行反倾销调查期间，在其出口国市场上实际支付的或应当支付的价格，用于比较的国内销售价格应具有代表性。反映出口国市场的一般交易水平，这种价格应该是在正常商业做法的情况下的价格，而且还应有一定的交易量。

第二，向第三国出口价格。在出口国或原产国国内市场上没有相同或类似产品可供比较的国内价格，或者国内价格不具备比较条件致使不能采用国内销售价格时，可以将被指控倾销的产品向第三国出口价格作为正常价值。这个第三国应按以下标准选择：①向该第三国出口的产品与向该进口国出口的产品相同或最相似；②该第三国是出口国出口量最多的国家；③对该第三国和该进口国在推销渠道上做法类似。

第三，结构价格（Constructed Value）。当上述两种方法都因不符合要求而无法被用于比较时，就会使用结构价格来确定正常价值。所谓结构价格又称推定价格，是指按被指控倾销的商品在原产国生产的实际成本加上销售成本和一定比例的利润得出的推定的价格。

上述三种价格标准在法律效力上有先后顺序之分，但它们都仅适用于市场经济国家。美欧等国的反倾销法，对所谓非市场经济国家出口新产品的正常价值的确定则采用了另外的方法。主要是选取一个属于市场经济的国家作为替代国，以该国生产相同或类似产品的价格，或者其结构价格，作为确定有关非市场经济国家"公平价格"（Fair Value）的基础。

（2）出口价格的确定。出口价格是进口商实际支付的或应支付的价格。为了确定倾销是否存在,除了确定产品的正常价值外,还须确定产品的出口价格,这样才能将二者进行比较。确定出口价格一般应遵循以下原则:①实际支付或应支付的价格;②在一定条件下采用结构出口价格;③出口商若不配合调查,则主管机构将依据现有的资料,一般也就是申诉人提供的价格确定出口价格。当出口商与进口商之间存在着总公司与分公司、母公司与子公司或控股等特殊关系或因其他原因而使出口价格不予使用时,主管当局将采用被指控倾销产品首次在进口国国内向独立商人转售的价格,即进口商向一个与其无任何关系的人出售的价格。

(3) 对正常价值和出口价格的调整。为真实地确定一项出口产品存在倾销,不能简单地直接用出口价格与正常价值进行比较,必须对这两个价格进行适当的调整。把两个市场上同一类或类似商品的价格放在同一商业环节上去比较,才能得出公平合理的结论。各国法律对于调整的项目、金融乃至计算方法都有很严格的规定。根据关贸总协定《反倾销守则》,两种价格应在贸易相同水平上进行比较,通常是出厂价格水平;相比较的销售价要尽可能是相同时期的销售价。因销售条件、税收不同或其他影响价格比较的差别,应根据具体情况给予适当扣除。在进口和转卖过程中所产生的包括关税和税收在内的成本以及所产生的利润也应扣除。

2. 工业损害的确定

构成倾销的另一个条件是:出口产品给进口国的生产相同或类似产品的工业造成实质损害、实质性损害威胁或实质性阻碍了进口国该类工业的建立。

(1) 进口国工业的确定。根据各国法律,受到重大的或实质性的损害的"工业",必须是指作为生产相同或类似产品的全部国内生产者,或其集体产量在国内相同或类似产品总量中占最主要比例的国内部分生产者,但应排除那些与出口国的生产商、出口商存在总分公司、母子公司、参股等经济联系的企业和本身就是被指控倾销产品进口商的企业,以及那些虽生产相同或类似产品,但并不在公开市场上出售而只供自己企业内部耗用的企业。这种"工业"的概念排除了以个别企业代表整个国内工业的可能性。不过,欧共体规定按照有关工业的生产和产品的销售条件,可将欧共体划分为若干个完全分立的区域性竞争市场,当这一市场的全部或大部分生产者遭到倾销商品的损害时,可以认定倾销存在。在美国也有所谓"地区工业"的概念,根据美国反倾销法的规定,每一地区性市场中发现重大损害,即使国内工业未受到重大损害,在一定条件下也可以作出"损害"的决定,可将地区工业视为美国工业。

(2) 损害的确定。对于什么是重大损害或实质性损害,各国并没有具体的规定和解释,但各国法律一般都规定了在判断是否存在重大损害或实质性损害时所应考虑的因素,这些因素主要有以下三个方面:①被指控倾销商品的进口数量,看其是否有大量和迅速的增加;②被指控倾销商品对进口国同类产品价格的影响,看是否迫使国内产品价格被压低或无法使之合理提高;③被指控倾销商品对同类产品进口国生产商的影响,看是否对其订单情况、设备利用率、工厂就业情况、工资、借款能力等产生不利的影响。对于这些因素并没有一个客观的判断标准,进口国当局在这些问题上有相当大的自由裁量权。有时虽然不存在实际的损害,但如果有实质损害威胁或实质阻碍工业建立,也将被认为存在着损害。实质损害威胁是指出口国有关工业虽尚未处于被实质损害的境地,但事实将会导致这种境地。这个事实必须是真实的、迫切的、可以预见的。实质阻碍工业建立是指有关的一个新工业的实际建立过程,因倾销的存在而受阻,新工业无法建立。

3. 倾销与损害之间存在因果关系

倾销的产品本身并不一定会给进口国工业带来损害,进口国生产同类产品的工业受到的损害也可能是由于其他因素造成的,如需求下降、产品消费格局的变化、进口产品与本国产品的竞争、质量差别、自然资源的缺乏、进口国生产者之间的竞争等等。关贸总协定1979年《反倾销守则》第3条第4款规定:必须证明由于倾销的结果,倾销进口的产品正在造成本守则所称的损害,其他因素与此同时也可能正在损害该工业,但是其他因素造成的损害不应归咎于倾销进口的产品。这一规定要求进口国主管当局必须以充分的证据证明进口产品的倾销与进口国工业所受的损害之间存在因果关系,否则不得征收反倾销税。很多国家据此而修改了本国的反倾销法,作出了类似的规定。在乌拉圭回合通过的《反倾销守则》更明确地采用了"因果关系"的法律术语。

审查倾销与损害是否存在因果关系主要考虑三个因素:一是倾销产品的进口数量在进口国工业遭受损害时是否大量增加;二是倾销的进口产品是否压低了进口国相似产品的价格;三是倾销产品对进口国国内生产者的冲击。

根据欧共体和美国反倾销法的立法解释,因倾销所致损害,并不意味着损害的全部原因都是由倾销产品造成的,倾销产品也无须是损害的主要的、重大的或大部分原因。反倾销机构在确认因果关系时,没有义务和责任去比较造成损害的各种原因的主次关系,只须剔除倾销以外的其他原因,证明倾销产品是造成损害的一个原因并且存在因果关系即可。

(三) 反倾销法的诉讼程序

各国反倾销法对反倾销案的诉讼程序都作了具体规定,主要有以下几个方面:

1. 执行反倾销法的专门机构

美国目前的反倾销机构是两个相互独立的行政机关,一个是商务部(Department of Commerce,简称DOC),另一个是美国国际贸易委员会(ITC)。商务部负责倾销的确定,具体工作由其下属的国际贸易管理署(International Trade Administration,简称ITA)进行。ITA直接由商务部副部长的一名助理或副助理负责。反倾销案件最终决定由商务部负责国际贸易的副部长签字批准。国际贸易委员会是一个独立的联邦机构,负责审定有关进口产品是否对美国国内有关工业造成实质损害或有威胁。如果两个机构的调查结果均为肯定，则倾销成立，最后由商务部发布征收反倾销税的命令。反倾销税的计算和征收由海关负责。

欧盟委员会（EU Commission）是欧盟主管反倾销的机构，负责决定是否立案、调查、中止或终止案件、征收反倾销税、接受价格承担等一系列工作。其下设两个具体执行部门，由 Directorate C 负责倾销的调查，由 Directorate E 负责损害和公共利益的调查。在反倾销活动中发挥作用的还有"咨询委员会"（Advisory Committee），它由各成员国代表组成，反映各成员国利益，在反倾销案件审理的各个阶段，欧盟委员会必须要征求咨询委员会的意见。在反倾销方面，最终决定是否征收反倾销税的机关是欧盟的最高立法机关——欧盟理事会（EU Council）。理事会有权否决委员会对反倾销案件的决定，并对反倾销税的征收作出最终决定。

2. **申诉**

反倾销程序一般是从申诉开始的。申诉者应是能够代表进口国某工业的全部厂商，或大多数厂商，或其代表的厂商的产量占进口国产量的大部分的生产商，或生产商协会，或工会等。申诉书应以书面提出，并应符合一定的要求，包括要有足够的证据。另外，根据美国法，美国商务部也可以自行决定进行反倾销调查，尽管实际上这种情况很少发生。

3. **立案**

反倾销机构在接到反倾销申诉后一定期限内（在美国为20天，澳大利亚为35天），审查该申诉是否符合法律或条例，一旦审议作出决定，立即在"政府公报"上公布，美国商务部在《联邦纪事》上登载，欧盟在《欧盟官方公报》上公布。

4. **调查**

立案后，反倾销机构即展开调查。调查分书面调查和实地调查两种。书面调查是由主管当局向出口商、生产者等当事人发出调查问卷（也叫问题单），限各方当事人在一定期限内（美国为45天，欧共体为37天）填完交回主管当局。问卷所涉及的内容相当广泛，如被指控产品的国内销售、出口数量、价格、生产成本，等等。实地调查即到有关方、有关国家、工厂、当事人所在地进行各种情况的调查了解，以收集广泛的充分的材料和证据。在调查中往往还举行听证会，但听证会不是强制性的，通常是应一方当事人请求而举行，任何一方当事人都没有义务必须出席。在反倾销调查阶段，被调查企业应及时提供材料，进行有针对性的抗辩，否则将被视为放弃权利，反倾销机构将根据自己掌握的材料作出不利于被告的缺席裁决。

5. **初裁**

对倾销案件的裁决分初裁与终裁两个阶段。初裁指经过调查核实后，如果初步判断进口产品低于正常价值销售，并对进口国有关工业造成了实质损害，反倾销程序就将继续下去，并对指控产品采取临时反倾销措施，如停办有关商品的入关手续、封存库存、要求提供押金或担保等，在欧共体，则要征收临时反倾销税。

6. 终裁

初裁后，有关各方可以对初裁结论进一步申述，由各方当事人对有关问题进行讨论和辩论。主管当局经过进一步对证据的收集与核实，对倾销和损害作出最终裁决。如果裁决是肯定的，则要确定一个最终予以征收的反倾销税率，由海关征收反倾销税。

7. 司法审查

对倾销案终裁裁决不服时，双方当事人均可向有关法院上诉。在美国，当事人可向设在纽约的国际贸易法院要求审查，如对其判决不服还可向美国的巡回法院上诉。

（四）反倾销规避措施

反倾销规避（Anti-circumvention），是指进口国为限制出口倾销商采用各种方法排除其反倾销法的适用，而对该有规避行为的出口商征收反规避税的行为。反规避措施是在国际贸易竞争日益加剧的前提下，反倾销发展到一定阶段的必然产物。最近20多年来，各国一方面不断完善、加强反倾销法，另一方面频繁适用反倾销措施，对进口的倾销产品采取临时措施或征收最终反倾销税，以求达到严密保护本国生产商的目的。但随着反倾销措施的强化，被征收反倾销税的出口商也采取了相应的对策，纷纷以各种手段来规避进口国对其产品征收反倾销税。针对出口商的规避行为，欧共体和美国率先作出反规避立法和实践。[①]

1. 美国的反倾销规避立法

美国1988年《综合贸易与竞争法》第1321条规定，反倾销规避措施主要适用于以下四种情形：

（1）在美国生产或组装的产品。一项出口产品在美国被征反倾销税，出口商为了不影响出口，将生产该产品的零配件或组装件出口到美国，然后在美国组装成产品后出售，美国商务部可以把征收反倾销税产品的范围扩展至这些进口的零配件或组装件。

（2）在第三国生产、组装的产品。一项出口产品在美国被征反倾销税，出口商为了规避反倾销税，把产品的加工或组装过程转移到第三国进行，即将组装件或原材料运到第三国加工或组装成产品，然后以第三国产品的名义向美国出口的，美国商务部如果发现该第三国的产品是由来自被征反倾销税国家的组装件所组装或制成的，而且产品的增值较小，就可以把征收反倾销税产品的范围扩展至这些来自第三国的制成品。另一种情况是原出口国的零配件或组装件在美国被征反倾销税，出口商便将零配件或组装件运到第三国，在那里加工制造或组装，然后将制成品由该第三国出口到美国。如果这类制

---

① 李京：《反倾销、反规避与我国对策》，载《国际经济合作》2006年第7期。

成品达到了前面所述的条件,美国商务部也会裁定为是一种规避反倾销税的行为,从而将原对零配件征税的命令扩展适用于这些来自该第三国的制成品。

(3) 轻微改变产品。一项出口产品在美国被征反倾销税,出口商为了使今后出口到美国的产品脱离被征反倾销税产品的范围,将产品进行轻微加工或作某些形式上或外观上的改变,然后出口到美国的,如果美国商务部认定,这种轻微改变的目的是为了规避反倾销税,则可将该产品纳入反倾销税命令之中。美国法律特别将经过粗加工的农业产品包括在内。原来属于命令所针对的产品经过轻微改变后即使属于不同的海关分类,也不能成为将其排除在命令之外的原因。

(4) 后期发展产品。一项出口产品在美国受到反倾销调查后又进行了改进,如果改进后的产品在一般物理性能上、消费者的期待、最终用途、销售渠道、广告宣传和展示方式等方面与反倾销命令中所涉及的产品在本质上相同,则商务部可以将其纳入征税命令的产品范围。法律还特别禁止商务部仅仅由于后来改进的产品的海关分类与调查中认定的海关分类不同,或者由于其具有新的功能而将该产品排除在外,除非这些新的功能构成了该产品的主要用途并且该功能的成本在该产品的生产总成本中占重大比例。

2. 欧盟的反倾销规避立法

欧盟1996年开始实施的第384/96号反倾销条例中第13条关于反倾销规避规定的主要内容有:

(1) 关于组装规避。欧盟第384/96号反倾销条例第13条第2款规定,在下列情况下,在欧盟或第三国进行的某种装配经营被视为规避现行的反倾销措施:①这一经营是在发起反倾销调查之后或在即将开始发起调查之前开始或迅速扩大的,并且有关的零部件来自这个面临反倾销税的国家;②这些零部件构成装配产品的零部件总价值的60%或60%以上,然而,如果这些零部件在装配或完成过程中的增值大于生产成本的25%,则决不应视为发生了规避;③有证据表明,由于装配完成的产品的价格或数量,使对相同产品所征的反倾销税的救济效果正在受到损害,并且此等装配产品的价格相对此前对相同产品或相似产品确认的正常价值,存在倾销的证据。

(2) 关于其他形式的规避。欧盟第384/96号反倾销条例将规避的范围从传统的组装规避,扩展至其他各种为逃避交纳反倾销税所作的贸易方式的变化。该条例第13条第1款规定:"当发生规避现行反倾销措施时,依照本规则征收的反倾销税应扩大适用于从第三国进口的相似产品或其零部件。规避是指第三国与共同体之间一种发生于实践、过程或行为的贸易方式的变化,对此除了旨在避免被征收反倾销税之外没有充分正当的原因或经济理由,并且有证据表明,由于装配完成的产品的价格或数量,使对相同产品所征的反倾销税的救济效果正在受到损害,并且此等装配产品的价格相对此前对相同产品或相似产品确认的正常价值,存在倾销的证据。"这里的"第三国与共同体之间一种发生于实践、过程或行为的贸易方式的变化"含义十分广泛。按照欧盟委员会的解释，它包括作错误的原产地申报、进口拆散的成套配件以及对产品的轻微改变等。由于第 13 条第 2 款是专门针对组装规避而制定的，所以第 13 条第 1 款只能是适用于组装规避之外的其他规避形式，实际上就是适用于为避免被征收反倾销税而从第三国进口制成品的情形。①

2004 年 3 月 13 日欧盟部长理事会公布的 461/2004 号反倾销条例对第 384/96 号反倾销条例第 13 条作了重大发展，新条例规定：①当发生规避现行反倾销措施时，反倾销税应扩大适用于来自第三国的相同产品的进口，无论其是否经过稍微改变；或者来自被采取反倾销措施的国家的经稍微改变的相同产品的进口；或者相同产品的零件的进口。②当规避行为发生时，无论相关进口产品是被统一征收反倾销税，还是享受个别关税待遇，都必须受反规避条款的约束。②③将规避方式或行为拓宽至如下几种：一是在不改变涉案产品基本特征的情况下，使涉案产品的税号发生变化，从受制于反倾销措施的税号逃避到正常情况下没有采取反倾销措施的产品的税号；二是通过第三国转运至欧盟；三是涉案出口商或生产商之间对他们的销售模式或者渠道进行重组，以便通过低税率的出口商来出口高税率的生产商或者出口商的产品；四是简单组装。④在受到调查的规避行为发生在欧盟境外的情况下，如果涉案生产商能够证明他们与适用反规避措施的生产商之间不存在关联关系，且欧委会认定他们不存在规避行为，则可以批准这些生产商的豁免申请；在受到调查的规避行为发生在欧盟境内的情况下，如果欧盟进口商能够证明他们与适用反规避措施的生产商之间不存在关联关系，则可以批准这些进口商的豁免申请。此外，新条例还对豁免的程序作出明确具体的规定。

3. 关贸总协定乌拉圭回合"邓克尔草案"中的反倾销规避条款

1986 年开始的关贸总协定乌拉圭回合多边贸易谈判，把反规避问题列入了磋商议程，在 1991 年 12 月 20 日作为最后的协议草案的"邓克尔草案"中包含了反规避条款。在"邓克尔草案"中只提及了两种形式的规避：一是通过进口国组装规避；二是通过第三国组装规避。通过第三国规避分为两种形式：一种是第 10 条第 5 款规定的一般意义上的通过第三国规避；另一种是第 10 条第 4 款规定的跨国（country-hopping）规避。

虽然，邓克尔草案反规避条款对反规避问题作了较为明确、客观的规定，但是由于美国与其他成员方（日本、新加坡、中国香港等）在反规避问题上的观点存在根本分歧，双方均对此条款表示不满。尤其是美国方面认为此条款与美国在乌拉圭回合谈判期间所提交的反规避议案有明显的差别，远不能满足其旨在通过加强反规避措施保证原反倾销令对国内工业保护效力的要求。软弱无力的反规避条款要比没有这样的条款对美国的限制更大，所以美国宁愿使守则中不含反规避条款，以便美国可以任意使用其国内

---

① 刘星红：《欧共体对外贸易法律制度》，中国法制出版社 1996 年版，第 128 页。
② 李敏：《欧盟反倾销条例最新修正介评》，载《世界贸易组织动态与研究》2005 年第 6 期。

法，不受总协议约束。所以，在谈判的最后阶段，反规避条款被排除在最终达成的《反倾销守则》之外。

4. 中国的反倾销规避立法

我国 2004 年修订后的《对外贸易法》和《反倾销条例》对反倾销规避问题也作了规定，《对外贸易法》的第 50 条规定："国家对规避本法规定的对外贸易救济措施的行为，可以采取必要的反规避措施。"《反倾销条例》的第 55 条规定："商务部可以采取适当措施，防止规避反倾销措施的行为。"但是，这些规定都只对反规避作了简单、粗略的规定，既没有规定规避行为的范围和界定标准，也没有规定对于规避行为应采取何种具体措施，实际上该条款在实践中是无法操作的，只不过为将来进行具体的反规避立法提供了依据，这说明我国对于规避和反规避问题还未引起足够的重视，而事实上，对我国反倾销措施的规避行为是存在的，并且对我国国内产业构成现实的和潜在的威胁。尤其是近年来有些外商通过在我国投资设厂，将我国作为一个组装基地，来达到规避我国或他国反倾销措施的目的。因此，我国应借鉴国际上反规避立法的成功经验，尽快制定出具体可行的反规避条款，以阻止规避行为对我国可能造成的损害。

（五）中国反倾销法

2004 年修订后的《中华人民共和国对外贸易法》第 41 条规定，其他国家或者地区的产品以低于正常价值的倾销方式进入中国市场，对已建立的国内产业造成实质损害或者产生实质损害威胁，或者对建立国内产业造成实质阻碍的，国家可以采取反倾销措施，消除或者减轻这种损害或者损害的威胁或者阻碍。

根据对外贸易法的规定，国务院发布了《中华人民共和国反倾销条例》（以下简称《反倾销条件》），对有关倾销成立的条件，反倾销调查程序以及反倾销措施等首次作了具体的规定。

1. 倾销与损害

根据中国《反倾销条例》第 3 条规定，倾销是指在正常贸易过程中进口产品以低于其正常价值的出口价格进入中华人民共和国市场。对于进口产品正常价值的确定，我国《反倾销条例》采取了各国通行的做法：一是按进口产品的同类产品在出口国（地区）国内市场的正常贸易过程中的可比价格确定；二是按该同类产品出口到适当第三国的可比价格确定；三是按所谓构成价格，即该同类产品的生产成本加合理费用、利润来确定。进口产品不直接来自原产国（地区）的，按照上述方法确定正常价值，但是，在产品仅通过出口国（地区）转运、产品在出口国（地区）无生产或者在出口国（地区）中不存在可比价格等情形下，可以以该同类产品在原产国（地区）的价格为正常价值。对进口产品的出口价格的确定，《反倾销条例》规定了两种方法：一是以进口产品的实际支付或者应当支付的价格为依据；二是以该进口产品首次转售给独立购买人的价格或以商务部根据合理基础所推定的价格为依据。进口产品的出口价格低于其正常价值的幅度，即为倾销幅度。

损害的确定是采取反倾销措施的另一个重要条件。根据《反倾销条例》的规定，在确定倾销对国内企业造成的损害时，应对倾销产品的数量、价格对国内同类产品的生产或消费数量和价格的影响，及其对国内产业的相关经济因素和指标的影响进行审查，同时，还应审查倾销产品出口国（地区）、原产国（地区）的生产能力、出口能力和库存情况，以及造成国内产业损害的其他因素。

2. 中国反倾销机构

在 2003 年国务院机构调整之前，反倾销主管机构一直为对外经济贸易合作部与国家经济贸易委员会，采取的是双轨制；2003 年国务院进行机构改革，将原反倾销的调查机构即对外贸易经济合作部与国家经济贸易委员会并入新成立的商务部，它们反倾销方面的职能全由商务部承担，从而正式确立了单轨制模式。具体说来，由商务部下属的两个主管部门即进出口公平贸易局和产业损害调查局主要负责，还有其他部门负责相关事项，它们的大致职能如下：

（1）由进出口公平贸易局承担原外经贸部的职能，负责反倾销案件的受理、立案、对外公告的发布、产品范围的调整、信息披露、对有关利害关系方的通知等；负责进口数量增长的调查和裁决；会同损害调查局拟定以商务部的名义发布相关公告并监督实施、跟踪评估。

（2）由产业损害调查局承担原国家经贸委的职能，负责审核反倾销案件调查中有关产业损害的内容；负责国内产业损害的调查和裁决；参与以商务部名义发布的相关公告。

（3）其他相关部门：①国务院关税税则委员会根据商务部的建议作出征收临时反倾销税和固定反倾销税以及追溯征收临时反倾销税的决定；②农业部会同商务部对涉及农产品的反倾销国内损害进行调查；③海关总署负责执行临时反倾销措施和征收临时反倾销税。

3. 中国反倾销调查程序

（1）反倾销调查申请与受理。国内产业或者代表国内产业的自然人、法人或者有关组织，可以依照外贸法和反倾销条例的规定向商务部提出反倾销调查的书面申请，申请书中应当包括下列内容：①申请人的名称、地址及有关情况；②对申请调查的进口产品的完整说明，包括产品名称、所涉及的出口国（地区）或者原产国（地区）、已知的出口经营者或者生产者、产品在出口国（地区）或者原产国（地区）国内市场消费时的价格信息、出口价格信息等；③对国内同类产品生产的数量和价值的说明；④申请调查进口产品的数量和价格对国内产业的影响；⑤申请人认为需要说明的其他内容。同时应当附具下列证据：一是申请调查的进口产品存在倾销；二是对国内产业的损害；三是倾销与损害之间存在因果关系。商务部收到反倾销调查申请后，首先对申请书及其所附具的证据进行审查后，决定立案调查或不立案调查，并应当将决定予以公告，通知各利害关系方。在特殊情形下，商务部没有收到反倾销调查的书面申请，但有充分证据认为存在倾销和损害以及二者之间有因果关系的，可以决定立案调查。

(2) 调查和裁定。决定立案调查后，由商务部进行调查，并根据调查结果就倾销、损害作出初裁决定，并就二者之间的因果关系是否成立作出初裁决定，由商务部予以公告。初步裁定倾销、损害以及二者之间的因果关系成立的，商务部应当对倾销及倾销幅度、损害及损害程度继续进行调查，并根据调查结果分别作出终裁决定，由商务部予以公告。

反倾销调查的期限，自立案调查决定公告之日起12个月内结束，特殊情况下可以延长，但延长期不得超过6个月。

(3) 实施反倾销措施。初步裁定倾销成立并由此对国内工业造成损害的，由商务部提出建议，国务院关税税则委员会根据建议决定征收临时反倾销税。征收临时反倾销税的期限，自临时反倾销措施决定公告之日起，不超过4个月，特殊情况下可延至9个月。

在反倾销调查期间，倾销进口产品的出口经营者可以向商务部作出改变价格或者停止以倾销价格出口的价格承诺。商务部可以向出口经营者提出价格承诺的建议，但不得强迫出口经营者作出承诺。如果倾销产品的出口商作出价格承诺，对商务可以决定中止或终止反倾销调查，并予以公告。

最终裁定倾销存在并由此对国内产业造成损害的，应按规定程序征收反倾销税，并予以公告。反倾销税税额不得超过终裁确定的倾销幅度。征收反倾销税和价格承诺的期限不超过5年，但是，经复审确定终止征收反倾销税有可能导致倾销和损害的继续或者再度发生的，反倾销税的征收期限可以适当延长。

(4) 复审。在反倾销税生效后，商务部可以在有正当理由的情况下，决定对继续征收反倾销税的必要性进行复审；也可以在经过一段合理时间，应利害关系方的请求并对利害关系方提供的相应证据进行审查后，决定对继续征收反倾销税的必要性进行复审。在价格承诺生效后，商务部也可以在有正当理由的情况下，决定对继续履行价格承诺的必要性进行复审；也可以在经过一段合理时间，应利害关系方的请求并对利害关系方提供的相应证据进行审查后，决定对继续履行价格承诺的必要性进行复审。根据复审结果，由商务部提出保留、修改或者取消反倾销税的建议，国务院关税税则委员会根据该建议作出决定，由商务部予以公告；或者由商务部作出保留、修改或者取消价格承诺的决定并予以公告。复审期限自决定复审开始之日起，不超过12个月。在复审期间，复审程序不妨碍反倾销措施的实施。

对终裁决定、是否征收反倾销税的决定以及追溯征收的决定，或者对复审决定不服的，可以依法申请行政复议，也可以依法向人民法院提起诉讼。

二、反补贴法

（一）概述

1. 补贴的概念

补贴（Subsidies）是指政府或者公共机构对企业提供财政资助，以及政府对其收入或价格的支持。从国际贸易角度，可以将补贴分为国内补贴与出口补贴两大类。国内补贴指一国政府就某一产品给予其国内企业的补贴，旨在实现国内发展目标。对于这类补贴，只要不涉及出口，原则上不会受到别国反补贴法的干涉。出口补贴指一国政府专门就出口产品给予生产企业的一种鼓励性补贴。接受出口补贴的产品，人为地降低了成本，扭曲了正常的竞争，会使进口国的相关产业受到损害，它同倾销一样是一种不公平竞争行为。各国反补贴法和关贸总协定反对的是这种出口补贴行为。

2. 补贴的范围

根据乌拉圭回合达成的《补贴与反补贴协议》的规定，补贴的范围包括：①政府直接转让资金，即赠与、贷款、资产注入；潜在的直接转让资金或债务，即贷款担保；②政府财政收入的放弃或不收缴；③政府提供货物或服务，或购买货物；④政府向基金机构拨款，或委托、指令私人机构履行前述①至③的职能；⑤构成1994年关贸总协定第16条含义的任何形式的收入或价格支持。

3. 反补贴法

《关税与贸易总协定》（以下简称《关贸总协定》）对反补贴的问题作出了规定，其反补贴规则主要体现在第6条、第16条和第23条。第16条是反补贴规定的主要条文，第6条主要规定反补贴税，第23条对利益的丧失或损害的有关方面作了某些规定。1979年东京回合上通过了《反补贴守则》，1994年乌拉圭回合又签署了《补贴与反补贴措施协议》。

西方国家现行的反补贴法基本上源于《关贸总协定》1979年的《反补贴守则》，各国反补贴法的原则和作法是基本一致的。美国反补贴法律主要规定于《1930年关税法》、《1974年贸易法》和《1979年贸易协定法》。1994年以前，欧共体的反补贴法与反倾销法都规定在同一规则之中，而且都偏重反倾销问题，对反补贴规定得很少。1994年，欧共体制定了共同体内第一部单独的反补贴基本规则，即《第3284/94号规则》。1997年10月6日，又对该规则作出修正，颁布了《第2026/97号规则》。该规则为欧盟现行有效的反补贴法律。我国《对外贸易法》第43条规定："进口的产品直接或者间接地接受出口国家或者地区给予的任何形式的专向性补贴，对已建立的国内产业造成实质损害或者产生实质损害威胁，或者对建立国内产业造成实质阻碍的，国家可以采取反补贴措施，消除或者减轻这种损害或者损害的威胁或者阻碍。"此规定与关贸总协定所确立的反补贴原则是一致的。国务院于2004年3月修订的《中华人民共和国反补贴条例》，对反补贴进一步作出具体规定。

（二）反补贴法的实体规定

1.《关贸总协定》关于缔约国对补贴承担的义务

（1）对"一般补贴"承担的义务。一般补贴指缔约国对产品给予或维持的任何补贴。对一般补贴缔约国承担通知和协商的义务，即给予补贴的缔约国应将这项补贴的性质和范围、这项补贴对进口产品的数量预计可能产生的影响以及这种补贴的必要性，书面通知缔约国全体。若该项补贴经判定对另一国的利益造成重大损害或产生严重威胁，给予补贴的缔约国应在接到要求后，与有关的其他缔约国或缔约国全体进行协商，探讨限制这项补贴的可能性。

（2）对出口补贴承担的义务。总协定严格禁止对非初级产品和矿产品给予补贴，但对发展中国家另有例外规定。至于除矿产品以外的初级产品（如农、林、渔产品）的出口补贴，原则上不禁止。但缔约国不得因其对某种初级产品给予出口补贴而使其在这一产品的世界出口贸易中占有不合理的份额，或使在同一市场上的其他国家的供应者大幅度削价。

（3）禁止使用的补贴、可申诉的补贴和不能申诉的补贴。乌拉圭回合所达成的反补贴措施协议将补贴分为禁止使用的补贴、可申诉的补贴和不能申诉的补贴。

所谓禁止使用的补贴，又称禁止的补贴，包括：①在法律上或事实上与出口履行相关的补贴，即出口补贴。②其他由公共开支的项目。③国内含量补贴，即指前面述及补贴只与使用国产货物相联系，而对进口货物不给补贴。各成员方都不得使用上述补贴，否则，受损害方可诉诸争端解决。

所谓可申诉的补贴，指政府通过直接转让资金、放弃财政收入、提供货物或服务和各种收入支持和价格支持和对某些特定企业提供特殊补贴。这种特殊补贴实际上就是指一国政府实施有选择的、有差别的或带有歧视性的补贴。如果这种特殊补贴造成其他缔约方国内有关工业的重大损害时，该国可诉诸争端解决机制加以解决。

所谓不可申诉的补贴，指普遍性实施的补贴和在事实上并没有向某些特定企业提供的补贴，包括：①不属于特殊补贴的补贴，即属于普遍性的补贴；②扶植企业的科研活动、更高水平的教育或建立科研设施所提供的补贴，但属于工业科研项目的扶植不得超过其成本的75%或其竞争开发活动成本的50%；③扶持落后地区的经济补贴；④为适应新的环境保护要求，扶植改进现有设备所提供的补贴。但这种补贴仅限于改造成本的20%。上述这些补贴不可诉诸争端解决，但要求缔约方将这类补贴情况提前、及时通知各缔约方，如果有疑义，须磋商解决。

2. 征收反补贴税的条件

《关贸总协定》和各国反倾销法对征收反补贴税一般都规定了如下条件：①存在接受直接或间接出口补贴的事实；②对进口国国内某一工业造成实质损害或重大威胁，或严重阻碍进口国某一工业的建立；③补贴与损害之间存在因果关系。

在确定是否存在损害时，主要考虑：①补贴进口产品的数量及其对国内相同商品市场价格的影响；②这些进口产品对进口国同类产品生产者的影响。

（三）反补贴法的程序规定

美国等国家的反补贴程序与反倾销程序基本相同。关贸总协定反补贴守则对反补贴程序作了规定，主要有调查、磋商、征收反补贴税三个阶段。缔约国必须按照法定程序发起调查，一般应根据受影响的工业部门，或以受影响的工业部门的名义提出书面要求发起调查，在进行调查期间，有关当局在作出初步裁决之后，可以对被指控受补贴的产品采取临时措施。但如果有关当事人达成协议，自动采取措施消除由于补贴所引起的有害后果，则可暂停或终止反补贴调查。所有调查的结论都应发布公告。无论是发起调查前或在调查过程中，都应向产品受调查的缔约国提供适当机会进行磋商，澄清事实真相，以达成双方同意的解决办法。经调查符合征收反补贴税条件的，由进口缔约国的机构决定是否征收反补贴税。在出口国政府同意取消或限制补贴，或出口商同意修改其价格，使进口国调查机构确信补贴的损害性影响已经消除，一般可中止或终结诉讼，不再征收反补贴税。

乌拉圭回合签署的《补贴与反补贴措施协议》对补贴采取了双轨制的救济制度：①直接通过世界贸易组织（WTO）的争端解决机制求得救济；②通过国内法律程序，采取征收反补贴税的办法得到救济。

新协议对上述两种救济制度都作了比较详细的规定。对一项特殊补贴，成员方可通过上述两个渠道寻求救济，但最终只能采用一种救济措施。

（四）中国反补贴法

《中华人民共和国对外贸易法》第43条规定，进口的产品直接或者间接地接受出口国家或者地区给予的任何形式的专向性补贴，对已建立的国内产业造成实质损害或者产生实质损害威胁，或者对建立国内产业造成实质阻碍的，国家可以采取反补贴措施，消除或者减轻这种损害或者损害的威胁或者阻碍。1997年3月25日，国务院发布的《中华人民共和国反补贴条例》（简称《反补贴条例》），对反补贴措施作了具体的规定。2001年10月31日，国务院第46次常务会议又通过了《中华人民共和国反补贴条例》（简称《反补贴条例》），并在2004年作了修订，进一步完善了中国的反补贴法律制度。

1. 补贴与损害

根据《反补贴条例》规定,补贴,是指出口国(地区)政府或者其任何公共机构提供的并为接受者带来利益的财政资助以及任何形式的收入或者价格支持,包括:

(1) 出口国(地区)政府以拨款、贷款、资本注入等形式直接提供资金,或者以贷款担保等形式潜在地直接转让资金或者债务。

(2) 出口国(地区)政府放弃或者不收缴应收收入。

(3) 出口国(地区)政府提供除一般基础设施以外的货物、服务,或者由出口国(地区)政府购买货物。

(4) 出口国(地区)政府通过向筹资机构付款,或者委托、指令私营机构履行上述职能。

《反补贴条例》同时规定进行调查、采取反补贴措施的补贴,必须具有专向性,包括:

(1) 由出口国(地区)政府明确确定的某些企业、产业获得的补贴。

(2) 由出口国(地区)法律、法规明确规定的某些企业、产业获得的补贴。

(3) 指定特定区域内的企业、产业获得的补贴。

(4) 以出口实绩为条件获得的补贴,包括本条例所附出口补贴清单列举的各项补贴。

(5) 以使用本国(地区)产品替代进口产品为条件获得的补贴。

在确定补贴专向性时,还应当考虑受补贴企业的数量和企业受补贴的数额、比例、时间以及给予补贴的方式等因素。

采取反补贴措施,除了需确定进口产品存在补贴外,还必须确定损害的存在。《反补贴条例》规定,损害,是指补贴对已经建立的国内产业造成实质损害或者产生实质损害威胁,或者对建立国内产业造成实质阻碍。在确定补贴对国内产业造成的损害时,应当审查下列事项:①补贴可能对贸易造成的影响;②补贴进口产品的数量,包括补贴进口产品的绝对数量或者相对于国内同类产品生产或者消费的数量是否大量增加,或者补贴进口产品大量增加的可能性;③补贴进口产品的价格,包括补贴进口产品的价格削减或者对国内同类产品的价格产生大幅度抑制、压低等影响;④补贴进口产品对国内产业的相关经济因素和指标的影响;⑤补贴进口产品出口国(地区)、原产国(地区)的生产能力、出口能力,被调查产品的库存情况;⑥造成国内产业损害的其他因素。

2. 中国反补贴机构

根据中国《反补贴条例》的规定,商务部是受理反补贴调查申请的机构,并负责对补贴和损害的调查和确定,其中涉及农产品的反补贴国内产业损害调查,由商务会同农业部进行。需要征收临时反补贴税或反补贴税的,则由商务部提出建议,国务院关税税则委员会根据商务部的建议作出决定,由商务部予以公告。反补贴税的征收工作则由海关总署执行。

3. 中国反补贴调查程序

（1）反补贴调查申请与受理。国内产业或者代表国内产业的自然人、法人或者有关组织，可以依照外贸法和反补贴条例的规定向商务部提出反补贴调查的书面申请，申请书中应当包括下列内容：①申请人的名称、地址及有关情况；②对申请调查的进口产品的完整说明，包括产品名称、所涉及的出口国（地区）或者原产国（地区）、已知的出口经营者或者生产者、产品在出口国（地区）或者原产国（地区）国内市场消费时的价格信息、出口价格信息等；③对国内同类产品生产的数量和价值的说明；④申请调查进口产品的数量和价格对国内产业的影响；⑤申请人认为需要说明的其他内容。同时应当附具下列证据：一是申请调查的进口产品存在补贴；二是对国内产业的损害；三是补贴与损害之间存在因果关系。商务部收到反补贴调查申请后，对申请书及其所附具的证据进行审查，决定立案调查或不立案调查。在决定立案调查前，应当就有关补贴事项向产品可能被调查的国家（地区）政府发出进行磋商的邀请。在特殊情形下，商务部没有收到反补贴调查的书面申请，但有充分证据认为存在补贴和损害以及二者之间有因果关系的，可以决定立案调查。

（2）调查和裁定。决定立案调查后，由商务部进行调查，并根据调查结果分别就补贴、损害作出初裁决定，并就二者之间的因果关系是否成立作出初裁决定，并予以公告。初步裁定补贴、损害以及二者之间的因果关系成立的，商务部应当对补贴及补贴金额、损害及损害程度继续进行调查，并根据调查结果分别作出终裁决定，并予以公告。

反补贴调查的期限，自立案调查决定公告之日起12个月内结束，特殊情况下可以延长，但延长期不得超过6个月。

（3）实施反补贴措施。初步裁定补贴成立并由此对国内工业造成损害的，可以采取临时反补贴措施。临时反补贴措施采取以现金保证金或者保函作为担保的征收临时反补贴税的形式。采取临时反补贴措施，由商务部提出建议，国务院关税税则委员会根据商务部的建议作出决定，并予以公告。海关自公告规定实施之日起执行。临时反补贴措施实施的期限，自临时反补贴措施决定公告规定实施之日起，不超过4个月。

在反补贴调查期间，出口国（地区）政府提出取消、限制补贴或者其他有关措施的承诺，或者出口经营者提出修改价格的承诺的，商务部应当予以充分考虑。商务部可以向出口经营者或者出口国（地区）政府提出有关价格承诺的建议，但不得强迫出口经营者作出承诺。如果补贴产品的出口商作出价格承诺，商务部可以决定中止或终止反倾销调查，并予以公告。

在为完成磋商的努力没有取得效果的情况下，终裁决定确定补贴成立，并由此对国内产业造成损害的，可以征收反补贴税。反补贴税的征收期限和承诺的履行期限不超过5年；但是，经复审确定终止征收反补贴税有可能导致补贴和损害的继续或者再度发生的，反补贴税的征收期限可以适当延长。征收反补贴税，由商务部提出建议，国务院关税税则委员会根据外经贸部的建议作出决定，由商务部予以公告。海关自公告规定实施之日起执行。

(4) 复审。在反补贴税生效后，商务部可以在有正当理由的情况下，决定对继续征收反补贴税的必要性进行复审；也可以在经过一段合理时间，应利害关系方的请求并对利害关系方提供的相应证据进行审查后，决定对继续征收反补贴税的必要性进行复审。承诺生效后，商务部可以在有正当理由的情况下，决定对继续履行承诺的必要性进行复审；也可以在经过一段合理时间，应利害关系方的请求并对利害关系方提供的相应证据进行审查后，决定对继续履行承诺的必要性进行复审。根据复审结果，由商务部依照本条例的规定提出保留、修改或者取消反补贴税的建议，国务院关税税则委员会根据商务部的建议作出决定，由商务部予以公告；或者由商务部依照本条例的规定，作出保留、修改或者取消承诺的决定并予以公告。复审期限自决定复审开始之日起，不超过12个月。在复审期间，复审程序不妨碍反补贴措施的实施。

对终裁决定、是否征收反补贴税的决定以及追溯征收的决定，或者对复审决定不服的，可以依法申请行政复议，也可以依法向人民法院提起诉讼。

第三节 中国对外贸易法

一、中国对外贸易法概述

为了适应改革开放以来中国对外经济贸易快速发展的需要，使中国的对外贸易法律制度与国际贸易制度接轨，1994年5月12日，第八届全国人大常委会第七次会议审议通过了《中华人民共和国对外贸易法》（以下简称《对外贸易法》），并于2004年对该法进行了修订，进一步完善了我国的对外贸易管理制度。

《对外贸易法》作为中国外贸管理的基本法律，对中国对外贸易的基本制度作了明确规定，内容包括：对外贸易的基本原则，即实行公平、自由的对外贸易原则，和坚持平等互利的原则；对外贸易的范围，包括货物进出口、技术进出口和国际服务贸易；对外贸易经营者应具备的条件和许可程序、对外贸易经营者的权利与义务以及外贸代理制；货物与技术进出口的基本原则和管理措施；国际服务贸易的基本原则和国家对国际服务贸易的管理；对外贸易经营者在对外贸易经营活动中的禁止行为，保护国内产业的保障措施、反倾销措施、反补贴措施；贸易促进措施；对各种违反对外贸易管理的行为追究法律责任；等等。

《对外贸易法》的颁布和实施，增加了我国外贸管理的透明度和可预测性，有利于政府依法管理外贸，企业依法经营外贸，促进了我国对外贸易的持续、高速发展。同时也有利于我国早日加入世界贸易组织，促进国内市场与国际市场的接轨。

二、对外贸易经营者

《对外贸易法》第八条规定："本法所称对外贸易经营者，是指依法办理工商登记或者其他执业手续，依照本法和其他有关法律、行政法规的规定从事对外贸易经营活动的法人、其他组织或者个人。"按此规定，个人可以从事对外贸易。这是根据我国入世时对进一步放宽外贸经营权的承诺，同时考虑到在技术和服务贸易中，自然人从事外贸已大量存在的现实，所以《对外贸易法》将外贸经营主体的范围扩大至"个人"。另外，随着外贸经营权的逐步放开，外贸市场已经开始向充分竞争状态过渡。此次将经营主体扩展到"个人"，是整个过渡过程中最关键的一环。外贸经营市场的能量将因此得到最大限度的释放。不过，外贸法也要求从事货物进出口或者技术进出口的对外贸易经营者，应当向国务院对外贸易主管部门或者其委托的机构办理备案登记；但是，法律、行政法规和国务院对外贸易主管部门规定不需要备案登记的除外。对外贸易经营者未按照规定办理备案登记的，海关不予办理进出口货物的报关验放手续。

对外贸易企业是经营对外贸易的经济实体，它们有权在批准的经营范围内，从事进出口经营活动。它们实行自主经营、独立核算、自负盈亏，并以国家授予它经营管理的财产或企业自有财产承担经济责任。对外贸易企业以自己的名义从事经济活动，享受权利和承担义务，并以自己的名义起诉和应诉。

三、外贸代理制

推行外贸代理制是我国外贸体制改革的一项重要内容。早在 1984 年 9 月国务院批准外经贸部《关于外贸体制改革意见的报告》中明确提出推行外贸代理制，并首先在进口方面试行，1988 年开始在全国范围内，进口和出口全面推行外贸代理制。1991 年 8 月外经贸部颁布《关于对外贸易代理制的暂行规定》，对外贸代理制作了具体的规定。1993 年在党的十四届三中全会通过的《中共中央关于建立社会主义市场经济体制若干问题的决定》中确定外贸体制改革的方向是"统一政策、放开经营、平等竞争、工贸结合，推行代理制"，再次把外贸代理制作为我国外贸体制改革的重要内容之一。1994 年的《对外贸易法》则以法律形式确认了外贸代理制，《对外贸易法》第 13 条规定："没有对外贸易经营许可的组织或者个人，可以在国内委托对外贸易经营者在其经营范围内代为办理其对外贸易业务。接受委托的对外贸易经营者应当向委托方如实提供市场行情、商品价格、客户情况等有关的经营信息。委托方与被委托方应当签订委托合同，双方的权利义务由合同约定。"现行《对外贸易法》第 12 条也规定："对外贸易经营者可以接受他人的委托，在经营范围内代为办理对外贸易业务。"

根据外经贸部《暂行规定》和我国外贸代理的实践，我国的外贸代理主要有三种类型：①有对外贸易经营权的公司、企业之间的相互代理，代理人在本人的授权范围内并以本人的名义与外商签订合同；②有对外贸易经营权的公司、企业之间的相互代理，代理人在本人的授权范围内但以自己的名义与外商签订合同；③无对外贸易经营权的公司、企业、事业单位或个人，委托有对外贸易经营权的公司、企业进出口商品，代理人以自己的名义与外商签订进出口合同。在外贸代理实践中上述第三种类型，亦即《对外贸易法》第13条所规定的外贸代理情形最为常见。而我国《民法通则》对代理的规定采用严格名义标准，只规定了代理人以被代理人名义实施民事法律行为，对代理人以自己的名义实施民事法律行为则未作规定。因此在上述三种类型中，只有第一种的类型的代理即以本人名义与外商签订合同的，是完全符合我国《民法通则》有关代理的规定的，可以直接适用我国《民法通则》的规定来确定各方当事人之间的权利义务关系。而实践中广泛存在的第二、三种类型的外贸代理，代理人虽然都是有代理权，但又都是以自己的名义与外商签订合同的，这显然与《民法通则》的规定不符。这两种类型的外贸代理，长期以来只能适用外经贸部公布的《暂行规定》，但是《暂行规定》只是一个部门行政规章，其适用效力不足。直至1999年3月我国《合同法》颁布，《合同法》放弃了《民法通则》所坚持的显名主义。《合同法》第396条规定：''委托合同是委托人和受托人约定，由受托人处理委托人事务的合同。''未要求受托人应以委托人的名义去处理委托人的事务。而在《合同法》第402条、403条中更是直接引入了英美法关于隐名代理和未披露本人的代理的规定，从而使得那些代理人以自己的名义与外商签订进出口合同的外贸代理有了比较强有力的法律依据。同时也解决了许多外贸代理由于被代理人和第三人之间不能建立直接的法律关系，一方面造成了代理人的责任风险过重，从事外贸代理的积极性不高；另一方面出现违约时本人只能依靠代理人索赔，本人的利益也缺乏保障，这是长期困扰外贸代理发展的问题。

我国《合同法》的颁布虽然解决了外贸代理实践中存在的一些重要问题，但是外贸代理存在的问题并不止于民事意义的立法问题，更要依赖于外贸法律、政策的改进与完善。放开对外贸易经营权，完善代理行为产生的基础是进一步完善外贸代理制的关键。代理是商品经济发展的产物，其产生的基础是商品流通职能的专业化，是民商事主体对成本——效益进行比较后作出的选择。因此，本人与代理人的合作应当是建立在平等自愿的基础之上的。而我国现行的外贸代理制的产生则主要是由于对外贸易经营权的限制，是为了解决没有对外贸易经营权的企业的进出口问题。根据我国对外贸易法规定，只有经过国家主管机关审查批准授予对外贸易经营权的企业，才享有从事对外贸易经营活动的合法资格，才能成为对外贸易合同的当事人。凡是没有对外贸易经营权的企业，一律不得从事对外贸易活动，他们如果直接和外商订立了对外贸易合同，该合同是无效合同，不具有法律效力，海关对有关商品的进出口不予放行，银行也不能为其办理结汇手续。所以，没有对外贸易经营权的企业如果需要进出口商品就必须委托外贸公司代理，他们别无选择。这种不是建立在双方当事人平等自愿的基础上的代理，显然是与民商法所调整的代理相背离的，因而其效果也往往是不理想的，主要表现为双方合作关系的不稳定，利益分配的不合理，相互信任的程度不高和合作积极性不强等。因此，只有尽快修订《对外贸易法》有关对外贸易经营权实行"许可制"的规定，以及调整相关的外贸政策，让更多的企业获得对外贸易经营权，使他们作为委托人的法律主体地位得以确立，使他们选择委托他人代理从事外贸活动，是基于对利润最大化的追求，而不是迫于无奈，才能让外贸代理行为建立在平等自愿的基础上，使外贸代理成为名副其实的代理，才能从根本上促使其健康发展。

四、货物与技术进出口贸易管理

（一）货物与技术自由进出口的原则

根据《对外贸易法》第 14 条规定，国家准许货物与技术的自由进出口，但法律、行政法规另有规定的除外。也就是说，除了《对外贸易法》第 16 条规定的属于国家需要限制或禁止进出口的货物与技术之外，其他的货物与技术一般可以自由进出口。但是国务院对外贸易主管部门基于监测进出口情况的需要，可以对部分自由进出口的货物实行进出口自动许可并公布其目录。实行自动许可的进出口货物，收货人、发货人在办理海关报关手续前提出自动许可申请的，国务院对外贸易主管部门或者其委托的机构应当予以许可；未办理自动许可手续的，海关不予放行。进出口属于自由进出口的技术，应当向国务院对外贸易主管部门或者其委托的机构办理合同备案登记。此外，国家对与裂变、聚变物质或者衍生此类物质的物质有关的货物、技术进出口，以及与武器、弹药或者其他军用物资有关的进出口，可以采取任何必要的措施，维护国家安全。

对货物与技术采取自由进出口的原则，是我国多年来对外贸管理制度改革的成果，也体现了我国对外贸易制度与国际惯例的接轨。新中国成立以来，我国对外贸易管理制度经过了一个漫长而又曲折的发展过程。在 20 世纪 50 年代初期。由于存在大量私营进出口公司，为了利用、限制和改造这些私营进出口公司，促进国民经济的恢复和发展，国家对所有进出口商品全面实行许可证管理。从 50 年代后期到 70 年代末，由于贸易对象转向苏联和东欧其他国家，贸易以贸易协定和记账贸易方式进行，外贸公司以外贸部下达货单为进出口货物的依据，进出口许可制度名存实亡。80 年代开始，国家重新实行并不断加强进出口许可证制度，对众多种类商品的进出口都实行许可证管理，对技术进出口管理则采取行政审批制度。进入 90 年代后，为了使我国的外贸体制适应社会主义市场经济的要求，并逐步向关贸总协定的基本原则靠拢，对货物进出口管理制度作了进一步的改革，在出口方面，从 1993 年 1 月 3 日起取消了出口商品的一、二、三类的分类管理，改为少数商品由国家管理，大部分商品放开经营；在进口方面，从 1992 年起，大幅度减少进口许可证管理的商品。正是经过这些年来对进出口货物与技术管理制度的不断改革，《对外贸易法》终于明确规定了货物与技术自由进出口的原则。

《对外贸易法》规定准许货物与技术的自由进出口，并不意味着任何企业、个人可以随意从国外进口货物、技术，或出口货物、技术到国外，也不意味着国家对这些货物与技术的进出口不作任何管理了。这一规定是建立在前面所述的国家对对外贸易经营实行许可制的前提下的，而且国家还将通过海关关税、商品检验、技术引进和设备进口的登记有效制度等手段对其加以管理。

(二) 货物与技术自由进出口的原则的例外

《对外贸易法》在规定准许货物与技术自由进出口的同时，也明确表示了法律、行政法规另有规定的除外，而且在其第 16 条中列举了各种国家可以限制或禁止进出口的情形。

根据《对外贸易法》第 16 条规定，国家基于下列原因，可以限制或者禁止有关货物、技术的进口或者出口。

(1) 为维护国家安全、社会公共利益或者公共道德，需要限制或者禁止进口或者出口的。

(2) 为保护人的健康或者安全，保护动物、植物的生命或者健康，保护环境，需要限制或者禁止进口或者出口的。

(3) 为实施与黄金或者白银进出口有关的措施，需要限制或者禁止进口或者出口的。

(4) 国内供应短缺或者为有效保护可能用竭的自然资源，需要限制或者禁止出口的。

(5) 输往国家或者地区的市场容量有限，需要限制出口的。

(6) 出口经营秩序出现严重混乱，需要限制出口的。

(7) 为建立或者加快建立国内特定产业，需要限制进口的。

(8) 对任何形式的农业、牧业、渔业产品有必要限制进口的。

(9) 为保障国家国际金融地位和国际收支平衡，需要限制进口的。

(10) 依照法律、行政法规的规定，其他需要限制或者禁止进口或者出口的。

(11) 根据我国缔结或者参加的国际条约、协定的规定，其他需要限制或者禁止进口或者出口的。

《对外贸易法》规定的上述限制或禁止进出口货物、技术的理由，是符合国际规范的。国务院对外贸易主管部门会同国务院其他有关部门，依照本法第 16 条和第 17 条的规定，制定、调整并公布限制或者禁止进出口的货物、技术目录。此外，国务院对外贸易主管部门或者由其会同国务院其他有关部门,经国务院批准,可以在本法第 16 条和第 17 条规定的范围内,临时决定限制或者禁止前款规定目录以外的特定货物、技术的进口或者出口。

过去我国认为商品分类的计划管理及属于限制进出口需要许可证管理的范围、条件等,是与我国的外贸进出口计划密切联系的,属于商业秘密,不能公开,只以内部文件的方式下达外贸企业,他人无法从公开渠道获得。而国际上按照贸易自由化的要求,认为一国的进出口计划直接影响着该国的贸易流量与流向,因此必须加以限制,而且有必要公开。所以,《对外贸易法》确定了我国将对需要限制或禁止进出口的货物、技术目录予以公布,增加外贸管理的透明度。

(三) 对限制进出口的货物、技术的管理方式

根据《对外贸易法》第 19 条规定,国家对限制进口或者出口的货物,实行配额、许可证等方式管理;对限制进口或者出口的技术,实行许可证管理。实行配额、许可证管理的货物、技术,应当按照国务院规定经国务院对外贸易主管部门或者经其会同国务院其他有关部门许可,方可进口或者出口。国家对部分进口货物可以实行关税配额管理。

《对外贸易法》对限制进口或者出口的货物、技术,实行配额或许可证管理,是与国际规范相符的。关贸总协定原则上规定缔约国不得设立或维持配额、许可证或其他措施以限制或禁止其他缔约国领土的产品的输入,或向其他缔约国领土输出或销售出口产品,但同时又规定在某些特定情形下不适合上述规定。《对外贸易法》第 16 条所规定的我国限制或禁止进出口货物、技术的情形,正是根据关贸总协定的要求来规定的,所以它是符合关贸总协定规定的可以维持配额、许可证等措施的特定情形的。实际上,世界上许多国家也都是在准许自由进出口的同时,又以配额、许可证方式来管理其进出口贸易。

五、国际服务贸易

(一) 我国开展国际服务贸易的基本原则

我国《对外贸易法》第 24 条规定,中华人民共和国在国际服务贸易方面根据所缔结或者参加的国际条约、协定中所作的承诺,给予其他缔约方、参加方市场准入和国民待遇。这一规定表达了我国愿意打破服务业长期以来的封闭状态,以积极姿态推动国际服务贸易发展的立场,同时又充分考虑到我国目前服务业尚处于落后状况,不适宜采取像货物和技术的自由进出口原则,而采取根据我国缔结或参加的国际条约、协定加以开放的原则。这也是根据关贸总协定中服务贸易总协定的有关条款,对我国在国际服务贸

易方面所承担义务作出的规定。服务贸易总协定把缔约方的义务分为一般性义务和具体承诺的义务。一般性义务适用于服务贸易总协定缔约国的各个部门，不管这些部门是否开放。而具体承诺的义务是必须经过双边或多边谈判达成协议后才承担的义务，而且这些义务只适用于缔约各方承诺开放的服务部门，不适用于不开放的部门。市场准入和国民待遇就是具体承诺的义务。市场准入是服务贸易总协定中的一个关键条款，是指各缔约方应为其他缔约方的服务与服务供应者能够进入市场提供可行的渠道。而这种渠道须与各缔约方适当计划表中已达成的和规定的条款、条件或限制相一致。对外贸易法中规定的市场准入，是指中国将根据所缔结或参加的国际条约、协定中所作的承诺，为其他缔结方、参加方的服务与服务供应者提供进入中国市场的可行的渠道。市场准入是一种经过谈判而承担的义务，只限于中方承诺开放的部门，所以，我们可以选择那些我国在该行业中有较强竞争优势的部门先开放，以后再逐步扩大范围。国民待遇是服务贸易总协定中最重要的条款之一，是指各缔约方以其承诺单中所列服务部门或分部门以及所列条件和限制为准，其所采取的与提供服务有关的措施给予外国服务和服务供应者的待遇，不应低于给予本国相同服务和服务供应者的待遇。外贸法中的国民待遇，是指我国将根据相同服务和服务供应者所享受的待遇。不论这些待遇在形式上是否相同，只要不造成对外国服务和服务供应者事实上的歧视，就不违反国民待遇原则；反之，如果某项措施在形式上是相同的待遇，但实际上改变了竞争条件，使其有利于国内服务和服务供应者，就会被认为是违反了国民待遇原则。

（二）国家可以限制和禁止国际服务贸易的情形

根据我国《对外贸易法》第 26 条的规定，国家基于下列原因，可以限制或者禁止有关的国际服务贸易：

（1）为维护国家安全、社会公共利益或者公共道德，需要限制或者禁止的。
（2）为保护人的健康或者安全，保护动物、植物的生命或者健康，保护环境，需要限制或者禁止的。
（3）为建立或者加快建立国内特定服务产业，需要限制的。
（4）为保障国家外汇收支平衡，需要限制的。
（5）依照法律、行政法规的规定，其他需要限制或者禁止的。
（6）根据我国缔结或者参加的国际条约、协定的规定，其他需要限制或者禁止的。

此外，国家对与军事有关的国际服务贸易，以及与裂变、聚变物质或者衍生此类物质的物质有关的国际服务贸易，可以采取任何必要的措施，维护国家安全。在战时或者为维护国际和平与安全，国家在国际服务贸易方面可以采取任何必要的措施。

《对外贸易法》只规定了事实上可以限制国际服务贸易的原因，而对于采取何种方式加以限制未作规定。在关于货物与技术进出口的规定中不仅规定了可以限制货物与技术进出口的原因，还规定了对限制进出口的货物与技术采取配额、许可证方式进行管理。《对外贸易法》对国际服务贸易的具体管理方式未作规定，是因为服务贸易涉及的行业十分广泛，内容非常复杂，中国又缺乏国际服务贸易的经验，所以外贸法只是先作原则规定，具体的实施办法留待日后再另行规定。

六、对外贸易秩序

对外贸易竞争制度是指为了保障公平的对外贸易经营活动，维护正常的对外贸易秩序，而制定的制止各种不正当竞争的法律制度。《对外贸易法》除了明确规定在对外贸易经营活动中，不得违反有关反垄断的法律、行政法规的规定实施垄断行为和不得实施以不正当的低价销售商品、串通投标、发布虚假广告、进行商业贿赂等不正当竞争行为外，还根据维护正常对外贸易秩序的需要，规定在对外贸易活动中，不得有下列行为：

（1）伪造、变造进出口货物原产地标记，伪造、变造或者买卖进出口货物原产地证书、进出口许可证、进出口配额证明或者其他进出口证明文件。

（2）骗取出口退税。

（3）走私。

（4）逃避法律、行政法规规定的认证、检验、检疫。

（5）违反法律、行政法规规定的其他行为。

七、对外贸易救济

（一）对外贸易保障措施

我国《对外贸易法》第44至46条规定，因进口产品数量大量增加，对生产同类产品或者与其直接竞争的产品的国内产业造成严重损害或者严重损害威胁的，国家可以采取必要的保障措施，消除或者减轻这种损害或者损害的威胁，并可以对该产业提供必要的支持。因其他国家或者地区的服务提供者向我国提供的服务增加，对提供同类服务或者与其直接竞争的服务的国内产业造成损害或者产生损害威胁的，国家可以采取必要的救济措施，消除或者减轻这种损害或者损害的威胁。因第三国限制进口而导致某种产品进入我国市场的数量大量增加，对已建立的国内产业造成损害或者产生损害威胁，或者对建立国内产业造成阻碍的，国家可以采取必要的救济措施，限制该产品进口。

外贸法的这些规定，与关贸总协定的规定是相符的。参照关贸总协定的规定来看，适用保障措施条款应当符合以下三个条件：

（1）进口产品数量急剧增加。进口数量的增加有两种形式：一种是进口数量的绝对增加，另一种是指进口产量在进口国该产品的总量所占的比例的增加，即进口数量的相对增加。

(2) 进口数量急剧增加必须是由于意外情况的发生或因承担国际贸易条约义务。承担国际贸易条约义务，包括了关税减让在内。

(3) 进口数量的增加造成国内相同产品或者与其直接竞争产品的生产者的严重损害或者严重损害的威胁。

对于具备上述条件的情况，国家可以采取必要的保障措施，来消除或者减轻这种损害或者损害的威胁。所谓"必要的保障措施"是指哪些措施呢？一般认为有两种措施。一种是采取提高关税的措施，另一种是采取数量限制的措施。但是，采取这些保障措施只能是暂时性的，不能是永久的，一般是1至2年，长的可达4至5年。

采取保障措施还应注意一个问题，即保障措施应当是非歧视性的，是针对产品，而不是国家，所以采取保障措施应当对所有出口该产品的国家一视同仁，而不应该仅选择其中某一出口国实施。有些发达国家主张采取选择性保障条款，即指当某一出口国某种出口产品数量剧增，而对进口国的国内工业造成严重损害或产生严重损害的威胁时，该进口国可选择该出口国产品单独实施限制。这种主张与非歧视原则是背道而驰的，我们不主张这种做法，但是如果其他国家对我国产品采取选择性保障措施，不能排除在同等情况下我国采取对等措施的可能。

对外贸易法对实施保障措施的程序未作具体规定。根据《关贸总协定》的规定，缔约国在实施保障措施之前，应当履行通知、协商等义务。具体要求是：①缔约国在实施保障措施之前应立即用书面通知全体缔约方。通知书的内容有：就有关严重损害或威胁及其原因发动调查；对进口增加引起的严重损害或威胁进行裁决；对采取或延长保障措施作出决定。之后，要采取行动与各缔约国进行协商。②在拖延将导致难以弥补的关键时刻，如果存在进口增加造成了或正在造成严重损害威胁的明显证据，可以采取临时性保障措施。但其期限不超过200天。在采取临时性保障措施之后，必须与各缔约国立即协商。临时性保障措施以增加关税的形式实施。如果其后的调查结果未能证明进口增加对本国工业造成损害或严重损害威胁时，则应及时退税。③如果进行的协商在30天之内没有达成协议，进口国就可以采取保障措施。在此情形之下，贸易利益受影响的国家，可以在进口国采取保障措施的90天内，采取削减优惠等报复手段，但报复手段必须书面通知缔约方全体，并且在不遭其全体反对情况下采取。④任何机密性质或在机密基础上提供的资料，在被公开前，须由主管当局当作机密件对待。

(二) 反倾销制度

参见本章第二节之一。

(三) 反补贴制度

参见本章第二节之二。

参考书目

1. 沈伯明编著. 世界贸易组织与中国"入世"教程. 广州：中山大学出版社，2000
2. 张锡瑕编著. 世界贸易组织简介. 北京：对外经济贸易大学出版社，2000
3. 陈同仇，薛荣久主编. 国际贸易. 北京：对外经济贸易大学出版社，1997
4. 高永富，张玉卿著. 国际反倾销法. 上海：复旦大学出版社，2001
5. 曹建明主编. 国际经济法学. 北京：中国政法大学出版社，1999
6. 邵景春著. 欧洲联盟的法律与制度. 北京：人民法院出版社，1999
7. 何茂春著. 对外贸易法比较研究. 北京：中国社会科学出版社，2000

思考题

1. 简述世界贸易组织的基本原则。
2. 哪些投资措施是与贸易有关的投资措施协定所禁止的？
3. 试述世界贸易组织的争端解决程序。
4. 简述采取反倾销措施的条件。
5. 简述征收反补贴税的条件。
6. 适用保障措施条款，应当符合哪些条件？

第三编 程 序 法

第九章 国际商事争议解决的法律制度

第一节 国际商事争议解决的法律制度概述

一、国际商事争议的解决方法

国际商事争议是指不同国家的当事人在国际商事交易的过程中所发生的争议。解决国际商事争议的方法，概括起来，主要有协商、调解、仲裁和诉讼四种：

（一）协商

协商是指在争议发生后，由争议的双方当事人在自愿互谅的基础上，直接进行磋商，自行解决争议的活动。协商是以当事各方平等自愿、协商一致为原则的，不会损害双方关系，而且可省去仲裁和诉讼的复杂程序，节省时间和金钱，因此，它是一种被广泛采用的解决国际商事争议的方式。

（二）调解

调解是指发生争议的当事人在第三者主持下，通过调解说服，促使当事人双方达成谅解协议，以解决争议的活动。调解与协商的主要区别在于，调解是在第三者主持下进行的，而协商则是由当事各方自行解决。调解也是一种在国际商事争议解决中被广泛采用的方式。在一些发达国家，将这种方法称为选择性的解决争议方法（Alternative Disputies Resolution，简称 ADR）。ADR 程序是以调解手段为主体并伴有法律约束力的独特解决方式，其主要特点是：①要求当事人双方的高级行政管理人员直接参与解决争端的全过程；②使当事人能集中精力在争议的核心问题上，而不是浪费在程序性事务的协议上；③ADR程序中的一切言论、行为均不得在其后的仲裁或诉讼程序中引用。ADR 是提供一个程序群（Group of Procedures），由当事人根据案件的特殊性质，任择一种程序进行调解、仲裁。它大致包括和解、调解与调停、迷你法庭（Mini-Trial or in Vitrotrials）、法定强制仲裁（Compulsory or Statutory Arbitration）、非拘束性之美国公共援助中心程序（简称 CPR）、争议审查委员会（简称 DRB）、争议顾问（协调人）制度（Dispute Adviser of Intervener）、技术性专家鉴定（简称 TEAM）、情事变更之契约改定程序（简称 ACP）、急迫性之仲裁预入审程序（简称 PRP）等种类。ADR 使当事人能够友好地解决他们之间的争议,因此在一些发达国家颇受当事人的欢迎。

(三) 仲裁

当事人不愿协商、调解的,或协商、调解不成的,可以依据合同中的仲裁条款或者事后达成的仲裁协议,提交仲裁机构仲裁解决。有关仲裁的具体内容在本章第二节中作专门介绍。

(四) 诉讼

当事人没有在合同中订立仲裁条款,事后又没有达成仲裁协议的,可以向法院提起诉讼。但是,如果有仲裁条款或仲裁协议的,则任何一方都不能单方面向法院起诉。有关诉讼的具体内容将在本章第三节中进行专门介绍。

二、国际商事争议解决的法律适用

在国际商事交易中,一个合同可能具有多种联结因素,因而涉及若干不同国家的法律。如果合同在某方面出现了纠纷,而有关国家的法律就该纠纷的解决有不同的规定,那么到底应该适用何国的法律来处理该争议呢?即如何确定合同的准据法的问题。对此,在学说上有"客观论"与"主观论"两种不同的观点。"客观论"认为,合同的准据法就是那个在客观上最适合于解决合同的成立及效力等问题的法律,例如德国法学家萨维尼认为,最适合于合同的法律是合同的履行地法。而另一德国学者巴尔则认为,债务人的住所地法是最适合于合同的法律。"主观论"则认为,合同的准据法首先是当事人协议选择适用于合同的法律,只有在当事人既无明示的选择,又不能依情况推定其欲选择的法律时,才是那个与合同有最密切、最真实联系的法律。这也就是"意思自治"原则,目前各国在处理国际合同的法律适用时,主要采用这一原则。

(一) "意思自治"原则

1. "意思自治"原则的含义

"意思自治"原则最初出自法国法学家杜摩兰的《巴黎习惯法评述》一书,在该书中,杜摩兰提倡统一法国各地的法律,并且提出在合同关系中,应该把当事人双方都愿意让自己的合同受其支配的那个习惯法适用于合同,来决定合同的成立和效力问题;而在当事人未直接表明适用何种习惯法时,法院也应推定其默示的意向。由于"意思自治"原则与资产阶级民法中"契约自由"原则相吻合,反映了资本主义商品经济发展的客观需要,所以它得以为许多国家的立法和司法实践所广泛采纳,成为确定合同准据法的最普遍的原则。

"意思自治"原则的优点主要有两方面:首先,有利于当事人预见法律行为的后果和维护法律关系的稳定性；其次，在处理合同争议案件时，它可以使受案法院减少或避免为解决复杂的国内、外国法律冲突问题而产生的麻烦，有利于争议的迅速解决。

2. 当事人协议选择法律的方式、时间和范围

（1）当事人协议选择法律的方式。当事人选择法律的方式一般有两种，即明示选择和默示选择。

明示选择是指合同双方当事人以某种特定的方式，明示表示合同应予适用的准据法。最通行的方法是在合同中列入"法律适用条款"，又称为"选择法律条款"（Choice of law clause），或通过标准合同对此作出统一规定。此外，在合同纠纷发生之后，当事人双方再通过谈判达成一致，明确规定适用于合同的准据法，也属于合同准据法的明示选择。

默示选择是指在合同中没有明确规定合同准据法的情况下，通过缔约行为或其他一些因素来推定当事人已默示同意该合同受某一特定法律的支配。默示选择往往容易被法官所利用来达到其特定目的，不代表当事人的真正意图。有些国家法律和国际公约对默示选择有所限制，如1989年《瑞士联邦国际私法》第116条第2款规定：当事人选择法律应采用明示方式，或从合同条款及有关情况中作出肯定的判断。1955年海牙《国际有体动产买卖法律适用公约》第2条也规定；合同准据法的指定，"必须在明示的条款中规定，或者是根据合同条款必然得出的结论。"中国在有关司法解释中明确规定，合同当事人的法律选择必须是明示的，从而排除了默示选择的方式。

（2）当事人协议选择法律的时间。合同当事人是否只有在合同订立时才可以选择法律？如果当事人并未在订立合同时作出法律选择，在合同争议发生之后是否有权进行法律选择？对于这个问题，各国法律规定及司法实践都不大一致。例如，意大利最高法院在1966年的一次判决中明确表示，"在合同缔结以后，不允许再选择准据法。"而德、法等国及1980年《罗马公约》和1986年《海牙公约》等则允许事后选择。这可以从它们都允许当事人于合同订立后的任何时候协议变更其原来的法律选择得到证明，但须以不影响合同形式的有效性和不损害第三者的利益为前提条件。中国法律也规定，当事人在订立合同时或发生争议后，对于合同所适用的法律未作选择的，人民法院受理案件后，应当允许当事人在开庭审理以前作出选择。

（3）当事人协议选择法律的范围。当事人协议选择的法律，许多国家和国际条约都认为只应是被选择法律所属国家的实体法，而不包括它的冲突法。例如，1979年《奥地利国际私法法》第11条第1款规定：如有疑问时，当事人对法律的协议选择，不包括被选择法律中的冲突法。中国法律也规定当事人协议选择的处理合同争议所适用的法律，是指现行的实体法，而不包括冲突法规范和程序法。虽然也有主张应允许选择有关国家连冲突法在内的全部法律的，但在司法实践中一般不被采纳。限制当事人协议选择法律的范围，主要是考虑到合同关系中允许当事人选择法律，意在使合同受一个明确的、肯定的法律的支配,如果同意选择适用有关国家的冲突规范,就仍然使其法律关系处于不确定状态,这是和同意当事人选择法律的目的不相容的。

3. "意思自治"原则的限制

合同当事人虽然有权协议选择法律,但并不是毫无限制的。绝大多数法学家都认为,当事人选择法律的自由是有限制的。各国法律对"意思自治"原则的限制各不相同,有的限制多一些,有的限制少一些。概括而言,这些限制主要表现在以下几个方面:

(1)当事人的选择只能限于任意性法律的范围。当事人协议选择法律的效力不及于强制法律,这是由于强制性法律本身的特性即在于强制实施,所以这类法律的适用与合同当事人的法律选择无关。例如,中国法律规定:在中国境内履行的中外合资经营企业合同、中外合作经营企业合同、中外合作勘探开发自然资源合同,必须适用中国法律,当事人协议选择适用外国法律的合同条款无效。

(2)"公共秩序保留"的限制。受案法院如果认为,适用合同当事人选择的外国法或国际惯例,有违法院地有关公共秩序和善良风俗的法律,则可拒绝适用该外国法或国际惯例。例如,《法国民法典》第6条规定:个人不得以特别的约定去违反法国有关公共秩序和善良风俗的法律。

(3)合同当事人不得选择与合同毫无实际联系的法律。例如,美国1971年《冲突法重述》强调指出:允许当事人在通常情况下选择准据法,并不等于他们有完全按照自己的意思去缔结合同的自由。它要求当事人在选择某一法律时,必须有一种合理的依据,即主要表现在所选择的准据法必须与当事人或合同存在一定的联系。否则,这种选择将被法院认为无效。

(二)当事人未作法律选择时合同准据法的确定

当事人对合同的法律适用既无明示的选择,也不能根据具体情况加以推定时,合同准据法如何确定?国际上主要有两种作法:一种是依客观标志原则确定合同的准据法;另一种是适用与合同有最密切联系的法律。

1. "客观标志"原则

"客观标志"论最早是作为确定合同准据法的主观论的对立物产生的,客观标志论者反对意思自治,但对何为合同的客观标志,众说纷纭。随着意思自治原则的广泛流行,客观标志也就作为意思自治的补充而为各国立法和实践所接受。在实践中,法院选择法律适用的客观标志主要有以下几个:①行为地法原则:指合同缔结地法和履行地法;②属人法原则:指当事人本国法或住所地法;③属物法原则:即合同标的物所在地法;④法庭地法原则:法院地法或仲裁举行地;⑤混合标志原则:行为地法兼及当事人本国法。

2. "最密切联系"原则

此原则真正形成系统化的理论,并对各国的立法和司法实践产生重大影响,是在美国的《冲突法重述》之后。目前,"最密切联系"原则已为许多国家法律和国际公约所采纳。

对于"最密切联系"原则的含义,学术界有不同看法。一般认为,"最密切联系"原则要求在具体案件中,综合考虑案件的各方面因素,从而选定对案件最合适的法律。例如美国的《冲突法重述》在解决合同领域的法律冲突时,摒弃传统国际私法只规定一个联系因素作为寻找准据法的依据,而是规定几个联系因素,从而为确定最密切联系地提供一个较为灵活的依据。《冲突法重述》为合同的法律选择列举了下列联系因素:①当事人的意思表示;②如果不存在当事人的意思表示时,还应该考虑:一是合同缔结地;二是合同谈判地;三是合同履行地;四是合同标的所在地;五是住所、居所、国籍、公司所在地和当事人经常活动地。

"最密切联系"原则的核心,在于寻找出与合同最密切联系的因素。瑞士学者首先提出"特征履行说",它要求法院根据合同中何方的履行最能体现合同的特性而决定合同的准据法。具体来说,在双务合同中,如果某一方的履行,就作用上讲反映了合同的特点,则合同应适用该方当事人的法律。通常在双务合同中,一方当事人以支付货币来履行义务,即所谓金钱履行;而另一方为非金钱履行(如交货等)。一般来说,金钱履行较为简单,而非金钱履行较复杂,所以,以非金钱履行为合同的"特征履行"。以买卖合同为例,买方的义务是支付货款、受领货物,卖方的义务是交付货物,卖方的交货义务决定了这个合同是买卖合同而不是劳务合同或其他合同,因此,卖方的履行就构成了合同的"特征履行"。同时,由于住所地是当事人的社会、经济、文化联系的中心。而且当事人一般最熟悉他自己的住所地法,所以"特征履行"的当事人的住所地法自然就成了与合同有密切联系的法律了。例如,1979年的《奥地利国际私法》中规定了"最强联系"原则,在债法中应依作"特征履行"的那方当事人的习惯居所地或营业地法。而1980年欧洲共同体《合同债务法律适用公约》第4条第2款规定,应该推定,合同与之有最密切联系的国家,是承担特征履行义务的那方当事人在订立合同时的习惯居所地国家,如系公司或非公司社团,则为管理中心所在地的国家。

但是,各国法律并没有将"最密切联系"原则仅仅局限在"特征履行"上,某些合同可以不适用"特征履行"规则,如《瑞士国际私法》第19条规定,除采用"特征履行"外,还可以因保护当事人合法利益,而适用"特征履行"以外的法律。即使那些适用"特征履行"规则的合同,在某些特殊的场合,如果情况证明它与其他法律有更密切的联系,也可以不适用"特征履行"方的住所地法而适用更密切联系的法律。此外,对于那些法律未对其"特征履行"作出规定的合同关系,仍然以最密切联系原则为指导,采用权衡各联结因素的方法来确定其重心所在。

我国法律也把"最密切联系"原则作为在合同法律适用上对"意思自治"原则的补充原则。我国《合同法》第 126 条规定："涉外合同的当事人可以选择处理合同争议所适用的法律，但法律另有规定的除外。涉及合同的当事人没有选择的，适用与合同有最密切联系的国家的法律。""最密切联系"原则是个灵活的富于弹性的开放性冲突的原则，为了给法院提供一个判断最密切联系的标准，或限制法院在判断最密切联系时的主观任意性，我国也主要采用"特征履行说"，以特征履行方的营业所所在国或特征履行行为地国作标准，并运用使"最密切联系"具体化的立法技术。

我国的司法解释规定，如果当事人未选择合同所适用的法律，对于下列涉及经济合同，人民法院按照最密切联系原则确定所应适用的法律，在通常情况下是：

（1）国际货物买卖合同，适用合同订立时卖方营业所所在地的法律。但如合同是在买方营业所所在地谈判并订立的，或者合同主要是依买方确定的条件并应买方发出的招标订立的，或者合同明确规定卖方须在买方营业所所在地履行交货义务的，则适用合同订立时买方营业所所在地的法律。

（2）银行贷款或者担保合同，适用贷款银行或者担保银行所在地的法律。

（3）保险合同，适用保险人营业所所在地的法律。

（4）加工承揽合同，适用加工承揽人营业所所在地的法律。

（5）技术转让合同，适用受让人营业所所在地的法律。

（6）工程承包合同，适用工程所在地的法律。

（7）科技咨询或设计合同，适用委托人营业所所在地的法律。

（8）劳务合同，适用劳务实施地的法律。

（9）成套设备供应合同，适用设备安装运转地的法律。

（10）代理合同，适用代理人营业所所在地的法律。

（11）关于不动产租赁、买卖或抵押的合同，适用不动产所在地的法律。

（12）动产租赁合同，适用出租人营业所所在地的法律。

（13）仓储保管合同，适用仓储保管人营业所所在地的法律。

在适用当事人营业所所在地法时，若当事人有一个以上营业所的，依我国的司法解释规定，应以与合同有最密切联系的营业所为准；当事人没有营业所的，以其住所或居所为准。

我国的司法解释也认为，以上规定并不是绝对的，"特征履行"说并不能够解决一切问题，因而它进一步指出，如果合同明显地与另一国家或者地区的法律具有更密切的关系，人民法院应以另一国家或者地区的法律作为处理合同争议的依据。不过，我国法院在选择处理涉外经济合同案件争议的法律时，在通常情况下，应适用前述各条硬性冲突规范指引适用的法律，只有当合同明显地表现出与其他国家有最密切的联系时，才能选择其他国家的法律。只有这样，才能使法律适用的确定性和可预见性得到保障。

第二节 国际商事仲裁制度

一、概述

国际商事仲裁，是指在国际经济贸易活动中，当事人双方通过协议，自愿将他们之间的有关争议提交给某一临时仲裁庭或某一涉外常设仲裁机构进行审理，并作出具有约束力的仲裁裁决的制度。它与调解不同，调解是由第三者对双方的争议进行调停，促使双方当事人和解的一种办法。调解人不能对争议双方施加压力，不能形成公断或裁决，争议双方是否和解完全取决于双方的自愿。而仲裁则不取决于当事人的自愿，只要当事人同意进行仲裁，就必须受仲裁裁决的约束。仲裁与诉讼也不同。法院是国家机构，具有法定的管辖权，而仲裁机构是民间组织，它对争议的管辖权取决于当事人的仲裁协议，属于约定的管辖权。

采用仲裁有许多好处：①仲裁结案迅速，以一次裁决为终局裁决，不会造成拖延，而且往往费用低廉；②保密性好，仲裁的审理一般不公开；③灵活性大，仲裁员不必像法官那样严格适用法律，可以按照商业惯例或"公平合理"原则对争议作出裁决；④仲裁裁决的执行比较有保障；⑤仲裁对当事人之间的业务关系一般损害不大。上述优点，使得国际商事仲裁成为解决国际贸易争议最受欢迎的方式。

二、国际商事仲裁机构和仲裁规则

（一）国际商事仲裁机构的种类

依据国际商事仲裁机构组织形式的不同，可将其区分为临时仲裁机构和常设仲裁机构。

1. 临时仲裁机构

临时仲裁机构是根据双方当事人的仲裁协议，在争议发生后由双方当事人依法选定的仲裁员临时组成的，负责审理当事人之间的有关争议，并在审理终结作出裁决后即行解散的仲裁机构。临时仲裁机构在19世纪中期常设仲裁机构出现之前，一直是唯一的国际商事仲裁机构。当今尽管常设仲裁机构已遍布全球，但临时仲裁机构仍占有极为重要的地位。临时仲裁机构

没有固定的组织、规则和委员等，是一种临时性的机构。争议双方当事人在选任仲裁员、决定仲裁程序和适用法律等方面享有充分的自由权。1961年4月在日内瓦签订的《关于国际商事仲裁的欧洲公约》第4条规定，在当事人决定将他们的争议提交临

时仲裁机构审理的情况下,双方当事人可以自由指定仲裁员或确定仲裁员的方式,决定仲裁地点,规定仲裁员必须遵循的程序等。不过,为了方便起见,很多当事人在选择临时仲裁机构时,往往在仲裁条款中引用某些有威望的国际组织或国内组织制定的仲裁规则,只对其中的某些条款作些必要的修改和补充。

2. 常设仲裁机构

常设仲裁机构,是指依照国际公约或一国国内立法所成立的,有固定的名称、地址、组织形式、组织章程、仲裁规则和仲裁员名单,并具有完整的办事机构和健全的行政管理制度,用于处理国际商事争议的仲裁机构。常设仲裁机构自19世纪中期诞生以来,在国际范围内获得了迅速发展。当前,在国际经济贸易和海事领域内发生的争议一般都倾向于提交常设仲裁机构仲裁。因为它有固定的组织、规则和委员等,有较完备的行政管理,具有稳定性,可以有效地组织仲裁,为当事人提供许多方便条件。

常设仲裁机构,依据不同标准,又可分为许多种:国际性常设仲裁机构、地区性常设仲裁机构、全国性常设仲裁机构;单一性常设仲裁机构、专业性常设仲裁机构、综合性常设仲裁机构等等。

(二) 中国国际经济贸易仲裁委员会(CIETAC)及其仲裁规则

这是一个民间性的常设仲裁机构,其前身是1954年根据原中央人民政府决定在中国国际贸易促进委员会(CCPIT)内成立的对外贸易仲裁委员会,地点设在北京。仲裁委员会在深圳、上海、天津和重庆设有分会或中心。总部和分会是一个统一的整体,而不是不同的仲裁组织,它们都适用统一的仲裁规则,采用统一的仲裁员名单,它们所作出的裁决都具有终局性。中国国际经济贸易仲裁委员会在处理案件中,坚持以事实为依据,以法律为准绳,尊重当事人在合同中所作的规定。参与国际惯例,遵循公平合理原则,独立公正地处理当事人之间的争议。中国国际经济贸易仲裁委员会十分重视采用调解与仲裁相结合的做法,尽可能推动双方当事人通过协商调解来解决纠纷。不过,仲裁委员会的调解是在双方自愿的基础上进行的,不是强制性的;调解并不是仲裁的必经程序,不是任何案件都必须先进行调解,才能进行仲裁审理。经过多年的努力,中国国际经济贸易仲裁委员会已在国际上赢得了良好的声誉,成为当今国际上受理国际商事案件最多的仲裁机构之一。中国国际经济贸易仲裁委员会现行的仲裁规则是由中国国际贸易促进委员会/中国国际商会2012年2月3日修订并通过,2012年5月1日起施行的仲裁规则。

现行规则分为总则、仲裁程序、裁决、简易程序、国内仲裁的特别规定和附则共六章,全文共74条,其主要内容包括:

1. 受案范围

仲裁委员会根据当事人的约定受理契约性或非契约性的经济贸易等争议案件,包括：①国际或涉外争议案件；②涉及香港特别行政区、澳门特别行政区及台湾地区的争议案件；③国内争议案件。

2. 仲裁协议

仲裁协议系指当事人在合同中订明的仲裁条款或以其他方式达成的提交仲裁的书面协议。仲裁协议应当采取书面形式。书面形式包括合同书、信件、电报、电传、传真、电子数据交换和电子邮件等可以有形地表现所载内容的形式。在仲裁申请书和仲裁答辩书的交换中，一方当事人声称有仲裁协议而另一方当事人不做否认表示的，视为存在书面仲裁协议。仲裁协议的适用法对仲裁协议的形式及效力另有规定的，从其规定。合同中的仲裁条款应视为与合同其他条款分离的、独立存在的条款，附属于合同的仲裁协议也应视为与合同其他条款分离的、独立存在的一个部分；合同的变更、解除、终止、转让、失效、无效、未生效、被撤销以及成立与否，均不影响仲裁条款或仲裁协议的效力。

3. 仲裁申请、答辩和反请求

仲裁程序自仲裁委员会秘书局收到仲裁申请书之日起开始。仲裁委员会根据当事人在争议发生之前或在争议发生之后达成的将争议提交仲裁委员会仲裁的仲裁协议和一方当事人的书面申请，受理案件。被申请人应自收到仲裁通知后45天内提交答辩书。被申请人确有正当理由请求延长提交答辩期限的，由仲裁庭决定是否延长答辩期限；仲裁庭尚未组成的，由仲裁委员会秘书局作出决定。被申请人如有反请求，应自收到仲裁通知后45天内以书面形式提交。被申请人确有正当理由请求延长提交反请求期限的，由仲裁庭决定是否延长反请求期限；仲裁庭尚未组成的，由仲裁委员会秘书局作出决定。被申请人提出反请求时，应在其反请求申请书中写明具体的反请求事项及其所依据的事实和理由，并附具有关的证据材料以及其他证明文件。被申请人提出反请求，应按照仲裁委员会制定的仲裁费用表在规定的时间内预缴仲裁费。被申请人未按期缴纳反请求仲裁费的，视同未提出反请求申请。仲裁委员会秘书局认为被申请人提出反请求的手续已完备的，应向双方当事人发出反请求受理通知。申请人应在收到反请求受理通知后30天内对被申请人的反请求提交答辩。申请人确有正当理由请求延长提交答辩期限的，由仲裁庭决定是否延长答辩期限；仲裁庭尚未组成的，由仲裁委员会秘书局作出决定。申请人对被申请人的反请求未提出书面答辩的，不影响仲裁程序的进行。

4. 仲裁庭的组成

仲裁庭由一名或三名仲裁员组成。除非当事人另有约定或本规则另有规定，仲裁庭由三名仲裁员组成。申请人和被申请人应各自在收到仲裁通知后15天内选定或委托仲裁委员会主任指定一名仲裁员。当事人未在上述期限内选定或委托仲裁委员会主任指定的，由仲裁委员会主任指定。第三名仲裁员由双方当事人在被申请人收到仲裁通知后15天内共同选定或共同委托仲裁委员会主任指定。第三名仲裁员为仲裁庭的首席仲裁员。双方当事人未能按照规定共同选定首席仲裁员的，由仲裁委员会主任指定首席仲裁员。

5. 仲裁员披露和回避制度

被选定或被指定的仲裁员应签署声明书，披露可能引起对其公正性和独立性产生合理怀疑的任何事实或情况。在仲裁程序中出现应披露情形的，仲裁员应立即书面披露。仲裁员的声明书及/或披露的信息应提交仲裁委员会秘书局并由其转交各方当事人。

当事人收到仲裁员的声明书及/或书面披露后，如果以仲裁员披露的事实或情况为理由要求该仲裁员回避，则应于收到仲裁员的书面披露后 10 天内书面提出。逾期没有申请回避的，不得以仲裁员曾经披露的事项为由申请该仲裁员回避。当事人对被选定或被指定的仲裁员的公正性和独立性产生具有正当理由的怀疑时，可以书面提出要求该仲裁员回避的请求，但应说明提出回避请求所依据的具体事实和理由，并举证。对仲裁员的回避请求应在收到组庭通知后 15 天内以书面形式提出；在此之后得知要求回避事由的，可以在得知回避事由后 15 天内提出，但应不晚于最后一次开庭终结。当事人的回避请求应当立即转交另一方当事人、被请求回避的仲裁员及仲裁庭其他成员。仲裁员是否回避，由仲裁委员会主任作出终局决定并可以不说明理由。在仲裁委员会主任就仲裁员是否回避作出决定前，被请求回避的仲裁员应继续履行职责。

6. 仲裁审理

除非当事人另有约定，仲裁庭可以按照其认为适当的方式审理案件。在任何情形下，仲裁庭均应公平和公正地行事，给予双方当事人陈述与辩论的合理机会。仲裁庭应开庭审理案件，但双方当事人约定并经仲裁庭同意或仲裁庭认为不必开庭审理并征得双方当事人同意的，可以只依据书面文件进行审理。除非当事人另有约定，仲裁庭可以根据案件的具体情况采用询问式或辩论式审理案件。仲裁庭可以在其认为适当的地点以其认为适当的方式进行合议。除非当事人另有约定，仲裁庭认为必要时可以发布程序令、发出问题单、制作审理范围书、举行庭前会议等。

开庭审理的案件，仲裁庭确定第一次开庭日期后，应不晚于开庭前 20 天将开庭日期通知双方当事人。当事人有正当理由的，可以请求延期开庭，但应于收到开庭通知后 5 天内提出书面延期申请；是否延期，由仲裁庭决定。仲裁庭审理案件不公开进行。双方当事人要求公开审理的，由仲裁庭决定是否公开审理。不公开审理的案件，双方当事人及其仲裁代理人、仲裁员、证人、翻译、仲裁庭咨询的专家和指定的鉴定人，以及其他有关人员，均不得对外界透露案件实体和程序的有关情况。

申请人无正当理由开庭时不到庭的，或在开庭审理时未经仲裁庭许可中途退庭的，可以视为撤回仲裁申请；被申请人提出反请求的，不影响仲裁庭就反请求进行审理，并作出裁决。被申请人无正当理由开庭时不到庭的，或在开庭审理时未经仲裁庭许可中途退庭的，仲裁庭可以进行缺席审理并作出裁决；被申请人提出反请求的，可以视为撤回反请求。

7. 仲裁裁决

仲裁庭应在组庭后6个月内作出裁决书。经仲裁庭请求，仲裁委员会秘书长认为确有正当理由和必要的，可以延长该期限。

仲裁庭应当根据事实和合同约定，依照法律规定，参考国际惯例，公平合理、独立公正地作出裁决。当事人对于案件实体适用法有约定的，从其约定。当事人没有约定或其约定与法律强制性规定相抵触的，由仲裁庭决定案件实体的法律适用。仲裁庭在其作出的裁决书中，应写明仲裁请求、争议事实、裁决理由、裁决结果、仲裁费用的承担、裁决的日期和地点。当事人协议不写明争议事实和裁决理由的，以及按照双方当事人和解协议的内容作出裁决书的，可以不写明争议事实和裁决理由。仲裁庭有权在裁决书中确定当事人履行裁决的具体期限及逾期履行所应承担的责任。

由三名仲裁员组成的仲裁庭审理的案件，裁决依全体仲裁员或多数仲裁员的意见作出。少数仲裁员的书面意见应附卷，并可以附在裁决书后，该书面意见不构成裁决书的组成部分。仲裁庭不能形成多数意见时，裁决依首席仲裁员的意见作出。其他仲裁员的书面意见应附卷，并可以附在裁决书后，该书面意见不构成裁决书的组成部分。

作出裁决书的日期，即为裁决发生法律效力的日期。裁决是终局的，对双方当事人均有约束力。任何一方当事人均不得向法院起诉，也不得向其他任何机构提出变更仲裁裁决的请求。

当事人应依照裁决书写明的期限履行仲裁裁决；裁决书未写明履行期限的，应立即履行。一方当事人不履行裁决的，另一方当事人可以依法向有管辖权的法院申请执行。

8. 简易程序

除非当事人另有约定，凡争议金额不超过人民币200万元，或争议金额超过人民币200万元，但经一方当事人书面申请并征得另一方当事人书面同意的，适用简易程序。没有争议金额或争议金额不明确的，由仲裁委员会根据案件的复杂程度、涉及利益的大小以及其他有关因素综合考虑决定是否适用简易程序。

简易程序的特点主要有：①由一名独任仲裁员成立仲裁庭审理案件；②提交答辩的时间为收到仲裁通知之日起20天；③仲裁庭可以决定只依据当事人提交的书面材料和证据进行书面审理，也可以决定开庭审理。对于开庭审理的案件，只须在开庭前15天将开庭日期通知双方当事人；④作出仲裁裁决书的时间为仲裁庭组庭之日起3个月内。

（三）外国的主要仲裁机构

1. 瑞典斯德哥尔摩商会仲裁院（Stockholm Chamber Of Commerce）

该仲裁院是在斯德哥尔摩商会下设立的一个仲裁机构，主要用于解决工商和航运方面的争议，成立于1917年。该仲裁院虽然是从属于斯德哥尔摩商会的一个全国性仲裁机构，但它受理世界上任何国家当事人所提交的商事争议。由于瑞典的仲裁制度历史悠久，有一套完整的仲裁规则和一大批精通国际商事仲裁的专家，而且在政治上处于中立地位，因此其仲裁的公正性在国际社会上享有很高的声誉，现在已发展成为东西方国家国际商事仲裁的中心。中国对外贸易及有关投资保护协定中，已有不少指定在瑞典仲裁。

斯德哥尔摩商会仲裁院没有统一的仲裁员名单。对仲裁员的国籍没有任何限制。按照该院仲裁规则的规定，双方当事人可以在仲裁协议中自行确定仲裁员的人数，如果双方当事人对此没有作出规定，则由三名仲裁员组成仲裁庭，由双方当事人各指定一名，另一名须由仲裁院指定，并担任仲裁庭的主席。如果双方当事人事先约定由一名独任仲裁员进行审理，则该独任仲裁员亦必须由仲裁院指定。仲裁庭在进行仲裁程序时，既可适用斯德哥尔摩商会仲裁院的仲裁规则，也可以适用当事人选定的其他仲裁程序规则。仲裁庭必须在指定仲裁员之日起一年内作出裁决。仲裁裁决必须说明理由，由全体仲裁员签名。仲裁员的不同意见可附在裁决中。

2. 英国伦敦国际仲裁院（London Court of International Arbitration）

该仲裁院成立于1892年，是国际社会成立最早的常设仲裁机构之一，可以受理提交给它的任何性质的国际争议，在国际社会享有很高的声望，特别是国际海事案件，世界各国的大多数海事案件都申请该院仲裁。

伦敦国际仲裁院备有供当事人选择的仲裁员名单，为了适应国际性仲裁的需要，1978年该院又设立了由来自30多个国家的具有丰富经验的仲裁员组成的"伦敦国际仲裁员名单"。有关争议的当事人决定将其争议提交该院仲裁以后，仲裁审理和裁决程序即由双方当事人合意选择的仲裁员组成仲裁庭来主持进行。如当事人未就仲裁员人选达成协议，则由该院从其仲裁员名单中加以指定。根据该院1981年制定的《伦敦国际仲裁院规则》，赋予了当事人较大的灵活性，除按照伦敦仲裁院的仲裁规则进行仲裁程序外，当事人还可选择《联合国国际贸易法委员会仲裁规则》规定的仲裁程序。

3. 美国仲裁协会（American Arbitration Association）

美国仲裁协会成立于1926年，是一个非营利的民间性常设仲裁机构。总部设在纽约，并在全美洲各主要城市设有分支机构。它受理全美各地以及外国的各种当事人提交的除法律和公共政策禁止仲裁的事项外的任何法律争议。

美国仲裁协会备有仲裁员名册，该协会在选任仲裁员时，不受任何国籍的限制，其仲裁规则还规定，在国际仲裁中，该协会可应当事人的请求，或自行指定一名与各方当事人国籍不同的仲裁员。如果双方当事人对指定仲裁员的方式没有达成协议，则由仲裁协会把仲裁员名单写成一式两份，分别送交双方当事人。双方当事人须于7天之内把不同意的人员从名单中划出，并在余下的名单中编列号码标明先后次序，退回仲裁协会，由仲裁协会参照双方当事人所标示的先后顺序代为指定仲裁员。如果当事人不按规定的时间退回名单，就视为对名单全部同意没有异议。

(四) 联合国国际贸易法委员会仲裁规则

该规则是联合国国际贸易法委员会制定，并提供各国的仲裁当事人选择临时仲裁机构或常设仲裁机构仲裁时选用的仲裁程序规则。该规则于1976年由第31届联合国大会正式通过，推荐世界各国采用。现行规则是2010年修订后的新规则。

联合国国际贸易法委员会仲裁规则分4章，共43条，其主要内容包括：

(1) 双方当事人可以书面协议按联合国国际贸易法委员会仲裁规则。将其有关的贸易争议提交仲裁解决，而且当事人在选择该仲裁规则时可以对有关的内容作出修改。不过，如果该规则的任何条款与双方当事人必须遵守的适用于仲裁的法律规定相抵触，应优先适用该法律规定。

(2) 双方当事人可以就仲裁庭的组成和仲裁员的选定或指定达成协议。当事人双方事先未就仲裁庭的组成方式作出约定，又没有在被申请人收到仲裁通知书30天内就独任仲裁庭达成一致时，应选择3名仲裁员组成合议仲裁庭。各方当事人已约定将指定独任仲裁员，而在其他各方当事人收到指定独任仲裁员的建议后30天内各方当事人未就选择独任仲裁员达成约定的，经一方当事人请求，应由指定机构指定独任仲裁员。指定三名仲裁员的，每一方当事人应各指定一名仲裁员。第三名仲裁员应由已被指定的两名仲裁员选定，担任仲裁员首席仲裁员。一方当事人收到另一方当事人指定一名仲裁员的通知书后，未在30天内将其所指定的仲裁员通知另一方当事人的，该另一方当事人可请求指定机构指定第二名仲裁员。指定第二名仲裁员后30天内，两名仲裁员未就首席仲裁员人选达成约定的，应由指定机构按照第8条规定的指定独任仲裁员的方式，指定首席仲裁员。

(3) 有关的仲裁审理程序应由仲裁庭主持进行。仲裁庭可以其认为适当的方式进行仲裁，但须平等对待各方当事人，并在仲裁程序适当阶段给予每一方当事人陈述案情的合理机会。仲裁庭行使裁量权时，程序的进行应避免不必要延迟和费用，并为解决当事人争议提供公平有效的程序。如有任何一方当事人在仲裁程序的适当阶段请求开庭审理，仲裁庭应开庭审理，由证人包括专家证人出示证据或进行口头辩论。未提出此种请求的，仲裁庭应决定是进行开庭审理，还是根据书面文件和其他资料进行程序。各方当事人未事先约定仲裁地的，仲裁庭应根据案情确定仲裁地。

(4) 在仲裁审理过程中，仲裁庭有权力对其自身管辖权作出裁定，包括对与仲裁协议的存在或效力有关的任何异议作出裁定。为此目的，构成合同一部分的仲裁条款，应视为独立于合同中其他条款的一项协议。仲裁庭作出合同无效的裁定，不应自动造成仲裁条款无效。

(5) 仲裁庭可在不同时间对不同问题分别作出裁决。所有仲裁裁决均应以书面形式作出，仲裁裁决是终局的，对各方当事人均具有拘束力。各方当事人应毫不延迟地履行所有仲裁裁决。仲裁庭应说明裁决所依据的理由，除非各方当事人约定无须说明理由。裁决书应由仲裁员签名，并应载明作出裁决的日期和指明仲裁地。仲裁员不止一名而其中有任何一名仲裁员未签名的，裁决书应说明未签名的理由。仲裁庭应将经仲裁员签名的裁决书发送各方当事人。

三、仲裁协议

（一）仲裁协议的含义

仲裁协议是指双方当事人对他们之间将来可能发生或业已发生的争议交付仲裁解决的一种书面协议。根据各国有关的仲裁法规和仲裁机构的仲裁规则，仲裁协议是仲裁庭或仲裁机构受理双方当事人的争议的依据。所以，当事人如欲采用仲裁方式解决他们之间的争议，就必须订立仲裁协议。

（二）仲裁协议的作用

按照大多数国家的法律，仲裁协议具有以下作用：
（1）订立仲裁协议的当事人均须受该协议的约束，如果发生了争议，应以仲裁的方式予以解决，不得向法院起诉。
（2）赋予仲裁机构或仲裁庭处理争议的管辖权。
（3）排除法院的管辖权。凡订有仲裁协议的，法院不得强制管辖。
（4）仲裁协议是裁决具有法律效力的依据以及得到承认和执行的基础。没有仲裁协议而作出的裁决或对仲裁协议约定以外事项作出的裁决，都是无效的，无法得到承认及执行。

在上述四方面的作用中，最重要的一点是排除法院的管辖权。只要当事人之间订有仲裁协议，就不能再将协议项下的争议提交法院解决。如果一方当事人违反仲裁协议，将有关争议提交法院，另一方当事人可根据双方的仲裁协议对法院的管辖权作出抗辩，法院则应裁定将争议提交仲裁解决，除非法院认定当事人之间的仲裁协议无效或已失效，或者是不能履行的协议。

（三）仲裁协议的表现形式

仲裁协议主要有两种表现形式：合同中的仲裁条款和仲裁协议书。

1. 仲裁条款

仲裁条款（Arbitration clause）是由双方当事人在争议发生之前订立的，表示愿意把将来可能发生的争议提交仲裁解决的协议，这种协议一般都包含在主合同内，作为合同的一项条款。仲裁条款虽然是合同的一部分，但它具有与其他条款不同的特殊的性质和效力，因而即使是合同的其他条款无效，也不影响仲裁条款的效力。

[案例9-1]　　诺尔雪针织品有限公司诉佩尔松有限公司案

诺尔雪针织品有限公司购进四分动力针织机及两个自动化附加设备，销售合同包含了一项仲裁条款。后来发现机器不符合要求，于是买方要求废止这笔交易，卖方虽同意不卖附加设备但拒绝收回机器。当买方提起诉讼时，卖方以仲裁条款提出诉讼管辖权异议。买方称，由于欺诈和不合理行为，该销售合同是无效的，因而该仲裁条款也是无效的。初审法院以不具有管辖权为由驳回该案，这一结论也为最高法院所确认。最高法院认为："无论该合同在其他方面能否执行，其中的仲裁条款是有约束力的。"

仲裁条款是仲裁协议的一种最常见和最重要的形式。拟提交常设仲裁机构仲裁的合同的仲裁条款的典型表述方式是："由于本合同而发生的或与本合同有关的任何争议或请求，如果通过协商不能解决，应提交××××（仲裁机构）在××（地点），依该会仲裁规则仲裁解决。"一些常设仲裁机构在公布其仲裁规则的同时，还公布了供当事人在合同中采用的仲裁示范条款。例如中国国际经济贸易仲裁委员会在公布其仲裁规则时，还公布了仲裁示范条款为："凡因本合同引起的或与本合同有关的任何争议，均应提交中国国际经济贸易仲裁委员会，按照申请仲裁时该会现行有效的仲裁规则进行仲裁。仲裁裁决是终局的，对双方均有约束力。"此外，当事人还可以对有关仲裁的细节作进一步规定。

如果合同双方当事人欲将争议提交临时仲裁机构解决，联合国国际贸易法委员会建议采用的仲裁条款是："由于本合同而发生的或与本合同有关的任何争议、争端或请求，或有关本合同的违约、终止、无效，应按现行有效的联合国国际贸易法委员会仲裁规则解决。"

2. 仲裁协议书

仲裁协议书（Arbitration agreement）是由双方当事人在争议发生之后订立的，表示同意把已经发生的争议交付仲裁解决的协议。这种仲裁协议书是分别订立的，是独立于主合同的一个协议。

在国际商事交易中，如果合同中无仲裁条款，对于当事人在履行合同中发生的争议，如协商不能解决时，若双方同意将争议提交某仲裁机构解决，即可订立一项专门的仲裁协议书。在另外一些情况下，如果当事人双方只是口头上达成将争议提交仲裁的协议，而依仲裁地法则要求提供书面仲裁协议，或者合同中仲裁条款不符合仲裁地法，或者是不能履行的仲裁条款，双方当事人也应重新订立一项仲裁协议书，作为对合同仲裁条款的修订。此外，如果当事人之间的合同中无仲裁条款，争议发生后双方当事人之间往来的书信、电传、电报中同意将争议提交某仲裁机构解决,也应视为书面的仲裁协议。

(四) 仲裁条款的主要内容

仲裁条款一般应包括仲裁地点、仲裁机构、仲裁程序规则和仲裁裁决的效力等四个方面的内容。

1. 仲裁地点

仲裁地点是仲裁条款的主要内容。确定仲裁地点十分重要,因为仲裁地点与仲裁所适用的程序法以及按哪一国的冲突规则来确定合同的实体法都有密切关系。按照各国的法律,凡属程序方面的问题,原则上适用审判地法,也就是说,在哪个国家仲裁,就要适用那个国家的仲裁法。如果双方当事人没有指明可适用的实体法的情况下,一般由仲裁庭根据仲裁地的冲突规范加以确定。

2. 仲裁机构

在多数情况下,仲裁地点和仲裁机构可能是一致的。当事人在选择某地为仲裁地点时,他们也选择该地的常设仲裁机构进行仲裁。反之亦然。但在某些情况下,当事人选择了仲裁地点,而不想选择该地的常设仲裁机构,那么,当事人应在仲裁协议中明确规定仲裁机构。另外,当事人也可能选择临时仲裁庭进行仲裁,这种情况应写明仲裁庭如何组成。

3. 仲裁程序规则

仲裁程序规则主要是规定如何进行仲裁的程序和做法。它包括仲裁申请的提出、仲裁员的选定、仲裁庭的组成、仲裁的审理、仲裁裁决的作出等内容。

仲裁程序规则与仲裁机构是有密切联系的。一般来说,仲裁条款规定在哪个仲裁机构仲裁,就按那个机构制订的仲裁规则进行。但是,有些国家也允许双方当事人任意选择他们认为合适的仲裁规则,但以不违反仲裁地国家仲裁法中的强制性规定为限。

4. 仲裁裁决的效力

仲裁裁决的效力主要是指裁决是否具有终局性,对双方当事人有无拘束力,有关当事人是否有权向法院起诉请求变更或撤销该项裁决。关于仲裁裁决的效力问题,各国的仲裁立法和各常设仲裁机构及国际组织所制订的仲裁规则一般都有明确规定。绝大多数均规定仲裁裁决是终局的,对双方当事人具有同等的拘束力。但也有少数仲裁立法和仲裁规则规定了对仲裁裁决可向法院提起上诉,不过,只限于对裁决的程序方面的问题,裁决的实质问题一般不许上诉。

为了明确仲裁裁决的效力,避免引起复杂的上诉程序,双方当事人在订立仲裁条款时,一般应明确规定:仲裁裁决是终局的裁决,对双方当事人都有拘束力,任何一方都不得向法院或其他机构提起上诉要求予以更改。

四、仲裁裁决的执行

(一) 关于承认与执行外国仲裁裁决的国际公约

为了解决各国在承认与执行外国仲裁裁决问题上所存在的分歧,国际上曾先后缔结过三个有关承认和执行外国仲裁裁决的国际公约。第一个公约是1923年在国际联盟倡导下制定的《仲裁条款议定书》。第二个公约是1927年由国际商会倡议,国际联盟主持制定的《关于执行外国仲裁裁决的公约》。第三个公约是1958年在联合国主持下,在纽约缔结的《承认和执行外国仲裁裁决的公约》,简称为《纽约公约》。在这三个公约中,目前最重要、参加国家最多、影响最广泛的是《纽约公约》。相对于前两个公约来说,《纽约公约》扩大了承认和执行外国仲裁裁决的范围,放宽了承认和执行外国仲裁裁决的条件,简化了承认和执行外国仲裁裁决的程序,从而大大便利了外国仲裁裁决的承认和执行。我国于1986年参加了该公约。截至2010年10月,已有145个国家加入了《纽约公约》。

《纽约公约》的内容,主要包括以下几个方面:

(1) 缔约国应该相互承认和执行对方国家所作出的仲裁裁决,并规定在承认和执行对方国家的仲裁裁决时,不应该在实质上比承认和执行本国的仲裁裁决提出更为麻烦的条件或征收更高的费用。

(2) 申请承认和执行裁决的一方当事人,应提供经过适当证明的仲裁裁决的正本或副本,以及仲裁协议的正本或经过适当证明的副本,必要时还应附具译本。

(3) 凡外国仲裁裁决有下列情况之一者,被请求执行的机关可依被诉人的请求,拒绝予以承认和执行:①被诉人证明仲裁协议的当事人无行为能力,或根据仲裁协议选定的准据法,或根据作出裁决国家的法律,该项仲裁协议是无效的;②被诉人没有得到关于指定仲裁员或进行仲裁程序的适当通知,或者由于其他原因而不能对案件提出意见;③裁决的事项超出仲裁协议所规定的范围;④仲裁庭的组成或仲裁程序与双方当事人的协议不相符合,或者在双方当事人无协议时,与仲裁地国家的法律不相符合;⑤仲裁裁决对当事人尚未发生拘束力,或者裁决已被仲裁地国家的有关当局撤销或停止执行。所谓裁决对当事人尚未发生拘束力,是指裁决尚能提起异议或上诉,或正在对裁决的有效性进行诉讼。

(4) 如果被请求承认和执行仲裁裁决的国家的有关当局认为,按照该国的法律,裁决中的争议事项不适合以仲裁方式处理,或者认为裁决的内容违反该国的公共秩序,也可以拒绝予以执行。

(5) 允许各缔约国在参加该公约时可以发表声明,提出若干保留条件,如声明在承认和执行外国仲裁裁决时,须以互惠为条件,即只承认和执行缔约国所作出的裁决,对非缔约国所作出的裁决可不按公约的规定办理;并可声明仅对根据本国法律属于商事关系所引起的争议适用该公约的规定,对于非商事争议的裁决则不在此限。中国在加入该公约时明确声明:中国只在互惠的基础上对另一缔约国作出的仲裁裁决的承认与执行适用该公约;并仅对契约性和非契约性商事关系所引起的争议适用该公约。

[案例9-2]　　中国A公司与美国M公司纠纷案

A公司于1988年与M公司订立三份租船合同,将其所有的三艘轮船租给M公司。由于M公司没有按期支付租金,A公司于1989年6月撤销了租船合同。根据合同中的仲裁条款,A公司于同年7月在英国伦敦提交仲裁。仲裁庭裁决M公司应偿付A公司租金1985975.21美元及其利息和A公司因仲裁支出的费用。仲裁裁决生效后,M公司支付了部分租金,自1990年2月起又停付租金,尚欠A公司1232112美元及年利率为9%的利息。后来,A公司了解到中国B公司正准备支付一笔运费给M公司,便于1990年7月6日向中国广州海事法院提出申请,请求承认和执行上述仲裁裁决,划拨B公司准备支付给M公司的款项。广州海事法院受理后,于同年10月17日裁定承认该外国仲裁裁决的效力,并划拨M公司预期可在中国B公司得到的运费给A公司。

(二) 中国关于执行仲裁裁决的法律

我国关于执行仲裁裁决的法律主要有两项:《仲裁法》和《民事诉讼法》。

1. 我国《仲裁法》的有关规定

我国《仲裁法》第62条规定:"当事人应当履行裁决。一方当事人不履行的,另一方当事人可以依照民事诉讼法的有关规定向人民法院申请执行。受申请的人民法院应当执行。"这项规定既适用于国内仲裁,也适用于涉外仲裁。《仲裁法》第七章是关于涉外仲裁的特别规定,其中的第70、71和72条是有关执行涉外仲裁裁决问题的规定。根据《仲裁法》第70、71条的规定,当事人或被申请人提出证据证明涉外仲裁裁决有《民事诉讼法》第260条第1款规定的情形之一的,经人民法院组成合议庭审查核实,裁定撤销或不予执行。《仲裁法》第72条规定,涉外仲裁委员会作出的发生法律效力的仲裁裁决,当事人请求执行的,如果被执行人或者其财产不在中华人民共和国领域内,应由当事人直接向有管辖权的外国法院申请承认和执行。

2. 我国《民事诉讼法》的有关规定

我国《民事诉讼法》第273条规定:"经中华人民共和国涉外仲裁机构裁决的,当事人不得向人民法院起诉。一方当事人不履行仲裁裁决的,对方当事人可以向被申请人住所地或者财产所在地的中级人民法院申请执行。"

另外,根据《民事诉讼法》第274条规定,我国涉外仲裁机构作出的裁决,被申

请人提出证据证明仲裁裁决有下列情况之一的,经人民法院组成合议庭审查核实,裁定不予执行:

(1) 当事人在合同中没有订有仲裁条款或者事后没有达成书面仲裁协议的。

(2) 被申请人没有得到指定仲裁员或者进行仲裁程序的通知,或者由于其他不属于被申请人负责的原因未能陈述意见的。

(3) 仲裁庭的组成或者仲裁的程序与仲裁规则不符的。

(4) 裁决的事项不属于仲裁协议的范围或者仲裁机构无权仲裁的。

此外,人民法院认定执行该裁决违背社会公共利益的,裁定不予执行。

《民事诉讼法》还在第275条规定,仲裁裁决被人民法院裁定不予执行的,当事人可以根据双方达成的书面仲裁协议重新申请仲裁,也可以向人民法院起诉。

上述规定是针对中国涉外仲裁机构所作仲裁裁决的执行问题,对于外国仲裁机构作出的裁决在中国的承认和执行问题,我国《民事诉讼法》在第283条作了如下规定:"国外仲裁机构的裁决,需要中华人民共和国人民法院承认和执行的,应当由当事人直接向被执行人住所地或者其财产所在地的中级人民法院申请,人民法院应当依照中华人民共和国缔结或者参加的国际条约,或者按照互惠原则办理。"

从近年来的实践看,中国国际经济贸易仲裁委员会的裁决,在《纽约公约》的其他缔约国基本上都能得到承认和执行。通过国际商事仲裁方式解决有关的纠纷,不失为解决国际商事争端的重要途径。

[案例9-3] **香港广金达贸易公司与美国COMSUP COMMODITIES公司纠纷案**

申诉人香港广金达贸易公司与被诉人美国COMSUP COMMODITIES公司就1989年11月23日签订的锡锭销售合同的货款支付发生争议,并提交中国经济贸易仲裁委员会仲裁解决。仲裁庭于1991年8月28日裁决:被诉人收到了申诉人交付的锡锭20.3818吨,应按合同规定支付货款144710.78美元。然而,被诉人以他与申诉人在其他合同交易中有纠纷为理由而不支付本案合同项下的货款,本案合同是独立的合同,与其他合同没有关系,因此,被诉人拒付本案合同项下的货款的理由是不能成立的。仲裁庭裁决被诉人应支付货款并加计利息。

被诉人收到裁决书后,未自动履行。申诉人遂根据《美国仲裁法》之规定,向美国新泽西州法院申请强制执行上述仲裁裁决。在执行程序中,被诉人提出反诉。但法官驳回了被诉人的主张。法官认为,按照《美国仲裁法》第207条,承认外国仲裁裁决的程序并不是一个原诉程序;相反,它是一个裁决之后的执行程序。在这样的程序中,提出反诉显然是不合适的。据此,法官确认中国国际经济贸易仲裁委员会的上述仲裁裁决应予执行。

第三节　国际商事纠纷的司法解决

一、概述

在国际商事交往中，当事人发生争议，除了采用调解、仲裁方式解决外，也可以通过在法院进行诉讼的方式解决。目前国际上没有专门受理国际商事纠纷的法院，也没有统一的商事诉讼法，各国一般也没有专门处理商事纠纷的诉讼法，而是把它纳入民事诉讼法的调整范围，因而当发生争议需由诉讼解决时，都是由一个具有管辖权的某一个国家的法院，依照该国的国际民事诉讼法进行审理的。

国际民事诉讼法主要包括国内立法和国际立法两个方面。在国内立法方面，各国的诉讼立法无一例外地规定，一国境内的外国人、无国籍人、外国企业和组织，都必须严格遵守当地国家的法律。而且，诉讼程序问题依法院地法，这已成为国际社会所公认的原则。因此，国内立法是国际民事诉讼法中一个最重要的渊源。中国《民事诉讼法》也专门列一编（第四编）对涉外民事诉讼程序作出特别规定。在国际立法方面，多年来世界各国进行了积极的合作，签订了一系列的多边条约和双边条约。例如：1954年在海牙签订的《民事诉讼程序公约》、1965年在布鲁塞尔签订的《关于民商事管辖权及判决执行的公约》、1963年在海牙签订的《关于民商事案件中诉讼和非诉讼文书的国外送达公约》，等等。国际条约也成为国际民事诉讼的一个非常重要的渊源。

各国在制定和实施国际民事诉讼法规范处理国际民商事纠纷时，一般应遵循如下几项基本准则：

1. **国家主权原则**

国家主权原则在国际民事诉讼法领域，表现为一个国家有权通过立法的形式，对其领域内的所有诉讼活动和行为进行规定，有权对其领域内的一切人和物行使司法管辖权，以及有权依其本国的诉讼法规定受理并审理有关案件。除国际条约另有规定外，外国当事人有义务接受所在国法院的这种司法管辖权。

2. **国民待遇原则**

国民待遇，是指一个国家对外国人在某些方面给予与本国国民同等的待遇。在国际民商事诉讼中给予外国人以国民待遇，就使得外国人的诉讼权利与本国的公民相等。

诉讼权利的国民待遇原则现已为许多国家所采用，并在一些国际条约中得以明确规定。我国《民事诉讼法》第5条第1款明确规定："外国人、无国籍人、外国企业和组织在人民法院起诉、应诉，同中华人民共和国公民、法人和其他组织有同等的权利义务。"

3. 平等互惠原则

平等互惠原则是指世界各国在进行国内立法或国际立法时,相互赋予对方或他国国民平等的权利。表现在国际民事诉讼法领域,就是国家在平等的基础上相互赋予对方国民以民事诉讼权利;在同等的条件下相互适用对方的诉讼立法;相互给予司法上的协助。如果有关外国赋予本国国民以不平等的民事诉讼权利,不在相同或类似的条件下给予本国法院以司法协助,本国立法或司法机构就可施以对等的限制。

4. 尊重国际条约和国际惯例原则

尊重国际条约和国际惯例原则在国际民事诉讼法领域表现为:一方面,国家在制定国内诉讼法规范时,应考虑到本国所参加缔结或加入的国际条约的有关规定,应考虑到国际社会在有关方面的习惯法;另一方面,国家的司法机关在审理有关的国际民事法律争议时,应该优先适用本国所参加的国际条约的有关规定,在没有明确的国际立法和国内立法规定的情况下,应该参照国际惯例对有关争议作出公正的处理。我国《民事诉讼法》第238条规定:"中华人民共和国缔结或者参加的国际条约同本法有不同的规定的,适用该国际条约的规定,但中华人民共和国声明保留的条款除外。"

二、国际商事纠纷案件的管辖权

(一) 国际商事纠纷案件管辖权的含义

这是指一国法院受理国际商事纠纷案件的权力和资格,具体说来,是一国法院受理国际商事纠纷案件的权限范围和法律依据。它所涉及的主要问题是,法院应根据什么原则或标志,来确定它是否有权审理某一国际商事纠纷案件。一国对国际商事纠纷案件管辖权确定的法律依据有:①依有关的国际条约规定,该国法院有权受理某一国际商事纠纷案件;②依照国内法的规定,某一类国际民事纠纷案件必须或可以由国内法院管辖;③双方当事人协议选择的法院。因为各国立法都规定,在国际商事纠纷中,允许双方当事人选择管辖法院。在一般情况下,被选择的法院都受理当事人的诉讼,行使司法管辖权。

国际商事纠纷案件管辖权的确定,具有十分重要的意义:①管辖权的行使是维护国家司法主权的体现,因此,每一个主权国家都在立法中规定,凡与本国有某种联系的国际商事纠纷案件,都可以行使管辖权;②确定管辖权是受理案件的前提,只有确定了管辖权以后,其他诉讼程序才能开始;③管辖权的确定直接关系到审理案件的结局,因为不同国家的法院审理案件,往往会适用不同的法律,因而可能会对案件作出不同的判决;④正确地确定司法管辖权,不仅方便当事人的诉讼活动,也有利于判决的执行。

（二）确定国际商事纠纷案件管辖权的一般原则

1. 属地管辖原则

属地管辖原则又称为地域管辖原则或领土管辖原则，它是指依一定的地域为联系因素，由该地域的所属国法院行使管辖权。与地域有关的联系因素有：当事人的住所、居所、临时所在地、诉讼标的物所在地、被告财产所在地、诉讼原因发生地等。目前，国际上大多数国家都承认并采用这一原则，但由于各国对这一原则理解上的差异，在实践中大体上有以下四种情况：

（1）以被告的住所、居所、临时所在地为联系因素确定管辖权。

（2）以诉讼标的物所在地为联系因素确定管辖权。

（3）以被告财产所在地为联系因素确定管辖权。

（4）以诉讼原因发生地为联系因素确定管辖权。诉讼原因发生地主要有：①契约成立地；②义务履行地；③侵权行为地。

2. 属人管辖原则

属人管辖原则是依当事人的国籍为联系因素，认为当事人的国籍国法院有司法管辖权，而不管当事人是原告还是被告，以及当事人现在居住在国内还是国外，本国法院均有管辖权。

属人管辖原则符合国家主权原则，它是从国际法中属人优势权中引申出来的，其目的在于更好地保护当事人的利益。许多国家都采用这一原则。

3. 协议管辖原则

协议管辖又称合意管辖，它是根据"意思自治"原则确立的一种管辖制度。它允许双方当事人在争议之前或争议之后达成协议，将他们之间的争议案件交由某一国法院审理。世界各国对协议管辖一般都持肯定态度。不过，各国法律一般都同时规定，凡专属管辖案件，不得以当事人的协议来变更。

在实践中，双方当事人在合同中订立诉讼管辖权条款，是常见的协议管辖的表现方式。在合同中订立诉讼管辖权条款，可以使当事人具有一定的预见性，可以预先知道一旦发生争议，根据法院地国家的冲突法规范，将适用何国法律，当事人的权利和义务将会得到什么程度的保护。选择不同国家的法院管辖，案件的判决结果可能会有所不同，所以选择何国法院作为合同的管辖法院十分重要。我国进出口公司在合同中订立诉讼管辖权条款时必须遵循以下原则：凡我国法律或国际条约、国际惯例规定应由我国法院行使管辖权的，必须规定由我国法院行使管辖权；凡既可以由我国法院也可以由他国法院管辖的，应力争规定由我国法院管辖；凡不能由我国法院管辖的，应力争规定由对我国友好、其法律为我国熟悉的第三国法院管辖。

4. 专属管辖原则

专属管辖，又称独占管辖，是指一国主张本国法院对某类案件具有独占的、排他性的管辖权，不允许当事人和法院加以变更，不承认其他国家的法院对这类案件享有管辖权。对于当事人来说，这是一种强制性的管辖。这一原则为许多国家所采用。但各国管辖案件的范围有所不同。

（三）中国法律关于涉外经济案件的管辖权的规定

关于中国法院对涉外经济案件的管辖权，我国《民事诉讼法》主要作了如下规定：

（1）对在中国境内有住所的被告提起诉讼的，一般由被告所在地法院管辖。

（2）因合同纠纷或者其他财产权益纠纷，对在中华人民共和国领域内没有住所的被告提起的诉讼，如果合同在中华人民共和国领域内签订或者履行，或者诉讼标的物在中华人民共和国领域内，或者被告在中华人民共和国领域内有可供扣押的财产，或者被告在中华人民共和国领域内设有代表机构，可以由合同签订地、合同履行地、诉讼标的物所在地、可供扣押财产所在地、侵权行为地或者代表机构住所地人民法院管辖。

（3）因在中华人民共和国履行中外合资经营企业合同、中外合作经营企业合同、中外合作勘探开发自然资源合同发生纠纷提起的诉讼，由中华人民共和国人民法院管辖。

三、外国当事人的诉讼地位

外国当事人的诉讼地位是指外国人（包括外国自然人和法人）在某一国家境内享有什么样的诉讼权利，承担什么样的诉讼义务，并能在多大程度上通过自己的行为行使诉讼权利和承担诉讼义务，即具有什么样的诉讼权利能力和诉讼行为能力。

外国人的诉讼权利能力，依照国际私法的原则，应由其属人法决定，但是，法院地国家给予外国人什么样的民事诉讼权利，由法院地法决定。外国人的诉讼行为能力，则一般应由其属人法决定，即由外国人的本国法或住所地法来确认其是否具有诉讼行为能力。如果其本国法或住所地法认为其具有诉讼行为能力，即使依法院地法其无诉讼行为能力时，受案法院也承认其有诉讼行为能力。有的国家法律还规定，外国人如果依其属人法无诉讼行为能力，而依法院地法其有诉讼行为能力时，则视其为有诉讼行为能力。

对外国人的诉讼地位问题，目前国际社会通行的做法是给予外国人以有条件的国民待遇，即在承认外国人在本国境内享有与本国国民同样的诉讼权利的同时，又附加某种限制，如要求付诉讼费用担保，或以对等为原则等。例如，我国《民事诉讼法》第5条规定，外国人、无国籍人、外国企业和组织在人民法院起诉、应诉，同中华人民共和国公民、法人和其他组织有同等的诉讼权利义务。外国法院对中华人民共和国公民、法人和其他组织的民事诉讼权利加以限制的，中华人民共和国人民法院对该国公民、企业和组织的民事诉讼权利，实行对等原则。

诉讼代理是保证当事人充分行使诉讼权利的一项制度，它是指诉讼代理人根据当事人的委托，以当事人的名义代为实施诉讼行为，进行诉讼活动的行为。诉讼代理是世界各国普遍承认和采用的一种制度。在法国、奥地利等大陆法系国家采取律师代理诉讼主义制度，即一切诉讼必须由律师代理，当事人可以不出庭。在英美法系一些国家，也允许当事人委托诉讼代理人参加诉讼，而且诉讼代理人必须为律师。与大陆法系国家不同的是，当事人也必须同时出庭。各国对委托律师为代理人，一般都附有两个条件：一是必须委托法院地国律师代理诉讼，不能委托外国律师作代理人；二是必须有书面委托书并经过认证后才有效。我国《民事诉讼法》第263条规定："外国人、无国籍人、外国企业和组织在人民法院起诉、应诉，需要委托律师代理诉讼的，必须委托中华人民共和国的律师。"我国《民事诉讼法》第264条规定："在中华人民共和国领域内没有住所的外国人、无国籍人、外国企业和组织委托中华人民共和国律师或者其他人代理诉讼，从中华人民共和国领域外寄交或者托交的授权委托书，应当经所在国公证机关证明，并经中华人民共和国驻该国使领馆认证，或者履行中华人民共和国与该所在国订立的有关条约中规定的证明手续后，才具有效力。"

四、司法协助

（一）司法协助的含义

司法协助是指一国法院应另一国法院的请求，代为进行某些诉讼行为，如送达司法文件、传询证人、收集证据以及承认和执行法院判决等等。提出请求的法院的行为叫做法院委托，履行他国法院委托的行为叫做司法协助。

司法协助的内容，各国理解不同，存在着较大的差异，主要有广义和狭义的两种理解。狭义的司法协助仅包括协助送达诉讼文书、传询证人和收集证据；广义的司法协助除了上述内容外，还包括承认和执行外国法院判决。为叙述方便起见，我们将承认和执行外国法院判决专门列为一个问题论述。

司法协助一般根据有关国家立法、双边的司法互助协定或有关国际公约的规定进行，而且通常要求互惠；否则，被请求国有权拒绝履行。

各国立法和有关国际条约一般还规定了可以拒绝提供司法协助的情况，主要有：

(1) 委托的送达违背被请求国法律或有关国际条约所规定的必要程序。

(2) 对于外国法院委托的文件的真实性还存在怀疑。

(3) 委托履行的行为，根据被请求国的法律，不属于该国司法机关的职权范围。

(4) 委托履行的行为是被请求国法律所明文禁止的诉讼行为。

(5) 委托履行的行为与履行地国家的主权和安全不相容。

(6) 履行委托的行为显然违背被请求国的公共政策。
(7) 两国间不存在互惠。

(二) 司法文书的送达

司法文书的送达指法院在诉讼过程中，按法律规定将有关诉讼文书送交当事人或者其他诉讼参加人的一种诉讼行为，是司法协助中的一项重要内容。

根据各国国内立法和有关国际条约的规定，国际间司法文书的送达主要采取下列途径：

(1) 外交途径。即由一国法院将需要越境送达的司法文书交给本国外交部，由本国外交部通过外交途径送到被送达国家的外交机关，再由该国外交机关转交给该国有关法院，由法院送达有关当事人。在没有条约关系的情况下，各国一般都采取这一方式进行送达。

(2) 领事途径。即由一国法院将送达的文书交给本国驻被请求国的领事，由领事代为送达。

(3) 法院途径。即由一国法院把需送达的文书寄交给被请求国法院。采用这种途径必须以条约为基础。

(4) 通过指定的中央机关送达。即由一国法院把需送达的文书交给本国的司法机关，再由本国的司法机关将文书转交给被请求国指定的中央机关送达。

(5) 个人送达。即一国法院将需送达的司法文书委托给具有一定身份的个人代为送达。这种个人可能是有关当事人的诉讼代理人，也可能是当事人选定的或与当事人关系密切的人。这种方式一般为英美法系各国所承认和采用。

(6) 邮寄送达。即一国法院将需送达的司法文书通过邮局，直接寄给国外的诉讼当事人或其他诉讼参与人。许多国家法律允许通过这种方式对外送达有关司法文书，但前提条件是受送达人所在国家法律允许。

(7) 公告送达。即将需送达的文书的内容用张贴公告、登报或广播的方法告知有关的当事人或其他诉讼参与人，自公告之日起经过一定的时间即视为送达。一般是受送达人的地址不明或采取上述6种方式都不能实现时才被采用。

根据我国《民事诉讼法》第247条的规定，中国对在中国领域内没有住所的当事人送达诉讼文书，可以采用下列方式：①依照受送达人所在国与中华人民共和国缔结或者共同参加的国际条约中规定的方式送达；②通过外交途径送达；③对具有中华人民共和国国籍的受送达人，可以委托中华人民共和国驻受送达人所在国的使领馆代为送达；④向受送达人委托的有权代其接受送达的诉讼代理人送达；⑤向受送达人在中华人民共和国领域内设立的代表机构或者有权接受送达的分支机构、业务代办人送达；⑥受送达人所在国的法律允许邮寄送达的，可以邮寄送达，自邮寄之日起满6个月，送达回执没有退回，但根据各种情况足以认为已送达的，期间届满之日视为送达；⑦不能用上述方式送达的，公告送达，自公告之日起满 6 个月，即视为送达。

此外，我国《民事诉讼法》还规定，人民法院与外国法院相互请求，代为送达文书以及进行其他诉讼行为，应根据中华人民共和国缔结或者参加的国际条约，或者按照互惠原则办理。外国法院请求协助事项有损于中华人民共和国的主权、安全或者社会公共利益的，人民法院不予执行。外国驻中华人民共和国的使领馆可以向该国公民送达文书和调查取证，但不得违反中华人民共和国的法律，并不得采取强制措施，除此以外，未经中华人民共和国主管机关准许，任何外国机关或者个人不得在中华人民共和国领域内送达文书、调查取证。人民法院和外国法院相互请求的请求书及其所附文件，都应当附有被请求国文字译本或者国际条约规定的其他文字文本。

（三）有关司法协助的国际立法

为了便利各国之间顺利进行司法协助，统一和简化司法协助的手续，国际社会经过长期努力，签订了一系列有关司法协助的国际条约。1896 年在海牙缔结的《民事诉讼程序公约》（又称《海牙公约》）是这方面最早的一个国际公约，后经 1905 年和 1954 年两次修改。该公约就诉讼和非诉讼文书的送达、调查委托书、诉讼费用担保、诉讼费用豁免等方面的问题作了规定。1961 年在海牙签订的《取消要求外国公文书的认证公约》，先后有南斯拉夫、英国、美国等数十个国家和地区批准或加入了该公约。1965 年在海牙签订的《关于向国外送达民事或商事司法文书和司法外文书公约》，中国于 1991 年 3 月 2 日正式批准加入了该公约，1991 年 12 月 1 日起对中国生效。1970 年在海牙签订了《关于从国外获取民事或商事证据公约》。除了上述这些国际公约之外，各国间还签订了一些地区性的多边公约，以及大量的双边条约，对国家间的司法协助的发展起到了积极的推动作用。

五、承认与执行外国法院判决

（一）承认与执行外国法院判决的含义

承认与执行外国法院判决，是指一国法院根据其本国立法或有关的国际条约，承认有关外国法院的民商事判决在本国的域外效力，并在必要时依法予以强制执行。

一国法院的判决是该国司法机关代表国家行使的司法权，因此，原则上一国法院作出的判决只能在该国领域内发生效力，而没有域外的法律效力。要使一国法院的判决在国外发生效力并得以执行，就必须得到有关国家的承认，然后由有关国家赋予其与本国法院判决同等的效力，从而得到执行。

承认外国法院判决和执行外国法院判决，是两个既有联系又有区别的概念。承认外国法院判决是执行外国法院判决的前提条件,任何被执行的外国法院判决,都必须先由执行国法院承认其效力。但是,并非所有的外国法院判决都有执行问题,对某些判决而言,承认就已足够了。

(二) 承认和执行外国法院判决的条件

由于各国司法制度存在差异,外国法院作出的判决,毕竟不同于本国法院作出的判决,因此,各国对于外国法院判决的承认与执行都附有一定的条件。其主要有:

(1) 作出判决的外国法院对案件具有管辖权。
(2) 外国法院的判决必须是已经确定的判决。
(3) 外国法院进行的诉讼程序是公正的。
(4) 外国法院判决必须是合法取得的。
(5) 外国法院判决所适用的法律符合被请求国家的冲突法的规定。
(6) 外国法院判决不与本国法院就同一当事人之间的同一争议所作的判决,以及本国法院已经承认的第三国法院就同一当事人之间的同一争议所作的判决相冲突。
(7) 有关国家之间存在互惠条件。
(8) 外国法院判决与被请求国的公共秩序不相抵触。

(三) 承认与执行外国法院判决的程序

由于各国司法制度的不同,各国在承认与执行外国法院判决的程序方面也有所不同。

1. 执行令程序制度

这一制度由德国首创,为法国、日本等许多国家所接受。所谓执行令程序制度,是指一国法院受理了有关当事人或其他利害关系人提出的承认和执行某一外国法院判决的请求以后,先对该有关外国法院判决进行审查,如果符合本国法所规定的有关条件,即作出一个判决,发给执行令,从而赋予该外国判决与本国判决同等的效力,并按照执行本国法院判决的程序予以执行。在实行这一制度的国家中,大部分都只对外国法院判决作形式上的审查,即只审查有无应予拒绝承认和执行的情形,但也有一些国家,如比利时、葡萄牙等,不仅要求形式审查,还要求对外国判决进行实质性审查,即在法律适用和案件事实的裁决两方面进行审查。

2. 登记制度

英国是实行登记制度比较典型的国家。根据英国 1933 年外国判决(相互执行)法规定,外国法院判决中胜诉的一方,可在作出判决后 6 年以内将该判决向英国伦敦高等法院登记。经英国法院审查,符合英国规定的条件的,即具有同英国法院判决的同等效力,并由英国国家予以强制执行。英国的登记制度在所有英联邦国家以及大部分普通法系国家有着广泛的影响。美国在承认与执行外国法院判决的程序上，主要仿效英国的做法。

3. 中国的有关规定

根据我国《民事诉讼法》，中国实行的也是形式审查制度。我国《民事诉讼法》第282条规定："人民法院对申请或者请求承认和执行的外国法院作出的发生法律效力的判决、裁定，依照中华人民共和国缔结或者参加的国际条约，或者按照互惠原则进行审查后，认为不违反中华人民共和国法律的基本原则或者国家主权、安全、社会公共利益的，裁定承认其效力，需要执行的，发出执行令，依照本法的有关规定执行。违反中华人民共和国法律的基本原则或者国家主权、安全、社会公共利益的，不予承认和执行。"

参考书目

1. 冯大同编著．国际贸易法．北京：北京大学出版社，2004
2. 李玉泉主编．国际民事诉讼与国际商事仲裁．武汉：武汉大学出版社，1994
3. 王生长主编．仲裁与调解相结合的理论与实务．北京：法律出版社，2001
4. 陈焕文著．国际仲裁法专论．台北：五南图书出版公司，1994
5. 韩德培主编．国际私法．2版．北京：高等教育出版社，2007
6. 李双元主编．国际私法．3版．北京：北京大学出版社，2011

思考题

1. 各国在采用"意思自治"原则时，一般有哪些限制？
2. 在法律适用问题上，应当如何理解"最密切联系"原则的运用？
3. 什么是仲裁协议？它的作用主要有哪些？
4. 试简要阐述中国国际经济贸易仲裁委员会仲裁规则的主要内容。
5. 确定国际商事纠纷案件管辖权的一般原则有哪些？
6. 什么是司法协助？其主要内容有哪些？